A Nova Era Digital

Eric Schmidt
Jared Cohen

A Nova Era Digital

Como será o futuro das pessoas, das nações e dos negócios

Tradução de
Ana Beatriz Rodrigues e Rogério Durst

TÍTULO ORIGINAL
The New Digital Age

PREPARAÇÃO
Lílian Falcão Braga

REVISÃO
Mariana Moura
Taís Monteiro

DIAGRAMAÇÃO
Ilustrarte Design e Produção Editorial

CAPA
Design original de Peter Mendelsund adaptado por Julio Moreira

CIP-BRASIL. CATALOGAÇÃO NA PUBLICAÇÃO
SINDICATO NACIONAL DOS EDITORES DE LIVROS, RJ

S362n

Schmidt, Eric
A nova era digital: como será o futuro das pessoas, das nações e dos negócios / Eric Schmidt, Jared Cohen; tradução Ana Beatriz Rodrigues, Rogério Durst. – 1. ed. – Rio de Janeiro: Intrínseca, 2013.
320 p.; 23 cm

Tradução de: The New Digital Age
ISBN 978-85-8057-388-6

1. Tecnologia da informação – Aspectos sociais. 2. Redes de computadores – Aspectos sociais. 3. Internet – Aspectos sociais. 4. Redes sociais on-line. I. Cohen, Jared. II. Título.

13-02423 CDD: 303.4833
CDU: 316.422

[2013]

Editora Intrínseca Ltda.
Rua Marquês de São Vicente, 99, 3º andar
22451-041 – Gávea
Rio de Janeiro – RJ
Tel./Fax: (21) 3206-7400
www.intrinseca.com.br

Para Rebecca, a quem somos gratos pelas ideias e pelo apoio, e Aiden, a quem invejamos pelo progresso tecnológico que poderá testemunhar.

Todos deveríamos nos preocupar com o futuro, pois teremos de passar o resto de nossas vidas nele.

CHARLES F. KETTERING,
inventor e empresário americano

SUMÁRIO

SUMÁRIO

Introdução

A internet é uma das poucas coisas criadas pelos homens que eles não entendem completamente.[1] O que começou como um sistema de transmissão eletrônica de informação — de um computador do tamanho de um cômodo para outro de dimensões equivalentes — se transformou numa válvula de escape onipresente e infinitamente multifacetada para a expressão e a energia humanas. Ela é intangível e ao mesmo tempo está em constante estado de mutação, tornando-se maior e mais complexa a cada segundo. É fonte de um bem enorme e tem um potencial devastador para o mal, e estamos apenas começando a testemunhar seu impacto sobre o cenário mundial.

A internet é o maior experimento da história envolvendo anarquia. A cada minuto, centenas de milhões de pessoas criam e consomem uma incalculável soma de conteúdo digital em um universo on-line que não é limitado pelas leis terrestres. Essa nova capacidade de livre expressão e movimento de informação gerou a rica paisagem virtual que conhecemos hoje. Pense em todos os websites que você já visitou, todos os e-mails que mandou, todos os textos que leu on-line, tudo o que aprendeu e as ficções que encontrou e desmascarou. Pense nas relações construídas, nas jornadas planejadas, nos empregos obtidos e nos sonhos nascidos, alimentados e desenvolvidos por esse meio. Considere também o que a ausência de um controle hierárquico permite: as fraudes on-line, as campanhas de *bullying*, os sites de grupos que pregam preconceitos com virulência e as salas de bate-papo de terroristas. Isso é a internet, o maior espaço sem governo do mundo.

Conforme esse espaço for crescendo, a compreensão de quase todos os aspectos de nossa vida vai mudar, das minúcias de nosso cotidiano às questões mais fundamentais sobre identidade, relacionamento e mesmo nossa própria segurança. Por meio da tecnologia, obstáculos ancestrais à interação humana, como geografia, linguagem e informação limitada, vão cedendo, e uma nova onda de criatividade e potencial humanos vai se elevando. A adesão em massa à internet está promovendo uma das mais empolgantes transformações sociais, culturais e políticas da história, e, ao contrário do que ocorreu nos períodos de mudança anteriores, desta vez os efeitos são globais. Nunca antes tantas pessoas, de tantos lugares diferentes, tiveram tanto poder ao alcance das mãos. E, embora esta não seja a primeira revolução tecnológica de nossa história, será aquela que tornará possível a quase todos possuir, desenvolver e disseminar conteúdo em tempo real sem depender de intermediários.[2]

E nós mal estabelecemos as fundações dessa construção.

As tecnologias de comunicação progrediram numa velocidade sem precedentes. Na primeira década do século XXI, o número de pessoas conectadas à internet em todo o mundo aumentou de 350 milhões[3] para mais de dois bilhões.[4] No mesmo período, a quantidade de usuários de telefones celulares subiu de 750 milhões para bem mais do que cinco bilhões[5] (e atualmente já ultrapassou a marca dos seis bilhões). Tais tecnologias se espalham pelos pontos mais distantes do planeta e, em algumas partes do mundo, em ritmo cada vez mais acelerado.

Até 2025, a maior parte da população mundial terá saído, em uma geração, da quase total falta de acesso a informações não filtradas para o domínio de toda a informação do mundo através de um aparelho que cabe na palma da mão. Se o ritmo atual da inovação tecnológica for mantido, a maioria da população da Terra, estimada em oito bilhões de pessoas,[6] estará on-line.

Em todos os níveis da sociedade, a conectividade vai se tornar cada vez mais acessível e prática. As pessoas terão acesso a redes de internet sem fio onipresentes muitíssimo mais baratas do que as que existem hoje. Nós seremos mais eficientes, produtivos e criativos. No mundo em desenvolvimento, pontos públicos de internet sem fio e redes de alta velocidade para conexão doméstica vão se somar, estendendo a experiência on-line até lugares onde hoje nem mesmo existem linhas telefônicas. Sociedades vão saltar toda uma geração de tecnologia. Por fim, as parafernálias tecnológicas que nos maravilham hoje em dia serão vendidas em feiras de antiguidades, como aconteceu com o telefone de disco.

E, com a adoção crescente dessas ferramentas, sua velocidade e sua capacidade de processamento também aumentarão. De acordo com a lei de Moore, o princípio básico da indústria da tecnologia, os chips processadores — pequenas placas de circuitos que formam a espinha dorsal de todos os aparelhos de informática — dobram de velocidade a cada ano e meio. Isso significa que em 2025 um computador será 64 vezes mais rápido do que é em 2013. Outra lei profética, esta do campo da fotônica (que trata de transmissão de informação), afirma que a quantidade de dados transmitidos por cabos de fibra ótica, a forma mais veloz de conectividade, duplica aproximadamente a cada nove meses. Mesmo que essas leis tenham limites naturais, a promessa de um crescimento exponencial gera a possibilidade de criarmos imagens digitais e realidade virtual que tornarão a experiência on-line tão real quanto a vida, ou talvez melhor ainda. Imagine ter o holodeque do universo de *Jornada nas estrelas*, que proporcionava aos tripulantes da nave a oportunidade de ficarem imersos por completo num ambiente de realidade virtual, capaz tanto de projetar uma paisagem praiana quanto de recriar uma famosa apresentação de Elvis Presley diante dos olhos. Na verdade, os próximos momentos de nossa evolução tecnológica prometem transformar diversos conceitos populares de ficção científica em fatos: carros sem motorista, movimentos robóticos controlados pelo pensamento, inteligência artificial (IA) e sistemas completamente integrados de realidade aumentada que oferecem a possibilidade de sobreposição visual de informação digital em nosso ambiente físico. Tais desenvolvimentos vão incorporar e aprimorar nosso mundo natural.

Esse é o nosso futuro, e essas maravilhas já começam a tomar forma. É por isso que trabalhar no setor de tecnologia é tão empolgante nos dias de hoje. Não é só porque temos a chance de inventar e construir novos e incríveis dispositivos ou por causa da escala de desafios tecnológicos e intelectuais que tentamos superar, é pelo que esses desenvolvimentos representarão para o mundo.

Tecnologias de comunicação oferecem oportunidades de rupturas culturais e técnicas. O modo como interagimos e vemos a nós mesmos continuará sendo influenciado e conduzido pelo mundo on-line ao nosso redor. Nossa propensão para a memória seletiva nos permite adotar depressa novos hábitos e esquecer a maneira como fazíamos as coisas antes. Hoje em dia, é difícil imaginar uma vida sem equipamentos móveis. Numa época em que smartphones são onipresentes, você tem um seguro contra esquecimentos, acesso a todo um universo de ideias (embora alguns governos criem dificuldades), e também pode manter a mente sempre ocupada, embora encontrar um modo de fazer isso de forma útil ainda seja difícil e, em alguns casos, dificílimo. O smartphone [telefone inteligente] tem um nome adequadíssimo.

Enquanto a conectividade global continua seu avanço sem precedentes, várias antigas instituições e hierarquias precisarão se adaptar ou correrão o risco de se tornarem obsoletas, irrelevantes para a sociedade moderna. O esforço pela atualização que vemos hoje em várias empresas, grandes e pequenas, é um exemplo da mudança dramática pela qual a sociedade terá que passar num futuro próximo. As tecnologias de comunicação continuarão a transformar nossas instituições por dentro e por fora. Cada vez mais alcançaremos pessoas muito distantes de nossas fronteiras e grupos linguísticos e nos aproximaremos delas, compartilhando ideias, fazendo negócios e construindo relacionamentos genuínos.

A cada dia, a maioria de nós vai viver e trabalhar em dois mundos ao mesmo tempo e ser regida por eles. No meio virtual, todos experimentaremos algum tipo de conectividade, de forma rápida e por uma variedade de meios e equipamentos. No mundo físico, continuaremos tendo de lidar com a geografia, a aleatoriedade do nascimento (os filhos ricos das nações abastadas e os muitos despossuídos dos países pobres), o azar e o lado bom e o ruim da natureza humana. Neste livro, pretendemos demonstrar como o mundo virtual pode tornar a realidade melhor, pior ou apenas diferente. Haverá momentos em que os dois mundos vão restringir um ao outro; algumas vezes ambos colidirão; em outras, ainda, um deles vai intensificar, acelerar e exacerbar fenômenos no outro de modo que uma diferença em grau se tornará uma diferença em espécie.

No cenário mundial, o impacto mais significativo da difusão das tecnologias de comunicação será na maneira como elas ajudam a deslocar a concentração de poder[7] para longe dos Estados e instituições, transferindo-a para os indivíduos. Ao longo da história, o advento de novas tecnologias de informação muitas vezes fortaleceu sucessivos grupos de pessoas comuns em detrimento dos tradicionais detentores de poder, fossem eles o rei, a igreja ou a elite. Naquela época, como hoje, o acesso à informação ou a novos canais de comunicação rendia novas oportunidades de participar, deter poder de barganha e direcionar o curso de sua vida com mais desembaraço.

A difusão da conectividade, particularmente por meio de celulares habilitados para a internet, é com certeza o mais comum e talvez o mais profundo exemplo dessa mudança, mesmo que apenas em termos de escala. Para alguns, a representatividade digital será a primeira experiência de poder em suas vidas, permitindo que eles sejam ouvidos, notados e levados a sério — e tudo graças a um aparelho que cabe no bolso. Como resultado, governos autoritários vão perceber que a população recém-conectada é mais difícil de ser controlada, reprimida e influenciada, enquanto regimes democráticos serão obrigados a incluir muito mais vozes (de indivíduos, organizações e empresas) em sua agenda política. Não há dúvida de que os governos sempre encontrarão meios de usar os novos níveis de acesso à internet a seu favor, mas, da maneira que a atual tecnologia de rede está estruturada, ela tende a favorecer o cidadão, como vamos demonstrar mais adiante.

Será que essa transferência de poder para os indivíduos vai, em última instância, criar um mundo mais seguro ou mais perigoso? Só nos resta esperar para ver. Apenas começamos a nos deparar com a realidade de um mundo conectado: o bom, o mau e o preocupante. Nós, os autores, exploramos essa questão de diferentes pontos de vista — um como cientista da computação e empresário e outro como especialista em política externa e segurança nacional — e sabemos que a resposta não está predeterminada. O futuro será moldado pelo modo como Estados, cidadãos, empresas e instituições vão lidar com as novas responsabilidades.

No passado, teóricos das relações internacionais debateram as ambições dos Estados — alguns argumentaram que estes mantêm políticas domésticas e internacionais visando maximizar seu poder e segurança, enquanto outros sugeriram que fatores adicionais, como comércio e intercâmbio de informações, também afetam seu comportamento. As ambições dos Estados não vão mudar, mas o projeto para atingi-las, sim. Eles precisarão implementar duas versões de suas políticas domésticas e internacionais — uma para o mundo físico, "real", e outra para o universo virtual, on-line. Algumas vezes, tais políticas parecerão contraditórias — governos poderão reprimir certos comportamentos em um dos ambientes e permiti-los no outro; poderão entrar em guerra no ciberespaço e manter a paz no mundo físico —, mas, para os Estados, essas medidas representarão tentativas de lidar com as novas ameaças e os desafios à autoridade que a conectividade propicia.

Para os cidadãos, estar conectado possibilita assumir múltiplas personalidades no mundo físico *e* no virtual. Suas identidades virtuais vão, de muitas formas, sobrepor-se às outras, já que os caminhos que elas trilham permanecerão gravados para sempre. E, como o que escrevemos em posts, e-mails e mensagens de texto e o que compartilhamos on-line definem a identidade virtual de outras pessoas, novas formas de responsabilidade coletiva passarão a existir.

Para organizações e empresas, oportunidades e desafios chegarão de mãos dadas com a conectividade global. Um novo nível de responsabilidade decorrente da pressão popular as forçará a repensar suas operações atuais e adaptar seus projetos para o futuro, mudando tanto a maneira como fazem as coisas quanto a forma como apresentam suas atividades ao público. Elas também encontrarão novos concorrentes à medida que a difusão da inclusão tecnológica nivelar o campo de batalha pela informação e, consequentemente, as oportunidades.

No futuro, nenhuma pessoa, da mais poderosa à mais fraca, ficará isolada das mudanças que, em muitos casos, serão históricas.

Nós nos conhecemos no outono de 2009, em circunstâncias que tornaram fácil o surgimento rápido de um vínculo. Estávamos em Bagdá, conferenciando com iraquianos sobre a questão crítica de como a tecnologia pode ajudar na reconstrução de uma sociedade. Enquanto circulávamos pela cidade para reuniões com ministros do governo, líderes militares, diplomatas e empresários iraquianos, fomos nos familiarizando com uma nação cujas perspectivas de recuperação e sucesso futuro pareciam estar suspensas por um fio. A visita de Eric marcava a primeira viagem ao país do CEO de uma empresa de tecnologia da lista *Fortune 500*, por isso havia muitas perguntas sobre o motivo da presença do Google. Àquela altura, nem nós estávamos inteiramente seguros do que a empresa poderia encontrar ou conseguir.

A resposta ficou clara de imediato. Para onde quer que olhássemos, víamos telefones celulares. Isso nos surpreendeu. Na época, o Iraque era uma zona em guerra havia mais de seis anos, desde a queda de Saddam Hussein, que, em sua paranoia totalitária, proibira o uso dos aparelhos.[8] A guerra dizimara a infraestrutura física do país, e a maioria das pessoas não contava com acesso garantido a comida, água e eletricidade.[9] Mesmo os artigos mais básicos eram excessivamente caros. Em alguns lugares, o lixo não era recolhido havia *anos*.[10] E, o que era mais problemático, a segurança da população nunca estava garantida, tanto para funcionários de alto escalão quanto para os lojistas comuns. Celulares pareciam ser o último item que apareceria na assustadora lista de necessidades do país. Mesmo assim, como acabamos descobrindo, apesar de todos os problemas prementes em suas vidas, os iraquianos priorizavam a tecnologia.

Eles não apenas possuíam e valorizavam a tecnologia, mas também enxergavam seu tremendo potencial para melhorar o cotidiano e o destino de seu país assolado pela guerra. Os engenheiros e empresários que encontramos demonstraram enorme frustração a respeito de sua incapacidade de suprir as próprias necessidades. Eles já sabiam o que queriam — eletricidade confiável, de banda larga o suficiente para conexões rápidas, equipamentos digitais acessíveis e capital inicial suficiente para pôr suas ideias em prática.

Era a primeira viagem de Eric a uma zona de guerra e a enésima de Jared; mesmo assim, ambos tiveram a sensação de que algo estava mudando profundamente no mundo. Se até os iraquianos desgastados pela guerra não apenas percebiam as possibilidades da tecnologia como também sabiam o que fazer com ela, quantos outros milhões de pessoas estariam por aí com a necessidade e o conhecimento básico, mas sem acesso? Para Jared, a viagem foi a confirmação de que os governos estavam bastante defasados no que dizia respeito a antecipar mudanças (as quais também temiam) e que não viam as possibilidades que as novas ferramentas ofereciam para transpor os desafios adiante. E Eric confirmou sua sensação de que o setor de tecnologia tinha muito mais problemas a resolver e clientes a atender do que se imaginava.

Nos meses que se seguiram à viagem, ficou claro para nós que existe um enorme abismo separando as pessoas que entendem de tecnologia daquelas encarregadas de lidar com as mais complexas questões geopolíticas do mundo, e ninguém construiu uma ponte entre os dois grupos. No entanto, a possibilidade de colaboração entre a indústria de tecnologia, o setor público e a sociedade civil é imensa. Quando pensávamos sobre a difusão da conectividade pelo mundo, nos víamos envolvidos por perguntas geradas por essa lacuna: quem será mais poderoso no futuro, o cidadão ou o Estado? A tecnologia vai facilitar ou dificultar a prática do terrorismo? Qual a relação entre privacidade e segurança, e de quanto teremos de abrir mão para fazer parte da nova era digital? Como a guerra, a diplomacia e a revolução se modificarão quando todos estiverem conectados, e como poderemos influenciar o equilíbrio das coisas de forma benéfica? Quando sociedades em crise forem reconstruídas, de que modo elas poderão utilizar a tecnologia?

Nós trabalhamos juntos como redatores de um memorando para a Secretária de Estado Hillary Clinton sobre as lições aprendidas no Iraque e a partir daí nos tornamos amigos. Compartilhamos uma visão global sobre o potencial das plataformas tecnológicas e seu poder inerente, e isso permeia todo o trabalho que fazemos, seja no Google, seja fora dele. Acreditamos que as plataformas modernas de tecnologia, como Google, Facebook, Amazon e Apple, são ainda mais poderosas do que a maioria das pessoas percebe e que o mundo do futuro será profundamente alterado por sua utilização e seu sucesso em sociedades ao redor do mundo. Essas plataformas representam uma verdadeira mudança de paradigma, como aconteceu com a invenção da televisão, e o que lhes dá essa força é sua capacidade de crescimento — especificamente, a velocidade com que isso acontece. Quase nada, com exceção de um vírus biológico, é capaz de se espalhar de forma tão rápida, eficiente ou agressiva quanto elas, e isso faz com que aqueles que as desenvolvem, controlam e usam também se tornem poderosos. Nunca antes tantas pessoas estiveram conectadas por uma rede que permite respostas tão imediatas. As possibilidades de ação coletiva através de plataformas comunitárias on-line (como consumidores, criadores, colaboradores, ativistas e de qualquer outro modo) podem de fato mudar o jogo. Os efeitos em grande escala que nos são familiares hoje, desde a divulgação viral de um vídeo musical até uma plataforma internacional de *e-commerce*, são um mero vislumbre do que está por vir.

Por causa da escala desses efeitos, tudo vai acontecer de forma muito mais rápida na nova era digital, com implicações em cada setor da sociedade, incluindo política, economia, meios de comunicação, negócios e normas sociais. Essa aceleração, quando emparelhada com a interconectividade que a tecnologia da internet promove, vai nos apresentar uma nova era de globalização — de produtos *e* ideias. Como membros do setor de tecnologia, nosso dever é explorar de forma honesta e abrangente o impacto que nosso trabalho tem e terá na vida das pessoas e na sociedade, porque, cada vez mais, governos terão de criar regras em sinergia com indivíduos e empresas que estão se movendo em passo acelerado e expandindo os limites, algumas vezes mais depressa do que as leis podem acompanhar. Plataformas, redes e produtos digitais lançados agora têm um efeito enorme e em escala internacional. Então, para se compreender o futuro da política, dos negócios, da diplomacia e de outros importantes setores, é preciso entender como a tecnologia está conduzindo grandes mudanças nessas áreas.

Por coincidência, logo que começamos a compartilhar nossas ideias sobre o futuro, ocorreu uma série de eventos mundiais de grande destaque que exemplificava os conceitos e problemas que estavam em debate. O governo chinês lançou sofisticados ciberataques contra o Google e dezenas de outras empresas americanas; o WikiLeaks entrou em cena, fornecendo acesso universal a centenas de milhares de arquivos digitais confidenciais; grandes terremotos no Haiti e Japão devastaram cidades, mas geraram soluções inovadoras de alta tecnologia; e as revoluções da Primavera Árabe abalaram o mundo com sua rapidez, força e seus contagiosos efeitos de mobilização. Cada um desses acontecimentos turbulentos introduziu novos ângulos e possibilidades a serem considerados com relação ao futuro.

Passamos muito tempo debatendo o significado e as consequências de eventos como esses, prevendo tendências e teorizando sobre possíveis soluções tecnológicas. Este livro é o resultado de tais conversas.

Nas páginas que se seguem, exploramos o futuro como nós o vemos, cheio de questões globais complexas envolvendo cidadania, a arte de governar, privacidade e guerra, entre outros temas, tratando ao mesmo tempo dos desafios e das soluções gerados pelo desenvolvimento da conectividade mundial. Onde foi possível, descrevemos o que pode ser feito para ajudar a canalizar o influxo de novas ferramentas tecnológicas de maneira a fundamentar, desenvolver e enriquecer o mundo em que vivemos. A mudança promovida pela tecnologia é inevitável, mas, a cada estágio, podemos exercer algum controle sobre seu desenrolar. Algumas das previsões neste livro serão coisas de que você sempre desconfiou, mas que nunca conseguiu admitir — por exemplo, as conclusões lógicas sobre a guerra comercial teleguiada —, enquanto outras serão totalmente novas. Esperamos que nossas previsões e recomendações envolvam o leitor e o façam pensar.

Este não é um livro sobre apetrechos eletrônicos, aplicativos de smartphone ou inteligência artificial, embora cada um desses assuntos seja abordado. Este é um livro sobre tecnologia, porém, mais do que isso, é um livro sobre seres humanos e como eles interagem com as tecnologias em seu ambiente, seja implementando-as e explorando-as, seja adaptando-se a elas, agora e no futuro, ao redor do mundo. Mais do que tudo, este livro trata da importância das mãos humanas que guiarão nossos passos na nova era digital. Para todas as possibilidades que o desenvolvimento das comunicações representa, seu uso para o bem ou o mal só depende das pessoas. Esqueça toda aquela conversa das máquinas assumindo o comando. O que acontecerá no futuro é responsabilidade nossa.

CAPÍTULO 1

Nossos eus futuros

Em breve, todos na Terra estarão conectados. Com mais cinco bilhões de pessoas[1] prontas para aderir ao mundo virtual, o *boom* da conectividade trará ganhos em termos de produtividade, saúde, educação, qualidade de vida e milhares de outras possibilidades no mundo físico — isso será verdade para todos, dos usuários mais elitizados aos que se encontram na base da pirâmide econômica. No entanto, estar "conectado" significará coisas diferentes para pessoas diversas, sobretudo porque os problemas que elas têm para resolver divergem de forma dramática. O que parece um pequeno salto à frente para alguns — como um smartphone com preço abaixo de 20 dólares — pode ser tão profundo para um determinado grupo quanto ir trabalhar num carro sem motorista é para outro. As pessoas descobrirão que estar conectadas virtualmente as faz sentir mais iguais — com acesso aos mesmos recursos básicos on-line, plataformas e informações —, enquanto diferenças significativas persistem no mundo físico. A conectividade não vai solucionar a desigualdade de renda, mas vai aliviar algumas de suas causas mais intratáveis, como a falta de acesso à educação e oportunidade econômica. Dessa forma, temos de reconhecer e celebrar a inovação em seu próprio contexto. Todos vão se beneficiar, mas não na mesma medida, e a forma como essas diferenças se manifestam no cotidiano das pessoas é o nosso foco aqui.

Aumento de eficiência

Ser capaz de fazer mais virtualmente tornará a mecânica do mundo físico mais eficiente. Conforme a conectividade digital alcançar os pontos mais distantes do globo, novos usuários a empregarão para aperfeiçoar uma vasta gama de mercados, sistemas e comportamentos ineficientes, nas sociedades mais e menos avançadas. Os ganhos em produtividade e eficiência obtidos serão profundos, e as pessoas poderão fazer mais com menos, em especial nos países em desenvolvimento onde o isolamento tecnológico e as políticas incompetentes limitaram o crescimento e o progresso durante anos.

A disponibilidade de aparelhos ligados à rede por preços acessíveis, incluindo telefones e tablets, será transformadora para esses países. Considere o impacto de celulares básicos para um grupo de pescadoras do Congo nos dias de hoje.[2] Elas costumavam levar sua produção diária para o mercado e vê-la estragar enquanto o dia avançava, e agora mantêm os peixes presos à linha, dentro do rio, à espera das ligações dos fregueses. Assim que um pedido é feito, o peixe é tirado da água e preparado para o comprador. Não há necessidade de um refrigerador caro ou de alguém para vigiá-lo durante a noite, não há perigo de o peixe estragar e perder seu valor (ou intoxicar os consumidores), nem é preciso pescar em excesso. O mercado dessas mulheres pode até crescer se outros pescadores de áreas próximas coordenarem-se com elas por meio de seus próprios telefones. Para substituir uma economia de mercado formal (que poderia levar anos para se desenvolver), esta não é uma solução ruim para essas mulheres ou a comunidade como um todo.

Celulares estão transformando o modo como as pessoas de países em desenvolvimento acessam e usam a informação, e as taxas de adesão não param de subir. Já existem mais de 650 milhões de usuários de telefones móveis na África[3] e quase três bilhões na Ásia.[4] A maioria dessas pessoas usa aparelhos com recursos básicos[5] — só chamadas de voz e mensagens de texto —, porque o custo do acesso à internet em seus países é em geral proibitivo, de modo que mesmo aqueles com condição para comprar celulares conectados à rede não podem arcar com seu uso. Isso vai mudar, e, quando acontecer, a revolução dos smartphones vai beneficiar profundamente essas populações.

Centenas de milhões de pessoas vivem hoje com seus avós em países cuja expectativa de vida está abaixo dos sessenta anos, chegando a cinquenta[6] em alguns lugares, e não existem garantias de que suas condições políticas e macroeconômicas melhorarão drasticamente em algum momento próximo. O que surgiu de novo em suas vidas e seus futuros foi a conectividade. De forma extraordinária, elas têm a chance de saltar tecnologias anteriores, como os modems de discagem, e ir direto para as conexões sem fio de alta velocidade, o que significa que as mudanças geradas pelas inovações vão ocorrer de forma ainda mais rápida do que nos países desenvolvidos. A introdução do celular é muito mais transformadora do que a maioria das pessoas em países mais avançados consegue perceber. Assim que as sociedades em desenvolvimento ficam on-line, elas de repente conseguem acesso a grande parte da informação mundial que existe num mesmo lugar e em sua própria língua. Isso é verdade até para um boiadeiro iletrado da tribo maasai no Serengeti,[7] cuja língua nativa, Maa, não é escrita — ele será capaz de, verbalmente, perguntar sobre os preços de mercado do dia e consultar as pessoas das proximidades sobre a presença de predadores na área, recebendo de volta uma resposta falada em seu aparelho. Telefones móveis permitirão que pessoas antes isoladas se conectem a outras muito distantes e muito diferentes delas. E, no campo econômico, elas descobrirão maneiras de utilizar as novas ferramentas a seu dispor para ampliar negócios, torná-los mais eficientes e maximizar os lucros, assim como as pescadoras fizeram de forma bem mais localizada com seus celulares básicos.

O que a conectividade também proporciona, além de telefonia móvel, é a capacidade de coletar e utilizar informação. Dados são uma ferramenta e, em lugares onde estatísticas pouco confiáveis sobre saúde, educação, economia e necessidades da população estagnaram o crescimento e o desenvolvimento, a possibilidade de obter informação efetiva proporciona uma virada no jogo. Toda a sociedade se beneficia com a informação digital, já que com ela governos podem fazer uma avaliação melhor de suas políticas, e os meios de comunicação e organizações não governamentais podem usá-la para apoiar seus trabalhos e checar fatos. Por exemplo, a Amazon pode, a partir dos dados de seus parceiros comerciais, usar algoritmos com o objetivo de desenvolver empréstimos bancários personalizados para eles — em alguns casos, após os bancos tradicionais já lhes terem fechado as portas. Mercados maiores e medidas melhores podem ajudar a criar economias mais saudáveis e produtivas.

O mundo em desenvolvimento não será deixado de fora dos avanços em apetrechos eletrônicos e outros maquinários de alta tecnologia. Ainda que os preços de sofisticados smartphones e robôs que realizam tarefas domésticas como aspirar a casa permaneçam altos, mercados ilícitos, como a rede *Shanzai* chinesa,[8] produzirão e distribuirão imitações para preencher esse vácuo. E tecnologias que surgiram em contextos de Primeiro Mundo encontrarão propósitos renovados nos países em desenvolvimento. Na impressão em 3-D, conhecida como *additive manufacturing*, as máquinas podem de fato "imprimir" objetos físicos[9] coletando dados tridimensionais sobre eles e traçando os contornos de sua forma, uma camada ultrafina sobre a outra, com plástico líquido ou outro material, até que ele se materialize. Tais impressoras já produziram uma vasta gama de objetos, como celulares personalizados, peças de máquinas e uma réplica de motocicleta em tamanho real.[10] Essas máquinas terão com toda certeza um impacto no mundo em desenvolvimento. Em países pobres, impressoras 3-D comunitárias permitiriam que pessoas fizessem qualquer ferramenta ou item de que necessitam a partir de modelos (*templates*) obtidos de uma fonte liberada — informação digital disponível gratuitamente em seu ponto de origem —, em vez de contar com tortuosas ou duvidosas rotas de entrega para produtos pré-fabricados muito mais caros.

Em países mais ricos, a impressão em 3-D será um parceiro perfeito para a manufatura avançada. Novos materiais e produtos serão construídos de forma única, de acordo com uma especificação da internet e sob medida por um equipamento comandado por um operador habilidoso e treinado. Isso não vai substituir a imensa quantidade de manufatura de grande volume e custo baixo realizada em muitos setores, mas vai trazer uma variedade sem precedentes para os produtos utilizados no mundo desenvolvido.

E, quanto às pequenas tarefas domésticas cotidianas, sistemas de informação vão facilitar muitas delas para quem vive nesses países, com as máquinas de vestuário integradas (lavadora, secadora, passadora, dobradora e separadora de roupas), que permitirão manter um inventário das peças limpas e, algoritmicamente, sugerirão combinações baseadas na agenda diária do usuário. Cortes de cabelo serão enfim automatizados e realizados com precisão mecânica. Celulares, tablets e laptops terão a capacidade de recarga sem fio, tornando a necessidade de lidar com cabos elétricos um incômodo obsoleto. Centralizar as muitas partes móveis da vida de alguém em um sistema de organização de informações e tomada de decisões fácil de usar, quase intuitivo, tornará nossa relação com a tecnologia mais natural. Contanto que existam salvaguardas para proteger a privacidade e impedir a perda de dados, esses sistemas nos liberarão de pequenos encargos — incluindo idas e vindas, listas de afazeres e variadas tarefas de monitoramento — que hoje adicionam estresse e desviam nossa concentração ao longo do dia. Nossos próprios limites neurológicos, que nos levam a esquecimentos e lapsos, serão suplementados por sistemas de informação planejados para ajudar em nossas necessidades. Dois exemplos são as próteses de memória — agendas com lembretes e listas do que fazer — e as próteses sociais, que conectam de modo instantâneo a um amigo que tem um conhecimento relevante em qualquer tarefa que você esteja executando.

Ao confiarmos nesses sistemas integrados, que englobarão tanto o lado profissional quanto o pessoal de nossas vidas, seremos capazes de utilizar nosso tempo de forma mais produtiva a cada dia — quer isso signifique usá-lo para ter "pensamentos profundos", quer para se preparar para uma apresentação importante ou garantir a presença no jogo de futebol dos filhos sem distrações. Dispositivos de sugestão que oferecem alternativas para ajudar um usuário a encontrar o que está procurando serão um recurso particularmente útil ao estimular de forma consistente nosso processo de pensamento, em última instância desenvolvendo nossa criatividade e não se apropriando dela. Claro que o mundo estará cheio de apetrechos, hologramas que permitirão a presença de uma versão virtual sua em algum outro lugar e infinitas quantidades de conteúdo, então haverá também muitas formas de procrastinação — mas o ponto é que, quando você optar por ser produtivo, poderá fazê-lo com muito mais condições.

Outros avanços em áreas como robótica, inteligência artificial e reconhecimento de voz trarão eficiência para nossas vidas ao providenciarem formas mais diretas de relacionamento com a tecnologia em nossas rotinas diárias. Robôs automatizados com aparência humana e soberbas habilidades de IA provavelmente estarão fora do poder aquisitivo da maioria das pessoas por um bom tempo, mas o consumidor médio vai ter condições de possuir um punhado de diferentes robôs multitarefas em breve. A tecnologia do aspirador de pó iRobot Roomba, o pioneiro nesse campo de robôs domésticos (lançado em 2002), se tornará mais sofisticada e multifuncional com o tempo. As próximas gerações de robôs domésticos deverão ser capazes de cuidar de outras tarefas domésticas, mexer no sistema elétrico e até resolver problemas de encanamento com relativa facilidade.

Também não podemos subestimar o impacto que um software de reconhecimento de voz de qualidade superior terá em nosso cotidiano. Além de buscar informações on-line e permitir o comando dos robôs (tarefas que já são possíveis hoje), um melhor reconhecimento vocal resultará na transcrição instantânea de qualquer coisa que você produza: e-mails, notas, discursos, teses. A maioria das pessoas fala bem mais depressa do que digita, assim, com certeza essa tecnologia vai, para muitos de nós, poupar tempo nos afazeres diários — sem falar na prevenção de casos da síndrome do túnel do carpo. O avanço na direção da escrita gerada por voz pode até alterar nosso mundo de material escrito. Vamos aprender a falar em parágrafos ou o texto começará a espelhar padrões de fala?

O uso diário de tecnologia de reconhecimento de gestos também está mais próximo do que se imagina. O Kinect da Microsoft, um sensor para o console de videogame Xbox 360 que dispensa o uso das mãos e captura e integra os movimentos do jogador, bateu um recorde mundial em 2011 ao se tornar o aparelho eletrônico de vendagem mais rápida na história, com mais de oito milhões de unidades vendidas nos primeiros sessenta dias no mercado. Interfaces gestuais logo ultrapassarão o território dos jogos e do entretenimento para alcançar áreas mais funcionais; as telas futuristas mostradas de forma tão destacada no filme *Minority Report* — no qual Tom Cruise usava tecnologia de gestos e imagens holográficas para solucionar crimes a partir de um computador — são apenas o começo. Na verdade, nós já fomos além — hoje, o trabalho realmente interessante é construir "robôs sociais" que possam reconhecer gestos humanos[11] e reagir a eles de forma adequada, como o cãozinho de brinquedo que se senta quando uma criança faz um comando com a mão.

E, olhando adiante, talvez nem tenhamos que fazer um movimento físico para manipular esses robôs. Nos últimos anos ocorreu uma série de descobertas empolgantes na tecnologia de movimento controlado pela mente — comandar uma ação apenas pelo pensamento. Em 2012, a equipe de um laboratório de robótica no Japão[12] demonstrou com sucesso que uma pessoa deitada dentro de uma máquina fMRI (que faz escaneamento constante do cérebro para medir alterações no fluxo sanguíneo) poderia controlar um robô a centenas de quilômetros de distância apenas imaginando movimentar diferentes partes de seu corpo. A cobaia podia ver pela perspectiva da máquina graças a uma câmera instalada na cabeça do robô, e, quando pensava em mexer o braço ou a perna, o robô executava o movimento correspondente quase de imediato. As possibilidades de controlar movimentos pelo pensamento, não apenas no caso de "substitutos" — como robôs independentes —, mas também no de membros protéticos, são particularmente significativas no que diz respeito a indivíduos com dificuldades motoras ou fisicamente alienados — pacientes com lesões na coluna vertebral, vítimas de amputações e outros que por algum motivo físico são incapazes de se mover ou comunicar.

Mais inovação, mais oportunidade

Que a marcha contínua da globalização vai prosseguir, e até se acelerar, com a difusão da conectividade não chega a causar surpresa. Entretanto, o que pode surpreender é o quanto alguns pequenos avanços tecnológicos, quando somados à evolução da conectividade e da interdependência entre os países, vão mudar nosso mundo. Tradução instantânea de línguas, interações em realidade virtual e edições coletivas em tempo real — mais conhecidas hoje como *wikis* — vão redimensionar a forma como empresas e organizações interagem a distância com parceiros, clientes e funcionários. Embora certas diferenças talvez nunca sejam superadas — como nuances culturais e fusos horários —, a habilidade de se relacionar com pessoas em lugares díspares com quase total compreensão e através de plataformas compartilhadas vai dar a tais interações uma sensação incrível de familiaridade.

As redes de fornecimento para corporações e outras organizações se tornarão progressivamente desagregadas, não apenas no aspecto da produção, mas também no que diz respeito às pessoas. A comunicação mais eficaz através das fronteiras e linguagens vai estabelecer confiança e criar oportunidades para indivíduos esforçados e talentosos mundo afora. Não será incomum para uma empresa francesa de tecnologia operar suas vendas do Sudeste da Ásia, enquanto sua equipe de recursos humanos está sediada no Canadá e seus engenheiros em Israel. Obstáculos burocráticos quc atualmente impedem esse nível de operação descentralizada, como restrições de visto ou regulamentos envolvendo transferências de dinheiro, se tornarão irrelevantes ou serão contornados conforme soluções digitais forem descobertas. É possível que organizações de direitos humanos com equipes em países onde vigoram pesadas sanções diplomáticas paguem seus funcionários em créditos monetários móveis ou numa moeda inteiramente digital.

Como cada vez menos empregos exigem presença física, indivíduos talentosos terão mais opções. Jovens profissionais habilidosos do Uruguai poderão competir por determinados empregos com outros em Orange County, Califórnia, nos Estados Unidos. É claro que nem todos os empregos podem ser ou serão automatizados no futuro e nem todo trabalho pode ser executado a distância — embora isso seja mais comum do que se imagina. E, para aqueles que ganham poucos dólares ao dia, surgirão infinitas oportunidades de aumentar sua renda. De fato, a Amazon Mechanical Turk, uma empresa digital de distribuição de tarefas, oferece um exemplo em funcionamento de uma firma que terceiriza pequenos trabalhos que podem ser realizados por qualquer um com acesso à internet em troca de poucos centavos. Conforme a qualidade das interações virtuais continua a se desenvolver, uma gama de vocações pode expandir a base de opções do cliente: você poderá contratar um advogado em um continente e utilizar um corretor de imóveis em outro. Os críticos da globalização vão censurar essa erosão dos monopólios locais; no entanto, isso é algo que deve ser assimilado, pois é assim que nossas sociedades avançarão e continuarão a inovar. Na verdade, o aumento da conectividade deve *ajudar* os países a descobrir sua vantagem competitiva — pode ser que os melhores designers gráficos estejam em Botsuana e que o mundo não saiba disso ainda.

Esse nivelamento do terreno para o talento se estende ao campo das ideias, e cada vez mais as inovações virão da periferia, de fora dos bastiões tradicionais do crescimento, porque as pessoas começarão a fazer novas conexões e a aplicar perspectivas originais a problemas difíceis, gerando mudanças. Novos níveis de colaboração e polinização entre diferentes setores vão garantir internacionalmente que as melhores ideias e soluções tenham uma chance de se sobrepor e ser vistas, consideradas, exploradas, aprofundadas, escolhidas e celebradas. É possível que um russo aspirante a programador, ao trabalhar como professor em Novosibirsk, descubra uma nova aplicação para a tecnologia utilizada no popular jogo Angry Birds, percebendo como sua estrutura pode ser aproveitada para desenvolver as ferramentas educativas que ele está construindo para ensinar física aos estudantes locais. Ele encontra o software de um jogo similar cuja fonte é liberada e trabalha a partir dela. Como o movimento de conteúdo gratuito continua a ganhar força mundo afora (devido a seu baixo custo para governos e empresas, e uma vez que os colaboradores se beneficiam com o reconhecimento e as oportunidades econômicas para aperfeiçoar e desenvolver suportes de ecossistemas), o professor-programador russo terá um enorme repertório de planos técnicos para aprender e usar em seu trabalho. Num mundo totalmente conectado, ele tem maiores possibilidades de atrair a atenção das pessoas certas, de receber propostas de trabalho ou sociedade ou de vender sua criação para uma grande empresa multinacional. No mínimo, ele pode marcar presença.

Inovações podem vir do zero, mas nem toda ideia local vai funcionar numa escala mais ampla, pois muitos empresários e inventores trabalham para consumidores diferentes, solucionando problemas bem específicos. Isso também é verdade nos dias de hoje. Considere o inventor queniano Anthony Mutua, de 24 anos,[13] que em 2012 apresentou numa feira de ciências em Nairóbi um chip de cristal ultrafino desenvolvido por ele capaz de gerar eletricidade quando submetido a pressão. Ele colocou o chip na sola de um tênis e demonstrou que uma pessoa poderia recarregar seu celular ao caminhar.[14] (O fato de inovadores como Mutua projetarem microchips que transformam as pessoas em fontes de energia ambulantes é um sintoma de como os problemas de eletricidade confiável e acessível, e, embora menos graves, de baterias de curta duração afetam tão criticamente alguns — e de como os governos não estão muito preocupados em manter a estabilidade das redes elétricas.) A invenção de Mutua começa agora a ser produzida em massa,[15] e, se isso tiver sucesso em reduzir os custos do produto, ele terá concebido uma das mais criativas inovações que nunca será usada fora do mundo em desenvolvimento, simplesmente porque jamais será necessária. Infelizmente, o nível de acesso de uma população à tecnologia é, em geral, determinado por fatores externos, e, mesmo se os problemas de eletricidade forem enfim solucionados (pelo governo ou pelos cidadãos), não há como prever se novos entraves vão impedir que determinados grupos consigam o mesmo nível de conectividade e oportunidade que outros.

O mais importante pilar que sustenta a inovação e a oportunidade — a educação — passará por uma mudança tremendamente positiva nas próximas décadas, quando a expansão da conectividade redimensionará rotinas tradicionais e oferecerá novos caminhos para o aprendizado. Se as escolas continuarem a integrar em seus currículos as novidades disponíveis e, em alguns casos, substituírem aulas tradicionais por oficinas ou cursos práticos mais interativos, muitos alunos terão grande competência no uso da tecnologia. A educação se tornará uma experiência mais flexível, adaptando-se aos estilos e ritmos de aprendizado das crianças. Os alunos continuarão a comparecer a escolas físicas, para socializarem e serem acompanhados por professores, mas tanto ou mais aprendizado poderá ser obtido utilizando ferramentas educacionais cuidadosamente planejadas no espírito da atual Khan Academy,[16] uma organização sem fins lucrativos que produz milhares de vídeos curtos (em sua maioria sobre ciência e matemática) e os compartilha gratuitamente on-line. Com centenas de milhões de visitas até agora ao canal da Khan Academy no YouTube, educadores dos Estados Unidos têm adotado cada vez mais esse material e incorporado a abordagem de seu criador, Salman Khan, de aprendizado modular sob medida para as necessidades dos alunos. Alguns professores estão até alterando a ordem natural de suas aulas, substituindo suas preleções em sala por vídeos que devem ser vistos depois da escola (como trabalho de casa)[17] e usando o horário com os alunos para o dever de casa tradicional, como na resolução de problemas de matemática. Pensamento crítico e habilidade para encontrar soluções se tornarão foco em muitos sistemas escolares à medida que as onipresentes ferramentas de conhecimento digital, como as seções mais confiáveis da Wikipédia, reduzem a importância da memorização pura e simples.

Para as crianças de países pobres, a futura conectividade promete novo acesso a dispositivos educacionais, embora claramente não no nível descrito antes. As salas de aula físicas permanecerão degradadas, os professores continuarão a receber sem aparecer para trabalhar, e os livros e materiais escolares ainda serão escassos. No entanto, a novidade nessa equação — conectividade — promete que crianças com acesso a aparelhos móveis e internet possam ter a experiência da escola física *e* virtual, mesmo que esta última seja informal e utilizada em suas horas de folga.

Em lugares onde as necessidades básicas são parcamente supridas pelo governo ou em regiões perigosas, tecnologias digitais básicas como telefones celulares fornecerão opções seguras e baratas para famílias que tentam educar seus filhos. Uma criança sem acesso à escola por motivo de distância, falta de segurança ou custos elevados terá um ponto de contato com o mundo do aprendizado se tiver um celular. Mesmo para aqueles sem acesso a planos de dados ou rede móvel, serviços básicos como mensagens de texto e resposta de voz interativa (IVR, *interactive voice response*, um tipo de tecnologia de reconhecimento vocal) podem proporcionar opções educacionais. A instalação de aplicativos educativos de alta qualidade e conteúdo de entretenimento em tablets e celulares antes da venda vai garantir que, mesmo com uma "banda fraca", ou seja, sem conectividade confiável, o usuário se beneficie desses dispositivos. E, quando as salas de aula estão superlotadas ou mal servidas de professores ou quando o currículo nacional é dubiamente limitado, o acesso proporcionado por equipamentos móveis pode complementar a educação das crianças e ajudá-las a cumprir seu potencial, não importam suas origens. Hoje, em países em desenvolvimento, existem numerosos projetos pilotos que alavancam a tecnologia móvel para ensinar uma vasta gama de tópicos e atividades, inclusive alfabetização para crianças e adultos, ensino de idiomas e cursos avançados de universidades. Em 2012, o MIT Media Lab testou essa abordagem na Etiópia,[18] distribuindo tablets com aplicativos pré-instalados para crianças pequenas[19] sem instruções ou professores para acompanhar suas atividades. Os resultados foram extraordinários: em poucos meses os garotos recitavam todo o alfabeto e escreviam frases completas em inglês. Sem a conectividade que será onipresente no futuro, hoje existem limites para o que esses esforços podem conseguir.

Apenas imagine as implicações dessas plataformas florescentes de aprendizado em celulares e tablets para um país como o Afeganistão, com um dos índices de alfabetização mais baixos do mundo.[20] Recursos digitais, apresentados na forma de um simples celular ou em meios on-line mais sofisticados, poderão enfim ser capazes de enfrentar qualquer turbulência ambiental (instabilidade política, colapso econômico, talvez até o mau tempo) e continuar a servir às necessidades de seus usuários. Dessa forma, ainda que a experiência educacional permaneça volátil para muitos no mundo físico, sua contrapartida virtual vai se tornar cada vez mais uma opção importante e confiável. E estudantes aprisionados em sistemas escolares com currículos limitados ou restritos à decoreba terão acesso a um mundo virtual que encoraja a exploração independente e o pensamento crítico.

Uma melhor qualidade de vida

Atrelada à grande variedade de aperfeiçoamentos funcionais em seu cotidiano, a futura conectividade promete também um incrível leque de melhorias na "qualidade de vida": coisas que deixam você mais saudável, seguro e engajado. Como acontece com outros benefícios, este também será utilizado inicialmente pela parcela mais rica da sociedade, o que não diminui sua importância.

Todos os equipamentos, telas e outras máquinas em sua casa do futuro terão outro propósito além da utilidade — vão oferecer entretenimento, descontração, enriquecimento cultural e intelectual, relaxamento e oportunidade de compartilhar as coisas com os outros. O avanço-chave que nos aguarda mais adiante é a personalização. Você será capaz de customizar seus aparelhos — de fato, a maior parte da tecnologia ao seu redor — para satisfazer suas necessidades, de modo que o ambiente refletirá suas preferências. As pessoas terão um meio melhor de preservar sua história de vida e não dependerão de álbuns de fotos, físicos ou on-line, ainda que ambos continuem a existir. A videografia e a fotografia do futuro vão permitir projetar qualquer imagem, estática ou em movimento, que você tenha capturado como holografia tridimensional. De forma ainda mais impressionante, será possível integrar quaisquer fotos, vídeos ou paisagens que escolher e salvá-las num único aparelho holográfico a ser colocado no chão de um cômodo, transformando o espaço numa sala da memória. Um casal será capaz de reconstituir sua cerimônia de casamento para os avós que estavam doentes demais para comparecer.

Os programas que você vai assistir em seus vários suportes (LCD — *liquid crystal display* — de alta qualidade, telas, projeções holográficas ou aparelhos portáteis) serão determinados por você e não pelas programações das redes de televisão. Todo um mundo de conteúdo digital, constantemente atualizado, avaliado e categorizado para ajudá-lo a encontrar suas músicas, filmes, shows, livros, blogs e artes preferidos estará ao alcance das suas mãos. A intervenção individual nos canais de entretenimento e informação será maior do que nunca, uma vez que produtores de conteúdo mudarão da fragmentação protetora para modelos mais abertos e unificados, já que um modelo diferente de negócios será necessário para manter a audiência. Serviços contemporâneos como o Spotify, que oferece um vasto catálogo gratuito de música, nos dá uma ideia de como será o futuro: uma quantidade infinita de conteúdo, disponível a qualquer hora, em praticamente qualquer dispositivo, com pouco ou nenhum custo para os usuários, respeitando direitos autorais e impostos. Antigas barreiras para os criadores de conteúdo também estão sendo derrubadas; assim como hoje se diz que o YouTube deslancha carreiras* (ou ao menos oferece fama passageira), no futuro muitas outras plataformas garantirão a artistas, escritores, diretores, músicos e outros profissionais de todos os países a oportunidade de alcançar um público muito mais vasto. Ainda será preciso ter habilidade para criar conteúdo de qualidade, mas também será mais fácil montar uma equipe com os talentos necessários para fazê-lo — digamos, um animador da Coreia do Sul, um dublador das Filipinas, um desenhista de *storyboards* do México e um músico do Quênia —, e o produto final poderá ter um potencial tão amplo para atrair o público quanto o de qualquer superprodução de Hollywood.

No futuro, o entretenimento se tornará uma experiência mais imersiva e personalizada. A integração de meios e marcas vai fazer a estratégia atual de colocação de produtos parecer passiva e até desastrada. Se, ao ver um programa de TV, você se interessar por um suéter ou quiser saber como preparar um prato, informações sobre receitas e onde comprar estarão prontamente disponíveis, bem como qualquer outro detalhe referente ao programa, suas tramas, atores e locações. Se estiver entediado e quiser dar uma pausa de uma hora, é só sintonizar seu aparelho holográfico e visitar o carnaval do Rio. Estressado? Aproveite para passar um tempo nas praias das Ilhas Maldivas. Preocupado porque seus filhos estão ficando

*A fama do popstar coreano Psy alcançou proporções globais, praticamente da noite para o dia, quando o vídeo que ele criou para sua canção "Gangnam Style" se tornou o mais acessado da história do YouTube num período de três meses.

mimados? Leve-os para caminhar pela favela de Dharavi, em Mumbai. Frustrado com a cobertura das Olimpíadas pela diferença de fuso horário? Consiga, por um preço razoável, um passe holográfico para assistir ao time feminino de ginástica competindo ao vivo bem na sua frente. Através de interfaces de realidade virtual e capacidades de projeção holográfica, você será capaz de "participar" dessas atividades enquanto elas acontecem e experimentá-las como se de fato estivesse lá. Nada supera a experiência real, mas a sensação será muito próxima. E, além de tudo, será bem mais barato. Graças a essas novas tecnologias, você se sentirá mais estimulado, ou mais relaxado, do que nunca.

E também mais seguro, ao menos nas estradas. Apesar de algumas novas possibilidades muito empolgantes em termos de transporte, como o deslocamento em velocidade supersônica através de túneis de vácuo ou viagens pelo espaço suborbital, ainda estarem longe de se tornar realidade, o desenvolvimento de carros que se dirigem sozinhos é iminente. A frota de automóveis sem motoristas do Google, construída por uma equipe de engenheiros da empresa e da Universidade de Stanford, já percorreu centenas de milhares de quilômetros sem um incidente, e logo outros modelos vão juntar-se a eles. Em vez de substituir em definitivo o motorista, o conceito será o de um "assistente de direção", no qual a opção de piloto automático pode ser ligada conforme a necessidade, da mesma forma que faz o comandante de um avião. Autoridades governamentais são bem versadas em carros sem motorista e seu potencial — em 2012, Nevada se tornou o primeiro estado americano a emitir licenças para esse tipo de automóvel,[21] e depois, no mesmo ano, a Califórnia também atestou sua legalidade.[22] Imagine as possibilidades para caminhões em rotas de longa distância. Em vez de testar os limites biológicos dos motoristas humanos em viagens de trinta horas, os computadores podem assumir a responsabilidade e dirigir em determinados trechos enquanto o condutor descansa.

Os avanços na saúde e na medicina num futuro próximo estarão entre os mais significativos de todos os novos e revolucionários desenvolvimentos. E, graças ao aumento da conectividade, um número muito maior de pessoas se beneficiará em comparação a qualquer outro momento da história. Inovações no diagnóstico e tratamento de doenças, na manutenção de registros médicos e no monitoramento da saúde pessoal prometem um acesso mais igualitário no que diz respeito a informações e terapias quando consideramos a difusão da tecnologia digital.

A capacidade de seu celular de fazer diagnósticos se tornará ultrapassada. (*Claro* que você poderá escanear qualquer parte de seu corpo como se lê um código de barras). Logo você poderá se beneficiar de uma grande quantidade de dispositivos físicos concebidos para monitorar seu bem-estar, como robôs microscópicos inseridos em sua corrente sanguínea para manter o registro de sua pressão, detectar a possibilidade de doenças cardíacas e identificar um câncer em estágio inicial. Dentro do novo quadril de titânio de seu avô, um chip funcionará como podômetro, medirá os níveis de insulina para checar o risco de diabetes e até poderá emitir um alarme telefônico para um contato de emergência no caso de ele sofrer uma queda brusca e precisar de assistência. Um diminuto implante nasal poderá ser utilizado para alertá-lo da presença de toxinas no ar ou do princípio de uma gripe.

Por fim, tais equipamentos serão tão bem-aceitos quanto os marca-passos artificiais (o primeiro dos quais foi implantado nos anos 1950). Eles serão extensões lógicas dos aplicativos para monitoramento de saúde pessoal existentes hoje em dia, os quais permitem que as pessoas usem seus celulares para supervisionar exercícios, monitorar condições metabólicas e registrar níveis de colesterol. Na verdade, já existe tecnologia ingerível de saúde — a Food and Drug Administration (FDA) aprovou a primeira pílula eletrônica em 2012.[23] Criada por uma empresa biomédica com sede na Califórnia chamada Proteus Digital Health, a cápsula carrega um minúsculo sensor do tamanho de um quarto de milímetro,[24] e, uma vez engolida, os ácidos estomacais ativam o circuito[25] que transmite o sinal para um pequeno painel instalado do lado de fora do corpo (que por sua vez envia os dados para um celular). O sistema pode coletar informações[26] sobre a reação do paciente a um determinado medicamento (monitorando temperatura do corpo, batimentos cardíacos e outros indicadores), determinar se o remédio está sendo usado conforme a receita e até informar o que a pessoa come.[27] Para quem sofre de doenças crônicas, os idosos em particular, essa tecnologia permitirá avanços significativos: lembretes automáticos para se tomarem variadas medicações, a capacidade de medir diretamente como as drogas estão agindo no corpo do paciente e a criação de um elo digital imediato para os médicos, personalizado e respaldado por dados. Nem todos vão querer monitorar a saúde a esse ponto, e menos ainda pensar numa versão bem mais detalhada do futuro nessa área, mas é provável que desejem que seus médicos tenham acesso a esse tipo de dados. “Pílulas inteligentes” e implantes nasais terão preços tão baixos quanto vitaminas e suplementos. Em curto prazo, teremos acesso a sistemas pessoais de cuidados de saúde controlados por nossos telefones, que detectarão automaticamente se algo está errado conosco a partir de dados coletados por alguns dos equipamentos mencionados. Eles nos informarão opções de horários para consulta com um médico nas proximidades e, em seguida (com consentimento), enviarão as informações relevantes sobre os sintomas e o quadro geral de saúde para o profissional que vai nos atender.

Engenheiros de tecidos orgânicos serão capazes de criar novos órgãos[28] para seus pacientes, usando materiais sintéticos ou as próprias células das pessoas. No início, o custo limitará o uso. Os enxertos de pele sintética usados hoje serão substituídos por outros feitos com as células das vítimas de queimaduras. Nos hospitais, robôs vão assumir mais responsabilidades, ao passo que cada vez mais cirurgiões permitirão que máquinas sofisticadas realizem partes difíceis de certas intervenções, nas quais é requerido trabalho delicado ou entediante ou uma vasta gama de movimentos.*

Avanços em testes genéticos abrirão caminhos na era da medicina personalizada. Por meio de análises direcionadas e sequenciamento de genoma (decodificando todo o DNA de uma pessoa), médicos e especialistas em doenças terão mais informações sobre os pacientes,[29] o que deve ajudá-los de uma forma inédita. Apesar do progresso científico constante, reações negativas severas a remédios prescritos continuam sendo uma causa importante de internações em hospitais e morte. As empresas farmacêuticas tradicionalmente apostam na abordagem "uma medida para todos" ao desenvolverem seus produtos, no entanto isso vai mudar com o florescimento do campo da farmacogenética.[30] Testes genéticos mais eficazes reduzirão a possibilidade de reações negativas, aumentarão as chances dos pacientes e fornecerão aos médicos e pesquisadores mais dados para analisar e utilizar. Por fim, mas a princípio apenas para pessoas com maior poder aquisitivo, será possível criar remédios sob medida para a estrutura genética de um indivíduo. Porém, isso também vai mudar quando o custo do sequenciamento de DNA cair para menos de 100 dólares e, com toda a estrutura biológica devidamente analisada e registrada, for possível para um segmento cada vez maior da população mundial se beneficiar com diagnósticos bastante específicos e personalizados.

Para os habitantes de países em desenvolvimento, conectividade básica e acesso ao mundo virtual oferecerão um recurso que pode ser utilizado na

* Equipamentos de cirurgia robótica já estão em funcionamento em hospitais dos Estados Unidos e da Europa.

melhoria da qualidade de vida, e em nenhum outro campo isso é mais importante do que no da saúde. Embora no mundo físico eles precisem lidar com tratamento inadequado, falta de vacinas e remédios, sistemas hospitalares falidos e outros fatores externos que geram crises de saúde (como a migração interna gerada por conflitos), muitos benefícios importantes podem ser obtidos nessa área com o uso inovador dos celulares, em especial por indivíduos e agentes não governamentais que se disponham a apostar na mudança de um sistema estagnado. Nós já estamos vendo isso acontecer. Hoje, em toda parte do mundo em desenvolvimento, a revolução da "saúde móvel"[31] — telefones celulares utilizados para conectar pacientes e médicos, monitorar a distribuição de medicamentos e aumentar a área de alcance dos estabelecimentos hospitalares — é responsável por uma série de melhorias à medida que empresas start-ups de tecnologia, organizações sem fins lucrativos e empresários enfrentam problemas difíceis com soluções tecnológicas. Telefones móveis estão sendo usados para localizar carregamentos de remédios e verificar sua autenticidade, compartilhar informações básicas de saúde indisponíveis localmente, enviar aos pacientes lembretes sobre medicação e consultas ou compilar dados sobre indicadores de saúde que representantes do governo, ONGs e outros interessados possam utilizar na concepção de seus programas.[32] Os problemas centrais nos sistemas de saúde de países pobres, como hospitais sem funcionários, pacientes sem atendimento em lugares distantes, poucos medicamentos distribuídos de forma ineficaz e falta de informação sobre vacinas e prevenção de doenças, vão ter ao menos uma solução parcial gerada pela conectividade.

No mínimo, a adoção de celulares garante que as pessoas tenham um novo nível de controle sobre sua saúde pessoal, embora os aparelhos em si, claro, não possam curar doenças. Os telefones podem ser usados para acessar informações sobre prevenção, tratamento e recuperação de doenças. Podem trazer ferramentas básicas de diagnóstico embutidas — talvez não raios X, mas câmeras e gravações de áudio. Uma mulher pode fotografar uma lesão ou gravar uma tosse e mandar a informação para um médico ou profissional de saúde com quem ela interage a distância de forma eficiente, barata e privada. Soluções digitais como esta não são um substituto perfeito para um sistema de saúde que funcione de forma adequada, entretanto podem oferecer novas informações e interações para, no mínimo, aliviar um problema maior, mais intrincado e relativo a várias gerações.

A parte de cima

A conectividade beneficiará a todos. Os que não têm nenhuma conseguirão um pouco e os que têm muita obterão ainda mais. Imagine que você é um jovem profissional urbano morando em uma cidade dos Estados Unidos daqui a algumas décadas. Sua manhã comum pareceria algo assim:

Não haverá um despertador em sua rotina de acordar — pelo menos não no sentido tradicional. Em vez disso, você será despertado pelo aroma de café fresco, pela luz entrando no quarto enquanto as cortinas se abrem de modo automático e por uma suave massagem nas costas administrada por sua cama high-tech. Você provavelmente vai acordar renovado, pois dentro de seu travesseiro haverá um sensor especial que monitora seus ritmos de sono, determinando com precisão quando acordá-lo sem prejudicar seu ciclo de REM (*rapid eyes movement*, movimento rápido dos olhos, que indica que a pessoa está sonhando).

Seu apartamento é uma orquestra eletrônica, e você é o maestro. Com movimentos simples e comandos de voz, pode-se controlar a temperatura, umidade, música ambiente e iluminação. Chegou a hora de dar uma olhada nas notícias do dia em telas translúcidas, enquanto um terno limpinho sai de seu armário automatizado, já que sua agenda indica uma importante reunião para hoje. Você vai à cozinha tomar o café da manhã acompanhado pelas imagens translúcidas do noticiário, um holograma programado para segui-lo usando um sistema de detecção de movimento. Você pega uma caneca de café e um petisco saboroso recém-preparado por seu forno programável e checa os e-mails num "tablet" holográfico projetado à sua frente. Seu sistema central sugere uma lista de tarefas para os computadores domésticos realizarem naquele dia, e você aprova todas. Em seguida ele sugere que, como seu estoque de café deve acabar na próxima quarta, seja feita a compra de uma embalagem maior que está em promoção on-line. Como alternativa, oferece avaliações recentes de outros tipos de café dos quais seus amigos gostam.

Enquanto reflete sobre a questão, você confere as anotações para uma apresentação que vai fazer no decorrer do dia para importantes novos clientes no exterior. Todos os dados de sua vida pessoal e profissional são acessáveis a partir de cada um de seus vários aparelhos, já que estão armazenados na nuvem, um sistema de armazenamento digital remoto cuja capacidade é quase ilimitada. Você dispõe de uma série de serviços digitais diferentes e intercambiáveis: um é do tamanho de um tablet e outro é pequeno como um relógio de bolso, mas outros podem, ainda, ser flexíveis ou vestíveis. Todos serão muito leves, incrivelmente rápidos e usarão processadores mais poderosos do que qualquer um disponível hoje em dia.

Você toma outro gole de café, confiante de que vai impressionar seus clientes. Sente-se como se já os conhecesse, embora nunca os tenha encontrado pessoalmente, pois seus contatos têm sido feitos por meio de uma interface de realidade virtual. Você interage com "avatares" holográficos que capturam com exatidão a fala e os movimentos dos seus clientes. E os compreende bem, sabendo de suas necessidades, já que o software autônomo de tradução de idioma reproduz o que é dito por cada um dos envolvidos quase instantaneamente. Interações virtuais em tempo real como essas, bem como a possibilidade de editar e colaborar em documentos e outros projetos, fazem a distância física entre vocês parecer insignificante.

Caminhando pela cozinha, você dá uma topada forte com o dedão no canto de um armário — ai! No mesmo instante, seleciona os aplicativos de diagnóstico em seu telefone móvel. Dentro do aparelho, há um minúsculo chip que usa ondas de baixa radiação[33] para escanear seu corpo como um raio X. Um exame rápido mostra que o dedo está apenas machucado e não quebrado. Você recusa a sugestão do aparelho para agendar uma consulta com um médico próximo para uma segunda opinião.

Ainda há algum tempo antes de sair para o trabalho — ao qual você chegará em seu automóvel sem motorista, claro. O carro sabe a que horas é preciso estar no escritório a cada manhã com base em sua agenda e, depois de checar as informações de trânsito, se comunica com seu relógio de pulso para dar a você uma contagem regressiva de sessenta minutos até a hora de sair de casa. Sua ida para o trabalho será tão produtiva ou relaxante quanto você desejar.

Antes de sair, seu dispositivo lembra que é preciso comprar um presente para o aniversário de seu sobrinho. O sistema propõe uma lista de sugestões derivada de dados anônimos agregados sobre garotos de nove anos com o mesmo perfil e interesse, mas nenhuma das ideias o inspira. Então, você se lembra de uma história que os pais dele contaram que divertiu a todos com mais de quarenta anos. Seu sobrinho não entendeu uma referência à velha desculpa "o cachorro comeu meu dever"; como um cachorro poderia comer um drive de armazenagem?[34] Ele não frequentou a escola antes dos livros digitais e planos de aula on-line, e usa papel para fazer seus trabalhos tão raramente — e armazena seus deveres na nuvem tão rotineiramente — que a ideia de que poderia de alguma forma "esquecer" seu dever de casa *e* ainda aparecer com uma desculpa como essa soava absurda. Você faz uma busca rápida por um cão robótico e o compra com um único clique, tendo antes adicionado detalhes especiais que possam agradar ao garoto, como um esqueleto de titânio reforçado para a eventualidade de seu sobrinho querer montar em seu mascote artificial. No cartão virtual, digita: "Caso você precise." A encomenda chegará a seu destino no máximo cinco minutos depois do horário selecionado para a entrega.

Quando pensa em tomar outra caneca de café, um dispositivo háptico (referente à tecnologia háptica, que envolve toque e sensações) embutido no calcanhar de seu calçado lhe dá um gentil beliscão — um sinal de que você se atrasará para seus compromissos matinais se continuar em casa. Talvez você pegue uma maçã ao sair, para comer no banco de trás do carro enquanto ele dirige até o escritório.

Se você é um dos profissionais bem-remunerados que integram a parte de cima do mundo (como são a maioria dos moradores de países ocidentais ricos), terá acesso direto a várias dessas tecnologias, como proprietário ou amigo de quem as possua. É provável que reconheça nessa rotina matinal algumas coisas que já imaginou ou experimentou. Claro, sempre existirão as pessoas muito ricas, cujo acesso à tecnologia será ainda maior — elas provavelmente vão evitar os carros e fazer o trajeto até o trabalho em helicópteros automatizados com um sistema de estabilização de movimento, por exemplo.

Continuaremos a encontrar desafios no mundo físico, entretanto a expansão do universo virtual e do que é possível on-line — assim como a inclusão de mais cinco bilhões de mentes — significa que teremos novos modos de obter informações e mobilizar recursos para resolver problemas, mesmo que as soluções sejam imperfeitas. Ainda que continuem existindo diferenças significativas entre as pessoas, oportunidades de interagir e políticas melhores podem ajudar a aparar essas arestas.

O avanço da conectividade terá um impacto que vai muito além do nível pessoal. As maneiras como os mundos físico e virtual coexistem, colidem e se complementam vão afetar significativamente o comportamento de cidadãos e Estados nas próximas décadas. Contudo, nem todas as notícias são boas. Os próximos capítulos examinam como todos — indivíduos, empresas, organizações não governamentais (ONGs), governos e outros — lidarão com a nova realidade de existir em dois mundos e como vão utilizar o melhor e o pior de cada um deles nessa nova era digital. Cada pessoa, nação e instituição terá de descobrir sua própria fórmula, e aqueles que se mostrarem mais capazes de navegar no mundo multidimensional estarão à frente no futuro.

CAPÍTULO 2

O futuro da identidade, da cidadania e da reportagem

Na próxima década, a população virtual mundial será maior do que a da Terra. Quase todas as pessoas estarão representadas de formas múltiplas, criando comunidades vibrantes e ativas de interesses interligados que refletirão e enriquecerão a realidade. Essas conexões vão gerar uma quantidade colossal de dados — uma revolução, como alguns a chamam — e dar poder aos cidadãos de um modo nunca antes imaginado. Entretanto, apesar de tais avanços, existe um grande porém: o impacto dessa revolução vai privar os cidadãos de grande parte do controle sobre suas informações pessoais no espaço virtual, o que terá consequências significativas no mundo físico. Isso pode até não ser uma verdade absoluta para todos os usuários, mas num nível mais amplo vai afetar e moldar nosso mundo de forma profunda. O desafio que enfrentamos como indivíduos é determinar que medidas estamos dispostos a tomar para recuperar o controle sobre nossa privacidade e segurança.

Hoje, nossas identidades on-line afetam nossa existência física, mas poucas vezes se sobrepõem a elas. O que as pessoas fazem e dizem em seus perfis nas redes sociais atrai elogios e curiosidades; no entanto, na maioria das vezes, as informações mais significativas e pessoais permanecem escondidas. Campanhas de difamação e polêmicas por tradição envolvem figuras públicas e não cidadãos comuns. No futuro, nossas identidades na vida cotidiana serão definidas cada vez mais por nossas atividades e associações virtuais. Passados documentados com rigor terão um impacto nas perspectivas que surgirão, e nossa capacidade de influenciar e controlar a forma como somos percebidos pelos outros será reduzida de forma drástica. O potencial para que alguém acesse, compartilhe ou manipule parte de nossas identidades on-line vai aumentar, em particular devido à confiança que depositamos na armazenagem de dados em nuvem. (Em linguagem leiga, computação na nuvem se refere a softwares hospedados na internet que o usuário não precisa manipular diretamente. Guardar documentos ou conteúdo "na nuvem" significa que os dados estão armazenados em servidores remotos e não em locais específicos ou no próprio computador da pessoa e podem ser acessados por várias redes ou usuários. Com a computação na nuvem, as atividades são mais rápidas, fáceis de difundir e mais capazes de lidar com um tráfego intenso.) Esta vulnerabilidade — ao mesmo tempo presumida e real — vai fazer com que as empresas de tecnologia trabalhem mais ainda para ganhar a confiança de seus clientes. Se elas não superarem as expectativas em termos de privacidade e confiança, o resultado pode ser a rejeição e o abandono do produto. A indústria já está se dedicando a encontrar meios criativos de mitigar os riscos, como pela autenticação por dois itens, que requer que o usuário apresente duas das opções seguintes para acessar seus dados pessoais: algo que ele sabe (exemplo: uma senha), possui (exemplo: um celular) ou é (exemplo: uma impressão do polegar). É encorajador saber que muitos dos melhores engenheiros do mundo estão trabalhando duro nas próximas soluções. No mínimo, encriptações mais complexas serão quase universalmente adotadas como uma solução melhor, embora não perfeita. ("Encriptação" se refere ao embaralhamento de informações de modo que apenas alguém com os requisitos de verificação adequados possa decodificá-las e utilizá-las.)

Os fundamentos básicos da identidade on-line também podem mudar. Alguns governos considerarão muito arriscada a existência de milhares de cidadãos anônimos, não rastreáveis e não verificáveis — "pessoas escondidas" — e vão querer saber quem está associado a cada conta on-line, tentar requisitar confirmações de nível federal com o objetivo de conseguir exercer controle sobre o mundo virtual. Dificilmente sua identidade virtual no futuro será uma simples página do Facebook; em vez disso, será uma constelação de perfis, de cada atividade, que será verificada e talvez até regulada pelo governo. Imagine todas as suas contas — Facebook, Twitter, Skype, Google+, Netflix, assinaturas de jornais — vinculadas a um "perfil oficial". Em resultados de pesquisas, informações provenientes de perfis on-line certificados terão prioridade sobre conteúdo sem o mesmo nível de autenticação, o que implicará que muitos usuários realizarão a opção natural de clicar nos resultados (verificados) que estarão no topo da seleção. Dessa forma, o custo final de permanecer anônimo pode ser a irrelevância;

mesmo o conteúdo mais fascinante, se vinculado a um perfil anônimo, pode não ser visto apenas por estar listado muito abaixo de outros numa busca.

Ter uma identidade moldada off-line e projetada on-line substituída por uma criada on-line e experimentada off-line terá implicações para a navegação de cidadãos, Estados e empresas no novo mundo digital. E o modo como pessoas e instituições lidam com questões de privacidade e segurança nesse período de transição vai determinar os novos limites para cidadãos de todos os lugares. Queremos explorar aqui o que a conectividade completa significará para os usuários do futuro, como estes reagirão a ela e as consequências geradas tanto para ditadores quanto para democratas.

A revolução dos dados

A revolução dos dados trará benefícios incalculáveis para os cidadãos do futuro. Eles terão uma percepção inédita de como outras pessoas pensam, se comportam e se relacionam com normas, tanto em termos domésticos quanto em qualquer sociedade do mundo. Essa capacidade recém-adquirida de obter informações acuradas e confirmadas, com facilidade, em sua própria língua e em quantidade infinita, vai resultar em uma era de pensamento crítico em sociedades que antes se encontravam culturalmente isoladas. Onde a infraestrutura física é deficiente, a conectividade vai permitir que as pessoas construam negócios, participem do comércio on-line e interajam com o governo em um nível completamente novo.

O futuro vai apresentar uma era de escolhas e possibilidades sem precedentes. Enquanto alguns vão tentar administrar sua identidade se engajando na quantidade mínima possível de interação virtual, outros vão descobrir que as oportunidades de participar valem os riscos de exposição aos quais estão se submetendo. A participação de cidadãos vai alcançar seu ponto máximo, pois qualquer um com equipamento móvel e acesso à internet será capaz de desempenhar um papel na promoção de responsabilidade e transparência. Um lojista em Adis Abeba (Etiópia) e um adolescente precoce em São Salvador (El Salvador) podem disseminar informações sobre subornos e corrupção, informar irregularidades eleitorais e, de modo geral, exigir explicações de seus governos. Câmeras de vídeo instaladas em carros de polícia vão ajudar a manter os agentes da lei na linha, se as câmeras nos celulares dos cidadãos já não o fizerem. De fato, a tecnologia vai permitir que as pessoas fiscalizem a polícia numa diversidade de maneiras criativas e nunca antes possíveis, incluindo sistemas de monitoramento em tempo real que permitirão o acompanhamento público de cada policial de sua cidade. Comércio, educação, serviços de saúde e o sistema judicial se tornarão mais eficientes, transparentes e inclusivos conforme as principais instituições adentrem a era digital.

Aqueles que tentam perpetuar mitos sobre religião, cultura, etnias ou qualquer outra coisa vão ter dificuldades para manter a validade de suas narrativas em meio a um mar de ouvintes agora informados. Com mais dados, todos ganham mais parâmetros de referências. Um curandeiro de Malawi pode se deparar com uma comunidade subitamente hostil se muitas pessoas acreditarem em informações encontradas na internet que contradigam sua autoridade sobrenatural. Jovens no Iêmen talvez confrontem os idosos da tribo em relação à prática tradicional de desposar noivas ainda impúberes se considerarem o abrangente consenso de vozes discordantes on-line e que, portanto, tal atitude depõe contra eles. Ou seguidores de um guru indiano podem descobrir uma forma de conferir referências de suas credenciais na internet e abandoná-lo se ele se revelar indigno de confiança. Enquanto muitos se preocupam com o fenômeno do viés pela confirmação[1] (quando, de forma consciente ou não, as pessoas prestam mais atenção às fontes de informação que reforçam suas ideias preconcebidas) à medida que proliferam os recursos on-line, um estudo recente da Universidade Estadual de Ohio[2] sugere que esse viés não é tão significativo quanto se supõe, ao menos no que diz respeito ao panorama político dos Estados Unidos. Na verdade, essa propensão diz respeito tanto às nossas respostas à informação recebida de forma passiva quanto à nossa tendência a selecionar de forma proativa. Então, conforme milhões de pessoas adentram o universo digital, temos motivos para ser otimistas sobre as mudanças sociais que nos aguardam.

Os governos também vão ter mais dificuldades para manobrar cidadãos mais conectados. Destruir documentos, sequestrar, demolir monumentos — ações restritivas e repressoras desse tipo perderão muito de seu poder funcional e simbólico na nova era digital. Tais documentos poderão ser recuperados se estiverem armazenados na nuvem, e a pressão que uma comunidade da internet ativa e globalizada é capaz de exercer quando mobilizada contra a injustiça vai fazer governantes pensarem duas vezes antes de capturarem ou prenderem alguém indefinidamente. Uma liderança como a dos talibãs ainda seria capaz de destruir patrimônios como as esculturas dos Budas de Bamiyan, mas no futuro esses monumentos terão sido escaneados com tecnologia sofisticada que preserve cada um de seus pormenores em memória virtual, permitindo sua posterior reconstrução por homens ou impressoras 3-D, ou mesmo sua projeção como hologramas. Talvez o World Heritage Centre da Unesco inclua essas práticas em seus esforços de restauração. A estrutura da sinagoga mais antiga da Síria, por exemplo, atualmente em um museu em Damasco, poderia ser projetada como um holograma ou reconstruída com a impressão 3-D em seu lugar original em Dura-Europos. O que acontece agora na maioria dos países desenvolvidos do mundo — a presença de uma sociedade civil disposta a checar fatos e investigar seu governo — será verdade em quase todos os lugares, com o auxílio do prevalecimento de aparelhos portáteis poderosos e baratos. E, num nível mais básico, cidadãos de qualquer parte poderão comparar a si mesmos e seu modo de vida com o restante do mundo. Práticas consideradas bárbaras ou retrógradas parecerão ainda mais agressivas quando vistas nesse contexto.

A identidade será um artigo muito precioso no futuro e existirá originalmente on-line. Essa experiência vai começar no nascimento ou até antes. Períodos da vida das pessoas serão congelados no tempo e facilmente resgatados para quem quiser ver. Como resposta, as empresas terão de criar novas ferramentas para o controle da informação, tais como listas que nos permitam administrar quem pode ver nossos dados. As tecnologias de informação usadas na atualidade são invasivas por concepção, coletando fotos, comentários e amigos em gigantescos bancos de dados que podem ser pesquisados e, na ausência de regulação externa, tornam-se alvo de empregadores, dos responsáveis pelas admissões nas universidades e dos fofoqueiros da cidade. Somos o que tuitamos.

Numa concepção ideal, todos deveriam ter consciência para administrar com cuidado suas identidades on-line e vidas virtuais, monitorando-as e formatando-as desde cedo para não correr o risco de prejudicar suas oportunidades no mundo real. Claro que isso é impossível. Para crianças e adolescentes, a vantagem de compartilhar sempre superará os vagos e distantes riscos de exposição, mesmo com os exemplos evidentes das consequências de tal atitude na vida pública. Quando um homem completar quarenta anos, vai ter acumulado e guardado uma significativa narrativa on-line, todos os fatos e ficções, todos os equívocos e triunfos, cobrindo cada fase de sua existência. Até os boatos viverão para sempre.

Em comunidades muito conservadoras, nas quais a vergonha social tem grande peso, poderemos ver uma espécie de "assassinato virtual" — esforços concentrados para arruinar a identidade virtual de alguém, seja por antecipação (ao expor registros de má conduta ou plantar informações falsas) ou reação (ao vincular uma identidade virtual em conteúdos envolvendo crimes, reais ou imaginários). Reputações arruinadas podem não resultar em violência física por parte do algoz, mas uma jovem que enfrente tais acusações pode ficar marcada por um estigma digital do qual, graças a uma realidade de permanência de dados incômoda, mas difícil de evitar, nunca mais escapará. Essa vergonha pública pode até levar um de seus parentes a matá-la.

E no que diz respeito ao papel dos pais? Como qualquer pai sabe, ter filhos já é difícil o bastante. Embora o mundo digital tenha tornado isso ainda mais complicado, não se trata de um problema sem solução. Os pais terão as mesmas responsabilidades no futuro, mas precisarão estar ainda mais envolvidos para garantir que suas crianças não cometerão erros on-line que poderão prejudicar seu futuro no mundo físico. Como as crianças levam vidas on-line muito mais agitadas do que permite sua maturidade real, os responsáveis perceberão que a melhor maneira de orientá-las é esclarecer sobre privacidade e segurança mesmo antes de ter aquela conversa sobre sexo. A tradicional tática dos diálogos entre pais e filhos continuará a ter um enorme valor.

Sistemas escolares também se adaptarão para exercer um papel importante. Associações de pais e mestres vão requisitar que aulas sobre privacidade e segurança sejam dadas em paralelo com as de educação sexual nos colégios de seus filhos. Tais aulas ensinarão aos alunos como otimizar seus recursos de segurança e treiná-los para se tornarem versados no que fazer e no que não fazer no mundo virtual. E professores irão assustá-los com histórias verdadeiras sobre o que acontece com quem não tem controle sobre a própria privacidade e segurança logo cedo na vida.

Alguns pais vão tentar jogar com o sistema com soluções algorítmicas que podem ou não funcionar. O processo de escolher o nome de um filho pode ser um exemplo disso. Conforme aumenta o valor funcional da identidade on-line, a supervisão parental terá uma função crítica nos primeiros estágios da vida, a começar pelo nome da criança. Steven D. Levitt e Stephen J. Dubner, autores de *Freakonomics: o lado oculto e inesperado de tudo que nos afeta*, livro de economia que virou best-seller, fizeram uma análise famosa de como populares nomes étnicos (em especial, aqueles comuns nas comunidades afro-americanas)[3] podem ser um indicador das possibilidades de sucesso na vida de uma criança. Antecipando o que está por vir, os pais também devem considerar como os sistemas de classificação das pesquisas on-line afetarão o futuro de seus filhos. A verdadeira estratégia irá além de reservar perfis de redes sociais e comprar nomes de domínio (exemplo: www.JohnDavidSmith.com). Em vez disso, implicará escolher nomes que determinarão quão fácil ou difícil será localizar aquela criança on-line. Alguns casais irão deliberadamente decidir por batizar seus filhos de forma original e única ou com grafias diferentes para criar uma vantagem, tornando-os fáceis de localizar e promover no mundo virtual sem muita competição direta. Outros seguirão o caminho inverso, escolhendo nomes comuns e populares que permitam que sua prole tenha algum grau de proteção das indexações da internet — apenas mais uma "Jane Jones" entre milhares de outras entradas similares.

Veremos também uma proliferação de negócios para atender questões envolvendo privacidade e reputação. Tal setor já existe, com empresas como Reputation.com, que usam um repertório de táticas de prevenção e reação para remover ou diluir conteúdos indesejados na internet.* Durante a crise econômica de 2008, foi divulgado que vários banqueiros de Wall Street contrataram empresas desse tipo para minimizar suas aparições on-line,[4] pagando até 10 mil dólares pelo serviço. No futuro, esse serviço vai se diversificar conforme a demanda expandir, e gerentes de identidade se tornarão tão comuns quanto corretores de ações ou administradores financeiros. O gerenciamento ativo de uma presença on-line — digamos, receber relatórios quinzenais mapeando as mudanças ocorridas em sua identidade virtual — se tornará corriqueiro para pessoas públicas e para aqueles que almejam tal status.

O campo dos seguros também se desenvolverá. Empresas vão se oferecer para segurar sua identidade on-line de roubo e hacking, acusações fraudulentas, uso incorreto ou apropriação indébita. Por exemplo, os pais podem fazer uma apólice contra danos à reputação causados pelo comportamento de seus filhos. Talvez uma professora faça uma para o caso de algum estudante invadir sua conta no Facebook

---

* A maioria dessas técnicas entra na categoria de processos de *search-engine optimization* (SEO). Para influenciar o algoritmo de classificação em dispositivos de busca, o método mais comum é disseminar conteúdo positivo sobre um alvo (digamos, o nome de uma pessoa), encorajar links a ele e atualizá-lo com frequência de modo que os selecionadores de conteúdo dos sistemas de busca identifiquem o material como novo e popular, sobrepondo-o a itens mais antigos e menos relevantes. Utilizar palavras-chave proeminentes e adicionar *back-links* (novas conexões com um website) para sites muito acessados também podem influenciar a classificação. Tudo isso é legal e, em geral, considerado justo. No entanto, existe um outro lado do SEO — chamado de "SEO do mal" —, no qual os esforços para manipular um perfil on-line incluem práticas menos legais ou justas, como a sabotagem de outros conteúdos (vinculando-o a sites comprometedores, como os de pornografia infantil), a inserção de textos ocultos ou a camuflagem (enganar os sistemas de busca para que vejam uma versão do site enquanto os usuários veem outra).

e alterar detalhes de seu perfil para difamá-la ou embaraçá-la. Já existem empresas de proteção contra roubo de identidade hoje em dia; no futuro, seguradoras vão oferecer aos consumidores proteção contra casos bem específicos de apropriação. Um grande número de pessoas pode ser atraído por essas apólices, desde as que necessitam de verdade até as muito paranoicas.

A identidade on-line vai se tornar uma moeda corrente tão poderosa que veremos o surgimento de um novo mercado negro, no qual as pessoas poderão comprar identidades reais ou inventadas. Cidadãos e criminosos se sentirão atraídos por tal possibilidade, pois o mesmo disfarce que serve como cobertura para um conhecido traficante de drogas pode também proteger um dissidente político. A nova identidade será manufaturada ou roubada e virá completa, com um histórico no mundo virtual, protocolo de internet (IP), atividades, amigos, compras e negócios falsos, tudo para torná-la convincente. Se uma família de informantes mexicanos decidir escapar da violência em Ciudad Juárez e temer retaliações por parte do cartel de drogas local, um conjunto de falsas identidades on-line certamente os ajudará a encobrir seus rastros e a recomeçar do zero.

Claro que esse tipo de rota de fuga será um empreendimento de alto risco na era digital. Embarcar numa nova vida exigiria total desligamento dos vínculos anteriores, porque o menor dos gestos (como a busca por um parente) poderia entregar a posição da pessoa. Além disso, qualquer um que assumir uma nova identidade precisará evitar todos os lugares com tecnologia de reconhecimento facial, pois um escaneamento de seu rosto poderia remeter a algum perfil do passado. E esse comércio ilícito não se realizará em becos escuros: todas as identidades serão comercializadas através de uma conexão encriptada entre duas partes mutuamente anônimas e pagas em moeda virtual difícil de rastrear. Vendedores e compradores enfrentarão riscos semelhantes aos daqueles que operam no mercado negro hoje, incluindo agentes disfarçados e negociantes desonestos (e o terreno se torna ainda mais escorregadio pela própria natureza anônima dessas transações no mundo virtual).

Alguns comemorarão o fim do controle deflagrado pela conectividade e por ambientes repletos de dados. São aqueles que acreditam que a informação quer ser livre* e que uma transparência maior em todos os aspectos resultará num mundo

* Uma citação que costuma ser atribuída a Stewart Brand, fundador e editor do *Whole Earth Catalog*, gravada na primeira Hackers' Conference, em 1984.

mais justo, seguro e livre. Durante um tempo, o cofundador do WikiLeaks, Julian Assange, foi o mais conhecido defensor dessa causa. No entanto, seus adeptos vêm de todos os estratos — são ativistas de direita, liberais de extrema esquerda e fãs despolitizados da tecnologia. Embora não concordem no que diz respeito aos métodos, para eles, a liberação de dados é uma garantia para a sociedade. Apesar de algumas conhecidas consequências negativas desse movimento (ameaças à segurança individual, reputações destruídas e caos diplomático), alguns ativistas da livre informação acreditam que a ausência de um botão de deletar em última instância fortalecerá o progresso da humanidade rumo a maior igualdade, produtividade e autodeterminação. Contudo, nós acreditamos que essa seja uma concepção perigosa, em especial pelo fato de que sempre vai existir alguém com falta de bom senso suficiente para divulgar uma informação que provocará mortes. É por esse motivo que governos têm sistemas e regulamentos válidos que, mesmo imperfeitos, decidem quem toma as decisões sobre o que é sigiloso ou não.

Conversamos com Assange em junho de 2011, quando ele se encontrava sob prisão domiciliar no Reino Unido. Independentemente de nossa posição sobre o assunto, precisamos considerar o que os ativistas da livre informação pretendem para o futuro, e, portanto, Assange é um ótimo ponto de partida. Não vamos repassar os debates atuais (sobre os quais já existem vários livros e artigos), cujos focos principais são a reação dos países do Ocidente ao WikiLeaks, os conteúdos das mensagens que vazaram, quão destrutivas são tais informações e que punições caberiam aos envolvidos nessas atividades. Em vez disso, nosso interesse reside no que está por vir e no que a próxima fase desse movimento — começando por pessoas como Assange, mas não se restringindo a elas — está interessada em atingir ou destruir. Ao longo da entrevista, ele discorreu sobres seus dois argumentos básicos sobre o tema e relacionados entre si.[5] Primeiro, nossa civilização é baseada em registros intelectuais completos, os quais devem ser o mais vastos possível para moldar nossa realidade atual e informar as gerações que virão. Segundo, como inúmeros agentes vão tentar destruir ou encobrir nossa história coletiva por interesses particulares, deveria ser um objetivo para todos que buscam e valorizam a verdade fazer com que se registre tudo o que for possível, evitando que algo seja apagado e disponibilizando a informação ao máximo, para qualquer um em qualquer lugar.

A guerra de Assange não é contra o sigilo em si — "Existem todos os tipos de motivos para que organizações sem poder trabalhem em sigilo", disse ele, "o que é legítimo no meu ponto de vista; elas precisam disso justamente por não terem poder". Em vez disso, sua luta é contra o sigilo que encobre ações que não ocorrem em nome do interesse público. "Por que organizações poderosas são cercadas de segredos?", perguntou retoricamente. Sua resposta é que os planos dessas instituições sofreriam oposição se viessem a público, então o sigilo faz com que possam prosseguir até a fase de implementação, e nesse ponto já seria tarde demais para alterar seu curso de forma efetiva. Organizações cujos objetivos não incorrem em oposição pública não carregam esse fardo, portanto não precisam de tal sigilo, acrescentou ele. Conforme esses dois tipos de organizações competem entre si, aquele que tem um respaldo genuíno do público acabará se sobrepondo, disse Assange. A liberação de informação é, portanto, "positiva para os envolvidos em ações que terão o apoio público e negativa para os que estão agindo em desacordo com a vontade popular".

Com relação ao argumento de que organizações sigilosas poderiam simplesmente retirar suas operações do universo on-line e evitar revelações indesejadas, ele tem confiança na capacidade de seu movimento para impedir que tal fato ocorra. Não é uma possibilidade, afirmou; organizações sérias sempre deixarão um rastro de documentação. Por definição, explicou, "a injustiça sistemática vai ter de envolver um grande número de pessoas". Nem todos os participantes vão ter acesso completo a todos os planos, mas cada um precisará saber alguma coisa de forma a executar seu trabalho. "Se você tirar suas informações dos registros, se as retirar de suportes eletrônicos ou físicos, do papel, as instituições vão decair. É por isso que todas as organizações têm registros rigorosos das instruções que partem da liderança." Os rastros de documentação garantem que as instruções sejam seguidas de forma adequada; portanto, segundo Assange, "se eles tornam sua estrutura fragmentada e sigilosa internamente para que a informação não vaze, há um custo tremendo na eficiência organizacional". E organizações ineficientes são também menos poderosas.

Por outro lado, segundo a perspectiva de Assange, a transparência introduz novos desafios para os movimentos que buscam a verdade. "Quando as coisas se tornam mais abertas, elas passam a ser mais complexas, porque as pessoas começam a esconder o que estão fazendo — seu mau comportamento — através da complexidade", afirma. Ele cita a ambiguidade do linguajar burocrático e o setor financeiro sediado no exterior como exemplos claros. Os dois sistemas são tecnicamente abertos, diz ele, mas são, de fato, impenetráveis; difíceis de atacar, mas ainda mais difíceis de utilizar com eficiência. A ofuscação a esse nível, no qual a complexidade é legal e utilizada para encobrir algo, é um problema muito mais complicado de solucionar do que a censura pura e simples.

Infelizmente, pessoas como Assange e organizações como o WikiLeaks estarão bem-posicionadas para tirar proveito de algumas das mudanças da próxima década. Mesmo defensores desses movimentos enfrentam difíceis questionamentos sobre os métodos e implicações das revelações on-line, em particular se deixarmos de lado o WikiLeaks em si e olharmos para o futuro. Uma das questões mais complexas diz respeito ao poder arbitrário: quem decide qual informação merece ser divulgada e qual deve ser editada ou mesmo omitida, ainda que por um tempo? Por que é Julian Assange, em particular, a pessoa que escolhe o que é relevante para o interesse público? E o que acontece se a pessoa que faz tais escolhas estiver disposta a aceitar que inocentes corram riscos indiscutíveis como consequência de suas revelações? A maioria das pessoas concordaria que algum nível de supervisão é necessário para qualquer projeto que implique denúncias visando o bem da sociedade, mas não há qualquer garantia de que tal supervisão irá acontecer (um vislumbre do nível de irresponsabilidade demonstrado por hackers* que divulgam de forma massiva informações pessoais on-line de outros é o suficiente para comprovar isso).

Se existe uma organização central balizando a liberação de informação, alguém ou algum grupo de indivíduos, com suas próprias ideias e preferências, tomará tais decisões. Enquanto seres humanos, e não computadores, estiverem controlando o mundo, vamos enfrentar questões que envolvem julgamentos, não importa quão transparentes ou tecnicamente sensatos são os objetivos.

Olhando adiante, alguns podem presumir que a proliferação da conectividade ao redor do mundo pode deflagrar a proliferação de plataformas ao estilo WikiLeaks. Com o crescimento do número de usuários e de informações sigilosas ou confidenciais on-line, especula-se que dúzias de similares em menor escala surgirão para divulgar segredos, suprindo a oferta e a demanda. Uma ideia convincente e apavorante, porém equivocada. Existe uma barreira natural para a expansão desse tipo de websites de denúncia, incluindo fatores externos que limitam o número de plataformas que podem coexistir com sucesso. Pense o que quiser do WikiLeaks, mas considere todos os fatores necessários para que ele tenha se tornado uma marca conhecida e global: mais de um vazamento geopoliticamente relevante, de larga escala, para chamar a atenção internacional; um histórico consistente de denúncias para mostrar comprometimento com a

* Enquanto dentro da comunidade técnica o termo "hacker" é usado para definir uma pessoa que desenvolve um trabalho de forma rápida e espontânea, aqui nós o utilizamos no sentido coloquial, que implica a entrada não autorizada em sistemas alheios.

causa, gerar confiança pública e incentivar outros possíveis informantes ao demonstrar a capacidade da organização para protegê-los; um líder carismático com a habilidade de representar o movimento e funcionar como seu para-raios, como Assange chamou a si mesmo;[6] uma atualização constante (em geral volumosa) de novas denúncias para permanecer relevante aos olhos do público; e uma plataforma digital – vastamente distribuída e tecnicamente sofisticada para que informantes, membros da organização e o público manuseassem o material vazado (permanecendo anônimos uns aos outros) – que conseguia evitar ser fechada por autoridades em vários países. É muito difícil construir um sistema tão intrincado e funcional, tanto em termos técnicos quanto pelo fato de que o valor da maioria dos componentes depende da capacidade dos outros. (De que serve um sistema sofisticado sem informantes motivados, ou um conjunto de valiosos segredos sem uma infraestrutura para processá-los e divulgá-los com discrição?) O equilíbrio que o WikiLeaks conseguiu criar entre interesse público, revelações e salvaguardas técnicas demorou anos para ser obtido, portanto é difícil imaginar futuros imitadores, descendentes ou rivais construindo uma plataforma e marca equivalentes de forma mais rápida — ainda mais agora que as autoridades do mundo inteiro estão conscientes da potencial ameaça de tais organizações.

Além disso, mesmo que novas organizações consigam construir tais plataformas, é muito improvável que o mundo possa abrigar mais do que um punhado delas. Existem algumas razões para isso. Em primeiro lugar, até a mais suculenta das revelações necessita de uma subsequente cobertura de mídia para ter impacto. Se o ambiente dos websites de denúncias se tornar muito descentralizado, os meios de comunicação vão ter dificuldade de acompanhar esses sites e seus vazamentos e avaliar sua confiabilidade como fontes. Em segundo lugar, os informantes vão naturalmente se aglutinar em torno de organizações que acreditam serem mais capazes de gerar o máximo de impacto para suas revelações e ao mesmo tempo providenciar-lhes o máximo possível de proteção. Esses sites podem até competir por colaboradores com promessas de mais publicidade e anonimato, mas é lógico que um informante em potencial vá seguir exemplos bem-sucedidos de outros que fizeram o mesmo antes dele. Que fonte vai arriscar sua segurança, talvez até sua vida, com um grupo inexperiente? Organizações que não conseguirem atrair de forma consistente vazamentos de alto nível vão perder atenção e financiamento, atrofiando-se de forma lenta e constante ao longo do processo. Assange descreveu esse comportamento como positivo do ponto de vista de sua organização, garantindo que o WikiLeaks estivesse sempre funcionando perfeitamente para se manter nos negócios. "As fontes têm a sua própria dinâmica",[7] afirmou. "Somos disciplinados pelas forças do mercado."

As divisões regionais podem determinar o futuro desse tipo de site mais do que qualquer outra coisa. Os governos e corporações do Ocidente, em sua maioria, estão agora cientes dos riscos que uma cibersegurança medíocre pode oferecer, e, embora seus sistemas não sejam de forma alguma impenetráveis, recursos significativos estão sendo investidos nos setores público e privado para uma melhor proteção de registros, dados e infraestrutura. O mesmo não acontece na maior parte dos países em desenvolvimento, e espera-se que, conforme essas populações adentrem o mundo virtual na próxima década, alguns experimentem sua própria versão do fenômeno WikiLeaks: fontes com acesso a registros recentemente digitalizados e incentivo para vazar material comprometedor e causar impacto político. As tempestades vindouras podem ser limitadas a um país ou região em particular, mas mesmo assim serão perturbadoras e significativas para os ambientes onde ocorrerem. Talvez até se tornem o catalisador para um levante ou uma revolução física. Podemos esperar também a utilização de táticas similares por parte de autoridades do governo para combater tais sites (mesmo se as organizações e seus servidores tiverem base em outro lugar): filtragem, ataques diretos, bloqueios financeiros e perseguição legal.

No entanto, por fim a tecnologia usada por essas plataformas será tão sofisticada que elas se tornarão impossíveis de bloquear. Quando o WikiLeaks perdeu seu principal endereço URL,[8] o WikiLeaks.org, devido a uma série de ataques *denial-of-service* (DDoS) e ao fechamento de seu provedor de serviços de internet (que hospedava o site) em 2010, seus partidários imediatamente lançaram mais de mil sites "espelhos"[9] (cópias do site original hospedadas em locais remotos), com URLs como WikiLeaks.fi (na Finlândia), WikiLeaks.ca (no Canadá) e WikiLeaks.info. (Num ataque DDoS, um grande número de sistemas de computador ataca em conjunto um único alvo, sobrecarregando-o com requisições de informação e provocando seu fechamento, negando serviço aos usuários legítimos.) Como o WikiLeaks foi concebido como um sistema distribuído — o que significa que suas operações são divididas por vários computadores diferentes em vez de concentradas num ponto centralizado —, fechar a plataforma se tornou bem mais complicado do que parecia para muitos leigos. Os websites de denúncias do futuro, com certeza, irão bem além dos sites "espelhos" e usarão novos métodos para multiplicar e obscurecer suas operações e se proteger das autoridades. Uma forma de conseguir isso seria criar um sistema de armazenagem no qual fragmentos de arquivos sejam copiados e distribuídos de tal maneira que, se um diretório for fechado, os arquivos possam ser reconstruídos a partir desses fragmentos. Tais plataformas vão desenvolver novos modos de garantir anonimato para potenciais informantes; o WikiLeaks sempre atualizava seus métodos de apresentação, alertando usuários a evitarem rotas criptográficas já utilizadas antes — entre elas a SSL, ou *secure sockets layer*, e a *hidden Tor service*, que usa a altamente encriptada rede Tor —, depois de constatarem que não eram seguras o bastante.

E o que dizer sobre os indivíduos à frente desse ataque? Os Assanges do mundo continuarão a existir, mas suas bases de apoio permanecerão pequenas. Os mais bem-vindos denunciantes no futuro serão aqueles que seguirem o exemplo de pessoas como Alexei Navalny, um blogueiro russo e ativista contra a corrupção que angariou muita simpatia em boa parte do Ocidente.[10] Desiludido com os partidos de oposição liberal em seu país, Navalny, um advogado imobiliário, começou um blog dedicado a expor a corrupção em grandes empresas russas, a princípio fornecendo ele próprio as denúncias ao fazer pequenos investimentos nos negócios e daí invocando seu direito como acionista para obrigar as empresas a compartilhar informações. Em seguida, expandiu com sucesso sua abordagem, instruindo simpatizantes a seguir seu exemplo. Por fim, seu blog se tornou uma bem-estruturada plataforma de revelação de segredos, na qual os visitantes são encorajados a fazer doações via PayPal[11] para ajudar nos custos operacionais. O perfil de Navalny foi se fortalecendo conforme sua coleção de furos de reportagem crescia, em especial com a revelação de documentos[12] que confirmavam o uso indevido de 4 bilhões de dólares no oleoduto da Transneft, uma empresa pública, em 2010. No final de 2011, o status público de Navalny já o tinha alçado ao centro dos protestos pré-eleitorais, e sua alcunha para o movimento Rússia Unida de Vladimir Putin, o Partido dos Bandidos e Ladrões,[13] se tornou viral, disseminando-se por todo o país.

Sua abordagem, ao menos no início desse novo ativismo, se distinguia pelo zelo de não focar sua operação de denúncias na figura de Putin. Os alvos eram na maioria do meio empresarial, embora na Rússia os setores público e privado não sejam fáceis de distinguir e as informações também envolvessem membros do governo. Além disso, apesar do assédio que enfrentou — foi detido, preso, espionado e investigado por fraude[14] —, Navalny permaneceu livre por anos. Seus detratores o chamaram de mentiroso, hipócrita e colaborador da CIA, mas ele permaneceu em seu país (ao contrário de tantos outros conhecidos adversários do Kremlin), e seu blog nunca foi censurado.

Alguns acreditam que Navalny não constituiu uma grande ameaça para o governo; seu nome nunca foi muito reconhecido entre os russos,[15] embora seus simpatizantes afirmem que isso se deve à baixa penetração da internet no país e ao sucesso da censura dos meios de comunicação estatais (suas aparições foram banidas da programação da televisão pública[16]). Mas uma teoria mais interessante é que, pelo menos por um tempo, ele descobriu um modo de ser um ativista anticorrupção bem-comportado, sabendo o que vazar — e de quem — e quais áreas evitar. Ao contrário de outros conhecidos inimigos de Putin, como o encarcerado bilionário Mikhail Khodorkovsky[17] e o oligarca autoexilado Boris Berezovsky,[18] Navalny parece ter descoberto uma maneira de desafiar o Kremlin e combater a corrupção sem adentrar em áreas muito delicadas que poderiam colocá-lo em grande perigo. (A não ser por uma foto muito mal manipulada[19] mostrando Navalny rindo com Berezovsky, não existe nada que sugira que ele mantenha qualquer vínculo com outros críticos do governo.) Sua presença parecia ter sido tolerada até julho de 2012, quando autoridades russas usaram todos os recursos disponíveis para desacreditá-lo, com uma acusação formal de fraude[20] num caso envolvendo uma empresa madeireira pública na região de Kirov, na qual ele tinha trabalhado como assessor do governo. As acusações, que implicariam uma pena máxima[21] de dez anos de prisão, refletiam quão ameaçador havia se tornado um resiliente movimento de protesto contra o governo. O mundo vai continuar acompanhando as trajetórias de personagens como Navalny para ver se essa espécie de abordagem pode resultar em algum tipo de proteção para ativistas digitais.

Existe também a assustadora possibilidade de surgirem sites criados por pessoas com a estratégia e a competência demonstradas pelos divulgadores de denúncias, mas não com as mesmas motivações. Em vez de funcionarem como um porto seguro para inconfidentes bem-intencionados, tais plataformas serviriam para hospedar todo tipo de conteúdo digital ilícito — vazando operações militares em andamento, hackeando contas bancárias, roubando senhas e endereços pessoais — sem nenhum objetivo em particular além da anarquia. Os operadores de tais sites não seriam ideólogos ou ativistas políticos, e sim agentes do caos. Hoje, hackers e criminosos da informação publicam o resultado de suas atividades ilegais de forma bastante indiscriminada — a lista de 150 mil clientes da Sony divulgada pelo grupo hacker LulzSec em 2011[22] foi simplesmente disponibilizada para download através de um sistema de compartilhamento individual de arquivos —, mas no futuro, se surgir uma plataforma centralizada que ofereça recursos de segurança e publicidade no nível do WikiLeaks, isso poderá se converter num verdadeiro problema. Edição, verificação e outras medidas preventivas tomadas pelo WikiLeaks e seus parceiros nos meios de comunicação com certeza não serão usadas por esses sites clandestinos (na verdade, Assange nos disse que trabalhava os textos apenas para reduzir a pressão internacional que o estava estrangulando financeiramente[23] e que preferiria não fazer intervenções), e falta de juízo no que diz respeito a assuntos delicados pode muito bem provocar mortes. Criminosos da informação com certeza vão preferir vazar suas descobertas em grandes volumes para causar o máximo de estrago. Até certo ponto, um vazamento seletivo reflete um propósito, enquanto liberar material indiscriminadamente é só uma forma de mostrar desrespeito por todo o sistema de segurança da informação.

Contudo, o contexto também faz diferença. Quão diferente seria a reação, em particular para os países ocidentais, se o WikiLeaks tivesse publicado documentos confidenciais roubados dos regimes da Venezuela, Coreia do Norte e Irã? Se Bradley Manning, a suposta fonte do material divulgado sobre o governo e os militares dos Estados Unidos, fosse um oficial da fronteira norte-coreana ou um desertor da Guarda Revolucionária Iraniana, qual seria a visão dos políticos e especialistas americanos sobre ele? Quando uma série de websites de denúncia dedicados a expor abusos ocorridos *naqueles* países surgir, com certeza o tom da classe política do Ocidente vai mudar. A julgar pelo precedente aberto pelo presidente Barack Obama em seu primeiro mandato — tolerância zero[24] em relação a vazamentos não autorizados de informações confidenciais por parte de funcionários dos Estados Unidos —, podemos esperar que os governos ocidentais adotem posturas dissonantes com relação a revelações e denúncias digitais, incentivando-as a ocorrer em países adversários e perseguindo-as de forma feroz no âmbito doméstico.

A crise da reportagem

Onde conseguimos nossas informações e em que fontes confiamos terão profundo impacto em nossas identidades futuras. As mudanças para o jornalismo na era da internet já são um tema bem explorado, e as batalhas sobre estratégias de monetização e distribuição de conteúdos prosseguirão pela próxima década. Entretanto, à medida que a tecnologia reduz as barreiras de acesso para cada setor, que alterações serão sofridas pelos meios de comunicação?

Está mais do que claro que os formatos da mídia tradicional estarão sempre um passo atrás na cobertura dos acontecimentos mundo afora. Essas organizações não conseguem se mover rápido o bastante numa era conectada, não importa quanto seus repórteres e correspondentes sejam talentosos nem a quantidade de fontes disponíveis. Em vez disso, as grandes novidades virão de forma contínua através de plataformas como o Twitter: redes abertas que facilitam o compartilhamento de informações de maneira instantânea, abrangente e acessível. Se todos no mundo tiverem um telefone com acesso à internet — o que é uma realidade não muito distante —, então a capacidade de "dar furos de reportagem" se tornará uma questão de sorte e oportunidade, como descobriu um desavisado cidadão de Abbottabad, no Paquistão, ao transmitir ao vivo pelo Twitter[25] o ataque que matou Osama bin Laden.*

Por fim, esse lapso de tempo — até que os meios de comunicação consigam divulgar a notícia — vai alterar a natureza da lealdade do público, já que leitores e espectadores buscam os meios mais rápidos de acesso à informação. Cada geração será sempre capaz de produzir e consumir mais informação do que a anterior, e as pessoas terão pouca paciência ou utilidade para mídias incapazes de acompanhar o ritmo. A lealdade do público vai derivar da capacidade de análise e das perspectivas que esses formatos tradicionais serão capazes de oferecer, e, de forma mais grave, da confiança depositada nessas instituições. O público vai apostar na credibilidade da informação, na precisão da análise e no critério de importância das notícias. Em outras palavras, alguns vão dividir sua lealdade entre as plataformas que trazem as últimas novidades e as tradicionais organizações de mídia para contar o restante da história.

As organizações jornalísticas continuarão sendo uma parte importante e integral da sociedade, porém muitos de seus produtos não sobreviverão em seu formato atual — e aqueles que sobreviverem terão de adaptar seus objetivos, métodos e estruturas para acompanhar as demandas em transformação do novo público global. Conforme caírem as barreiras linguísticas e se erguerem torres de distribuição de sinal para celulares, não haverá fim para o número de novas vozes, fontes em potencial, repórteres e fotógrafos amadores dispostos a contribuir. O que é bom: com tantos produtos reduzindo suas operações, em especial a cobertura internacional, tais colaboradores externos se tornarão necessários.

* Entre os tuítes enviados pelo consultor de tecnologia paquistanês Sohaib Athar na noite da morte de Bin Laden, consta: "Helicópteros sobrevoam Abbottabad à uma da manhã (um acontecimento incomum)."[26]

O público global também se beneficiará ao ser exposto a uma gama maior de temas e perspectivas. O efeito da presença de tantos agentes novos envolvidos, interligados por uma variedade de plataformas on-line ao enorme e difuso sistema de mídia, é que a grande imprensa vai passar a cobrir menos e validar mais. As tarefas de reportagem serão distribuídas de forma mais ampla do que hoje, o que vai expandir o escopo da cobertura, mas provavelmente reduzirá sua qualidade. O papel dos meios de comunicação tradicionais será em grande parte o de agregador, guardião e verificador, um filtro de credibilidade que separa de toda essa gama de dados e destaca o que merece e o que não merece ser lido, compreendido e confiado. Em particular para a elite — líderes empresariais, estrategistas políticos e intelectuais que contam com a mídia estabelecida —, a validação será crucial, assim como a capacidade desses meios de prover análises convincentes. Na verdade, é possível que a elite dependa *mais* dos meios de comunicação tradicionais devido à quantidade colossal de reportagem e informação de procedência questionável que inundará o sistema. O Twitter é tão capaz de produzir análises quanto um macaco é capaz de digitar uma obra de Shakespeare (embora uma acalorada troca de mensagens entre duas pessoas inteligentes e confiáveis possa chegar perto disso); a força de plataformas de compartilhamento abertas e não reguladas é sua capacidade de reação e não sua percepção ou profundidade.

Os veículos da mídia tradicional terão de descobrir maneiras de integrar todas essas novas vozes globais que estão agora ao alcance, uma tarefa desafiadora, porém necessária. O ideal seria que o negócio do jornalismo se tornasse menos extrativo e mais colaborativo; em uma matéria sobre as cheias nos rios de Bangcoc, em vez de trazer apenas a citação de um barqueiro tailandês, o jornal criaria um link no artigo para a página pessoal ou a plataforma de notícias do personagem. Com certeza as chances de erro aumentam com a inclusão de vozes novas e sem treinamento — muitos profissionais respeitados acreditam que a adoção indiscriminada do jornalismo cidadão é prejudicial à profissão, e suas preocupações não são injustificadas.

A conectividade global vai trazer novos colaboradores para a cadeia de abastecimento. Uma subcategoria a emergir será uma rede de especialistas locais em encriptação técnica, dedicada especialmente a chaves criptográficas. Os jornalistas não utilizarão tais profissionais como fontes ou produtores de conteúdo, mas como provedores dos mecanismos de confidencialidade necessários para a comunicação. Dissidentes em países repressores — como são hoje, por exemplo, Belarus e Zimbábue — sempre estarão mais dispostos a contar suas histórias se puderem fazer isso de forma segura e anônima. Muita gente será capaz de oferecer tal tecnologia, todavia os especialistas locais serão sempre mais valorizados, já que a confiança é importante. O que acontece hoje no Oriente Médio não é muito diferente, pois lá traficantes de redes virtuais privadas (VPN) circulam por movimentados pontos de comércio, junto com outros mercadores de produtos ilícitos, oferecendo a dissidentes e jovens rebeldes acesso para conectar seus aparelhos a uma rede segura. Organizações jornalísticas envolvidas em coberturas internacionais vão utilizar esses audaciosos jovens comerciantes de VPN e criptografia da mesma forma que contam com correspondentes no estrangeiro para realizar suas matérias.

Um novo tipo de correspondente também surgirá. Hoje, freelancers anônimos recebem para trabalhar em países estrangeiros e, muitas vezes, instáveis, arriscando a vida para ter acesso a determinadas fontes ou visitar lugares perigosos aonde repórteres profissionais não podem ou não querem ir. No entanto, uma categoria complementar deverá surgir: homens e mulheres que lidam exclusivamente com conteúdo digital e fontes on-line. Em vez de enfrentarem desafios em território real, esses contatos tirarão vantagem do aumento da conectividade global para encontrarem, contatarem e extraírem informações de fontes que só conhecem por meios virtuais. Eles aproximarão os jornalistas dessas fontes, da mesma forma que correspondentes locais fazem hoje. É óbvio que, por conta das camadas adicionais formadas pela distância e pelo obscurecimento inerentes ao mundo virtual, os meios de comunicação terão de agir com uma cautela ainda maior do que a habitual quanto ao tratamento, a validação de fontes e a ética.

Imagine um casal de celebridades do futuro lançando seu próprio portal de notícias na internet sobre um conflito étnico em particular que o mobilize de forma profunda, talvez por acreditar que os meios de comunicação tradicionais não estão fazendo o suficiente para divulgar o que acontece ou que estão tratando a história de forma equivocada. Decidem eliminar o intermediário e entregar as notícias direto ao público; vamos chamar essa iniciativa de *Brangelina news*. Esse casal contrata sua própria equipe para trabalhar na zona de conflito, que fornece relatos diários transformados em matérias por sua equipe na base, e publicadas na plataforma. O custo será baixo, com certeza mais baixo do que o equivalente para os grandes veículos jornalísticos. Talvez nem seja necessário pagar repórteres e correspondentes, muitos dos quais poderão trabalhar de graça em troca da visibilidade obtida. Em curto prazo, o portal se tornará a fonte definitiva de informações sobre o conflito, porque o casal tem um grande apelo público e demonstrou credibilidade suficiente em seu trabalho para ser levado a sério.

A mídia tradicional vai enfrentar esse tipo de competição em alguns anos — não apenas de tuiteiros e observadores casuais que estejam no lugar e na hora certos —, o que vai complicar a vida dos meios de comunicação durante um período. Como já dissemos, muitos vão continuar a favorecer e apoiar as grandes organizações de notícias, por lealdade e confiança nas instituições, e o trabalho jornalístico sério — reportagens investigativas, entrevistas de alto nível, a cuidadosa contextualização de acontecimentos complexos — continuará a ser o domínio das empresas tradicionais. Entretanto, para outros, a diversificação de fontes de conteúdo representará uma escolha entre um produto sério e um produto "de celebridade", e o aparente apetite insaciável por noticiário do tipo tabloide (nos Estados Unidos, no Reino Unido e em tantos lugares) sugere que provavelmente muitos consumidores vão pender para o lado da celebridade. A visibilidade, e não a consistência ou a qualidade do conteúdo, é que impulsionará a popularidade de tais editores.

Da mesma forma que fazem hoje com filantropia e viagens promocionais, as celebridades vão apostar na criação dos próprios produtos de mídia como uma extensão de suas "marcas". (Estamos usando aqui a mais abrangente definição possível de "celebridade", ou seja, as mais destacadas figuras públicas que se possa imaginar, o que, hoje em dia, inclui tanto estrelas de *reality shows* de TV quanto conhecidos pregadores evangélicos.) Isso quer dizer que alguns desses novos produtos serão tentativas consistentes de contribuir para o conhecimento público, mas muitos serão apenas superficiais e quase sem conteúdo, meros exercícios de autopromoção e comercialização da fama.

Haverá um período em que as pessoas serão arrebanhadas por esses veículos criados por celebridades por sua novidade e para integrarem uma tendência. Permanecerão consumindo esse tipo de informação as que não estiverem preocupadas com o fato de o conteúdo e o profissionalismo serem bastante inferiores em relação aos oferecidos pela mídia tradicional. Os críticos vão condenar tais transformações e lamentar a morte do jornalismo, mas tal postura será prematura; pois, uma vez que a audiência tiver mudado, a importância do jornalismo também mudará. Se um veículo de celebridade não fornecer notícias o bastante, ou cometer erros constantes que sejam expostos para o público, vai perder audiência. As lealdades são volúveis no que diz respeito aos meios de comunicação, e isso vai ser ainda mais verdadeiro conforme esse campo se tornar cada vez mais lotado. Se uma quantidade significativa de veículos de celebridades perder a fé e a confiança de seu público, o êxodo resultante será rumo aos veículos tradicionais, que terão passado por suas próprias transformações (mais agregação, maior alcance, menor tempo de resposta) nesse ínterim. Nem toda a antiga audiência vai retornar, assim como nem todos os telespectadores que contestam a mídia tradicional vão trocar fontes familiares de informação por outras novas e na moda. Em última instância, será preciso esperar para ver o tamanho do impacto dessa nova concorrência de celebridades no campo da mídia em longo prazo, mas seu surgimento como participantes no jogo da conquista de espectadores, leitores e anunciantes sem dúvida causará comoção.

A expansão da conectividade promete mais do que apenas desafios para os veículos de comunicação; ela oferece novas possibilidades para o papel da mídia de um modo geral, em particular em países onde a imprensa não é livre. Uma razão pela qual autoridades corruptas, criminosos poderosos e outras forças do mal na sociedade podem continuar agindo sem medo de perseguição é que eles controlam fontes de informação locais, seja de forma direta, como proprietários e editores, ou indireta, por meio de assédio, suborno, intimidação e violência. Isso é verdade tanto em países cujos meios de comunicação são controlados em grande parte pelo Estado, como a Rússia, quanto naqueles em que sindicatos criminosos detêm enorme poder e território, como o México. O resultado — a falta de uma imprensa independente — reduz a confiabilidade e o risco de que o conhecimento público de maus comportamentos gere uma pressão política que resulte em algum tipo de investigação.

A conectividade pode ajudar a subverter o desequilíbrio de poder de inúmeras formas, e uma das mais interessantes diz respeito à encriptação digital e o que ela permitirá que organizações de notícias clandestinas ou sob risco realizem. Imagine uma ONG internacional cuja missão é facilitar reportagens confidenciais em lugares onde é difícil ou perigoso atuar como jornalista. O que diferencia essa organização de outras que existem hoje, como grupos de vigilância e patrocínio de meios de comunicação sem fins lucrativos, é a plataforma encriptada que ela cria e implementa para ser usada nesses países. O conceito da plataforma é original e ao mesmo tempo surpreendentemente simples: para proteger a identidade dos jornalistas (os mais expostos na cadeia de acontecimentos), cada repórter de determinado veículo é registrado no sistema sob um código individual e exclusivo. Seus nomes, números de celulares e outros detalhes identificáveis são encriptados nesse código, e as únicas pessoas capazes de decodificá-lo são elementos-chave na sede da ONG (e não qualquer pessoa que trabalhe lá), que precisa estar situada fora do país em questão. No país, os repórteres são conhecidos apenas por seu código — que é usado para arquivar matérias e interagir com fontes e editores locais. O resultado é que, por exemplo, se um jornalista escreve sobre fraudes eleitorais na Venezuela (como muitos fizeram na campanha presidencial de outubro de 2012, embora não de forma anônima), os envolvidos nas irregularidades não terão um alvo para perseguir, pois não poderão acessar a identidade do repórter, e ninguém envolvido com o jornalista durante esse trabalho saberá quem ele, ou ela, é na verdade. Veículos de comunicação não manterão escritórios físicos, pois eles poderiam ser rastreados. Claro que os veículos precisarão checar seus repórteres ao contratá-los, mas, assim que um jornalista entrar no sistema, será redirecionado para um novo editor (que não o conhece), e seus detalhes pessoais desaparecerão dentro da plataforma.

A ONG operará essa plataforma de uma distância segura fora do país, permitindo que os vários participantes não corram riscos ao interagir sob o véu da encriptação. Tratar repórteres como fontes confidenciais (com identidades protegidas e conteúdos preservados) não é uma prática nova, entretanto a capacidade de encriptar dados identificáveis e utilizar uma plataforma on-line para facilitar a coleta anônima de notícias só está se tornando possível agora. Os artigos e outros materiais delicados descobertos pelos jornalistas podem ser facilmente armazenados em servidores fora do país (em algum lugar onde haja uma legislação severa sobre proteção de dados), limitando ainda mais a exposição dos envolvidos. A princípio, talvez a ONG lance sua plataforma como um produto gratuito e opere através de diferentes veículos, financiada por donativos de terceiros. Por fim, ela poderá reunir todas as plataformas em funcionamento num empreendimento centralizado, construindo uma superplataforma que englobe jornalistas não identificados de países de todo o mundo. Apesar de não defendermos um movimento popular na direção do anonimato, neste caso presumimos que a situação é tão grave, e a sociedade, tão repressora, que tal prática é um ato de desespero e necessidade. Um editor em Nova York poderia acessar esse sistema em busca de um repórter na Ucrânia e encontrar alguém com um bom currículo de matérias publicadas e mesmo recomendações de ex-colegas. Sem nem sequer saber o nome do profissional, o editor teria de contar com os textos disponíveis e com a confiança que deposita na plataforma para decidir se o escolherá ou não. Ele poderia pedir um contato encriptado com o repórter, também possível pelo sistema, para começar a construir um relacionamento.

Esse tipo de coleta de notícias desagregado e mutuamente anônimo não será difícil de criar ou manter, e, ao encriptar os detalhes pessoais dos jornalistas (bem como de seus editores) e armazenar seu trabalho em servidores remotos, aqueles que têm a perder com a criação de uma imprensa mais independente se verão cada vez mais imobilizados. Como se retalia uma plataforma digital, em especial numa época em que todos podem ler as notícias em seus celulares? Hoje, a conectividade ainda é bastante baixa[27] em muitos países onde não existe uma imprensa livre, no entanto, conforme isso mudar, o acesso da cobertura local de assuntos mais controversos vai se tornar cada vez mais abrangente — internacional, na verdade. Essas duas tendências — a maior segurança do trabalho de reportagem garantida pela criptografia e uma gama crescente de leitores devido ao aumento da conectividade — garantem que, mesmo que o sistema legal de um país seja muito corrupto ou inepto para perseguir malfeitores, estes possam ser julgados publicamente, on-line, pelos meios de comunicação. Déspotas militares com base de operação no Congo oriental[28] podem não ser levados a responder por seus crimes perante a Corte Criminal Internacional, mas suas vidas se tornarão mais desagradáveis se suas atrocidades forem registradas e descritas por jornalistas que não podem ser identificados ou localizados, e se tais informações forem transmitidas para os recantos mais distantes do mundo on-line. No mínimo, outros criminosos que negociam com eles ficariam incomodados com tal exposição digital, o que os tornaria cúmplices com um nível muito alto de visibilidade e vulneráveis demais ao escrutínio público para continuarem sendo desejáveis como parceiros de negócios.

A privacidade revista — diferentes implicações para diferentes cidadãos

Segurança e privacidade são uma responsabilidade compartilhada entre empresas, usuários e instituições ao nosso redor. Espera-se que empresas como Google, Apple, Amazon e Facebook salvaguardem nossos dados, evitem que seus sistemas sejam invadidos e providenciem as mais eficientes ferramentas para que os usuários tenham total controle de sua privacidade e segurança. Contudo, está nas mãos dos usuários a aplicação adequada de tais ferramentas. A cada dia que você opta por não utilizar esses recursos, perde um pouco de privacidade e segurança, já que os dados continuam a se acumular. E você não pode assumir que existe um simples botão de deletar. A opção "deletar" é uma grande ilusão — arquivos perdidos, e-mails descartados e mensagens de texto apagadas podem ser recuperados com um esforço mínimo. É raro que dados sejam eliminados de computadores; sistemas operacionais tendem a remover apenas um arquivo listado em seu diretório interno, mantendo o conteúdo guardado até haver necessidade de espaço para outra coisa. (Mesmo depois de um arquivo ser sobreposto, ainda há possibilidade de recuperar parte do conteúdo original devido às propriedades magnéticas do armazenamento em disco. A situação é conhecida como "persistência de dados" pelos especialistas em informática.) A computação em nuvem só reforça a permanência de informações, adicionando mais uma camada de proteção remota para os usuários e seus dados.

Tais mecanismos de retenção foram concebidos para nos defender de nosso próprio descuido ao operar computadores. No futuro, as pessoas vão confiar cada vez mais no arquivamento na nuvem — da mesma forma que passaram a confiar nos caixas eletrônicos —, em detrimento do maquinário físico, e utilizarão empresas para armazenar uma parte de suas mais importantes informações, evitando os riscos de problemas de disco rígido, invasão de computadores ou perda de documentos. Esse sofisticado sistema de backup que utiliza múltiplas camadas vai tornar as interações on-line mais eficientes e produtivas, sem falar em menos angustiantes emocionalmente.

A armazenagem quase permanente de dados terá um grande impacto sobre o modo como cidadãos operam no espaço virtual. Haverá um registro de todas as atividades e associações on-line, e tudo o que for agregado à internet se tornará parte de um repositório de informação permanente. A possibilidade de que algum conteúdo pessoal seja publicado e se torne conhecido um dia — por engano ou por interferência criminosa — sempre vai existir. As pessoas precisarão se responsabilizar por suas associações virtuais, passadas e presentes, e os riscos serão elevados para quase todos, já que os relacionamentos on-line tendem a ser mais abrangentes e difusos do que os físicos. O bom ou mau comportamento daqueles que conhecemos irá nos afetar positiva ou negativamente. (E parâmetros de privacidade mais severos nas redes sociais não serão suficientes.)

Será a primeira geração de humanos a ter um registro indelével. Colegas de Richard Nixon podem ter sido capazes de apagar aqueles dezoito minutos e meio de áudio sobre o caso Watergate e encobrir seu conteúdo, mas hoje o presidente dos Estados Unidos tem de enfrentar o fato de que cada e-mail enviado de seu BlackBerry está devidamente gravado, acessível ao público devido ao *Presidential Records Act*.[29]

Como a informação quer ser livre, não escreva nada que não possa ser lido em voz alta diante de você num tribunal ou visto impresso na manchete de um jornal, pois o peixe morre pela boca. No futuro, o significado desse velho ditado será expandido para incluir não só o que você diz ou escreve, mas também os websites que visita, quem adiciona em sua rede, o que "curte" e o que suas conexões fazem, dizem ou compartilham.

As pessoas se preocuparão de forma obsessiva com os locais de armazenamento de suas informações pessoais. Toda uma onda de negócios e novas empresas surgirá com promessas de soluções, desde aplicativos como o Snapchat, que deleta automaticamente uma foto ou mensagem depois de dez segundos, até opções mais criativas, que adicionem uma camada de encriptação e uma contagem regressiva ainda menor. Na melhor das hipóteses, as medidas vão apenas mitigar o risco de as informações pessoais serem divulgadas de forma ampla. Parte disso se deve a inovações como aplicativos que enviam automaticamente um registro de cada mensagem e foto mais depressa do que seu cérebro é capaz de comandar o aparelho. Falando de forma mais científica, tentativas de manter privados dados pessoais sempre serão derrotadas ao enfrentar a brecha analógica, que estipula que a informação em algum momento deve ser vista, pois existe para ser consumida. Enquanto essa sentença permanecer verdadeira, sempre haverá o risco de alguém reproduzir ou proliferar conteúdos.

Se estamos conectados à web, publicamos e aceitamos o risco de nos tornarmos figuras públicas. É só uma questão de quantas pessoas prestam atenção em nós e por quais motivos. Os indivíduos continuarão a manter alguma discrição sobre o que divulgam em seus aparelhos, entretanto será impossível controlar o que outros capturam e compartilham. Em fevereiro de 2012, Hamza Kashgari, um jovem colunista de um jornal saudita, postou uma conversa imaginária com o profeta Maomé em sua conta pessoal no Twitter[30] e, em determinado ponto, escreveu: "Eu amei vários aspectos seus, odiei outros e não consegui entender muitos mais." O texto gerou um ultraje instantâneo (alguns consideraram os posts blasfemos ou um sinal de renegação de fé, pecados graves para islamitas conservadores). Ele os deletou depois de seis horas,[31] mas não antes de milhares de respostas furiosas, ameaças de morte e da criação do grupo "O povo saudita exige a execução de Hamza Kashgari" no Facebook.[32] O jornalista escapou para a Malásia, mas foi deportado[33] de volta após três dias para enfrentar acusações de blasfêmia (um crime capital).[34] Apesar de ter se retratado imediatamente após o incidente e de ter pedido desculpas públicas mais uma vez em agosto de 2012,[35] o governo saudita se recusou a libertá-lo. No futuro, não fará diferença se mensagens desse tipo circularão por seis horas ou seis segundos; elas ficarão preservadas assim que a tinta eletrônica tocar o papel digital. A experiência de Kashgari é apenas uma de muitas tristes histórias de advertência.

A permanência de dados vai persistir como um desafio insuperável em todos os lugares e para todas as pessoas, mas cada sistema político e nível de controle governamental determinará em grande parte a forma como isso afetará os usuários. Para examinar essa diferença em detalhes, vamos considerar uma democracia aberta, uma autocracia repressora e um Estado falido.

Numa democracia, em que a liberdade de expressão e um governo presente alimentam o impulso popular de compartilhar, os cidadãos vão funcionar cada vez mais como juiz e júri de seus pares. O aumento de informação sobre todas as pessoas vai apenas intensificar as tendências que vemos hoje: cada opinião encontrará espaço num território virtual em expansão, a atualização em tempo real promoverá hiperatividade nas esferas social e civil, e a onipresença das redes sociais permitirá que todos sejam celebridade, *paparazzo* e *voyeur* ao mesmo tempo. Cada pessoa vai produzir uma quantidade volumosa de dados sobre si mesma — seu passado e presente, preferências e escolhas, aspirações e hábitos. Como hoje, muito desse material será *"opt-in"*, significando que o usuário opta de forma deliberada por compartilhar conteúdo por alguma razão pessoal ou comercial indeterminada; mas parte dele não será. Também como já acontece, muitas plataformas on-line repassarão para empresas e terceiros dados sobre as atividades do usuário sem o conhecimento expresso dele. As pessoas compartilharão mais do que têm consciência. Para governos e empresas, esse florescente conjunto de informações é uma dádiva, permitindo que eles conheçam melhor os anseios de cidadãos e consumidores, foquem com precisão em parcelas específicas da população e, com a ajuda do campo emergente da análise prognóstica, predigam o que esperar do futuro.*

---

* A análise prognóstica (*predictive analytics*) é um campo novo de estudos que combina estatística, garimpagem de dados e modelagem computacional. Em essência, ela usa dados para fazer previsões úteis. Por exemplo, pode usar informações sobre flutuações no uso do metrô de Nova York para prever quantos trens serão necessários num determinado dia computando sazonalidade, taxa de emprego e previsão do tempo.

Como já foi dito, nunca antes terão existido tantos dados disponíveis sobre tantas pessoas. Os cidadãos vão tirar conclusões sobre os outros a partir de princípios precisos e imprecisos, de fontes "legítimas", como perfis no LinkedIn, e "ilegítimas", como um comentário fortuito no YouTube há muito esquecido. Mais do que uns poucos aspirantes a políticos vão perceber que cavaram a própria cova quando seu comportamento prévio documentado on-line ressurgir. Claro que, com o tempo, deve prevalecer a tendência à normalização que abrandou atitudes públicas com relação ao passado de infidelidade e uso de drogas dos líderes — quem pode esquecer a declaração do presidente Bill Clinton de que "não tragou"? Talvez o eleitorado ignore fotos ou posts escandalosos de uma época que antecede o aniversário de dezoito anos de um candidato. A aceitação pública das indiscrições juvenis documentadas na internet vai progredir, mas é provável que não antes de passarmos por um doloroso período de transição. De certa forma, esse é o próximo estágio lógico numa época caracterizada pela perda de seus heróis. O que começou com os meios de comunicação de massa e Watergate vai continuar na nova era digital, quando ainda mais informações sobre os indivíduos, de quase todos os períodos de suas vidas, estarão disponíveis para exame detalhado. A falibilidade humana revelada ao longo de uma vida vai prover um infindável fluxo de detalhes on-line para corroer o conceito do herói mítico.

Qualquer candidato a um cargo, em especial aos de confiança, vai ter que responder por seu passado se quiser evoluir. Fará diferença para você se o médico da família passou seus finais de semana escrevendo longos arrazoados contra imigrantes, ou que o técnico de futebol de seu filho trabalhava como guia turístico na zona de prostituição de Bangcoc aos vinte anos? Esse nível detalhado de conhecimento sobre seus pares e líderes vai produzir consequências inesperadas dentro da sociedade. Passados documentados afetarão muitas pessoas em seus locais de trabalho e na rotina cotidiana, e alguns vão passar toda a vida intensamente conscientes da potencial volatilidade de partes de sua história, imaginando o que poderá surgir on-line um dia.

Nos países democráticos, ficará mais difícil sair impune de acusações de corrupção, crimes e escândalos pessoais numa época de abrangente engajamento dos cidadãos. A quantidade de informação sobre as pessoas que entra em domínio público — declarações de imposto, itinerários de voo, sites de localização por telefone (o sistema GPS, *global positioning system*, com dados coletados pelo celular do usuário) e muito mais, incluindo o que for revelado por hackers — vai, sem dúvida, fornecer a incontáveis cidadãos suspeitosos muito mais do que o necessário para se ocuparem. Ativistas, grupos de vigilância e indivíduos comuns vão trabalhar lado a lado na prestação de contas de seus líderes e terão as ferramentas necessárias para determinar se o que o governo diz é verdade. A confiança do público deve diminuir a princípio, no entanto deve retornar com mais força conforme a próxima geração de líderes demonstrar que está levando os novos acontecimentos em consideração.

Quando o alcance de tais mudanças for assimilado por completo, grandes porções da população vão exigir ações do governo para proteger a privacidade pessoal, num volume muito maior do que vemos hoje. As leis não vão alterar a permanência da informação digital, contudo uma regulamentação sensata pode criar métodos de checagem que garantam uma quantidade razoável de privacidade para os cidadãos que a desejam. As autoridades governamentais de hoje, salvo raras exceções, não entendem a internet — nem sua arquitetura, nem seus múltiplos usos. Isso vai mudar. Em dez anos, mais políticos vão compreender como funcionam as tecnologias de comunicação e como elas autorizam os cidadãos e outros representantes não governamentais. Como resultado, surgirão figuras no governo capazes de debater de forma mais aprofundada assuntos como privacidade, segurança e proteção do usuário.

Em democracias no mundo em desenvolvimento, onde tanto as instituições democráticas quanto a tecnologia são mais recentes, as regulamentações governamentais sobre tais assuntos serão mais aleatórias. Algum incidente em particular vai deflagrar a discussão de forma dramática e estimular a opinião pública em cada país, de modo similar ao que aconteceu nos Estados Unidos: em 1994, foi estabelecido um estatuto federal proibindo departamentos de trânsito estaduais de divulgarem dados pessoais depois de uma notória série de abusos de informação, o que incluiu o assassinato de uma proeminente atriz por um perseguidor.[36] Em 1988, após o vazamento do cadastro de aluguel de vídeos do juiz Robert Bork[37] durante o processo de nomeação para a Suprema Corte, o Congresso votou o Video Privacy Protection Act, criminalizando a prática de revelar informações de locação com identificação do cliente sem seu consentimento.*

Embora esse caos digital vá se tornar um incômodo para as sociedades democráticas, ele não destruirá o sistema. Instituições e entidades políticas per-

* O estatuto VPPA voltou a ficar em evidência numa ação judicial no Texas em 2008,[38] quando uma mulher processou a Blockbuster por compartilhar seus registros de locação e compras com o Facebook sem sua permissão. As duas partes chegaram a um acordo.

manecerão intactas, ainda que um pouco abaladas. E, assim que as democracias determinarem as leis apropriadas para regular e controlar as novas tendências, os resultados deverão ser positivos, com um fortalecimento do contrato social e um avanço na eficiência e transparência da comunidade. Mas isso vai levar um tempo, pois as normas não são fáceis de mudar, e cada democracia vai evoluir em seu ritmo próprio.

O aumento de acesso às vidas das pessoas proporcionado pela revolução de dados vai, sem dúvida, trazer perigosas vantagens para algumas autocracias repressoras no que diz respeito a manter seus cidadãos sob controle.

Essa é uma consequência desestimulante, e esperamos que seja mitigada por progressos tratados em outros pontos do livro, contudo é necessário compreender que pessoas vivendo em autocracias precisarão lutar com ainda mais afinco por sua segurança e privacidade. Podemos estar certos de que a demanda por ferramentas e softwares que ajudem a salvaguardar cidadãos sob regimes de repressão digital vai fazer surgir uma indústria crescente e agressiva. E este é o poder dessa nova revolução da informação: para cada ponto negativo, haverá um contra-ataque com o potencial de ser substancialmente positivo. Mais pessoas lutarão por privacidade e segurança do que tentarão restringi-las, mesmo nas partes mais opressoras do mundo.

No entanto, os governos autoritários prometem travar um combate feroz. Eles vão se aproveitar da permanência de informações e do controle de provedores de serviços de internet e celulares para criar um ambiente de grande vulnerabilidade para seus cidadãos. O pouco de privacidade que existia antes irá desaparecer, porque os aparelhos que as pessoas carregam consigo o tempo todo funcionarão também como equipamentos de vigilância que certos governos sempre desejaram poder instalar nas casas de seus cidadãos. Soluções tecnológicas protegerão apenas uma seleta minoria de especialistas, e apenas por pouco tempo.

Regimes vão alterar os aparelhos antes que sejam vendidos, o que lhes dará acesso a tudo o que seus usuários dizem, digitam e compartilham, em público e particular. A população não terá consciência do quanto se tornou vulnerável ao entregar os próprios segredos. Sem querer, fornecerá informações sobre si mesma que podem ser usadas em seu malefício — em especial se tiver intensa vida social on-line —, e o Estado vai aproveitar o que puder para tirar todo o tipo de conclusões sobre quem é quem e o que cada um é capaz de fazer. Malware executado pelo Estado e erro humano vão dar aos regimes mais dados sobre seus cidadãos do que poderiam obter por meios não digitais. Parte da população, seduzida por incentivos oferecidos pelo governo, irá delatar vizinhos e colegas através da rede. E já existe a tecnologia para autoridades controlarem câmeras de laptops, invadindo virtualmente as casas de dissidentes sem seu conhecimento, vendo e escutando tudo o que é dito e feito ali.

Governos repressores serão capazes de identificar quem tem aplicativos para contornar a censura em seus aparelhos ou em suas casas; portanto, mesmo não dissidentes que só estão tentando baixar de forma ilegal um episódio de *Família Soprano* se tornarão alvos de suspeita. Postos aleatórios de checagem ou blitze talvez sejam estabelecidos em busca de encriptação ou acesso a servidores intermediários nos celulares, o que resultaria em multa, prisão ou um registro dos responsáveis na base de dados do governo. Todos os que um dia fizeram download de algum programa ilegal perceberão que a vida se tornou mais difícil — não poderão fazer um empréstimo, alugar um carro ou comprar on-line sem passar por algum tipo de constrangimento. Agentes do governo poderão ir de sala em sala, em cada escola ou universidade, expulsando todos os alunos cujas atividades no celular indiquem que eles utilizam tais softwares. Existe a possibilidade de que as penalidades se estendam às redes de amigos e familiares desses estudantes, tornando tal comportamento ainda mais desencorajador para uma parcela mais ampla da população.

Em regimes um pouco menos autoritários, mesmo que ainda não existam perfis "oficiais" monitorados de forma constante, as autoridades com certeza tentarão controlar ou influenciar identidades on-line com regulamentos e técnicas de supervisão. Elas poderão aprovar leis exigindo que os perfis nas redes sociais incluam determinada quantidade de informações pessoais, como endereço domiciliar e número do celular, facilitando o monitoramento dos usuários; ou criar sofisticados algoritmos de computador que permitam circular pelos perfis públicos dos cidadãos em busca de comportamentos ilegais ou da presença de conteúdo inapropriado.

Alguns países já estão atuando dessa forma, ainda que de maneira encoberta. Conforme o levante na Síria se estendia por 2013, um grande número de membros da oposição e de forças de paz estrangeiras denunciou que seus laptops estavam infectados com vírus de computador.[39] (Muitos nem perceberam até que suas senhas on-line pararam de funcionar de repente.) Especialistas em tecnologia da informação (TI) de fora do país[40] examinaram os discos e confirmaram a presença de malware, neste caso diferentes tipos de vírus Cavalo de Troia (programas que parecem legítimos, mas são na verdade prejudiciais), os quais roubavam informações e senhas, registravam tudo o que havia sido digitado, gravavam imagens da tela, baixavam novos programas e ligavam remotamente câmeras e microfones, sendo que tudo isso era enviado para um endereço IP (*Internet Protocol*) que, segundo os analistas de TI, pertencia à empresa de telecomunicações do Estado, a Syrian Telecommunications Establishment. Nesse caso, o spyware (programa de espionagem) se instalou através de arquivos executáveis (o usuário precisa, de forma intencional, abrir um arquivo para fazer o download do vírus), mas isso não significa que os indivíduos visados tenham sido descuidados. A funcionária de uma organização baixou um arquivo[41] que parecia ser uma conexão extinta (significando que não estaria mais em funcionamento) sobre a necessidade de ajuda humanitária no país durante uma conversa on-line com alguém que ela pensou se tratar de um ativista de oposição credenciado. Só depois do contato ela descobriu, para sua decepção, que provavelmente falara com um impostor do governo em posse de senhas roubadas ou obtidas sob coação; o verdadeiro ativista estava preso.

Pessoas vivendo em tais condições terão de se defender contra a equipe de ataque do governo e seus aliados corporativos corruptos. O que tais autoridades não puderem fazer por conta própria poderão terceirizar de fornecedores solícitos. A expressão "culpado por associação" vai ganhar um novo sentido nesse nível de vigilância. Apenas aparecer ao fundo de uma foto pode fazer diferença se um programa do governo para reconhecimento facial identificar um conhecido dissidente na mesma imagem. Ser flagrado no lugar errado na hora errada, numa fotografia, gravação de voz ou endereço IP, pode colocar cidadãos inocentes na mira das autoridades. Embora essa situação seja por demais injusta, a grande preocupação é que ela possa acontecer com tanta frequência que encoraje um comportamento de autocensura entre o restante da sociedade.

Se a conectividade reforça o poder do Estado, permitindo que ele analise os dados de seus cidadãos de um ponto de vista semelhante ao de quem olha uma mosca na parede, também restringe sua capacidade de controlar o modo como as notícias fluem. Apagões de informação, propaganda e histórias "oficiais" não conseguirão competir com o acesso do público à informação externa, e tentativas de manipulação serão um tiro pela culatra ao depararem com uma população informada e conectada. As pessoas serão capazes de assimilar, compartilhar e comentar um acontecimento antes que o governo consiga decidir o que dizer ou fazer sobre ele, e, graças à disseminação de aparelhos celulares baratos, esse poder popular será distribuído de forma justa e abrangente mesmo nos maiores países. Na China, onde o governo tem um dos sistemas de censura de maior sofisticação e alcance existentes no mundo, tentativas de encobrir notícias consideradas potencialmente danosas ao Estado vêm errando o alvo com frequência cada vez maior.

Em julho de 2011, um acidente com um trem de alta velocidade em Wenzhou,[42] no sudeste do país, resultou na morte de quarenta pessoas e reforçou o temor difundido de que os projetos de infraestrutura estavam se desenvolvendo rápido demais, sem o devido acompanhamento dos protocolos de segurança. No entanto, a tragédia foi subestimada pelos canais oficiais e minimizada pela cobertura dos meios de comunicação. Foram precisos dez milhões de posts no Weibos,[43] um microblog chinês semelhante ao Twitter, para o governo reconhecer que o acidente fora resultado de um erro de planejamento[44] e não do mau tempo ou de um problema de eletricidade, como havia sido previamente divulgado. Além disso, revelou-se que as autoridades enviaram instruções aos meios de comunicação logo depois do desastre,[45] estabelecendo de forma específica: "Não deve haver averiguação sobre as causas [do acidente]; em vez disso, as orientações dos órgãos competentes devem ser seguidas. Nenhum questionamento, nenhum desenvolvimento [sobre outras questões correlatas], nenhuma especulação e nenhuma disseminação [desses assuntos] em microblogs pessoais!" As instruções também incentivavam os jornalistas a manter um tom de tranquilidade sobre o desastre: "De agora em diante, matérias sobre o acidente de trem em Wenzhou devem seguir o tema 'o amor supera o maior desastre'." Contudo, enquanto a mídia tradicional seguia as diretrizes traçadas, os microblogueiros faziam o oposto, gerando um grande embaraço para o governo chinês.

Para um país como a China, a combinação de cidadãos ativos armados com aparelhos tecnológicos e de rígido controle governamental é muito volátil. Se o controle do Estado se baseia na noção de total comando dos acontecimentos, cada incidente que subverte essa ideia — um passo em falso capturado por uma câmera de celular, uma mentira desmascarada por fontes de informação externas — planta sementes de dúvida que encorajam oposição e dissidência na população e que podem resultar na propagação de instabilidade.

Deve existir apenas um punhado de Estados falidos no mundo de hoje, mas eles oferecem um modelo intrigante de como a conectividade pode funcionar num vácuo de poder. De fato, as telecomunicações parecem ser a única indústria capaz de se desenvolver em tal situação. Na Somália, foram as empresas do ramo que preencheram muitas das brechas criadas por décadas de guerra e desgoverno,[46] ao fornecerem informação, serviços financeiros e até eletricidade.

No futuro, conforme a enxurrada de smartphones baratos alcançar os usuários nesses países insolventes, a população descobrirá formas de fazer ainda mais. Telefones ajudarão a possibilitar os avanças em educação, serviços de saúde, segurança e oportunidades comerciais que os governantes não são capazes de prover. A tecnologia móvel também fornecerá a necessária válvula de escape intelectual, social e de entretenimento para cidadãos com traumas psicológicos causados pelo ambiente onde vivem. A conectividade por si só não pode reverter as condições de uma nação falida, mas pode melhorar de forma drástica a situação de seu povo. Como discutiremos mais tarde, novos métodos de auxílio às comunidades em tempos de conflito ou pós-conflito — desdobramentos como a construção de instituições virtuais e bases de dados sobre trabalho especializado em períodos de diáspora — surgirão para acelerar a recuperação local.

Em vácuos de poder, no entanto, quando oportunistas assumem o comando, a conectividade também se torna uma arma poderosa nas mãos erradas. Cidadãos recém-conectados em Estados falidos terão todas as vulnerabilidades dos dados não deletáveis, mas nenhum dos recursos de segurança que poderia protegê-los de tais riscos. Déspotas militares, chantagistas, piratas e criminosos, se forem espertos o bastante, vão descobrir meios de consolidar seu poder à custa dos dados alheios e visar alvos específicos, como subclãs mais ricos ou influentes líderes religiosos, com mais precisão e quase sem riscos. Se a informação on-line (digamos, registros de movimentação bancária para uma plataforma móvel) mostrar que um parente específico recebeu uma quantia significativa de dinheiro de familiares distantes, capangas locais podem aparecer para uma visita e exigir uma parte — a ser paga, provavelmente, também por um sistema digital de transferência. Os mandachuvas de hoje enriquecem ao controlar todo e qualquer recurso valioso, e, no futuro, drogas, minérios e dinheiro continuarão importantes, mas os dados pessoais também entrarão nessa lista. Eles talvez nem utilizem a informação que obtiverem, preferindo vendê-la para terceiros dispostos a pagar um preço alto. E, o mais importante, tais oportunistas talvez sejam capazes de se tornar ainda mais anônimos e esquivos do que nos dias de hoje, pois infelizmente terão recursos para obter o anonimato de uma forma que não está disponível para as pessoas comuns.

* * *

Vácuos de poder, déspotas militares e Estados arruinados podem soar como parte de um mundo estranho e distante para muitos no Vale do Silício, mas isso deve mudar em pouco tempo. Hoje, as empresas de tecnologia limitam seu foco e sua responsabilidade para a cidadania característica do mundo virtual. Quando um contingente de mais cinco bilhões de pessoas chegar ao universo on-line, os especialistas descobrirão que os atributos e os problemas desses novos usuários são muito mais complexos do que os dos primeiros dois bilhões. Muitos nesse imenso grupo vivem em condições de pobreza, censura e insegurança. Como provedores de acesso, ferramentas e plataformas, as empresas de tecnologia terão de compartilhar de alguns dos fardos do mundo físico enquanto trabalham on-line se quiserem se manter fiéis à doutrina de responsabilidade para com *todos* os usuários.

Elas precisarão exceder as expectativas de seus clientes em termos de proteção de privacidade e segurança. Não será nenhuma surpresa se as empresas responsáveis pela arquitetura do mundo digital tiverem de arcar com muito da culpa pelos desdobramentos menos felizes do nosso futuro. Parte da raiva será justificada — afinal de contas, terão lucros graças à rápida expansão de suas redes —, mas com frequência ela estará mal direcionada. É mais fácil culpar um produto ou uma empresa por uma aplicação particularmente perversa da tecnologia do que reconhecer as limitações da responsabilidade pessoal. E, é claro, sempre existirão organizações que permitirão que seu desejo por lucro se sobreponha às responsabilidades para com os usuários, ainda que elas venham a ter mais dificuldades para alcançar o sucesso no futuro.

Na verdade, algumas empresas de tecnologia são mais conscientes do que outras no que tange às suas obrigações para com os clientes e a comunidade virtual espalhada pelo mundo; esse é em parte o motivo pelo qual todos os produtos e serviços on-line hoje exigem que os usuários aceitem termos e condições e funcionem de acordo com essas normas. Como consumidores e indivíduos, as pessoas têm a obrigação de ler as políticas e posturas de uma empresa no que se refere a privacidade e segurança antes de compartilhar informações. Como a proliferação de firmas do ramo continua, os cidadãos terão mais opções e, com a disputa por clientela, a eficiência será mais importante do que nunca. Um consumidor esperto vai pesquisar não apenas a qualidade do produto, mas também as facilidades que oferece para o controle de privacidade e segurança. Porém, na corte da opinião pública e em ambientes onde a força da lei é precária, essas regras preexistentes contam pouco, e podemos esperar que fabricantes e fornecedores de tais ferramentas sejam o foco de atenção nas próximas décadas.

Essa tendência com certeza afetará a maneira como as empresas de tecnologia se formam, crescem e se movimentam durante um período que será, com certeza, turbulento. Algumas subseções do setor que forem alvo de atenção negativa terão dificuldades para recrutar engenheiros, atrair clientes ou monetizar seus produtos, apesar do fato de que tal atrofia não solucionará nenhum problema (e, ao final, só vai ser prejudicial para a comunidade de usuários, ao negar-lhes benefícios completos da inovação). As empresas do ramo terão de endurecer nos próximos anos da era digital, pois se verão acossadas pelas demandas do público por privacidade, segurança e proteção dos usuários. Será impossível evitar tais discussões e as empresas deverão assumir suas posições.

Elas também precisarão contratar mais advogados. O litígio sempre será mais veloz que as genuínas reformas legais, e os gigantes da tecnologia travarão perpétuas batalhas judiciais sobre propriedade intelectual, patente, privacidade e outros assuntos. O Google enfrenta com frequência processos de governos de todo o mundo sobre pretensas quebras de direitos autorais ou leis nacionais e trabalha duro para cumprir seus compromissos com os clientes em primeiro lugar, mantendo-se dentro dos limites da lei. Entretanto, se o Google parasse de desenvolver um produto cada vez que enfrentasse um processo legal, nunca construiria nada.

As empresas precisarão aprender como administrar as expectativas do público quanto às possibilidades e aos limites de seus produtos. Quando formularem políticas, do mesmo modo que os governos, deverão levar em conta todos os tipos de dinâmicas domésticas e internacionais, tais como os ambientes de risco político, as relações diplomáticas entre nações e as regras que governam as vidas dos cidadãos. A verdade fundamental do setor — que a tecnologia é neutra, mas as pessoas, não — de vez em quando vai ficar perdida no meio de tanto ruído. Contudo, nosso progresso coletivo como cidadãos da era digital vai depender de que não nos esqueçamos dela.

Estratégias de adaptação

Pessoas e instituições pelo mundo enfrentarão os desafios apresentados pelas inovadoras estratégias de adaptação dos setores público e privado. Nós podemos de forma geral agrupá-las em quatro categorias: corporativa, legal, social e pessoal.

Corporações de tecnologia terão de cumprir seus compromissos com privacidade e segurança se quiserem evitar intervenções governamentais indesejadas que poderiam sufocar a dinâmica do setor. As empresas já estão tomando medidas preventivas, como oferecer um "botão de ejetar" digital que permite aos usuários se livrarem de todos os seus dados em determinada plataforma, adicionar gerenciadores de preferências e não vender informações pessoais para terceiros ou anunciantes. Porém, dadas as enormes preocupações que existem hoje sobre privacidade e segurança, ainda há muito trabalho a ser feito. Talvez um grupo de empresas comprometa-se em não vender dados para terceiros, numa espécie de acordo corporativo.

A segunda estratégia vai ter como foco as opções legais. À medida que a revolução de dados se estabelecer após o impacto inicial, as nações sofrerão uma pressão crescente para proteger seus cidadãos da permanência dos dados na rede e a si mesmas de suas próprias vulnerabilidades. Nas democracias, isso implica novas leis, que serão imperfeitas, por demais idealistas e, quase com certeza, feitas às pressas, mas que, de uma forma geral, vão tentar representar ao máximo o desejo da sociedade de reagir às mudanças caóticas e imprevisíveis produzidas pela conectividade.

Conforme já discutimos, o rastro de informações que moldará nossas identidades virtuais no futuro começa bem antes que a pessoa possa compreendê-las de forma responsável. O escrutínio a ser enfrentado pelos jovens na próxima década será diferente de qualquer coisa que tenhamos visto antes. Se hoje você acha difícil alugar um apartamento ou se associar a um clube, imagine quando as pessoas tiverem a história de sua vida à mão. Como essas mudanças vão afetar uma imensa parcela da população, vai haver pressão pública e política suficiente para originar toda uma gama de novas leis para a era digital.

Uma vez que essa nova geração alcançar a maturidade, acompanhada da documentação digital de cada ato irresponsável cometido durante a adolescência, é difícil acreditar que algum político não vá abraçar a causa da blindagem dos "antecedentes" virtuais desses jovens. Tudo o que um indivíduo compartilhasse antes dos dezoito anos seria inutilizado, legalmente vedado e não passível de exposição pública sob a pena de multas ou até de prisão. Tais leis tornariam ilegal para empregadores, tribunais, universidades e corretores de imóveis levarem em conta esses conteúdos. Claro que seria difícil fazer cumprir essas leis, mas a simples existência delas ajudaria a influenciar comportamentos, de modo que cada indiscrição adolescente registrada na internet acabaria sendo vista pela sociedade como hoje se considera uma experiência inconsequente com drogas ou álcool.

Outras leis podem surgir como tentativa de salvaguardar a privacidade de usuários e aumentar a responsabilidade dos envolvidos em casos de divulgação de informação confidencial. Furtar o celular de alguém pode passar a ser considerado o equivalente a roubo de identidade, e invasões on-line (apropriação de senhas ou sequestro de contas) talvez gerem acusações equivalentes à de invasão de domicílio.* Cada país vai determinar seu limite cultural para que tipo de informação é passível de ser compartilhada, é inapropriada ou apenas pessoal demais. O que o governo indiano considera obsceno ou até pornográfico, os franceses podem liberar sem hesitação. Considere o caso de uma sociedade profundamente preocupada com privacidade, mas também saturada de smartphones com a capacidade de registrar imagens e câmeras teleguiadas que podem ser compradas por pouco em qualquer loja de brinquedos. As condições que existem para os fotógrafos *paparazzi* (o conceito de "público" *versus* "privado") poderão ser estendidas e aplicadas a qualquer um, com certas demarcações de "zonas seguras" em que uma foto exige o consentimento de quem aparece nela (ou, no caso das mulheres na Arábia Saudita, a permissão do responsável do sexo masculino). As pessoas usarão aplicativos específicos em seus celulares para obter permissão, e, como imagens digitais geram um registro de hora e uma marca-d'água digital, será fácil determinar se alguém tirou uma foto ilegal. O que se convencionou chamar de marca-d'água digital (um equivalente virtual ao método usado para atestar a autenticidade do papel que serve como base para documentos importantes ou impressão de dinheiro) é a inserção de bits num arquivo de imagem, áudio ou vídeo contendo informações de direitos autorais sobre a pessoa que fez o registro em questão — nome, data, endereço, etc. A marca-d'água digital age como uma proteção contra a manipulação porque, embora seja invisível, pode ser extraída e lida por um software especial; então, quando se suspeita de algum tipo de alteração, especialistas da área podem determinar se o arquivo é ou não uma cópia não adulterada.

Para o terceiro tipo de estratégia de adaptação, aquela de nível social, é necessário que nos perguntemos como agentes não governamentais (como comunidades e entidades sem fins lucrativos) reagirão às consequências da revolução dos dados. Imaginamos que uma onda de organizações da sociedade civil vai surgir na próxima década com o objetivo de proteger os cidadãos conectados de seus governos e de si próprios. Poderosos lobbies vão defender leis sobre as questões de conteúdo e privacidade. Associações de defesa de direitos que documentam táticas repressoras de vigilância exigirão maior proteção para o público. Surgirão

* Nos Estados Unidos, a acusação de "invasão de domicílio"[47] já foi aplicada em alguns casos ao ciberespaço.

entidades de apoio para ajudar diferentes populações a lidar com as consequências dos dados não deletáveis. Organizações educacionais tentarão convencer crianças em idade escolar a evitar o compartilhamento excessivo. ("Nunca informe os seus dados para desconhecidos.") A recente campanha nos Estados Unidos contra o *cyberbullying* (que ocorre quando jovens são perseguidos e intimidados na internet por seus colegas) é uma autêntica precursora do que está por vir: abrangente reconhecimento público, cruzadas sociais fundamentais para promover a conscientização e tépidas tentativas políticas de controlar os acontecimentos. Nas escolas, esperamos que professores e administradores apliquem para o *cyberbullying* as mesmas punições empregadas no caso de agressões físicas, só que, em vez de um aluno ser mandado para a sala do diretor após as aulas, ele deverá ir para lá assim que começarem, a fim de responder pelo que escreveu on-line na noite anterior.

Além de mitigar as consequências negativas de um mundo mais conectado, os agentes não governamentais serão responsáveis por muitas das ideias mais promissoras para melhorar as mudanças tecnológicas. Nos países em desenvolvimento, organizações de ajuda humanitária já estão abrindo o caminho com projetos pilotos inovadores que capitalizam o crescimento da conectividade global. Durante a crise de fome na África Oriental em 2011, o administrador Rajiv Shah, da Usaid (United States Agency for International Development), relatou que sua instituição estava utilizando uma combinação de plataformas de mobilização de dinheiro e o tradicional *hawala*,[48] sistema de transferência de dinheiro na Somália que dribla a proibição de ajuda às populações afetadas instaurada pelo violento grupo islâmico al-Shabaab. (O *hawala* é uma rede que funciona no mundo islâmico formada por um sistema de agentes de transferência monetária que operam fora do mercado financeiro formal com base em confiança.) A alta taxa de crescimento da telefonia móvel e conectividade básica no país forjam novas oportunidades[49] tanto para a população em geral quanto para aqueles que necessitam de ajuda. Em particular, as entidades filantrópicas e sem fins lucrativos vão continuar forçando as barreiras das soluções de ordem tecnológica na nova era digital, já que são mais preparadas para tal tarefa, mais flexíveis do que agências governamentais e mais capazes de absorver riscos do que o mundo dos negócios.

A última categoria na lista de estratégias é a pessoal. Cidadãos vão depositar uma confiança cada vez maior em métodos de comunicação anônima *peer-to-peer* (que dispensam o uso de servidor). Num mundo sem botão de deletar, as redes *peer-to-peer* (P2P) se tornarão o modo padrão de operações para qualquer um que busque se movimentar com discrição. Tecnologias contemporâneas de P2P móvel como o Bluetooth permitem que dois aparelhos físicos se comuniquem diretamente entre si sem que seja preciso acessar a internet. Isso, em contraste com redes P2P de compartilhamento de arquivos, como o BitTorrent, que operam através da internet. As duas formas de tecnologia P2P têm em comum o fato de os usuários se conectarem entre si (funcionando ao mesmo tempo como provedores e receptores) sem usarem o serviço de terceiros. Para os cidadãos do futuro, as redes P2P oferecerão uma sedutora combinação de comunicação instantânea e independência do controle e monitoramento alheios.

Todos os smartphones de hoje são equipados com alguma forma de capacidade desse tipo de recurso, e, conforme a onda de aparelhos baratos invadir os mercados emergentes na próxima década, um número maior de pessoas poderá aproveitar ferramentas cada vez mais sofisticadas. O Bluetooth já é muito popular em várias partes do mundo em desenvolvimento porque mesmo telefones muito básicos podem utilizá-lo. Em boa parte da África Ocidental, onde a utilização de celulares já superou em muito o emprego de computadores[50] e o crescimento da internet, muitas pessoas tratam seus aparelhos como equipamentos de som,[51] porque o compartilhamento P2P permite que elas armazenem, troquem e escutem música através dos telefones.

Jukeboxes móveis em Mali podem ser uma resposta para problemas específicos de infraestrutura, mas pessoas em todos os lugares vão começar a favorecer as redes *peer-to-peer*, algumas por razões pessoais (desconforto com registros que não podem ser apagados) e outras por motivos práticos (comunicações seguras). Cidadãos em sociedades repressoras já usam plataformas de comunicação P2P e sistemas de troca de mensagens encriptadas, como o *BlackBerry Messenger* (BBM), da RIM (*Research in Motion*), para interagirem com menos receio de intrusões do governo, e, no futuro, novos formatos de tecnologia que utilizem o modelo P2P estarão disponíveis para essas pessoas.

Hoje, os debates sobre tecnologia vestível têm como foco um mercado de luxo: relógios de pulso que vibram ou dão um leve choque quando chega a hora programada (algumas versões já existem), brincos que monitoram nossa pressão arterial e muito mais.* Novos aplicativos de tecnologia de realidade aumentada

---

* A tecnologia vestível se confunde com o setor também emergente da tecnologia háptica, mas elas não são sinônimas. A segunda, também chamada de tátil, é aquela que interage com o sentido de tato do usuário, em geral por meio de suaves choques ou aplicação de pressão. A tecnologia vestível inclui muitos elementos da háptica, mas não se limita a eles (como coletes para ciclistas que se iluminam automaticamente ao anoitecer); da mesma forma, nem todos os recursos táteis são vestíveis.

(RA) (como a superposição de sons e imagens do mundo virtual no ambiente físico e real) prometem experiências cada vez mais ricas.[52] Em abril de 2012, o Google lançou seu protótipo de RA chamado *Project Glass*[53] — óculos com um display embutido em uma das lentes capaz de transmitir informações, enviar e-mails usando comandos de voz e registrar e gravar vídeos através de sua câmera —, e produtos similares de outras empresas estão a caminho.[54] No futuro, a interseção entre tecnologia vestível, RA e comunicação P2P vai combinar dados sensoriais, copiosos canais de informação e comunicação segura para construir dispositivos excepcionalmente interessantes e úteis. Por exemplo, num país onde a polícia religiosa ou agentes secretos circulam por áreas públicas, uma percepção espacial acurada torna-se essencial, então um inventor de tecnologia vestível vai criar um relógio de pulso usado para enviar um discreto sinal para outros ao seu redor quando localizar um representante do regime nas proximidades. Toda uma nova linguagem não verbal vai surgir envolvendo os dados sensoriais — talvez duas vibrações signifiquem que um agente do governo está perto, e três sejam o equivalente a "fuja". Graças a recursos de GPS, o relógio seria capaz de compartilhar a localização de seu usuário com outros, os quais, usando óculos com RA, poderiam identificar de que direção o perigo está vindo. Todas essas comunicações seriam P2P. Isso as tornaria mais seguras e confiáveis do que tecnologias que dependem de conexão com a internet.

Seu dispositivo saberá de coisas sobre o que está à sua volta que você não tem como perceber: onde estão as pessoas, quem são e que perfis virtuais possuem. Hoje, usuários já compartilham arquivos com desconhecidos através de redes sem fio e, no futuro, serão capazes de compartilhar muito mais. Em lugares como o Iêmen, onde normas sociais conservadoras limitam a capacidade dos adolescentes de socializar com o sexo oposto, jovens podem preferir ocultar suas informações pessoais quando estiverem se comunicando em casa ou na mesquita — nunca se sabe quem pode estar olhando —, mas revelá-las nas praças públicas, cafés ou em festas.

Ainda assim, a tecnologia P2P é um substituto limitado para a riqueza e conveniências da internet, apesar de suas muitas vantagens. É comum precisarmos de registros armazenados e pesquisáveis de nossas atividades e comunicações, em particular se queremos compartilhar alguma coisa ou nos referir a ela em determinado momento. E, infelizmente, nem mesmo os recursos P2P são um escudo perfeito contra infiltração e monitoramento. Se as autoridades (ou organizações criminosas) puderem identificar um dos lados de uma conversação, elas em geral conseguirão encontrar também quem está na outra extremidade. Isso vale para troca de mensagens, chamadas de voz via protocolo da internet (VoIP) — ou seja, telefonemas via internet (como Google Voice e Skype) e chats de vídeo. Os usuários presumem que estão seguros, mas, a não ser que a comunicação seja encriptada, qualquer um com acesso às partes intermediárias da rede pode estar ouvindo. Por exemplo, o proprietário de um ponto Wi-Fi pode acessar qualquer conversação não encriptada de usuários conectados. Uma das formas mais insidiosas de ciberataque que os adeptos do P2P podem enfrentar é conhecida como invasão "*man-in-the-middle*" [homem no meio], uma forma ativa de interceptação. Nessa situação, o agressor virtual é uma terceira pessoa que invade uma conversa entre duas outras e automaticamente transmite mensagens entre elas, sem que os outros participantes percebam. Esse invasor age como um intermediário invisível, fazendo cada participante acreditar que ele está na outra extremidade do contato. Então, enquanto ocorre o diálogo (seja através de texto, voz ou vídeo), essa terceira parte pode se sentar e acompanhar e, dependendo de suas intenções, extrair partes dele e armazenar. (Ou, de forma ainda mais maliciosa, inserir informações falsas na conversa.) Ataques do homem no meio ocorrem em todos os protocolos, não apenas no P2P; no entanto, eles parecem mais perversos em comunicações desse tipo porque as pessoas que usam essas plataformas *acreditam* estar seguras.

Mesmo a proteção oferecida pela encriptação não é garantida, em particular se considerarmos os controles que ainda existirão no mundo físico. Nos Estados Unidos, o FBI e alguns legisladores já sugeriram a introdução de projetos de lei que obrigariam serviços de comunicação como BlackBerry e Skype[55] a aceitar ordens da justiça para a instalação de grampos de gravação, introduzindo dispositivos de interceptação de mensagens ou providenciando recursos que possibilitem a decodificação de conteúdos encriptados.

As redes P2P costumam desafiar governos, em especial com relação a questões de direitos autorais nas democracias (como o Napster ou o Pirate Bay) e divergências políticas em autocracias (como o Tor). Nos Estados Unidos, o pioneiro no compartilhamento de arquivos P2P, o Napster, foi fechado em 2001[56] por um mandado que exigia que a empresa evitasse qualquer troca de material protegido por direitos autorais em sua rede. (O Napster respondeu que poderia bloquear até 99,4% do conteúdo protegido,[57] o que não foi considerado suficiente.) Na Arábia Saudita e no Irã, a polícia religiosa descobriu ser bastante difícil impedir os jovens de usarem telefones com Bluetooth para ligar ou enviar mensagens a desconhecidos nas imediações,[58] muitas vezes com o objetivo de flertar, e outras para fazer a coordenação entre integrantes de alguma manifestação. A menos que todos os celulares fossem confiscados (tarefa que mesmo a polícia secreta considera impossível), a juventude paqueradora dos dois países tem ao menos uma pequena vantagem sobre suas babás a serviço do governo.

Os celulares BlackBerry oferecem tanto comunicação encriptada quanto serviços telefônicos, e o sistema de codificação exclusiva que possuem os tornou alvo direto de vários regimes. Em 2009, uma empresa de telecomunicação dos Emirados Árabes Unidos, a Etisalat, controlada parcialmente pelo governo, enviou para cerca de 150 mil usuários de BlackBerry[59] um comunicado requisitando que fizessem uma atualização para "aprimorar os serviços".[60] Essa atualização era, na verdade, um spyware que permitia acesso não autorizado às informações pessoais armazenadas nos telefones. (Quando essa informação se tornou pública, a fabricante do BlackBerry, RIM, rompeu relações com a Etisalat[61] e ensinou os usuários a se livrarem do programa espião.) Apenas um ano depois o país e sua vizinha Arábia Saudita exigiram o banimento dos BlackBerries[62] com base no protocolo de encriptação dos países. A Índia também participou do processo,[63] dando um ultimato para que a RIM fornecesse a chave para a decodificação de suas comunicações, caso contrário teria seus serviços suspensos. (Nos três países a proibição foi evitada.)

Estados repressores demonstram pouca hesitação em suas tentativas de conseguir controlar as comunicações P2P ou bani-las. Países democráticos precisam agir de forma mais deliberada. Tivemos um exemplo claro disso durante os tumultos de agosto de 2011 no Reino Unido. Os manifestantes britânicos ocuparam as ruas a fim de exigir justiça no caso de Mark Duggan, de 29 anos, morto a tiros pela polícia em Tottenham. Após alguns dias de protesto, as multidões se descontrolaram, ateando fogo em lojas, carros de polícia e em um ônibus. Violência e saques se espalharam pelo país e atingiram Birmingham, Bristol e outras cidades. Os tumultos resultaram em cinco mortes,[64] num prejuízo estimado em 300 milhões de libras (mais de um bilhão de reais)[65] e num enorme grau de caos público. A proporção da desordem ocorrida no país — bem como a velocidade com que se espalhou — pegou a polícia de surpresa, e ferramentas de comunicação como o Twitter, o Facebook e, em especial, o BlackBerry foram listadas como fatores operacionais primordiais na propagação dos tumultos. Enquanto aconteciam os protestos, o representante de Tottenham no Parlamento pediu que a BlackBerry suspendesse seu sistema de mensagens durante a noite[66] para evitar que os manifestantes se comunicassem. Como a violência continuou, o primeiro ministro britânico, David Cameron, declarou cogitar o bloqueio completo desses serviços em certas situações, em particular "quando sabemos que [as pessoas] estão planejando violência, desordem e criminalidade".[67] O objetivo, afirmou ele, seria "dar à polícia a tecnologia para rastrear usuários do Twitter ou BBM, ou fechar tudo".[68] (Depois de uma reunião com representantes das empresas, Cameron disse que a colaboração da indústria com as agências de aplicação da lei seria o suficiente.)[69]

Os exemplos dos Emirados Árabes Unidos e do Reino Unido ilustram uma verdadeira preocupação por parte dos governos, contudo é importante deixar claro que tal preocupação é dirigida às questões de encriptação e uso de redes sociais. No entanto, no futuro as comunicações também ocorrerão nas redes móveis P2P, o que significa que os cidadãos poderão se aglutinar sem depender da internet (o que não foi o caso no que aconteceu nos dois países). Faz sentido crer que todos os Estados, do mais ao menos democrático, poderão querer combater o crescimento da comunicação entre aparelhos. Governos alegarão que, sem restrições ou brechas para circunstâncias especiais, capturar criminosos e terroristas (entre outras atividades policiais legítimas) e processá-los se tornará mais difícil, planejar e executar crimes ficará mais fácil, e a possibilidade de publicar informações difamatórias, falsas ou de alguma forma prejudiciais na esfera pública de maneira irresponsável irá aumentar. Países democráticos vão temer calúnias e vazamentos incontroláveis, e as autocracias se preocuparão com as dissidências internas. Porém, se as atividades ilegais são o principal interesse dos governos, o verdadeiro desafio será a combinação de moeda virtual com redes anônimas que ocultem a localização física de seus serviços. Por exemplo, criminosos já estão vendendo drogas ilegais através da rede Tor em troca de *bitcoins* (uma moeda virtual),[70] evitando a movimentação de dinheiro em espécie e de operações bancárias. Aqueles que infringem direitos autorais tenderão a usar a mesma rede.

Conforme pensamos em como enfrentar tais desafios, não podemos manter uma visão maniqueísta; o contexto faz diferença. No México, por exemplo, os cartéis de drogas estão entre os mais efetivos usuários da encriptação anônima, tanto no P2P quanto na internet. Em 2011, conversamos com Bruno Ferrari, secretário de economia do país na época, que nos descreveu como o governo mexicano se esforçou para engajar o povo na luta contra os cartéis — o medo de retaliações é grande o bastante para impedir que as pessoas denunciem crimes ou avisem a polícia de atividades ilegais na vizinhança. Corrupção e falta de confiança nas autoridades limitam ainda mais as opções para os cidadãos. "Sem anonimato", afirmou ele, "não existe um mecanismo que leve as pessoas a confiar na polícia e denunciar crimes cometidos pelos cartéis.[71] O completo anonimato é vital para tornar a população parte da solução." Os criminosos já estão usando esse recurso, então essa é a forma de empatar o jogo. "Os argumentos sobre a restrição do anonimato encriptado fazem sentido", acrescentou, "mas não no México."

Estado policial 2.0

Considerando tudo, o equilíbrio de poder entre os cidadãos e seus governos vai depender de quantos equipamentos de vigilância estes possam comprar, manter e operar. Os Estados genuinamente democráticos devem se esforçar para lidar com a perda de privacidade e controle trazida pela revolução de dados, mas, no final, o resultado será uma população com mais poder, políticos melhores e contratos sociais reforçados. Infelizmente, esse não é o caso da maior parte das nações, que não são democráticas ou apenas se dizem democráticas,[72] e o impacto relativo da conectividade — tanto o positivo quanto o negativo — para os cidadãos desses países será maior do que em qualquer outro lugar.

Em longo prazo, a presença das tecnologias de comunicação vai desgastar muitos dos governos autocráticos, já que, como vimos, a sorte de um regime restritivo e avesso a informações vai se tornar cada vez mais difícil frente a uma população fortalecida e armada com equipamentos pessoais capazes de checar os fatos sempre que houver um incidente duvidoso. Em outras palavras, não é por acaso que a maioria desses países está entre as sociedades menos conectadas do planeta.[73] Todavia, no curto prazo esses regimes serão capazes de explorar o aumento da conectividade a seu favor, da mesma forma como usam a lei e os meios de comunicação. Existe uma tendência nas nações autoritárias de canalizar o poder da informação e da conectividade, em vez de apenas temer e proibir tais tecnologias, uma mudança da obviedade totalitária para formas mais sutis de controle registrada pelo jornalista William J. Dobson em seu excelente livro *The Dictator's Learning Curve* [A curva de aprendizagem dos ditadores]. Na descrição do autor, "ditadores e governantes autoritários de hoje são muito mais sofisticados, espertos e ágeis do que os do passado.[74] Confrontados com pressões crescentes, os mais inteligentes não apelam para a criação de um Estado autoritário, nem fecham suas portas para o mundo exterior; em vez disso, aprendem e se adaptam. Para dezenas de líderes autoritários, os desafios apresentados pelo avanço da democracia levaram à experimentação, criatividade e astúcia". Dobson identifica inúmeras rotas[75] pelas quais ditadores modernos consolidaram poder enquanto fingiam legitimidade: sistemas judiciais quase independentes, um parlamento aparentemente eleito pelo povo, leis abrangentes aplicadas de forma seletiva e um cenário de mídia que permite vozes de oposição desde que os oponentes ao regime percebam seus limites implícitos. Segundo o autor, em vez dos regimes personalistas e dos Estados párias dos velhos tempos, os governos autoritários modernos são "projetos conscientes e elaborados que devem ser construídos, polidos e reforçados com cuidado".[76]

Contudo, o autor analisa poucos casos em seu estudo, e não estamos tão certos de que a nova era digital trará tantas vantagens para *todos* os regimes autocráticos. O modo como os ditadores lidarão com a conectividade determinará em grande parte seu futuro nesses novos tempos, em especial se quiserem competir por status e posição comercial no palco mundial. A centralização de poder, o delicado equilíbrio entre paternalismo e repressão, a própria imagem do país no exterior — cada elemento de um governo autocrático vai depender do controle que os regimes tiverem sobre o mundo virtual em que habita sua população.

No espaço de uma década, as tiranias do mundo deixarão de ter uma minoria de cidadãos on-line e passarão a ter uma maioria.[77] Para ditadores que pretendam permanecer no poder, essa será uma transição turbulenta. Ainda bem que construir um sistema capaz de monitorar e conter todo tipo de energia dissidente não é fácil e vai exigir soluções muito especializadas, consultores caros, tecnologias não muito difundidas e uma imensa quantidade de dinheiro. Serão necessários servidores, torres de celulares e microfones; pessoal treinado terá de operar esses equipamentos, e recursos básicos como eletricidade e conectividade deverão estar disponíveis de forma constante e abundante. Se os autocratas quiserem construir um estado de vigilância, ele custará caro — esperemos que mais do que possam pagar.

Algumas dessas autocracias têm populações pobres, mas vastas reservas de petróleo, minerais e outros recursos que podem ser negociados. Como ocorre com o comércio de armas por minério, podemos imaginar o crescimento de um comércio entre países pobres em tecnologia e ricos em recursos (como a Guiné Equatorial) e outros ricos em tecnologia, mas famintos por recursos (como é o caso óbvio da China). Não são muitos os países que poderão realizar esse tipo de negociação, e esperamos que aqueles que consigam não sejam capazes de sustentar ou operar de forma efetiva o que adquirirem.

Com a infraestrutura instalada, os regimes repressores precisarão administrar o excesso de informações que obtiverem com a ajuda de supercomputadores. Em países onde a conectividade começou cedo, os governos já terão tido tempo de se aclimatar ao tipo de dados que seus cidadãos produzem, pois o ritmo do progresso e do uso de tecnologia foi gradual. Contudo, os regimes recém-conectados não terão esse luxo e deverão agir rápido para utilizar seus dados se quiserem aproveitá-los com eficiência. Para conseguir isso, precisarão construir poderosos bancos de computador com um poder de processamento muito mais rápido do que o de um laptop convencional e criar ou comprar programas para facilitar a garimpagem de dados e o monitoramento em tempo real do que desejam. Tudo de que tal regime precisaria para montar um estado policial digital incrivelmente intimidador pode ser comercializado hoje, e as restrições de exportação não são monitoradas e cumpridas de forma satisfatória.

Assim que o regime construir seu estado de vigilância, vai dividir o que aprendeu com outros. Sabemos que governos autocráticos compartilham informação, estratégias e equipamento militar, e é lógico supor que a configuração que uma nação criar (se for efetiva) proliferará entre seus aliados e outros países. Empresas que vendem softwares de mineração de dados, câmeras de segurança e outros produtos como esses vão ostentar seu trabalho com esses governos para atrair novos negócios.

A forma mais importante de dado a ser coletado para as autoridades repressoras não são posts no Facebook ou comentários no Twitter, e sim informações biométricas. Elas se referem ao conhecimento usado para identificar de forma inquestionável indivíduos por meio de seus atributos físicos e biológicos. Impressões digitais, fotos e testes de DNA são dados biométricos familiares hoje em dia. Na verdade, na próxima vez que você visitar Cingapura, poderá ser surpreendido pela segurança do aeroporto requisitando formulários preenchidos *e* uma análise de sua voz. No futuro, sistemas de reconhecimento de voz e face vão ultrapassar em muito, em uso e precisão, as atuais formas de identificação.

Os sistemas de reconhecimento facial de hoje usam uma câmera para dar zoom nos olhos, boca e nariz de um indivíduo, extraindo um "vetor de feições", que é um conjunto de números que descreve aspectos-chave da imagem, como a distância exata entre os olhos. (Lembre-se de que no fim das contas imagens digitais são apenas números.) Esses números podem ser inseridos numa grande base de dados de rostos em busca de uma combinação. Para muitos, isso pode soar como ficção científica, e é verdade que a precisão de tal programa hoje ainda é limitada (entre outros casos, nas fotos tiradas de perfil, por exemplo), entretanto o progresso nesse campo foi extraordinário nos últimos anos. Num estudo de 2011, uma equipe da universidade Carnegie Mellon[78] demonstrou que a combinação de um software de reconhecimento facial e dados disponíveis on-line resultava em combinação positiva de um grande número de rostos de forma muito rápida, graças a avanços técnicos como a computação em nuvem. Num experimento, fotos não identificadas de sites de encontros (nos quais as pessoas em geral usam pseudônimos) foram comparadas com perfis de redes sociais, que podem ser publicamente acessadas em ferramentas de busca (isto é, sem a necessidade de log-in), obtendo um resultado significativo. Ressaltou-se no estudo que seria impraticável para um ser humano fazer essa busca de forma manual, contudo, com a computação em nuvem, são necessários apenas segundos para que milhões de rostos sejam comparados. A precisão aumenta no caso de pessoas com várias fotos de si mesmas disponíveis na internet — o que, na era do Facebook, é quase todo mundo.

Com tantos avanços tecnológicos, a promessa de um abrangente sistema de dados biométricos oferece soluções inovadoras para problemas sociopolíticos arraigados — e faz os ditadores salivarem. No entanto, para cada regime autoritário que reúne dados biométricos para oprimir seu povo, um investimento equivalente será feito por um país democrático, estável e progressista por razões muito diferentes.

O programa indiano de identificação exclusiva (UID) é a maior iniciativa de identificação biométrica existente no mundo. Lançada em 2009,[79] a campanha conhecida como *Aadhaar* (que significa "fundação" ou "apoio")[80] tem como meta prover cada cidadão do país — 1,2 bilhão e crescendo — com um cartão que conta com uma identificação exclusiva de doze dígitos[81] com um chip de computador embutido contendo os dados biométricos do portador, incluindo impressões digitais e um escaneamento da íris.[82] Esse vasto programa foi concebido para solucionar problemas endêmicos de ineficiência, corrupção e fraude no sistema indiano, no qual a sobreposição de jurisdições resultou em até vinte tipos diferentes de identidades emitidas por variadas agências locais e nacionais.

Muitos na Índia acreditam que, com o progresso do programa, a *Aadhaar* vai ajudar cidadãos excluídos de instituições governamentais e programas de ajuda. Para as castas e tribos que, segundo a tradição, estão na base da pirâmide socioeconômica, a *Aadhaar* oferece a oportunidade de receber suporte do Estado para moradia pública e rações de comida — coisas que estavam disponíveis em teoria, mas inacessíveis, pois muitos dos necessitados não possuíam identificação. Outros cidadãos com problemas para conseguir uma identidade, como imigrantes internos, poderão abrir uma conta bancária, conseguir uma carteira de motorista, pleitear ajuda do governo, votar e pagar impostos com o novo sistema. Quando inserido no esquema, qualquer um poderá abrir uma conta de banco vinculada a seu número UID.[83] Isso permite que o governo acompanhe com facilidade o destino de subsídios e benefícios.

Num sistema político marcado pela corrupção e prejudicado por suas enormes dimensões — menos de 3% da população da Índia está cadastrada para o pagamento de impostos —,[84] essa iniciativa parece só trazer ganhos a todos os honestos envolvidos. Cidadãos de áreas pobres e rurais recebem uma identidade, sistemas do governo se tornam mais eficientes e todos os aspectos da vida cívica (incluindo votar e pagar impostos) se tornam mais transparentes e inclusivos. Mas a *Aadhaar* tem seus antagonistas, que consideram o programa um *Big Brother* típico do livro *1984*, de George Orwell, em termos de concepção e execução, e um ardil para aumentar a capacidade de vigilância das autoridades indianas ao custo da liberdade pessoal e da privacidade dos indivíduos. (De fato, o governo pode utilizar o sistema para rastrear movimentações, números de telefone e operações bancárias de suspeitos de terrorismo.) Esses detratores também ressaltam que os indianos não precisam ter um cartão *Aadhaar*, já que as instituições públicas não têm permissão para exigir um antes de providenciar serviços. As preocupações sobre as interferências do governo nas liberdades civis lembram as dos opositores de um projeto similar do Reino Unido, a Lei dos Cartões de Identidade, de 2006.[85] (Depois de vários anos de luta para implementar o programa, o recém-eleito governo de coalizão britânico desistiu do plano em 2010.)[86]

Na Índia, as desconfianças parecem ser superadas pela promessa dos benefícios que o plano poderá proporcionar, mas sua presença no debate prova que, mesmo numa democracia, existe uma apreensão pública sobre o impacto de grandes bancos de dados biométricos e se eles vão servir ao público ou ao Estado. E o que acontecerá quando governos menos democráticos começarem a coletar para valer dados biométricos? Muitos já fazem, a começar pelos passaportes.

E as autoridades não serão as únicas interessados em tais dados. Déspotas militares, cartéis de drogas e grupos terroristas vão querer criar ou acessar bancos de dados biométricos para recrutar pessoal, monitorar possíveis vítimas ou vigiar suas próprias organizações. Aqui se pode esperar a mesma lógica já aplicada aos ditadores: se eles têm algo valioso para comercializar, poderão conseguir a tecnologia necessária.

Dado o valor estratégico desses bancos de dados, os Estados precisarão priorizar a proteção das informações de seus cidadãos da mesma forma como guardam armas de destruição em massa. O México, no momento, está se engajando no uso de um sistema biométrico para sua população com o objetivo de aumentar a funcionalidade da execução de suas leis, monitorar melhor suas fronteiras e identificar criminosos e membros de cartéis de drogas. No entanto, como os cartéis já estão infiltrados demais na polícia e nas instituições públicas, existe um medo muito real de que elementos não autorizados ganhem acesso a esse valioso banco de dados sobre a população. Em determinado momento, algum grupo ilícito pode roubar ou adquirir ilegalmente os arquivos biométricos do governo, e talvez só quando isso acontecer o Estado investirá pesado em medidas severas de segurança para protegê-los.

Todas as sociedades deverão chegar a um acordo sobre a necessidade de manter essas informações longe das mãos de determinados grupos, e muitas se esforçarão ao máximo para evitar também que os cidadãos tenham acesso a elas. As regras irão variar de um país para outro, como acontece no caso de outros tipos de situação. Na União Europeia, que já ostenta uma série de bancos de dados biométricos, existe a exigência legal de que os Estados-membros garantam que nenhum direito individual à privacidade seja violado. É necessário o consentimento total e consciente do cidadão para que informações biométricas sejam inseridas no sistema,[87] havendo a opção de que essa autorização seja revogada no futuro sem qualquer penalidade. Os Estados-membros são também obrigados a ouvir reclamações e garantir que as vítimas sejam indenizadas caso algo ocorra.[88] Os Estados Unidos devem adotar leis similares, já que compartilham as mesmas preocupações com a privacidade, no entanto, em países com políticas repressoras, é provável que tais bancos de dados sejam controlados pelo Ministério do Interior, garantindo que sejam usados em primeiro lugar como ferramentas para a polícia e as forças de segurança. Autoridades de tais governos terão também acesso a programas de reconhecimento facial, acervos de informações pessoais dos cidadãos e métodos de vigilância em tempo real através dos aparelhos pessoais da população. A polícia secreta descobrirá que um celular pode ser mais valioso do que uma arma.

Apesar de todas as discussões sobre privacidade e segurança, nós nunca olhamos para as duas ao mesmo tempo e fazemos a pergunta: o que deixa as pessoas nervosas a respeito da internet? Das sociedades mais repressoras do mundo até as mais democráticas, cidadãos se preocupam com o desconhecido, os perigos e as crises que podem advir ao emaranhar suas vidas numa rede de estranhos conectados. Para os que já estão on-line, viver ao mesmo tempo no mundo físico e no virtual se tornou parte do que somos e do que fazemos. Conforme nos acostumamos com essa mudança, também aprendemos que os dois mundos não são excludentes, e o que acontece em um repercute no outro.

O que hoje parece ser um debate definido sobre segurança e privacidade será expandido para questões sobre quem controla e influencia as identidades virtuais e, portanto, os próprios cidadãos. As democracias serão mais influenciadas pela sabedoria das massas (para melhor ou pior), autocracias pobres lutarão para adquirir os recursos necessários à extensão efetiva de seu controle sobre o mundo virtual, e ditaduras mais ricas construirão modernos Estados policiais para aumentar seu domínio sobre a vida da população. Essas mudanças vão incitar novos comportamentos e leis progressistas, mas, dada a sofisticação das tecnologias envolvidas, em muitos casos os cidadãos poderão perder as proteções nas quais confiam hoje. O modo como as populações, a indústria privada e os Estados vão lidar com as inovações que estão por vir será em grande parte determinado por normas sociais, sistemas legais e características nacionais específicas.

Agora vamos passar a tratar de como a conectividade global vai afetar a maneira como os Estados operam, negociam e combatem entre si. A diplomacia nunca foi tão interessante como será na nova era digital. Os Estados que de forma constante estão fazendo jogos de poder político no cenário internacional descobrirão que será necessário rever suas políticas domésticas e internacionais num mundo em que as táticas físicas e virtuais nem sempre estão alinhadas.

CAPÍTULO 3

O futuro dos Estados

Do que falamos quando conversamos sobre a internet? A maioria das pessoas tem apenas uma noção vaga de como ela funciona, e de um modo geral não há problema nisso. A maior parte dos usuários não precisa entender sua arquitetura interna ou saber como opera a função hash (de dispersão unidirecional) para interagir de forma natural com o mundo on-line. No entanto, conforme discutirmos sobre como o poder do Estado afeta a internet e é afetado por ela, alguns conhecimentos básicos ajudarão a tornar mais claros certos cenários conceitualmente mais complexos.

A internet foi desde o início concebida como uma rede de redes, uma vasta e descentralizada teia de sistemas de computadores planejada para transmitir informações usando protocolos específicos. O que o usuário comum vê — websites e aplicativos, por exemplo — é na verdade sua flora e fauna. Sob essa superfície, milhões de máquinas enviam, processam e recebem pacotes de dados a uma incrível velocidade por meio de cabos de cobre e fibra ótica. Tudo o que produzimos e o que encontramos on-line são, em última instância, uma série de números, embalados juntos e enviados por incontáveis roteadores localizados ao redor do mundo e então reagrupados quando chegam ao local de destino.

É comum a internet ser descrita como um espaço "sem lei", não governado e ingovernável por conceito. Sua composição descentralizada e sua estrutura de interligações em constante mutação tornam fúteis as tentativas das autoridades de controlá-la. Contudo, os Estados têm uma quantidade tremenda de poder sobre a *mecânica* da internet em seus países. Como eles controlam a infraestrutura física requerida pela conectividade — as torres de transmissão, as rotas, os interruptores —, controlam também a entrada, a saída e o caminho percorrido pelos dados na rede. Assim, podem limitar conteúdo, decidir que tipo de equipamento as pessoas terão permissão para usar e até mesmo criar internets separadas. Tanto Estados quanto cidadãos se fortalecem com a conectividade, mas não da mesma maneira. O poder dos cidadãos vem do acesso à informação, enquanto o dos Estados deriva da posição privilegiada de guardiões dos portões.

Até agora mantivemos o foco no que acontecerá quando alguns bilhões a mais de pessoas estiverem on-line (como usarão a internet? Quais equipamentos utilizarão? Como suas vidas serão transformadas?), entretanto ainda não falamos de como será essa internet ou como os Estados se esforçarão para tirar proveito dela em suas relações físicas ou virtuais com outras nações e com seu próprio povo. Isso vai ser cada vez mais importante conforme populações com diferentes alfabetos, interesses e conjuntos de normas se tornarem conectadas, e seus governos levarem os próprios interesses, rancores e recursos para a mesa de negociações. Talvez a pergunta mais importante daqui a dez anos não seja se uma sociedade vai usar a internet, mas qual versão dela.

À medida que mais Estados se adaptarem para levar a internet à maior parte de sua população, vão se esforçar para manter o controle, tanto internamente quanto em nível mundial. Alguns vão sair fortalecidos — mais seguros e influentes — da transição para a era virtual, beneficiando-se de alianças sólidas e usos inteligentes da potência digital, mas outros precisarão batalhar só para não serem ultrapassados e conseguirem adaptar-se às mudanças tecnológicas nas áreas doméstica e internacional. Amizades, alianças e desavenças entre os países se estenderão ao mundo virtual, adicionando uma dimensão nova e intrigante ao estadismo tradicional. De muitas formas, a internet pode ser vista como a concretização definitiva da clássica teoria de relações internacionais sobre um mundo anárquico e sem líderes. Aqui vai nossa análise de como acreditamos que os Estados se comportarão entre si e em relação a seus cidadãos.

A fragmentação da internet

Como dissemos, cada Estado e sociedade do planeta tem suas próprias leis, normas culturais e comportamentos sociais. Como bilhões de pessoas poderão acessar a internet na próxima década, muitas descobrirão um novo tipo de independência — de ideias, discursos e relações — que testará essas fronteiras. Em contraste, os governos vão com certeza preferir que os usuários encontrem um mundo virtual no qual seus poderes estabelecidos reflitam seu controle na realidade física, o que é uma noção compreensível, mas fundamentalmente ingênua. Cada Estado vai tentar regular a internet e moldá-la à sua imagem. O impulso de inserir leis do mundo físico no virtual é universal entre as nações, desde as mais democráticas até as mais autoritárias. O que não conseguirem fazer na realidade será criado no espaço virtual, excluindo-se os elementos da sociedade que os desagradam, os conteúdos que violam leis e qualquer ameaça em potencial detectada.

A maioria dos usuários mundiais da internet depara com algum tipo de censura — também conhecida pelo eufemismo "filtragem" —, todavia a maneira como isso se apresenta depende das políticas do país e de sua infraestrutura tecnológica. Nem toda essa censura, ou mesmo a maior parte dela, é de ordem política; governos progressivos bloqueiam de forma rotineira um pequeno número de sites, como os que expõem pornografia infantil.

Em alguns países, existem vários pontos de entrada para conexões com a internet, e um punhado de empresas privadas de telecomunicação os controlam (sob algumas regulamentações). Em outros, só existe uma via, uma empresa pública de prestações de serviço de internet (*internet service provider*, ISP) por meio da qual flui todo o tráfego. É fácil realizar a filtragem no último caso, mas bem mais difícil no primeiro. Diferenças de infraestrutura como essa, combinadas com particularidades culturais e objetivos da filtragem, explicam a colcha de retalhos que se tornaram os sistemas existentes no mundo hoje.

Na maior parte dos países, a filtragem é feita ainda no nível da ISP. Em geral, os governos aplicam restrições nas rotas de entrada que conectam o país e nos servidores DNS (*domain name system*). Isso permite o bloqueio completo de um site (como acontece com o YouTube no Irã)[1] e o processamento do conteúdo da rede através de *deep-packet inspection* (inspeção profunda de pacotes de informação). Neste caso, um software especial permite ao roteador inspecionar os pacotes de dados que passam por ele e buscar palavras proibidas, entre outras coisas (o uso de programas de análise de sentimento para selecionar expressões negativas sobre políticos, por exemplo), que podem ser depois bloqueadas. Nenhuma das técnicas é à prova de falhas; usuários podem acessar sites bloqueados utilizando tecnologias de despistamento, como servidores intermediários (que enganam os roteadores) ou encriptamento seguro de protocolos de https (o que permite uma comunicação privada via internet que, ao menos em teoria, não pode ser lida por ninguém além de seu computador e o site acessado), e a *deep-packet inspection* nem sempre localiza todas as instâncias de conteúdo proibido. Os mais sofisticados governos do mundo que utilizam a censura investem uma vasta quantidade de recursos na construção desses sistemas e então penalizam duramente qualquer um que tente burlá-los.

Quando especialistas começaram a perceber que alguns Estados controlavam e projetavam sua influência on-line, alguns alertaram contra uma "fragmentação da internet", por meio da qual filtragens e outras intervenções transformariam o que era uma rede *global* numa série de redes nacionais conectadas.* A World Wide Web iria fragmentar-se e estilhaçar-se; assim, em breve teríamos "a internet russa", "a internet americana" e muitas mais, todas coexistindo e, algumas vezes, sobrepondo-se, contudo, de um modo significativo, sempre separadas. A internet de cada país teria características nacionais. A informação fluiria em grande escala dentro das fronteiras, mas não além delas, por conta de filtragens, idiomas ou apenas pelas preferências do usuário. (Estudos mostram que os usuários preferem manter-se dentro de suas próprias esferas culturais[3] quando estão on-line, menos por questões de censura do que por idioma, interesses em comum e conveniência. A experiência on-line pode ser também mais rápida, já que salvar informações e armazenar conteúdos em centros de dados locais pode aumentar significativamente a velocidade de acesso para os usuários.) O processo a princípio mal seria notado pelo público, mas se fossilizaria com o tempo e ao final tornaria a internet algo bem diferente.**

O primeiro estágio desse processo, uma filtragem agressiva e característica, já está em andamento. É muito provável que alguma versão da situação descrita se realize, todavia o grau em que isso ocorrerá vai ser, em grande parte, determinado pelo que acontecerá na próxima década com os Estados recém-conectados — que caminho escolherão, em quem vão se espelhar, com quem vão desejar trabalhar e que princípios básicos pretenderão seguir. Para uma visão mais ampla dessas variações, consideremos algumas diferentes abordagens de filtragem no mundo de hoje. Identificamos pelo menos três modelos: a filtragem ostensiva, a discreta e a aceitável em termos políticos e culturais.

Em primeiro lugar, a ostensiva: a China é a nação mais ativa e entusiasmada do mundo no que se refere a filtrar informações. Plataformas muito populares em qualquer outro lugar — como Facebook, Tumblr e Twitter — são bloqueadas pelo

---

* Recomendamos o livro *Who Controls the Internet? Illusions of a Borderless World*[2] [Quem controla a internet? Ilusões de um mundo sem fronteiras], de Jack Goldsmith e Tim Wu, lançado em 2006, que analisa essa situação com clareza.

** A fragmentação da internet, da forma como nos referimos, é diferente das intranets. Uma intranet usa o mesmo protocolo tecnológico, mas funciona dentro dos limites de uma organização ou uma área local, em vez de ser uma rede de outras redes. Intranets corporativas são em geral protegidas de acesso externo não autorizado por firewalls e outros mecanismos de entrada.

governo. Certos termos, como "Falun Gong"[4] — o nome de um grupo espiritual associado a uma facção da oposição que foi proibido no país —, simplesmente inexistem no espaço público virtual, vítimas da censura oficial ou da muito difundida autocensura nacional. Na internet chinesa, não é possível encontrar informações sobre assuntos políticos delicados como os protestos na Praça da Paz Celestial, detalhes embaraçosos sobre as autoridades do país, os movimentos pela independência do Tibet e o Dalai Lama ou conteúdos relacionados a assuntos como direitos humanos, reformas políticas e soberania. Com relação a tais temas, mesmo alguns dos mais conhecidos meios de comunicação ocidentais são alvo de censura. O canal Bloomberg foi bloqueado, tanto em inglês quanto em chinês, após noticiar, em junho de 2012, a vasta fortuna familiar do então vice-presidente (e hoje presidente) Xi Jinping. Quatro meses depois, o jornal *The New York Times* passou por uma experiência semelhante ao publicar uma matéria sobre a riqueza do premiê Wen Jiabao. Não surpreende que informações sobre ferramentas para driblar a censura também sejam proibidas. Percebemos quanto as autoridades do país podem ser abrangentes e específicas quando, em 2011, depois de uma viagem litigiosa[5] de Eric a Pequim como presidente executivo do Google, todos os vestígios de sua presença lá foram apagados da internet local, enquanto a cobertura da visita permanecia acessível em todos os outros lugares.

Para o usuário chinês comum, essa censura não transparece — sem o conhecimento prévio de determinados eventos e ideias, é como se eles nunca tivessem existido. Para complicar ainda mais a situação, os líderes chineses não evitam ter uma abordagem mais proativa quanto ao conteúdo on-line: uma pesquisa de 2010 estimou que cerca de trezentos mil "comentaristas" foram contratados pelas autoridades[6] para postarem elogios aos seus patrões, ao governo e ao Partido Comunista. (Esse tipo de prática costuma ser chamada de *Astroturfing* — ou seja, falsa participação popular — e é uma tática comum de empresas de relações públicas, agências de publicidade e campanhas eleitorais no mundo inteiro.)

As autoridades chinesas não hesitam em defender suas rígidas políticas de censura. Em um documento oficial divulgado em 2010,[7] o governo afirma que a internet é uma "cristalização da sabedoria humana", mas ressalta que, na China, "leis e regulamentos proíbem claramente a divulgação de informações cujos conteúdos subvertem o poder do Estado, minando a unidade nacional [ou] atacando a honra e os interesses do país". *The Great Firewall of China* [A Grande Barreira da China], como esse conjunto de ferramentas de bloqueio estatais é conhecido, é nada menos que a guardiã do Estado chinês: "Dentro do nosso território, a internet se encontra sob a jurisdição da soberania chinesa. E a soberania da internet chinesa deve ser respeitada e protegida." Esse tipo de abordagem atrevida e sem remorsos da censura tem um apelo natural para nações com temperamento autoritário, assim como para Estados com populações especialmente impressionáveis ou muito homogêneas (que temeriam num nível emocional se aventurar na busca por informações externas.)

Em seguida, temos os filtradores discretos da rede. A Turquia tem utilizado uma abordagem bem mais sutil que a da China e até demonstrou alguma receptividade para demandas públicas por liberdade na internet, entretanto, apesar disso, suas políticas de censura on-line continuam com considerável obscuridade. O governo turco sente-se desconfortável com a internet aberta, sendo mais tolerante que alguns de seus vizinhos regionais, porém bem mais restritivo do que seus aliados europeus. É impossível conseguir uma conexão sem algum tipo de filtro no país — uma importante distinção entre a Turquia e as nações ocidentais. O YouTube foi proibido[8] pelas autoridades turcas por dois anos depois que a empresa se recusou a tirar do ar vídeos considerados ofensivos ao fundador do país, Mustafa Kemal Atatürk. (Em consideração a uma lei de 1951 que criminaliza insultos públicos a Atatürk, o YouTube concordou em bloquear[9] tais vídeos na Turquia, mas o governo exigiu que eles fossem retirados da plataforma em todo o mundo.) Essa proibição teve bastante evidência, contudo censuras subsequentes foram mais encobertas: cerca de oito mil sites[10] foram bloqueados no país sem aviso público ou confirmação oficial.

Esse modelo discreto de censura é popular entre governos que lutam por manter um equilíbrio entre crenças, atitudes e preocupações divergentes dentro de sua população. No entanto, seguindo esse caminho, as próprias autoridades podem se tornar o inimigo se forem longe demais ou se suas maquinações acabarem sendo reveladas. Para dar um exemplo recente ocorrido na Turquia: em 2011, o governo anunciou uma política de censura que oferecia um sistema de quatro itens,[11] no qual os cidadãos escolheriam seu nível de filtragem (do mais ao menos restritivo: "infantil", "familiar", "doméstico" e "padrão"). A Autoridade de Tecnologias de Informação e Comunicação (conhecida lá pela sigla BTK) afirmou que o esquema havia sido concebido para proteger menores de idade e prometeu que quem escolhesse o nível "padrão" não encontraria qualquer forma de censura. Muitas pessoas céticas com o histórico de transparência da BTK duvidaram. De fato, o plano gerou uma reação tão grande entre a população que milhares de pessoas em mais de trinta cidades turcas saíram às ruas para protestar contra as mudanças propostas.[12]

Pressionado, o governo voltou atrás na decisão[13] e acabou instituindo apenas dois níveis — "infantil" e "familiar" —, que os usuários poderiam adotar de forma voluntária. Mas a controvérsia não acabou ali. Grupos pela liberdade da mídia relataram que testes realizados no sistema de censura revelavam filtros mais agressivos[14] do que a BTK admitia. Além dos esperados termos relacionados com conteúdos de pornografia e violência, descobriram que sites de notícias comuns, conteúdo culturalmente liberal ou ocidental (por exemplo, qualquer coisa envolvendo a palavra "gay" ou informação sobre a evolução) e palavras-chave referentes à minoria curda estavam banidos no novo sistema. Alguns ativistas argumentaram que bloquear informações sobre organizações separatistas curdas no filtro "infantil" era evidência das intenções nefastas do Estado; o grupo de vigilância da mídia internacional Repórteres Sem Fronteiras[15] chamou essa política turca de "censura clandestina".

O governo reagiu a parte da preocupação do público com relação ao novo sistema. Quando um jornal turco noticiou[16] que sites educativos sobre a ciência da evolução foram proibidos, enquanto conteúdos de um eminente criacionista nacional, não, as autoridades retiraram o bloqueio de imediato. Entretanto, existe pouca ou nenhuma transparência a respeito de que conteúdo é censurado sob esse sistema, logo as autoridades são forçadas a tomar providências apenas quando essas discrepâncias são notadas pelos cidadãos. Sendo assim, o modelo discreto de filtragem combina a habilidade governamental de se eximir de responsabilidade com sua prontidão para tomar medidas construtivas em situações de pressão. Essa abordagem atrai países com sociedades civis em expansão, mas com fortes instituições estatais, ou governos sem bases de apoio confiáveis, mas com poder concentrado suficiente para tomar tais decisões unilateralmente.

A terceira abordagem, a de filtragem política e culturalmente aceitável, é empregada em lugares como Coreia do Sul, Alemanha e Malásia. Essa é uma intervenção limitada e seletiva em assuntos bastante específicos, baseada na lei, sem qualquer tentativa de esconder a censura e suas motivações. Os mais radicais entre a população podem até reclamar, mas a maioria dos cidadãos em geral concorda com filtragens motivadas pela segurança e pelo bem-estar públicos. Na Coreia do Sul, por exemplo, a Lei de Segurança Nacional[17] proíbe de forma expressa manifestações de apoio à Coreia do Norte, tanto nos espaços físicos quanto nos virtuais. O governo do país realiza com constância filtragens de conteúdos da internet relacionados com seu vizinho do norte — em 2010, relatou-se que as autoridades bloquearam cerca de quarenta websites[18] que estavam associados ao regime da Coreia do Norte ou o apoiavam e desativaram uma dúzia de contas[19] em redes sociais como Facebook ou Twitter com vínculos em potencial com a capital Pyongyang, além de forçar administradores a deletar mais de quarenta mil posts de blogs pró-norte-coreanos.

A Alemanha tem fortes regulamentações contra discursos de ódio que tornam ilegais a negação do Holocausto e a retórica neonazista; em consequência, o governo bloqueia conteúdos no país[20] que expressem tais pontos de vista. Já a Malásia, apesar de garantir aos cidadãos[21] que nunca vai censurar a internet, chegando mesmo a incluir uma cláusula a esse respeito em sua legislação,[22] em 2011 bloqueou de forma abrupta o acesso a sites de compartilhamento de arquivos,[23] como o Megaupload e o Pirate Bay, por violarem a Lei de Direitos Autorais do país, de 1987. Numa declaração, a Comissão de Comunicações e Multimídia da Malásia[24] defendeu a ação, afirmando que “o cumprimento da lei não deve ser considerado censura”. Muitos discordaram, mas o bloqueio permaneceu política e legalmente aceitável.

Dos três modelos, os ativistas vão desejar que o terceiro se torne o padrão para Estados de todo o mundo, mas isso parece improvável; apenas países com uma população muito engajada e informada vão precisar ser tão transparentes e contidos. Já que muitos governos vão tomar tais decisões antes que seus cidadãos se tornem conectados de forma plena, eles terão pouco incentivo para promover de antemão o tipo de internet livre e aberto exibido pelos países de “modelo politicamente aceitável”.

As tendências que vemos hoje continuarão seguindo caminhos, na maior parte das vezes, bastante previsíveis. Todos os governos sentirão que estão travando uma batalha — e perdendo — contra uma internet que se multiplica e muda de forma infinita, e a fragmentação emergirá como um mecanismo popular para enfrentar esse desafio. O estágio seguinte para muitos Estados será uma edição coletiva, com países formando comunidades de interesses para modificar a rede juntos, baseados em afinidades de valores ou geopolíticas. Uma ação coletiva — no mundo físico ou virtual — será um movimento lógico para muitas nações sem recursos ou capacidade de alcançar e influenciar vários territórios. Apesar da fragmentação, o ciberespaço ainda é um território muito grande para controlar, e, assim como muitos Estados compartilham recursos militares uns com os outros para cobrir maiores áreas físicas, também formarão alianças para vigiar melhor o terreno virtual. No caso de nações maiores, colaborações legitimarão seus esforços de filtragem e ajudarão a desviar parte da atenção indesejada (a desculpa do "olhe, os outros estão fazendo a mesma coisa"). Já para as menores, alianças do tipo se tornarão um meio de bajular jogadores mais importantes e ao mesmo tempo conseguir, a baixo custo, alguns conhecimentos técnicos úteis dos quais não dispõem.

Essa edição coletiva pode começar com acordos culturais básicos e antipatias compartilhadas entre os Estados, como que minorias religiosas desprezam, como veem outras partes do mundo ou quais suas perspectivas quanto a figuras históricas como Vladimir Lênin, Mao Tsé-tung ou Mustafa Kemal Atatürk. No mundo virtual, compartilhar sensibilidades culturais e normativas cria um campo gravitacional entre as nações, incluindo aquelas que poderiam de outra forma não ter razões para permanecer no grupo. Grandes Estados têm menos probabilidade de participar disso do que os menores — eles já têm a capacidade técnica —, assim, uma frota de pequenos países associaria seus recursos por considerar o método útil. Se alguns membros da Comunidade dos Estados Independentes (CEI), uma associação de países-membros da ex-URSS, se saturarem com a insistência de Moscou em padronizar a língua russa na região, poderão se unir para censurar todo o conteúdo em russo de suas redes nacionais e assim limitar a exposição de seus cidadãos à Rússia no geral.

Ideologias e morais religiosas serão provavelmente as diretrizes mais fortes dessas colaborações. Já são os maiores motivos de censura hoje em dia. Imagine se um grupo de países muito conservadores de maioria sunita — digamos, Arábia Saudita, Iêmen, Argélia e Mauritânia — formar uma aliança on-line em torno de valores comuns e interesses estratégicos e decidir construir uma "Rede Sunita". Embora tecnicamente continuasse a fazer parte da internet global, essa nova rede se tornaria a maior fonte de informações, notícias, histórias e atividades para os habitantes desses países. Durante anos, o desenvolvimento e a abrangência da internet foram em grande parte determinados por seu padrão de língua inglesa, mas a contínua implementação de IDNs (*internationalized domain names*), que permitem às pessoas a utilização e o acesso a nomes de domínio escritos em caracteres que não pertençam ao alfabeto romano (exemplo, http://مثال.إختبار), está mudando isso. A criação de uma Rede Sunita — na verdade, de todas as redes nacionalizadas — se tornará mais provável se os usuários puderem ter acesso a uma versão da internet em sua própria língua e script.

Dentro da Rede Sunita, dependendo de quem participe e de quem comande seu desenvolvimento, a internet estará sob o sistema jurídico do Islã: o comércio e as transações bancárias on-line seriam diferentes, já que ninguém teria permissão de cobrar juros; a polícia religiosa poderia monitorar conteúdos trabalhando em parceria com as agências da lei nacionais para denunciar violações; sites de orientação homossexual seriam bloqueados de maneira uniforme; movimentos feministas on-line poderiam ser, de alguma forma, reduzidos; e grupos de minorias étnicas ou religiosas seriam vigiados de perto, confinados ou até mesmo excluídos. Nesse cenário, a facilidade com que um cidadão local com domínio da tecnologia poderia contornar tal internet e alcançar a World Wide Web dependeria do país em que vivesse: a Mauritânia pode não ter o desejo ou a capacidade de impedi-lo, entretanto é pertinente supor que a Arábia Saudita tenha. Por outro lado, se o governo mauritano ficar apreensivo quanto a seus usuários evitarem a Rede Sunita, com certeza um de seus novos parceiros digitais poderá ajudá-lo a construir cercas mais altas. Dentro das alianças de edição coletiva, os Estados menos paranoicos poderão permitir que a população acesse ambas as versões da internet (algo parecido com um controle parental opcional para a televisão), apostando na preferência do usuário por conteúdo seguro e sob medida em vez de usar força bruta.

Em algumas instâncias, nações autocráticas e democráticas intervirão em conjunto na rede. Tal colaboração ocorrerá quando uma democracia fraca estiver próxima a Estados autocráticos fortes que a coajam a honrar virtualmente os mesmos compromissos geopolíticos assumidos no mundo físico. Esse é um dos raros casos em que a proximidade real influi de forma definitiva nos assuntos virtuais. Por exemplo, a Mongólia é uma jovem democracia com uma internet aberta, mas espremida entre a Rússia e a China — dois grandes países com suas próprias e restritivas políticas de rede. O ex-primeiro ministro mongol Sukhbaatar Batbold nos contou que deseja que a Mongólia, como qualquer outra nação, tenha sua própria identidade. Isso significa, declarou, manter boas relações com os vizinhos para que eles não se intrometam em seus assuntos. "Nós respeitamos o fato de que cada país tenha escolhido para si seu próprio caminho rumo ao desenvolvimento",[25] disse. No caso da China, "temos um entendimento: não nos envolvemos com questões relativas a Taiwan, Tibete e Dalai Lama, e eles não interferem em nossos assuntos. O mesmo se aplica à Rússia, com a qual mantemos um relacionamento duradouro".

Uma instância neutra de não interferência é mais sustentável no mundo físico. O espaço virtual complica de forma significativa esse modelo, porque as pessoas que controlam a atividade estão on-line. Quem simpatiza com grupos de oposição e minorias étnicas na China e na Rússia vai ver a Mongólia como um excelente lugar para se reunir. Defensores de rebeldes uigures, tibetanos ou chechenos podem querer usar o espaço mongol de internet como base de mobilização, para conduzir campanhas on-line e criar movimentos virtuais. Se isso acontecer, o governo do país sem dúvida vai sentir a pressão de russos e chineses, não só por questões diplomáticas, mas também por um despreparo de sua infraestrutura nacional para resistir a ciberataques de qualquer dos dois vizinhos. Na tentativa de agradar os países vizinhos e preservar sua soberania física e virtual, as autoridades poderão achar necessário submeter-se a uma intervenção da Rússia ou China e filtrar conteúdos da internet associados a assuntos polêmicos. Num acordo desse tipo, os perdedores seriam os mongóis, cuja liberdade virtual seria comprometida por poderes estrangeiros egocêntricos abrindo caminho às cotoveladas.

Nem todos os Estados colaborarão com outros durante o processo de fragmentação, todavia o resultado final será da mesma forma um amontoado de internets nacionais e fronteiras virtuais. A tendência rumo a plataformas globalizadas como Facebook e Google cria um sistema de tecnologia que privilegia a disseminação, o que significa uma distribuição mais ampla de ferramentas de engenharia que as pessoas podem usar para construir as próprias estruturas virtuais. Sem uma regulamentação estatal que limite inovações, tal tendência de crescimento acontecerá de maneira muito rápida. Nos estágios iniciais, usuários nem vão reparar quando estiverem na internet de outros países, pois a experiência será fluida, da mesma forma que é hoje. Enquanto os Estados estiverem trabalhando para estabelecer sua autonomia no mundo on-line, as pessoas notarão pouca diferença.

Essa homeostase, no entanto, não vai durar. O que começou como uma abrangente rede global se parecerá cada vez mais com o mundo real, cheio de divisões internas e interesses divergentes. Surgirá na internet um tipo de requisição de visto. Isso poderá ser feito de forma rápida e eletrônica, com o objetivo de conter o fluxo de informações em ambas as direções, requerendo que usuários se registrem e concordem com certas condições para poder acessar a rede de outro país. Se a China decidir que todos os estrangeiros precisam de um visto para acessar sua internet nacional, o comprometimento dos cidadãos, as operações de negócios internacionais e a reportagem investigativa serão afetados com seriedade. Isso, somado a restrições internas da internet, sugere um equivalente atual da famosa política japonesa do *sakoku* ("país fechado"), de quase total isolamento, que vigorou no século XVII.

Algumas nações podem implementar vistos como um meio de monitorar visitantes internacionais e ao mesmo tempo gerar renda — uma taxa muito pequena seria cobrada de forma automática cada vez que se entrasse no espaço virtual de outro país, ainda mais se as atividades on-line da pessoa (que podem ser acompanhadas pelo governo por meio de *cookies* e outras ferramentas) violarem os termos do contrato. Vistos virtuais apareceriam em resposta a ameaças de segurança relacionadas com ciberataques; se seu IP viesse de um país relacionado em uma lista negra, você enfrentaria triagem e monitoramento bem mais rigorosos.

Outros Estados, entretanto, fariam um estardalhaço pelo fato de não requererem vistos, para demonstrar seu compromisso com a liberdade de informação e encorajar outros a seguir seu exemplo. Em 2010, o Chile se tornou o primeiro país do mundo a aprovar uma lei que garante a neutralidade da rede.[26] Cerca de metade dos 17 milhões de chilenos está on-line hoje,[27] e, conforme o país continua a desenvolver sua infraestrutura tecnológica, manifestações públicas como essa sem dúvida o tornarão benquisto aos olhos de outros governos que apoiam políticas progressistas de comunicações. Nações que começam a desenvolver um padrão de conectividade compararão o modelo chileno com outros e poderão concordar em assinar compromissos de não requisição de vistos com o objetivo de construir relações envolvendo o comércio virtual e outras plataformas on-line, como um Acordo de Schengen (a zona sem fronteiras da Europa) para o mundo digital.

Sob essas condições, o mundo verá o primeiro pedido de asilo virtual. Um dissidente que não conseguir viver livre sob uma internet autocrática e não tiver acesso às redes de outros Estados vai preferir buscar asilo físico em outro país e ter liberdade virtual na internet de lá. Além disso, é possível que exista uma forma intermediária de asilo, na qual o país hospedeiro compartilhará sofisticadas ferramentas de *proxy* e evasão que permitirão ao dissidente conexão externa. Conseguir asilo virtual poderá significar o primeiro passo para o asilo físico, um sinal de confiança antes do total comprometimento. Isso servirá como uma camada extra de avaliação rigorosa antes que o pedido de exílio seja avaliado pela Corte.

Contudo, o asilo virtual não funcionará se a maior das ofensas ocorrer: a criação de um DNS (*domain name system*) alternativo ou sua adulteração agressiva e ubíqua para servir aos interesses do Estado. Hoje, a internet que conhecemos usa o DNS para combinar computadores e aparelhos com fontes de dados relevantes, traduzindo os endereços IP (compostos por números) em nomes que possam ser lidos e vice-versa. A potência da internet depende de que todos os computadores e redes utilizem a mesma raiz DNS oficial (o que é regulado pela Internet Corporation for Assigned Names and Numbers, ou Icann, responsável pela coordenação global do sistema de identificadores exclusivos da internet), contendo todos os domínios de alto nível que aparecem como sufixos em endereços da rede — .edu, .com, .net e outros.

Todavia, existem raízes alternativas de DNS operando em paralelo com a internet, mas não vinculadas a ela. Nos círculos tecnológicos, muitos acreditam que a criação de um DNS alternativo vai contra tudo o que originou a internet e o que ela representa: ou seja, liberdade para compartilhar informações. Nenhum governo até agora chegou a um sistema alternativo,* mas, se algum for bem-sucedido na tarefa, conseguirá de forma efetiva desligar sua população da internet global e oferecer apenas uma intranet fechada e nacional. Em termos técnicos, isso implicaria a criação de um portal censurado entre determinado país e o restante do mundo, de modo que apenas a intervenção humana poderia facilitar a transmissão de dados externos em casos de absoluta necessidade — por exemplo, envolvendo recursos de Estado.

Para os cidadãos, recursos intermediários populares como os VPN ou o Tor não teriam mais efeito porque não haveria nada com o que se conectar. Seria a versão mais extrema do que os tecnólogos chamam de *walled garden* [jardim cercado]. Na internet, a expressão é usada para se referir a um ambiente de navegação que controla o acesso do usuário a informações e serviços on-line. (Esse conceito não é limitado a discussões sobre censura, tem raízes profundas na história da tecnologia de rede: a AOL e a CompuServe, gigantes da internet do passado, começaram como "jardins cercados".) Para o efeito completo de desconexão, o governo também instruiria seus roteadores a falhar em anunciar os endereços IP de sites — diferentemente dos nomes de DNS, os endereços IP são indissociáveis de sua origem —, o que teria o efeito de colocar tais websites numa ilha muito distante, quase inalcançável. Qualquer conteúdo existente nessa rede nacional só circularia em âmbito interno, aprisionado como uma chuva de bolhas no protetor de tela de um computador, e quaisquer tentativas de alcançar usuários dessa rede seriam inúteis. Com o movimento de um interruptor, todo um país simplesmente desapareceria da internet.

Não se trata de algo tão absurdo quanto parece. Em 2011, foi relatado pela primeira vez que os planos do governo iraniano para construir uma "internet *halal*"[28] estavam em andamento e, mais de um ano depois, tudo indicava que seu lançamento oficial seria iminente.[29] A inauguração pelo regime, em dezembro de 2012, do *Mehr*, uma versão do YouTube com "vídeos aprovados pelo governo",[30] demonstrou que as autoridades falavam a sério quanto ao projeto. Detalhes sobre

* Pequenos incidentes, no entanto, indicam que governos são capazes de manipular DNS e que talvez se sintam confortáveis com isso. Mais do que algumas vezes, o endereço do site do Google passou a direcionar as pessoas de forma misteriosa para o www.baidu.com, uma página chinesa de buscas que é seu competidor local.

o plano permaneceram confusos, no entanto, segundo representantes do governo, numa primeira fase a rede nacional "limpa"[31] funcionaria em conjunto com a World Wide Web para os iranianos (em sua forma altamente censurada) para, em seguida, substituir por completo a rede internacional. Isso requereria mover todos os websites "permitidos" para um grupo especial de endereços IP, o que tornaria muito fácil filtrar quem não faz parte do bloco *halal.* O governo e as instituições afiliadas providenciariam o conteúdo para essa intranet nacional, seja com versões domesticadas do que circula na rede global, seja com material de sua própria criação. Toda a atividade on-line seria monitorada de forma intensa, facilitada pela infraestrutura de alto nível de controle e agenciamento do governo sobre softwares (algo com que as autoridades iranianas se preocupam muito, a julgar pela proibição, em 2012, da importação de programas estrangeiros de segurança de computadores[32]). Conforme as autoridades de assuntos econômicos iranianas declararam à agência de notícias estatal,[33] a expectativa é de que a internet *halal* também substitua a rede global em outras nações muçulmanas — pelo menos nas de dialeto farsi. O Paquistão se comprometeu a trabalhar em algo semelhante.[34]

Pode ser que o anúncio iraniano seja apenas uma mistificação. Como o Estado pretende prosseguir com esse projeto técnica e politicamente é algo incerto. Como evitaria a fúria da significativa parcela da população que acessa a internet? Alguns acreditam que seria impossível desconectar o país de forma completa da rede global por conta de sua abrangente dependência econômica de contatos externos. Outros especulam que, se o Irã não conseguir construir um canal alternativo, poderá se tornar pioneiro num modelo de internet dupla que outros Estados repressores quererão reproduzir. Qualquer caminho que siga, se for bem-sucedido, terá a possibilidade de suplantar a Grande Barreira da China como a mais extrema versão de censura de informação da história. E mudará a internet como a conhecemos.

O multilateralismo virtual

Em paralelo com os esforços de fragmentação, veremos também a ascensão de um multilateralismo virtual com base na solidariedade ideológica ou política que envolve países e corporações trabalhando juntos em alianças oficiais. Estados como Belarus, Eritreia, Zimbábue e Coreia do Norte — todos autoritários, com forte culto à personalidade e status de párias no restante do mundo — teriam pouco a perder se integrassem uma ciberunião autocrática na qual estratégias de censura e monitoramento pudessem ser compartilhadas. À medida que essas nações construíssem estados policiais da era virtual, seria cada vez mais difícil para empresas ocidentais, em termos de relações públicas, fazer negócios com elas, ainda que legais. Isso criaria espaço para as concorrentes não ocidentais, cujos acionistas teriam menos pudor e mais familiaridade com ambientes semelhantes, ocuparem uma posição de negócios mais ativa dentro de tal rede de nações autocráticas.

Não é por acidente, por exemplo, que quem controla 75% da única rede oficial de celulares da Coreia do Norte, a Koryolink,[35] é a empresa de telecomunicações egípcia Orascom, que prosperou sob o longo reinado de Hosni Mubarak. (Os outros 25% são propriedade do Ministério de Correios e Telecomunicações da Coreia do Norte.) Para os usuários, os serviços da Koryolink são um "jardim cercado",[36] uma plataforma com alto nível de limitações que permite apenas a funcionalidade básica. Eles não podem fazer ou receber chamadas internacionais nem acessar a internet. (A alguns é permitido utilizar a intranet local, um curioso pastiche de conteúdo on-line, na maior parte propaganda, que as autoridades transferem da internet.) Chamadas domésticas e trocas de mensagens são muito provavelmente monitoradas, e a revista *The Economist* relatou que essa rede já é usada como plataforma para a disseminação de propaganda oficial, com o jornal diário *Rodong Sinmun* enviando aos usuários por mensagens de texto as últimas notícias.[37] Embora não seja uma norma estabelecida, muitos clientes são "encorajados" a pagar suas contas de telefone em euros[38] (que estão em circulação não oficialmente), uma exigência dura para a maioria dos norte-coreanos. Mesmo assim, a demanda por aparelhos é tão grande que o uso de celulares disparou no país, pulando de trezentos mil assinantes[39] para mais de um milhão num período de dezoito meses que terminou no início de 2012. A margem de ganhos brutos de 80% da Koryolink significa um excelente negócio para a Orascom.[40]

No Irã, depois da repressão pública e ostensiva ao movimento verde do país ocorrida em 2009, empresas ocidentais de tecnologia como a Ericsson e a Nokia Siemens Networks (NSN) procuraram se afastar do regime.[41] Na sua ausência, a gigante de telecomunicações chinesa Huawei se mobilizou e aproveitou a oportunidade de dominar o grande (e estatal) mercado de telefonia móvel do país. Enquanto seus predecessores ocidentais enfrentaram críticas em seus países de origem por vender produtos utilizados pelo governo iraniano para rastrear e reprimir atividades democráticas, a Huawei promoveu ativamente seus serviços de forma amigável ao regime autoritário.[42] De acordo com uma reportagem do *The Wall Street Journal*, seu catálogo era direto e revelador, incluindo produtos como rastreadores de localização para agentes da lei (comprados há pouco tempo pela maior operadora de celulares do Irã) e um serviço móvel de notícias receptível à censura. O parceiro favorito da Huawei no país, a Zaeim Electronic Industries Co., é também a preferida em vários ramos governamentais,[43] incluindo a Guarda Revolucionária e o gabinete do presidente.

Oficialmente, a Huawei alega fornecer a Zaeim apenas "produtos e serviços comerciais de uso público",[44] mas o *The Wall Street Journal* afirma que a empresa, em encontros sigilosos com autoridades, deixou clara sua experiência com censura de informações adquirida na China. (A Huawei divulgou uma declaração[45] logo após a publicação da reportagem negando várias das alegações, e um mês mais tarde anunciou que estava "restringindo voluntariamente"[46] suas operações comerciais no Irã devido à "situação cada vez mais complexa".)

Em resposta a essas colaborações entre países autocráticos, os Estados democráticos vão querer construir alianças similares e parcerias entre o público e o privado para promover uma internet mais aberta, com maior liberdade política, econômica e social. Um dos objetivos será conter o avanço de tecnologias de monitoração e filtragem muito restritivas para países com pequena, mas crescente, penetração da internet. Isso pode se manifestar em muitas estratégias, incluindo pacotes de assistência bilateral com condições prévias específicas que transformem a internet aberta em um objetivo político fundamental para os embaixadores de um país. Campanhas transnacionais talvez sejam implementadas com o objetivo de mudar a estrutura legal internacional envolvendo liberdade de expressão e softwares de fontes abertas. O objetivo maior e compartilhado desses Estados — acesso à informação, liberdade de expressão e transparência — ultrapassaria questões menores de diferenças culturais, criando uma espécie de nova Liga Hanseática da conectividade. Essa liga exerceu poder no norte da Europa do século XIII ao XV por meio de alianças econômicas entre cidades-estados adjacentes; seu equivalente contemporâneo poderia ser pautado por princípios similares de assistência mútua, mas numa versão expandida e global. As alianças não vão mais depender de forma tão drástica da geografia; tudo é equidistante no espaço virtual. Se o Uruguai e a República do Benin encontrarem um motivo para trabalhar juntos, será mais fácil do que em qualquer outro momento da história.

Parte da defesa da liberdade de informação e expressão no futuro vai envolver um novo elemento de ajuda militar. O treinamento vai incluir assistência técnica e suporte infraestrutural no lugar de tanques e gás lacrimogêneo — embora este último deva continuar sendo parte do arranjo. O que a fabricante de produtos aeroespaciais Lockheed Martin foi para o século XX, as empresas de tecnologia e cibersegurança serão para o XXI. De fato, líderes tradicionais da indústria de defesa, como Northrop Grumman e Raytheon, já estão trabalhando com o governo norte-americano no desenvolvimento de capacidade cibernética. Fabricantes de armas, construtores de aviões e outras partes do complexo industrial militar não deverão diminuir o ritmo — ações militares convencionais sempre precisarão de armas, tanques e helicópteros —, entretanto as grandes operações, já bastante privatizadas, conquistarão espaço em seu orçamento para assistência técnica.

Assistência para o desenvolvimento e ajuda internacional terão também uma dimensão digital, encorajada pelas novas alianças multilaterais. A troca de assistência internacional por influência futura não vai mudar, mas seus componentes vão. Em determinado país em desenvolvimento, uma potência estrangeira pode construir estradas, outra investir em agricultura e uma terceira instalar redes de fibra ótica e torres de distribuição de sinal para celulares. Na era digital, a tecnologia moderna se torna mais uma ferramenta para forjar alianças com Estados em desenvolvimento; não devemos subestimar quão importante a competência tecnológica será para esses países e seus governos. A pressão por ajuda externa sob a forma de redes mais rápidas, equipamentos modernos e banda larga disponível e barata pode vir da população, exigindo que os governos aceitem as condições necessárias prévias. Qualquer que seja o ímpeto, nações do futuro no mundo em desenvolvimento vão fazer uma aposta de longo prazo em conectividade, o que influenciará suas relações diplomáticas.

Da mesma forma, novas alianças se formarão em torno de interesses comerciais, em particular no que se refere a direitos autorais e propriedade intelectual. Como o comércio se desenvolve cada vez mais no mundo on-line, as dinâmicas envolvendo a proteção de direitos autorais vão levar a novas alianças e adversários virtuais. Grande parte das leis envolvendo esses temas ainda está centrada na noção de bens físicos, e não existe um acordo no que se refere a roubo e pirataria de bens on-line (filmes, músicas e outros conteúdos) — se equivalem ou não à apropriação indevida das versões materiais desses mesmos itens. No futuro, as nações vão começar a mergulhar mais fundo em batalhas legais sobre direitos autorais e propriedade intelectual, porque a saúde de seus setores comerciais estará em risco.

Muitos acordos internacionais já foram feitos a respeito dessas leis: a Convenção de Berna, de 1886, que requer mútuo reconhecimento dos direitos autorais de outras nações signatárias; o Acordo sobre os Aspectos Comerciais dos Direitos de Propriedade Intelectual, de 1994, que definiu os padrões mínimos de propriedade intelectual para os membros da Organização Mundial do Comércio (*World Trade Organization*, WTO); e o Tratado de Direitos Autorais da Organização Mundial da Propriedade Intelectual (*World Intellectual Property Organization*, WIPO), de 1996, que protege direitos autorais de tecnologia da informação contra infrações. As leis que regulam tais direitos pelo mundo são, de modo geral, as mesmas. No entanto, cada país é responsável pelo que acontece dentro de suas fronteiras, e nem todos são igualmente vigilantes. Dada a facilidade com que a informação circula por essas fronteiras, pessoas que pirateiam materiais com copyright registrado são capazes de encontrar paraísos virtuais em países com regulamentações menos rigorosas.

A grande preocupação de quem observa a situação da propriedade intelectual no mundo tecnológico é a China. Como signatária das convenções citadas, tecnicamente está comprometida com os mesmos padrões de outros países, inclusive os Estados Unidos. Na Cúpula de CEOs do Fórum de Cooperação Econômica Ásia-Pacífico (APEC) de 2011, o então presidente chinês Hu Jintao disse, em particular, a um grupo de líderes da área de negócios que seu país "implementaria de forma completa todas as leis de propriedade intelectual, de acordo com as normas da Organização Mundial de Comércio e as modernas práticas ocidentais".[47] Participamos desse encontro e, quando deixamos a sala depois dos comentários do presidente, o contingente americano expressou claro ceticismo quanto àquela afirmação. E com um bom motivo: estima-se que empresas dos Estados Unidos perderam em torno de 3,5 bilhões de dólares só em 2009[48] devido à pirataria de gravações musicais e programas de computador na China, e é lá que se manufaturam 79% de todos os produtos que infringem direitos autorais norte-americanos.[49] Claro que não é a ausência de leis que contribui para esse problema, e sim o descaso em aplicá-las. Oficialmente, é proibido na China obter lucro com a falsificação de produtos e a cópia de propriedade intelectual, mas na prática autoridades são desencorajadas a perseguir e processar os responsáveis por esses crimes, e os criminosos são autorizados a manter seus lucros. Mais ainda, as multas por violar as leis nessa área são muito baixas e aplicadas de forma tão irregular que não se mostram efetivas para impedir a conduta, e a corrupção nos níveis local e regional encoraja as autoridades a olhar para o outro lado e ignorar as recorrentes violações.

A China não é a única nação que não tem vontade ou capacidade para fazer valer as normas internacionais de propriedade intelectual. Rússia, Índia e Paquistão também se destacam pela igualmente débil aplicação dessas legislações.[50] Israel e Canadá não podem ser considerados paraísos da infração de direitos autorais,[51] contudo nenhum dos dois países implementou ainda de forma completa legislações e padrões da Organização Mundial da Propriedade Intelectual, o que os torna um refúgio para a pirataria na internet.

E, dentro do grupo de Estados com os mais fortes mecanismos de proteção de direitos de propriedade intelectual, é comum existirem significativas e exploráveis diferenças de interpretação. Por exemplo, a noção de uso justo (como a expressão é usada nos Estados Unidos) ou comércio justo (na versão dos britânicos), que permite um aproveitamento limitado de material com copyright sem o consentimento do detentor dos direitos, é muito mais controlada na União Europeia do que nos Estados Unidos ou no Reino Unido.

A condição de Estado virtual

Uma de nossas discussões mais recorrentes é que, no mundo virtual, tamanho tem menos importância. A tecnologia dá autoridade a todas as partes e permite que jogadores menores tenham impactos desproporcionais. E esses jogadores não precisam ser conhecidos nem oficiais. Ou seja, acreditamos ser possível que Estados virtuais sejam criados e sacudam a paisagem on-line dos Estados físicos no futuro.

Há centenas de movimentos separatistas ativos, violentos ou não, e é pouco provável que isso mude daqui para a frente. Grande parte dos movimentos é motivada por discriminação étnica ou religiosa, e em breve discutiremos como a discriminação e perseguição física desses grupos acontecerá on-line, mudando de forma, mas não de intenção. No mundo físico, não é incomum que os grupos perseguidos estejam sujeitos a leis diferentes e também vulneráveis a detenções indeterminadas, execuções extrajudiciais, exclusão do devido processo legal e todas as formas de restrição das liberdades civis e humanas, e a maior parte dessas táticas será utilizada on-line, com o auxílio significativo da tecnologia, que ajuda os regimes a monitorar, assediar e atingir as minorias inquietas.

Perseguidos tanto no mundo real quanto no virtual, grupos carentes de uma condição formal de Estado podem optar por emulá-la on-line. Embora não seja tão legítima ou útil quanto a condição de Estado real, a oportunidade de estabelecer soberania virtual poderia vir a ser, na melhor das hipóteses, um passo significativo rumo à condição oficial de Estado ou, na pior delas, uma intensificação que posteriormente colocaria ambos os lados em um confuso conflito civil. As populações curdas no Irã, na Turquia, na Síria e no Iraque — os quatro países onde estão mais concentradas — poderiam construir uma rede curda para tentar desenvolver uma espécie de independência virtual. O Curdistão iraquiano já é quase autônomo, por isso os esforços poderiam começar por lá. Os curdos poderiam criar um domínio de alto nível (www.yahoo.com.krd, por exemplo), em que "krd" representasse Curdistão, registrando um novo domínio e estabelecendo os servidores em um país neutro que os apoiasse. E poderiam começar daí.

A condição de Estado virtual seria muito mais do que apenas um gesto e um nome de domínio. Projetos adicionais talvez também fossem capazes de desenvolver uma presença curda on-line diferenciada. Com esforços suficientes, a rede curda se tornaria uma versão robusta da internet de outros países, na língua curda, é claro. A partir daí, engenheiros curdos (ou engenheiros solidários de outras nacionalidades) desenvolveriam aplicativos, bancos de dados e outros destinos on-line que não só apoiassem a causa curda, mas também a facilitassem. A comunidade virtual curda poderia realizar eleições e criar ministérios para fornecer bens públicos básicos. Ou até mesmo utilizar uma moeda virtual única. O ministro virtual da informação gerenciaria o fluxo de dados de e para os "cidadãos" curdos on-line. O ministro do interior se concentraria em preservar a segurança do Estado virtual e protegê-lo de ciberataques. O das relações exteriores se envolveria em relações diplomáticas com outros Estados, reais. Já o da economia e do comércio incentivaria o *e-commerce* entre as comunidades curdas e os interesses econômicos exteriores.

Assim como os esforços separatistas para criar um novo Estado físico geralmente sofrem forte resistência do Estado anfitrião, esses grupos enfrentariam uma oposição a suas manobras on-line. A criação de uma Chechênia virtual talvez cimentasse a solidariedade étnica e política entre seus defensores na região do Cáucaso, mas sem dúvida pioraria as relações com o governo russo, que consideraria esse movimento uma violação a sua soberania. O Kremlin talvez reagisse a essa provocação virtual com uma repressão física, colocando na rua tanques e tropas para reprimir a agitação na Chechênia.

Para os curdos, presentes em diversos países, o risco seria ainda maior, pois uma condição de Estado virtual seria encarada com resistência por todas as regiões vizinhas, algumas das quais, mesmo sem populações curdas, temeriam um efeito desestabilizador. Nenhum esforço seria poupado para destruir as instituições virtuais curdas por meio de invasões cibernéticas e espionagem, como ciberataques, campanhas de desinformação e infiltração. As populações do mundo físico certamente precisariam arcar com o impacto da punição. Os governos seriam auxiliados, é claro, pelos enormes volumes de dados produzidos por esses cidadãos; assim, seria fácil encontrar pessoas envolvidas ou defensores da condição de Estado virtual. Muito poucos movimentos separatistas dispõem dos recursos e do apoio internacional necessários para corresponder a esse nível de contra-ataque.

Declarar-se um Estado virtual se tornaria um ato de traição, não apenas nas regiões rebeldes, mas em quase toda parte. É simplesmente arriscado demais deixar esse espaço aberto. O conceito de instituições virtuais, em si, poderia dar nova vida aos grupos separatistas que fracassaram na tentativa de produzir resultados concretos por meios violentos, como os separatistas bascos na Espanha, os nacionalistas Abkhaz na Geórgia ou a Frente Moro de Libertação Islâmica nas Filipinas. Um esforço fracassado ou inadequado também poderia destruir por completo a experiência. Se, por exemplo, os defensores remanescentes do movimento pela independência do Texas se unissem para lançar uma República do Texas virtual e fossem recebidos com escárnio, o conceito de Estado virtual poderia ficar manchado por um tempo. Ainda não se sabe quão bem-sucedidas seriam essas reivindicações para tornar-se um Estado virtual (e, afinal, o que significaria ser "bem-sucedido"?), mas o fato de isso ser viável é expressivo para a difusão do poder do Estado na era digital.

Provocação digital e guerra cibernética

Nenhuma discussão sobre o futuro dos Estados conectados estaria completa sem uma análise das piores ações que eles poderiam realizar uns contra os outros ao iniciar guerras cibernéticas. A guerra cibernética não é um conceito novo, mas seus parâmetros não são bem-estabelecidos. Especialistas em segurança de computadores continuam discutindo a magnitude da ameaça, como identificá-la e o que de fato constitui um ato de guerra cibernética. Para nossos propósitos, utilizaremos a definição oferecida por Richard Clarke, ex-chefe de contraterrorismo dos Estados Unidos:[52] ações de um Estado-nação para penetrar em redes ou computadores de outro Estado-nação com o propósito de causar estragos ou problemas.*

Ciberataques — inclusive espionagem digital, sabotagem, infiltração e outros males — são, como já dissemos, muito difíceis de rastrear e podem provocar gra-

* Estabelecemos uma distinção entre "ciberataque" e "ciberterrorismo" ao analisar o indivíduo ou entidade por trás do ataque e avaliar seus motivos. Ambos, no entanto, podem manifestar-se de maneiras muito semelhantes; por exemplo, por meio da espionagem econômica.

ves danos. Tanto os grupos terroristas quanto os Estados farão uso das táticas de guerra cibernética, embora os governos se preocupem mais com a coleta de informações do que com a destruição total. Para os Estados, a guerra cibernética cumprirá sobretudo objetivos de inteligência, mesmo que os métodos empregados sejam semelhantes aos utilizados por agentes isolados que tentam causar problemas. Roubar segredos comerciais, acessar informações confidenciais, infiltrar-se nos sistemas do governo, disseminar desinformação — atividades tradicionais das agências de inteligência — serão a base dos ciberataques entre Estados no futuro. Há quem discorde fundamentalmente de nós a esse respeito, prevendo que os Estados tentarão destruir os inimigos usando métodos mais radicais, como interromper remotamente o fornecimento de energia ou quebrar mercados de ações. Em outubro de 2012, o secretário de defesa dos Estados Unidos, Leon Panetta, advertiu:[53] "Um país agressor (...) poderia usar essas ferramentas cibernéticas para adquirir o controle de chaves importantes. Poderia descarrilar vagões de passageiros ou, algo ainda mais perigoso, descarrilar vagões carregados de substâncias químicas. Poderia contaminar as fontes de abastecimento de água nas principais cidades, ou desligar a rede de energia em grande parte do país." Tendemos a adotar uma perspectiva otimista (pelo menos quando se trata de Estados) e dizer que tais medidas extremas, embora possíveis, são bastante improváveis, até porque o governo que iniciasse tal tendência consequentemente se tornaria um alvo e estabeleceria um precedente que até mesmo os regimes mais instáveis teriam cautela ao abordar.

É justo dizer que já estamos vivendo uma era de guerra cibernética liderada pelo Estado, apesar de a maioria das pessoas não se dar conta disso. Neste exato momento, o governo de uma nação qualquer pode estar invadindo o banco de dados do governo do seu país, paralisando seus servidores ou monitorando suas conversas. Para os observadores externos, nosso atual estágio de guerra cibernética pode parecer benigno (de fato, talvez alguns afirmem que não se trata realmente de uma "guerra", pois, se pensarmos de acordo com a estrutura clássica de Clausewitz, a "guerra é uma continuidade da política por outros meios"[54]). Engenheiros com o suporte do Estado podem estar tentando se infiltrar ou paralisar os sistemas de informação de empresas e instituições em outros países, mas ninguém tem sido ferido ou morto. Vimos tão pouca repercussão dessas guerras cibernéticas no mundo físico que, para os civis, um ciberataque parece mais um inconveniente do que uma ameaça, como um resfriado comum.

Entretanto, aqueles que subestimam a ameaça da guerra cibernética o fazem por sua conta e risco. Embora nem todo o alarde acerca dessa guerra se justifique, os riscos são reais. Os ciberataques estão ocorrendo com uma frequência maior e são mais precisos a cada ano. O entrelaçamento crescente das nossas vidas com os sistemas de informação digital nos deixa mais vulneráveis a cada clique. E, conforme muitos outros países passarem a compartilhar dessa vida on-line no futuro próximo, tais vulnerabilidades se expandirão, tornando-se mais complicadas.

Um ciberataque pode ser a arma perfeita de um Estado: poderosa, customizável e anônima. Táticas como invasões, instalações de vírus de computadores ou cavalos de Troia e outras formas de espionagem virtual proporcionam aos Estados mais alcance e mais cobertura do que teriam com armas ou operações de inteligência tradicionais. Os indícios deixados para trás são fracos, o que oferece aos criminosos uma camuflagem eficaz e limita gravemente a capacidade de reação das vítimas. Mesmo que se pudesse remontar um ataque a determinada região ou cidade, seria quase impossível identificar os responsáveis. Como um país pode determinar que reação é apropriada se não puder provar quem são os culpados? Segundo Craig Mundie — chefe de pesquisas e diretor de estratégia da Microsoft, um dos principais teóricos da segurança na internet —, a impossibilidade de atribuição, que é um dos nossos temas mais recorrentes, faz dessa uma guerra conduzida no escuro, pois "é muito mais difícil saber quem atirou em você".[55] Mundie chama as táticas de espionagem cibernética de "armas de perturbação em massa".[56] "Sua proliferação será muito mais rápida, tornando este um tipo de conflito muito mais furtivo do que os que classicamente costumam determinar uma guerra", disse.

Os Estados tomarão atitudes on-line que seriam provocativas demais off-line, permitindo que se desenvolvam conflitos apenas no campo de batalha virtual. A promessa de um anonimato quase completo tornará os ciberataques uma opção atraente para países que não querem parecer agressivos de forma evidente, e no entanto continuam empenhados em minar seus inimigos. Até que os peritos mundiais em tecnologia aperfeiçoem sua capacidade de determinar a origem dos ciberataques e que a lei se torne capaz de responsabilizar os criminosos, muitos outros Estados aderirão às atividades que vemos hoje em dia. Blocos de Estados que já estão desenvolvendo conectividade e capacidade técnica na América Latina, no Sudeste Asiático e no Oriente Médio começarão a produzir seus próprios ciberataques em breve, mesmo que apenas para testar o terreno. Até os que carecem de habilidades técnicas nativas (onde faltam engenheiros e hackers locais) encontrarão meios de conseguir as ferramentas necessárias.

Analisemos alguns exemplos recentes que ilustram melhor o universo das guerras cibernéticas. Talvez o mais famoso seja o vírus Stuxnet, descoberto em

2010 e considerado o malware mais sofisticado já revelado até um vírus chamado Flame, descoberto em 2012, lhe roubar o título.[57] Destinado a afetar um tipo específico de sistema de controle industrial que rodava no Windows, descobriu-se que o Stuxnet se infiltrou nos sistemas de monitoramento das instalações de enriquecimento nuclear da Natanz, no Irã, fazendo com que as centrífugas se acelerassem ou desacelerassem abruptamente,[58] a ponto de se autodestruírem e, ao mesmo tempo, desativando os sistemas de alarme. Como os sistemas iranianos não eram ligados à internet, o upload do vírus deve ter sido feito diretamente, talvez introduzido por acaso pelo pen-drive de um funcionário da Natanz.[59] As vulnerabilidades do Windows foram corrigidas depois, mas não sem antes provocarem danos ao esforço nuclear iraniano, como admitiu mais tarde o presidente Mahmoud Ahmadinejad.[60]

Os esforços iniciais para localizar os criadores do vírus foram inconclusivos, embora muitos acreditassem que, a julgar pelo alvo e pelo nível de sofisticação, se tratava de uma ação apoiada por um Estado. Entre outros motivos, os analistas de segurança que estavam avaliando o vírus (seus esforços só foram possíveis porque o Stuxnet escapara das instalações da Natanz)[61] perceberam no código referências específicas a datas e histórias bíblicas altamente simbólicas para os israelenses.[62] (Outros argumentaram que os indicadores eram óbvios demais, ou seja, alarme falso.) Os recursos envolvidos também sugeriam uma produção governamental: especialistas acreditam que o desenvolvimento do vírus tenha envolvido até trinta pessoas durante muitos meses.[63] Além disso, havia uma quantidade sem precedentes de falhas "zero dias" — ataques maliciosos a programas de computador que expõem as vulnerabilidades (falhas de segurança) até então desconhecidas por seus próprios desenvolvedores (neste caso, do sistema operacional Windows), deixando-lhe zero dias para se preparar. A descoberta de uma falha "zero dias" é considerada um evento raro, e a informação obtida pode ser vendida por centenas de milhares de dólares no mercado negro; portanto, os analistas de segurança ficaram surpresos ao descobrir que uma variante anterior do Stuxnet se beneficiava de *cinco* falhas "zero dias".[64]

Como era de esperar, em junho de 2012, revelou-se que não um mas dois governos estavam por trás da disseminação do Stuxnet. Autoridades do governo Obama que não quiseram se identificar confirmaram[65] ao jornalista do *New York Times* David E. Sanger que o Stuxnet foi um projeto desenvolvido em conjunto entre os Estados Unidos e Israel para paralisar e interromper o suposto programa iraniano de armas nucleares.* A princípio aprovada pelo presidente George W. Bush, a iniciativa, cujo codinome era Jogos Olímpicos, foi transferida para o governo seguinte[67] e, de fato, acelerada pelo presidente Obama, que autorizou pessoalmente a disseminação dessa arma cibernética em sucessivas ocasiões. Depois de desenvolver o malware e testá-lo em réplicas funcionais da planta da Natanz construídas nos Estados Unidos[68] — e descobrir que ele conseguia, de fato, ocasionar a paralisação das centrífugas —, o governo dos Estados Unidos aprovou a utilização do vírus. A importância desse passo não foi ignorada pelas autoridades americanas.** Michael V. Hayden, ex-diretor da CIA, disse a Sanger:[70] "Ciberataques anteriores tiveram efeitos limitados sobre outros computadores. Esse é o primeiro grande ataque no qual se utilizou um meio cibernético para causar destruição física. Alguém atravessou o Rubicão".

Dois anos depois, quando o vírus Flame foi descoberto, os relatórios iniciais dos especialistas em segurança sugeriam que ele não estava associado ao Stuxnet; era muito maior, utilizava uma linguagem de programação diferente e operava de outra maneira, focando em obter dados secretos, em vez de atacar centrífugas. Além disso, era mais velho — os analistas descobriram que o Flame existia havia pelo menos quatro anos, o que significava que fora desenvolvido antes do Stuxnet. E, de acordo com Sanger, as autoridades americanas negavam que o Flame fosse parte do projeto Jogos Olímpicos.[71] No entanto, menos de um mês após as revelações sobre essas armas cibernéticas, os especialistas em segurança da Kaspersky Lab,[72] uma grande empresa russa de segurança de computadores com credibilidade internacional, concluíram que as duas equipes que desenvolveram o Stuxnet e o Flame, de fato, haviam trabalhado juntas nas etapas iniciais. Eles identificaram um módulo específico, conhecido como Resource 207,[73] em uma versão inicial do Stuxnet que claramente compartilhava o mesmo código do Flame. "Parece que a plataforma Flame foi uma espécie de pontapé inicial para desenvolver o projeto Stuxnet", explicou um pesquisador sênior do Kaspersky.[74] "As operações seguiam caminhos diferentes, talvez pelo fato de o código do Stuxnet ser maduro o sufi-

---

* Quando perguntamos ao ex-chefe de inteligência israelense Meir Dagan sobre a colaboração, seu único comentário foi: "Você realmente espera que eu lhe *diga*?"[66]

** Larry Constantine, professor da Universidade de Madeira, em Portugal, questiona a análise de Sanger em uma entrevista em *podcast*,[69] no dia 4 de setembro de 2012, com Steven Cherry, editor sênior associado do *IEEE Spectrum*, a revista do Institute of Electrical and Electronics Engineers, argumentando que é tecnicamente impossível que o Stuxnet tenha se difundido da maneira que Sanger descreveu (ex.: o Stuxnet poderia difundir-se apenas em uma LAN — rede de área local —, não na internet). Nossa visão é a de que o argumento de Constantine é válido o suficiente para, pelo menos, justificar o debate.

ciente para ser disseminado de maneira abrangente. Hoje temos 100% de certeza de que os grupos do Stuxnet e do Flame trabalharam juntos."

Embora Stuxnet, Flame e outras armas cibernéticas ligadas aos Estados Unidos e a Israel sejam os mais avançados exemplos conhecidos de ciberataques realizados por Estados, outros métodos de guerra cibernética já foram utilizados por governos em todo o mundo. Esses ataques não precisam ser limitados a questões geopolíticas importantes; podem ser empregados para assediar um Estado não aliado com a mesma petulância. Depois de um embate diplomático em 2007 sobre a decisão do governo da Estônia de remover um memorial russo da Segunda Guerra Mundial de sua capital,[75] Tallinn, vários sites estonianos eminentes,[76] entre eles sites de bancos, jornais e instituições governamentais, foram atingidos de forma abrupta por um ataque distribuído de negação de serviço (do inglês *distributed denial of service* — DDoS). A Estônia costuma ser considerada o lugar mais conectado do mundo[77] porque quase todas as funções diárias do Estado (e praticamente de todos os cidadãos) utilizam serviços on-line, incluindo governo eletrônico, votação eletrônica, banco eletrônico e *m-parking*, que permite que os motoristas paguem o estacionamento através de um dispositivo móvel. Contudo, o país que criou o Skype viu-se, de uma hora para a outra, paralisado por um grupo de hackers. Os sistemas voltaram a funcionar, e os estonianos de imediato começaram a suspeitar da vizinha Rússia — o ministro das relações exteriores da Estônia, Urmas Paet, chegou a acusar diretamente o Kremlin[78] —, mas não foi possível provar sua culpa. Especialistas da Otan e da Comissão Europeia não conseguiram encontrar provas do envolvimento oficial do governo russo.[79] (Os russos, por sua vez, negaram as acusações.)

Algumas perguntas que vieram à tona — foi um ato de guerra cibernética? Seria um ato de guerra se o Kremlin não o tivesse ordenado, mas permitido que os hackers o executassem? — permanecem sem resposta. Na impossibilidade de chegar a um culpado, as vítimas de ciberataques pouco podem fazer, e os criminosos continuam a salvo de processos, mesmo que a suspeita aumente. (Um ano depois dos ataques na Estônia, sites militares e do governo da Geórgia foram derrubados[80] por ataques DDoS enquanto o país estava em conflito com, isso mesmo, a Rússia. No ano seguinte, hackers russos atacaram os provedores de internet do Quirguistão,[81] derrubando 80% da banda larga do país durante dias.[82] Há quem acredite que os ataques tinham a intenção de frear o partido de oposição do país,[83] cuja presença é relativamente grande na internet, contudo outros afirmam que o ímpeto foi um acordo fracassado de investimento segundo o qual a Rússia tentou fazer com que o Quirguistão desativasse a base militar americana existente lá.)

Há também o exemplo dos ciberataques chineses contra o site do Google e outras empresas americanas nos últimos anos. A espionagem corporativa digital é uma subcategoria turbulenta de guerra cibernética, um fenômeno relativamente recente que terá um impacto sério no futuro sobre as relações entre Estados e economias nacionais. O Google com frequência vê seus sistemas sob o ataque de assaltantes digitais desconhecidos, por isso investe tanto tempo e energia construindo a rede e as proteções mais seguras possíveis para seus usuários. No fim de 2009, a empresa detectou tráfego incomum em sua rede e começou a monitorar a atividade.[84] (Como na maioria dos ciberataques, era mais importante que seus especialistas de segurança cibernética deixassem temporariamente abertos os canais comprometidos para que pudessem observá-los, em vez de paralisá-los de imediato.) O que se descobriu foi um ataque industrial bastante sofisticado à propriedade intelectual do Google vindo da China.

Ao longo da investigação, foram coletados indícios suficientes para apontar que o governo chinês ou seus agentes estavam por trás das invasões. Além das pistas técnicas, parte dos ataques envolvia tentativas de acessar e monitorar as contas do Gmail de ativistas chineses de direitos humanos, bem como as contas de defensores dos direitos humanos na China radicados nos Estados Unidos e na Europa. (Essas ações, em grande parte, fracassaram.) Por fim, o evento — que tinha como alvo não apenas o Google, mas também dezenas de outras empresas de capital aberto — foi um dos fatores determinantes para a decisão do Google de alterar sua posição de negócios na China,[85] resultando no fechamento das operações da empresa naquele país, no fim da autocensura dos conteúdos apresentados na internet chinesa e no redirecionamento de todas as pesquisas para o site do Google em Hong Kong.

Hoje, apenas um número reduzido de Estados tem a capacidade de levar a cabo ciberataques de grande escala — a ausência de redes velozes e talento técnico retarda o progresso dos outros —, porém no futuro haverá dezenas de outros envolvidos, seja ofensiva ou defensivamente. Muitos acreditam que uma nova corrida armamentista já começou, com Estados Unidos, China, Rússia, Israel e Irã, entre outros países, investindo pesado em recursos tecnológicos de armazenamento e mantendo vantagem competitiva. Em 2009, mais ou menos na mesma época da criação, pelo Pentágono, do Comando Cibernético dos Estados Unidos[86] (Uscybercom), o então secretário de defesa, Robert Gates, declarou que o espaço cibernético era o "quinto domínio" das operações militares,[87] ao lado de terra, mar, ar e espaço. Talvez no futuro os militares criem o equivalente cibernético à Força Delta do Exército, ou possamos testemunhar a criação de um departamento de guerras cibernéticas, com um novo secretário de gabinete. Se isso parece inacreditável, lembre-se da criação do Departamento de Segurança Interna nos Estados Unidos como resposta aos ataques do 11 de Setembro. Basta um grande acontecimento nacional para estimular medidas intensas e alocação de recursos por parte do governo. Lembre-se, também, de que foi a experiência do Reino Unido com o terrorismo irlandês que levou à implantação das câmeras de circuito interno de televisão (CCTV) em cada esquina de Londres, um movimento bem-recebido por boa parte da população. Claro, houve quem questionasse o fato de todos os seus movimentos nas ruas serem filmados e armazenados; mas, em momentos de emergência nacional, os falcões sempre prevalecem sobre os pássaros. Medidas de segurança pós-crise são caríssimas; os Estados precisam agir com rapidez e empreender esforços adicionais para abrandar as preocupações da população. Alguns especialistas em segurança cibernética apontam que o valor do novo "complexo industrial cibernético" está entre 80 e 150 bilhões de dólares anuais.[88]

Países com setores fortes de engenharia, como os Estados Unidos, têm o capital humano para construir suas armas virtuais "internamente", mas e aqueles cujo potencial técnico da população é subdesenvolvido? Já descrevemos o comércio de minerais em troca de tecnologia por parte de governos que tentam construir Estados de vigilância, e é lógico que esse tipo de troca funcionará igualmente bem se a atenção desses Estados se voltar para seus inimigos externos. Países da África, América Latina e Ásia Central se associarão àqueles cujo investimento em tecnologia possa aumentar sua própria infraestrutura deficiente. A China e os Estados Unidos serão os maiores fornecedores, porém não os únicos; órgãos governamentais e empresas privadas do mundo inteiro entrarão na concorrência para oferecer produtos e serviços a Estados gananciosos. A maior parte dessas negociações ocorrerá sem o conhecimento de nenhuma das populações envolvidas, o que gerará perguntas incômodas se a parceria for revelada depois. Uma invasão ao edifício de segurança estatal egípcio depois da revolução de 2011 no país produziu cópias explosivas de contratos com empresas privadas,[89] inclusive uma firma britânica obscura que vendia spyware pela internet ao regime de Mubarak.

Para os países que procuram desenvolver suas capacidades de guerra cibernética, a escolha de uma nação fornecedora será uma decisão importante, semelhante a concordar em estar em sua "esfera de influência on-line". Os países fornecedores pressionarão para estabelecer bases de apoio nos Estados emergentes, uma vez que investimento compra influência. A China tem sido notavelmente bem-sucedida em estender sua presença na África, trocando assistência técnica e grandes projetos de infraestrutura por acesso a recursos e mercados de consumo, em grande parte devido a sua política de não interferência e custos baixos. A quem, então, tais países recorrerão quando decidirem começar a construir seu próprio arsenal cibernético?

De fato, já vemos sinais desses investimentos sob a égide dos projetos de desenvolvimento de ciência e tecnologia. A Tanzânia, que já foi socialista, é um dos países que mais recebe ajuda externa direta da China. Em 2007, uma empresa chinesa de telecomunicações foi contatada para instalar cerca de 10 mil quilômetros de cabos de fibra ótica.[90] Muitos anos depois, uma mineradora chinesa chamada Sichuan Hongda anunciou que havia feito uma negociação de 3 bilhões de dólares para extrair carvão e minério de ferro no sul daquele país.[91] Pouco tempo depois, o governo da Tanzânia anunciou um acordo de empréstimo com a China para construir um gasoduto de gás natural por 1 bilhão de dólares.[92] Em todo o continente, existem relações simbióticas semelhantes entre governos africanos e grandes empresas chinesas, em sua maior parte de propriedade estatal. (As estatais representam 80% do valor do mercado de ações chinês.[93]) Um empréstimo de 150 milhões de dólares para a implantação do governo eletrônico (*e-gov*) de Gana,[94] implementado pela empresa chinesa Huawei, a construção de um hospital de pesquisas no Quênia[95] e de uma "Cidade Tecnológica Africana" em Cartum[96] resultaram do Fórum de Cooperação entre China e África (Focac), um órgão criado em 2000 para facilitar parcerias sino-africanas.

No futuro, as superpotências fornecedoras procurarão criar suas esferas de influência on-line em torno de protocolos e produtos específicos, para que suas tecnologias formem a espinha dorsal de determinada sociedade e seus Estados clientes passem a contar apenas com a infraestrutura que a superpotência constrói, serve e controla. Atualmente existem quatro principais fabricantes de equipamentos de telecomunicações:[97] a sueca Ericsson, a chinesa Huawei, a francesa Alcatel-Lucent e a americana Cisco. A China certamente se beneficiaria se grande parte do mundo utilizasse seu hardware e seu software, pois o governo chinês controla o trabalho de suas empresas. Onde a Huawei ganha participação de mercado, crescem também a influência e o alcance chineses. A Ericsson e a Cisco são menos controladas por seus respectivos governos, contudo chegará um momento em que seus interesses comerciais e nacionais se unirão e contrastarão com os da China — digamos, acerca do abuso sobre seus produtos por parte de um Estado autoritário —, e ambas coordenarão seus esforços com seus governos em nível tanto diplomático quanto técnico.

Essas esferas de influência on-line terão natureza técnica e política e, embora na prática as relações de alto nível não afetem os cidadãos no dia a dia, se algo mais sério acontecer (como um levante organizado por celular), que tecnologia um país utiliza e sob a influência de quem ele se encontra podem começar a importar. Empresas de tecnologia exportam seus valores junto com seus produtos; portanto, quem cria os alicerces da infraestrutura de conectividade é absolutamente essencial. Há atitudes diversas sobre sistemas abertos e fechados, disputas relacionadas ao papel do governo e diferentes padrões de responsabilidade. Se, por exemplo, um cliente do governo chinês utilizar a tecnologia adquirida para perseguir grupos minoritários internos, os Estados Unidos terão uma influência muito limitada: o recurso legal será inútil. Trata-se de uma batalha comercial com profundas implicações para a segurança.

A nova Guerra dos Códigos

A consequência lógica do fato de muitos outros Estados ingressarem no universo on-line, construindo ou adquirindo recursos para ciberataques e operando dentro da esfera competitiva da influência on-line é uma guerra cibernética perpétua, inferior e permanente. Grandes nações atacarão outras grandes nações, de forma direta e indireta; países em desenvolvimento explorarão seus novos recursos para lidar com rancores de longa data; e Estados menores tentarão ter uma influência desproporcionalmente grande, com a certeza de que não serão responsabilizados devido à natureza irrastreável de seus ataques. Como a maior parte dos ataques consistirá em exercícios silenciosos e lentos de coleta de informações, eles não provocarão retaliações violentas. Isso manterá as tensões em banho-maria durante os próximos anos. As superpotências construirão exércitos virtuais dentro de suas esferas de influência, adicionando uma importante camada *proxy* para isolá-las e, juntas, serão capazes de produzir vírus, sofisticadas invasões e outras formas de espionagem on-line com fins comerciais e políticos.

Alguns se referem a isso como a próxima Guerra dos Códigos,[98] na qual, em uma dimensão, as principais potências ficarão presas em um conflito latente, enquanto em outra o progresso econômico e político continuará inalterado. Entretanto, ao contrário de seu antecessor no mundo real, esse não será um conflito essencialmente binário; em vez disso, a participação de poderosos Estados avançados em tecnologia como Irã, Israel e Rússia tornará essa uma guerra multipolar. Surgirão falhas ideológicas claras em torno da liberdade de expressão, dados abertos e liberalismo. Como dissemos, haverá pouca intensificação explícita ou transbordamento para o mundo físico porque nenhum dos participantes vai querer colocar em risco suas relações atuais.

Algumas características clássicas da Guerra Fria serão transportadas para a Guerra dos Códigos, sobretudo aquelas relacionadas à espionagem, pois os governos verão seus novos recursos de guerra cibernética como extensões de suas agências de inteligência. Agentes secretos infiltrados, *dead letter drops* (método de espionagem utilizado para passar itens entre dois indivíduos através de um local secreto, sem encontro direto) e outras táticas operacionais serão substituídos por vírus, software com senha de registro, rastreamento baseado em localizações e outras ferramentas digitais de spyware. Extrair informações de discos rígidos, e não de seres humanos, pode reduzir o risco para quem trabalha com recursos tradicionais, mas apresentará também novos desafios: a desinformação continuará a ser um problema e computadores muito sofisticados poderão revelar segredos com menos facilidade do que pessoas.

Outra característica da Guerra Fria — a guerra por *proxy*, ou por procuração — ressurgirá nessas complicações da nova era digital. Por um lado, essa guerra poderá manifestar-se em alianças progressivas entre Estados para combater elementos perigosos não estatais, em situações em que a impossibilidade de atribuir o ciberataque a alguém oferece cobertura política. Os Estados Unidos poderão financiar ou treinar em segredo governos latino-americanos na realização de ataques eletrônicos a redes de cartéis de drogas. Por outro lado, a guerra por *proxy* digital poderá levar a mais desorientação e falsas acusações, e os países explorarão essa impossibilidade de imputar culpados para obter vantagens políticas e econômicas.

Como ocorreu na Guerra Fria, haverá pouco envolvimento, consciência ou dano direto por parte dos civis, o que afeta de maneira nociva a forma como os Estados veem os riscos de tais atividades. Os mais ambiciosos, se forem inexperientes em guerras cibernéticas, poderão ir longe demais e gerar involuntariamente um conflito que de fato prejudique suas populações. Por fim, em última análise, é possível que surjam doutrinas de destruição mutuamente garantida entre Estados para estabilizar essas dinâmicas, no entanto a multipolaridade do cenário promete manter certa dose de volatilidade no sistema.

Ainda mais importante, ocorrerão muitos erros nessa nova guerra. Equívocos, desorientações e falhas que caracterizaram a Guerra Fria reaparecerão com vigor à medida que todos os participantes aprendam a utilizar as poderosas ferramentas à sua disposição. Dada a camada adicional de ofuscação que os ciberataques oferecem, a Guerra dos Códigos pode acabar sendo pior do que a Guerra Fria — pois até os mísseis detonados deixam rastros. Equívocos serão cometidos pelos governos ao decidirem quais serão seus alvos e como persegui-los; pelas vítimas, que, por pânico ou raiva, retaliarão contra as pessoas erradas; e pelos engenheiros que desenvolverão esses complicadíssimos programas de computador. Com armas tão tecnicamente complexas, é possível que um indivíduo mal-intencionado instale seu próprio mecanismo de *backdoor* no programa — um meio de acesso que dribla as ferramentas de segurança e pode ser usado à distância —, que permanecerá despercebido até ele decidir utilizá-lo. Pode ser que um usuário compartilhe um vírus de uma forma que não foi prevista pelos criadores e, em vez de clonar informações sobre a bolsa de valores de um país, o vírus acabe quebrando-a. Ou talvez um perigoso programa contendo vários alarmes falsos no código (a versão digital de uma isca) fosse descoberto, e dessa vez o país atingido decidisse tomar medidas contra a possível fonte.

Já vimos exemplos de como o problema da impossibilidade de atribuir culpados de ciberataques pode conduzir à desorientação em nível de Estado. Em 2009, três ondas de ataques distribuídos de negação de serviço (DDoS) prejudicaram seriamente sites governamentais importantes nos Estados Unidos e na Coreia do Sul.[99] Quando especialistas em segurança analisaram o ciberataque, encontraram o idioma coreano e outros indicadores que sugeriam fortemente que a rede de computadores de ataque, ou *botnet*, havia começado na Coreia do Norte.[100] Funcionários em Seul apontaram o dedo direto para Pyongyang,[101] a imprensa americana divulgou a história, e um legislador proeminente exigiu que o presidente Obama conduzisse uma "demonstração de força ou resistência" em retaliação contra a Coreia do Norte.[102]

Na verdade, ninguém podia *provar* a origem dos ataques. Um ano depois, analistas concluíram que não havia indícios do envolvimento da Coreia do Norte ou de qualquer outro país.[103] Um analista no Vietnã dissera antes que os ataques haviam se originado no Reino Unido,[104] embora os sul-coreanos insistissem que o Ministério de Telecomunicações da Coreia do Norte estava por trás deles.[105] Houve quem acreditasse até mesmo que tudo fosse uma farsa orquestrada pelo governo ou uma tentativa feita por ativistas sul-coreanos para incitar uma ação dos Estados Unidos contra o regime norte-coreano.

Esses ataques foram, segundo relatos, ineficazes e pouco sofisticados — não houve perda de dados, pois o método DDoS é considerado um instrumento bastante rudimentar —, o que, em parte, explica por que a situação não se agravou.

No entanto, o que acontecerá quando outros países puderem desenvolver vírus como o Stuxnet e armas ainda mais sofisticadas? Em que momento um ciberataque se tornará um ato de guerra? E como um país poderá retaliar quando o instigador quase sempre consegue esconder seus rastros? Essas perguntas terão de ser respondidas por legisladores em todo o mundo, e muito antes do que imaginam. Existem algumas soluções para tais desafios, contudo a maioria delas, como os tratados internacionais que regem ciberataques, exigirá um investimento substancial e um diálogo honesto sobre o que podemos ou não controlar.

Provavelmente os acontecimentos que provocarem tais discussões não serão conflitos entre os países; uma força motriz mais provável será a espionagem corporativa patrocinada pelo Estado. As nações podem conter as consequências dos ataques em suas próprias redes governamentais, entretanto, se os alvos forem empresas, as invasões serão muito mais públicas e poderão afetar mais pessoas caso os dados de usuários ou consumidores estejam envolvidos. A globalização também torna a espionagem empresarial um esforço mais frutífero para os Estados. Na corrida para tentar expandir seu alcance para novos mercados, informações privilegiadas sobre operações e planos futuros das empresas podem ajudar as entidades locais a fechar contratos e obter favores regionais. Para examinar por que isso é verdade e o que significa para o futuro, precisaremos analisar novamente a China.

Embora o país não seja, de forma alguma, o único envolvido em ciberataques a empresas estrangeiras, hoje é o mais sofisticado e prolífico nesse quesito. A disposição de Pequim para se envolver em espionagem empresarial e aprovar a mesma atitude de suas empresas resulta em maior vulnerabilidade para firmas estrangeiras, não apenas as que querem entrar na China, mas também aquelas localizadas em qualquer parte do mundo. O ciberataque chinês já mencionado contra o Google e dezenas de outras empresas em 2009 não é um caso isolado; apenas nos últimos anos, a campanha de espionagem industrial realizada por agências chinesas atacou empresas americanas que produziam de semicondutores e automóveis a tecnologia de propulsão a jato.[106] (Evidentemente, a espionagem empresarial não é um fenômeno recente. Em um famoso exemplo do século XIX, a Companhia das Índias Orientais da Inglaterra contratou um botânico escocês para contrabandear plantas e segredos da China para a Índia — o que ele fez com sucesso, vestido de comerciante chinês —, com o objetivo de quebrar o monopólio chinês sobre o chá.[107])

O que há de novo sobre essa repetição mais recente da espionagem empresarial é que, na era digital, muito pode ser feito de forma remota e quase anônima.

Como veremos em breve na discussão sobre guerra automatizada, trata-se de um importante avanço tecnológico que afetará muitas áreas do nosso mundo futuro. Vivemos em uma era de expansão, e, conforme a China e outras potências emergentes expandem sua base econômica pelo mundo, a espionagem empresarial aumenta sua capacidade de crescer. Patrocinada oficialmente, ou apenas encorajada pelo Estado, a invasão a e-mails e sistemas dos concorrentes para obter informações patenteadas por certo dará aos participantes uma vantagem desonesta no mercado. Muitos líderes de empresas americanas já nos relataram em segredo os negócios que deixaram de fazer na África e em outros mercados emergentes em razão do que acreditam ser espionagem chinesa ou roubo de informações confidenciais (que foram então usadas para impedir as negociações ou tomá-las à força).

Hoje, a maior parte dos casos de espionagem empresarial entre China e Estados Unidos parece envolver oportunistas, não a mão visível do Estado. Exemplo disso foi quando um casal chinês em Michigan roubou informações comerciais relacionadas à pesquisa da General Motors sobre carros híbridos[108] (cujo valor a empresa estimou em 40 milhões de dólares) e tentou vendê-las para a Chery Automobile, uma concorrente chinesa. Outro caso foi o do empregado chinês da Valspar Corporation,[109] uma das maiores indústrias de tintas e revestimentos, que baixou ilegalmente fórmulas confidenciais no valor de 20 milhões de dólares com a intenção de vendê-las na China; e houve, ainda, um pesquisador químico da DuPont que roubou informações sobre diodos orgânicos emissores de luz com o objetivo de repassá-las a uma universidade chinesa.[110] Nenhuma dessas pessoas estava ligada diretamente ao governo chinês e, na verdade, podem ter sido apenas indivíduos que tentavam lucrar com segredos comerciais. Mas também sabemos que, na China, onde as maiores empresas são estatais ou bastante influenciadas pelo Estado, o governo conduziu ou sancionou diversos ciberataques de coleta de informação contra empresas americanas. Não há dúvida de que os ataques dos quais temos conhecimento hoje representam um pequeno percentual das tentativas feitas, bem-sucedidas ou não.

Os Estados Unidos não seguirão o mesmo caminho da espionagem empresarial corporativa, uma vez que suas leis são muito mais rigorosas (e mais bem-aplicadas) e porque a competição ilícita viola a noção americana de jogo limpo. Essa é, ao mesmo tempo, uma diferença de valores e uma diferença legal — como vimos, a China hoje não valoriza os direitos de propriedade intelectual. Todavia, a disparidade entre empresas americanas e chinesas e suas respectivas táticas colocarão tanto o governo quanto as empresas dos Estados Unidos em uma clara desvantagem. As companhias americanas precisarão proteger ferozmente as próprias informações e patrulhar as fronteiras de suas redes, bem como monitorar diversas ameaças internas (todos os indivíduos dos exemplos citados trabalhavam para elas), apenas para continuarem competitivas.

A espionagem econômica que vigora nos dias de hoje continuará durante décadas, tanto entre os Estados Unidos e a China quanto entre outros países que obtiverem os recursos técnicos necessários e perceberem as vantagens competitivas que ela oferece. Não haverá uma intensificação dramática pela mesma razão porque a Guerra dos Códigos será contínua, porém relativamente estável: a impossibilidade de identificar os culpados dos ciberataques. O governo chinês é livre para apoiar ou participar o quanto quiser de ataques contra empresas estrangeiras ou organizações de direitos humanos, contanto que seu envolvimento não possa ser comprovado definitivamente.*

Contudo, existem estratégias que podemos utilizar para mitigar os danos causados pelos ataques, além de introduzir alguma vulnerabilidade para seus responsáveis. Craig Mundie, da Microsoft, teve uma ideia: a quarentena virtual. Como descrevemos, muitos ciberataques hoje ocorrem sob a forma de ataques distribuídos de negação de serviço (DDoS) e ataques regulares de negação de serviço (DoS), que requerem a utilização de um computador "aberto" ou inseguro em uma rede que o responsável pelo ataque possa usar como base de operações para construir seu "exército zumbi" de dispositivos comprometidos. (Ataques DoS poderiam ser iniciados por uma pequena quantidade de máquinas de ataque hiperativas; já os ataques DDoS são gerados por uma rede ampla, *distribuída* — daí o "D" a mais —, de máquinas de ataque, muitas vezes composta por computadores hackeados de usuários comuns, que não estão cientes desse tipo de manipulação.) Um dispositivo negligenciado ou desprotegido na rede — um laptop novo em um laboratório científico ou um computador pessoal que um funcionário leva para o trabalho — pode se tornar a base do criminoso e, assim, comprometer todo o sistema.**

---

* O governo chinês acabará sendo pego em flagrante em um desses ataques industriais. Se o caso for apresentado ao Conselho de Segurança da ONU, nenhuma resolução será aprovada, devido ao poder de veto da China, e o resultado será um sério constrangimento geopolítico.

** É preciso estabelecer aqui uma importante distinção. Para os efeitos de ataques DoS e DDoS, nem sempre é relevante saber se algum dos computadores comprometidos está dentro ou fora da rede atacada. Isso importa mais na espionagem industrial, em que o objetivo é extrair informações; nesses casos, os computadores precisam fazer parte da rede.

Os mecanismos de quarentena controlam esse ataque ao permitir que o provedor de acesso à internet (ISP) desligue um computador infectado assim que o reconhecer, unilateralmente e sem autorização do proprietário, deixando o computador off-line. "A premissa básica é a de que, quando há uma doença na rede, é necessário encontrar uma forma de retardar a taxa de difusão",[111] explicou Mundie. "Colocamos pessoas em quarentena involuntariamente, mas no ciberespaço ainda não decidimos se a quarentena é a maneira correta de agir." Quando determinada máquina apresenta sinais de vírus ou falhas, ela deve ser "isolada, controlada e consertada antes de ser exposta a sistemas sadios", acrescentou. Os usuários muitas vezes não reconhecem quando os computadores estão comprometidos; portanto, permitir que os ISPs conduzam essas ações produzirá uma solução muito mais rápida. Dependendo do funcionamento do mecanismo utilizado e do ataque feito, os criminosos podem ou não perceber que o dispositivo infectado está off-line — todavia, o usuário encontrará sua conexão de internet inoperante, por exigência do ISP. Ao impedir que os criminosos alcancem o computador infectado, os danos que eles podem provocar serão bastante reduzidos.

Na ideia de Mundie,[112] haveria uma organização internacional neutra à qual os ISPs poderiam informar os endereços IP dos computadores infectados. Desse modo, os ISPs e os Estados ao redor do mundo poderiam recusar-se a permitir que endereços IP em quarentena entrassem em seu espaço virtual, reduzindo o alcance do ciberataque. Enquanto isso, investigadores observariam os hackers a distância (os criminosos não saberiam que a máquina estaria em quarentena) e colheriam informações sobre eles para ajudar a rastrear a origem dos ataques. Somente após a limpeza da máquina (com um antivírus especial) seu endereço IP seria liberado da quarentena. Além de uma organização internacional para conduzir essas mudanças, podemos cogitar, paralelo, a criação de um tratado internacional em torno do mecanismo de retirada automática. Um acordo internacional sobre ação rápida para lidar com redes infectadas seria um grande passo para combater os ciberataques. Os Estados que não concordassem com o tratado correriam o risco de ter toda a rede do país posta em quarentena, saindo do ar para a maioria dos usuários mundiais.

Uma segurança de rede mais eficaz vai melhorar as chances de alvos em potencial muito antes de qualquer quarentena ser necessária. Um dos problemas básicos da segurança dos computadores é que o esforço necessário para construir defesas é muito maior do que para penetrá-las; às vezes, programas que protegem informações confidenciais contam com dez milhões de linhas de código,[113] mas os hackers conseguem penetrá-los com apenas 125 linhas. Regina Dugan, vice-presidente sênior do Google, é ex-diretora da Darpa (*Defense Advanced Research Projects Agency* — Agência de Projetos de Pesquisa Avançada de Defesa), na qual era responsável por promover a cibersegurança para o governo dos Estados Unidos. Ela nos explicou que, para combater de forma efetiva esse desequilíbrio, a agência "foi atrás das mudanças tecnológicas que modificariam a assimetria básica".[114] E, tal qual Mundie, Regina Dugan e a Darpa recorreram à biologia como uma das maneiras de combater o desequilíbrio: reuniram especialistas em cibersegurança e infectologistas;[115] o resultado foi um programa chamado Crash (*Clean-Slate Design of Resilient, Adaptive, Secure Hosts*).

A filosofia por trás do Crash reconhece que os corpos humanos são geneticamente diversos e têm sistemas imunológicos destinados a processar e se adaptar aos vírus que passarem por eles; os computadores tendem a ser semelhantes em estrutura, o que permite que um malware ataque grande quantidade de sistemas de maneira eficiente. "O que observamos na cibersegurança", disse Dugan, "é que precisávamos criar o equivalente a um sistema imunológico na arquitetura de segurança computacional." Os computadores podem continuar tendo aparência e operações semelhantes, mas é preciso que haja diferenças únicas entre eles a serem desenvolvidas ao longo do tempo para proteger e distinguir cada sistema. "Isso significa que um adversário hoje precisa desenvolver 125 linhas de códigos contra *milhões* de computadores — é assim que se modifica a assimetria." A lição aprendida sem sombra de dúvida aplica-se muito além da cibersegurança; como disse Dugan, "se a observação inicial mostrar que se trata de uma proposta fracassada, você precisa de algo cuja base seja diferente e que, em si, revele oportunidades". Em outras palavras, se não for possível ganhar o jogo, mude as regras.

Ainda assim, apesar da existência de certas ferramentas para lidar com ciberataques, a impossibilidade de atribuir culpados on-line continuará sendo um sério desafio à segurança de computadores e redes. Como regra geral, com camadas suficientes de "anonimato" entre um nó e outro na internet, não há maneira de rastrear a origem de pacotes de dados. Embora lutemos contra essas questões, devemos lembrar que atitudes criminosas não foram levadas em conta para o desenvolvimento da internet — ela foi baseada em um modelo de confiança. É desafiador determinar com quem você está lidando on-line. Especialistas de segurança de tecnologia da informação (TI) estão aperfeiçoando sua capacidade de proteger usuários, sistemas e informações a cada dia, todavia elementos criminosos e anárquicos na rede se desenvolvem de maneira igualmente sofisticada. É um jogo de gato e rato que vai continuar existindo enquanto houver internet. A divulgação de detalhes a respeito de ciberataques e malware ajudará no nível de rede; assim que os componentes do Stuxnet foram descompactados e divulgados, o software utilizado foi consertado, e os especialistas em cibersegurança puderam se concentrar em como proteger sistemas contra um malware como aquele. Certas estratégias, como o registro universal de usuários, também podem funcionar, mas ainda falta muito para que a segurança da internet seja eficaz o suficiente em todos os lugares a ponto de evitar ciberataques simples. Resta-nos, mais uma vez, a dualidade do mundo virtual: o anonimato pode apresentar oportunidades para o bem ou para o mal, seja a ação praticada por um civil, um Estado ou uma empresa, e, em última análise, dependerá dos seres humanos a maneira como essas oportunidades se manifestarão no futuro.

Resumindo: os Estados sentirão falta da época em que só precisavam se preocupar com as políticas externas e internas do mundo físico. Se fosse possível simplesmente copiar essas políticas para o domínio virtual, talvez o futuro da arte de governar não fosse tão complexo. No entanto, os Estados precisarão enfrentar o fato de que governar em casa e influenciar o exterior é muito mais difícil hoje em dia. Os Estados utilizarão as ferramentas mais poderosas que tiverem, incluindo o controle que possuem sobre a internet dentro de seus países, modificando as experiências on-line de seus cidadãos e unindo-se a aliados com ideologias semelhantes para exercer influência sobre o mundo virtual. Essa disparidade entre o poder no mundo real e o poder no mundo virtual oferece oportunidades para agentes novos ou subvalorizados, inclusive as nações menores que procuram alcançar um patamar acima do seu e candidatos a Estados que tenham muita coragem.

Países que procuram compreender o comportamento uns dos outros, pesquisadores que estudam relações internacionais, ONGs e empresas que operam em territórios soberanos precisarão separar as avaliações do mundo físico das do mundo virtual, bem como compreender que situações ocorridas em um mundo ou em outro desencadeiam consequências em ambos e encontrar o caminho entre as contradições que possam existir entre as políticas nacionais e estrangeiras do governo físico e virtual. Se já é difícil o bastante entender isso em um mundo apenas físico, na nova era digital as falhas e os erros de cálculo ocorrerão com uma frequência ainda maior. Internacionalmente, o resultado será mais guerras cibernéticas, novos tipos de guerras físicas e, como veremos a seguir, novas revoluções.

CAPÍTULO 4

O futuro da revolução

Todos nós conhecemos a história da Primavera Árabe; o que não sabemos é o que vem a seguir. Não há dúvida de que o futuro próximo será repleto de movimentos revolucionários conforme novas tecnologias de comunicação permitam novas conexões e gerem mais espaço para expressão. E está claro que certos esforços táticos, como a mobilização de multidões ou a divulgação de material, ficarão mais fáceis à medida que a taxa de penetração de celulares e da internet aumentar em muitos países.

Entretanto, apesar de testemunharmos mais movimentos revolucionários, teremos menos resultados revolucionários — revoluções totalmente concretizadas que resultem em reviravoltas políticas radicais e progressivas. A inexistência de líderes capazes de se sustentar no poder, associada a respostas mais sábias do Estado, impedirá a ocorrência de mudanças profundas (boas ou ruins) na escala das revoluções árabes iniciadas no final de 2010. Ao longo da história, as tecnologias de cada época estimularam e moldaram o desenvolvimento das revoluções, no entanto, em um nível fundamental, as que deram certo apresentavam características em comum, como estrutura institucional, apoio externo e coesão cultural. Os registros históricos estão repletos de tentativas fracassadas que careciam desses elementos, desde os esforços revolucionários russos anteriores a 1917 à revolta xiita iraquiana de 1991 e à Revolução Verde iraniana de 2009. A tecnologia moderna, por mais poderosa que seja, não faz milagres, embora possa aumentar muito as chances de sucesso.

Com tantas pessoas conectadas em tantos lugares, o futuro abrigará a sociedade civil mais ativa, franca e globalizada que o mundo já conheceu. No início dos movimentos revolucionários, a natureza ruidosa do mundo virtual impedirá a capacidade de segurança do Estado de acompanhar e reprimir a atividade revolucionária, permitindo o começo da revolução. Todavia, a rapidez com que isso pode acontecer impõe um novo problema, uma vez que os líderes terão de operar no mundo físico de parlamentos, constituições e políticas eleitorais — em nenhum dos quais terão habilidade ou experiência.

Começar é fácil...

Conforme a conectividade se disseminar e novas partes do mundo forem introduzidas ao universo on-line, revoluções ocorrerão de forma contínua, mais casualmente e com maior frequência do que em qualquer outro momento da história. Com novo acesso ao espaço virtual e suas tecnologias, populações e grupos de todo o globo aproveitarão o momento para abordar antigas injustiças ou novas preocupações com persistência e convicção. Muitas dessas queixas serão novas não apenas porque a população de vários dos países que ingressam no universo on-line é incrivelmente jovem[1] — Etiópia, Paquistão e Filipinas são três exemplos de nações em que a maior parte da população tem menos de 35 anos —, mas também porque a mistura de ativismo e arrogância que caracteriza a juventude é universal. Os jovens acreditam que sabem como consertar as coisas, por isso, quando têm oportunidade de assumir um posicionamento público, não hesitam.

Todas as sociedades do futuro, inclusive as que se apropriaram da internet desde cedo, vivenciarão diferentes formas de protesto nas quais as tecnologias da comunicação serão exploradas para organizar, mobilizar e engajar a comunidade internacional. As plataformas usadas atualmente como veículos de protesto — Facebook, Twitter, YouTube e outras — vão se tornar veículos ainda mais construtivos, à medida que desenvolvedores em todo o mundo encontrarem novas formas de utilizar vídeos, imagens e mensagens relacionados a suas missões específicas. O mundo será apresentado a novos ativistas digitais, heróis com a marca da comunidade internacional, que acabarão se tornando embaixadores de suas respectivas causas. Países que ainda não tiveram seu primeiro grande protesto na era digital o vivenciarão em escala global; o mundo assistirá a isso e possivelmente exagerará sua importância. Sociedades democráticas verão mais protestos relacionados à injustiça social e desigualdade econômica, enquanto cidadãos de países repressores vão se insurgir contra problemas como eleições fraudulentas, corrupção e brutalidade da polícia. Poucas causas serão verdadeiramente novas; haverá apenas formas melhores de mobilização, com muito mais participantes.

Realizar uma revolta costumava ser exclusividade de um subconjunto de cidadãos com as armas certas, apoio e treinamento internacional. Hoje, as tecnologias da comunicação derrubam barreiras levantadas por diferenças de idade, sexo, circunstância e status socioeconômico que antes impediam a participação dos indivíduos. Os cidadãos deixarão de sofrer injustiças em isolamento ou solidão, e essa troca de opiniões globalizada, na qual pessoas do mundo inteiro podem comentar e reagir, servirá de inspiração para muitas populações se manifestarem e expressarem seus sentimentos. Como demonstrou a Primavera Árabe, uma vez que a chamada barreira do medo é derrubada e o governo se torna vulnerável, muitos cidadãos que em outras situações eram obedientes e pacatos não hesitam em engrossar as fileiras dos revoltosos. Uma das consequências positivas das mídias sociais nas revoluções árabes, por exemplo, foi o novo papel das mulheres,[2] que puderam se expressar nas redes sociais quando sair às ruas era arriscado demais (embora muitas tenham assumido o risco físico). Em alguns países, as pessoas talvez comecem a organizar protestos diários on-line ou nas ruas apenas porque podem fazê-lo. Vimos isso ao visitarmos a Líbia em 2012. Quando nos encontramos com os ministros do governo de transição em Trípoli, eles mencionaram casualmente a existência de pequenos grupos que protestavam quase todas as manhãs.[3] Isso lhes causava preocupação?, perguntamos. A alguns sim, no entanto outros balançaram a cabeça e praticamente deram de ombros, afirmando tratar-se de uma reação natural depois de mais de quarenta anos de opressão.

O espaço virtual oferece novos caminhos para a discordância e a participação, bem como novas proteções para possíveis revolucionários. Em sua maior parte, os dissidentes se sentirão mais seguros pela adoção em massa das tecnologias de comunicação, ainda que os riscos físicos enfrentados não mudem. Tampouco a conectividade protegerá todos os ativistas de forma igualitária; nos países onde o governo é mais capaz tecnicamente, os dissidentes talvez se sintam tão vulneráveis on-line quanto nas ruas. Prisões, assédio, tortura e execuções extrajudiciais não deixarão de existir, porém, de um modo geral, o anonimato propiciado pela internet e o poder das tecnologias de comunicação em rede proporcionarão aos ativistas e aos possíveis participantes uma nova camada de isolamento protetor que os estimulará a seguir em frente.

Certos avanços tecnológicos ajudarão de forma significativa ativistas e dissidentes. Softwares precisos de tradução em tempo real permitirão a disseminação de informações entre os países. O acesso eletrônico confiável a notícias externas e a comunidades em diáspora ajudará a combater narrativas de Estado intencionalmente equivocadas e ampliará o tamanho da base de apoio de forma visível. E plataformas eletrônicas seguras que facilitam a transferência de dinheiro ou a troca de informações conectarão ainda mais os dissidentes com fontes de apoio externas sem comprometer sua posição atual.

Nos novos movimentos revolucionários, haverá mais ativistas anônimos e eventuais do que hoje, apenas porque os cidadãos terão maior poder de decisão sobre quando e como se rebelar. Se antes ser revolucionário implicava total compromisso pessoal, hoje, e no futuro ainda mais, plataformas tecnológicas multifacetadas permitem que alguns participem integralmente e outros contribuam apenas durante o horário de almoço. No futuro, ativistas vão se beneficiar do conhecimento coletivo uns dos outros e de pessoas ao redor do mundo, sobretudo no que se refere à própria proteção — protocolos seguros, ferramentas de criptografia e outras formas de segurança eletrônica estarão disponíveis de maneira mais ampla e serão mais bem-entendidas. Grande parte das pessoas que ingressarão no universo digital na próxima década habitará países com governos autocráticos ou semiautocráticos, e a história sugere que as teocracias, os cultos à personalidade e as ditaduras têm muito mais dificuldade de se manter em uma era de disseminação da informação; basta recordar a contribuição da política da *glasnost* ("abertura") para o colapso da União Soviética. Por fim, veremos surgir no mundo um padrão no qual as populações com acesso ao espaço virtual e às novas informações protestarão on-line continuamente contra seus governos repressores e sem transparência, tornando permanentes as atitudes revolucionárias.

A conectividade mudará a forma como veremos os grupos de oposição no futuro. Organizações e partidos tangíveis continuarão operando dentro dos países, mas a profusão de novos participantes no mundo virtual modificará radicalmente o panorama dos ativistas. A maior parte das pessoas não se identificará com uma única causa, aderindo a movimentos baseados em inúmeras questões de vários países. Essa tendência ajudará e, ao mesmo tempo, frustrará os organizadores de campanhas, uma vez que será mais fácil estimar e visualizar a rede de apoio, porém o grau de interesse e compromisso de cada participante estará menos claro. Em países onde a liberdade de reunir-se é limitada ou negada, a oportunidade de comunicar-se e planejar no espaço virtual será uma dádiva compartilhada por todos que a aproveitarem. No entanto, de um modo geral, caberá aos líderes decidir se seus movimentos de fato têm apoio das massas ou se são apenas uma enorme câmara de eco.

Para os grupos de oposição, o mundo virtual oferece novas possibilidades para tarefas fundamentais como a arrecadação de fundos e *branding*. As organizações podem optar por apresentar-se de formas distintas em diferentes áreas da internet para alcançar grupos demográficos diversos. Um grupo de resistência da Ásia Central pode minimizar suas nuances religiosas e defender suas posições liberais quando estiver em plataformas em inglês dominadas por usuários ocidentais, mas fazer exatamente o oposto nas redes de sua própria região. Não é muito diferente de como agem atualmente a Irmandade Muçulmana e outros partidos do Islã, ou de como se transformam, em tom e cobertura, as operações autônomas da Al Jazeera ao serem transmitidas em inglês e árabe. (Um exemplo: em determinado dia de protestos nos primeiros estágios da revolta síria de 2011, a Al Jazeera em inglês logo relatou o número de mortos entre os protestantes,[4] mas, estranhamente, o site em árabe não o fez,[5] concentrando-se em uma abertura sem importância de Bashar al-Assad à minoria curda do país. Alguns analistas sugeriram que tal disparidade se devia à deferência política da estação árabe ao Irã,[6] aliado da Síria e vizinho do Qatar, berço da Al Jazeera.)

Enquanto as possibilidades de *branding* desses grupos crescem, o velho modelo de organização de oposição está mudando: nos dias atuais, grupos de oposição dispõem de sites em vez de escritórios; seguidores e membros em vez de funcionários; e usam plataformas gratuitas e disponíveis ao público para não precisarem incorrer em custos fixos. Haverá tantos desses fronts digitais no futuro que a competição por atenção entre grupos ao redor do mundo vai se acirrar.

A profusão de novas vozes on-line e o ruído por elas gerado exigirão que definamos o que é um dissidente. Afinal, nem todos os que expressam livremente suas opiniões na internet — o que, até certo ponto, equivale à quase totalidade dos usuários — podem ser considerados dissidentes. Os novos líderes dissidentes serão aqueles capazes de comandar seus seguidores e orientar seu apoio virtual; os que tiverem habilidades demonstráveis com ferramentas de marketing digital e que, mais importante, se dispuserem a se arriscar fisicamente. O ativismo digital, em especial quando feito de maneira remota e anônima, reduz as chances de conquistar apoio; por isso, os verdadeiros líderes vão se destacar ao assumirem riscos físicos que seus seguidores virtuais não podem ou não querem assumir. E é muito provável que aqueles que possuem conhecimento profundo sobre reforma constitucional, desenvolvimento de instituições e questões governamentais, mas não apresentam as mesmas habilidades em tecnologia que outros ativistas, corram o risco de ser deixados para trás e tenham dificuldade de se destacar em uma multidão virtual para provar seu valor aos novos líderes jovens (que talvez não entendam a verdadeira relevância de sua experiência).

Os futuros movimentos revolucionários, como dissemos, serão mais transnacionais e inclusivos do que muitas (mas não todas) revoluções anteriores, estendendo-se para além das fronteiras de nacionalidade, etnia, idioma, gênero e religiões. Durante uma viagem à Tunísia em 2011, conhecemos alguns ativistas da Revolução do Jasmim, perto do primeiro aniversário de seu bem-sucedido levante e, quando perguntamos por que a revolução desencadeou outras, eles admitiram queixas semelhantes[7] e, em seguida, apontaram suas redes regionais. Eles puderam construir depressa relacionamentos com estranhos que falavam árabe e viviam no Oriente Médio — disseram —, não apenas porque compartilhavam seu idioma e sua cultura, mas porque muitas vezes tinham amigos em comum. Extensas conexões sociais já existentes foram ativadas e aceleradas conforme o espírito revolucionário varria a região, resultando na troca de estratégias, ferramentas, dinheiro e apoio moral.

Entretanto, até essas grandes redes tinham seu limite, o que era basicamente o perímetro do mundo árabe. No futuro, isso não vai ser verdade. Sofisticados softwares de tradução simultânea, capazes de lidar com sotaques regionais, permitirão que um ativista do Marrocos de língua árabe coordene atividades em tempo real com um ativista em Bangkok que fale apenas tailandês. Inovadores dispositivos de tradução oral, com transmissão de interfaces gestuais e, em última análise, projeções holográficas, abrirão as comportas para a formação de redes virtuais muito mais amplas do que as existentes hoje. Há um número incontável de semelhanças culturais nunca antes exploradas por completo devido à dificuldade de comunicação; em um futuro contexto revolucionário, conexões aparentemente aleatórias entre populações ou povos distantes acarretarão transferência de conhecimento, terceirização de determinados tipos de obrigações e ampliação da mensagem do movimento de forma inovadora e inesperada.

As tecnologias da comunicação permitirão que alguns se engajem sem correr risco e colham as recompensas do ativismo sem muito esforço. É relativamente fácil retuitar um slogan antigoverno ou compartilhar, a distância, um vídeo com cenas de brutalidade da polícia, ainda mais quando comparamos essa iniciativa aos riscos assumidos pelo autor da gravação. Quem não está envolvido de forma direta no movimento pode ter uma verdadeira noção de como é ser engajado ao fazer algo, *qualquer coisa*; e as plataformas virtuais proporcionam um meio de participar e de se sentir valioso, mesmo que sua ação tenha pouco efeito concreto. Para pessoas que vivem em países onde haja algum risco de captura por um regime de vigilância tecnológica, a coragem virtual tem seus riscos.

Com certeza, um adolescente de Chicago ou de Tóquio pode oferecer alguma contribuição importante para uma campanha global. Depois que os recursos de comunicações externas foram interrompidos pelo regime de Mubarak, muitos observadores voltaram-se para uma conta no Twitter iniciada por um estudante de pós-graduação de vinte e poucos anos em Los Angeles,[8] em busca do que acreditavam ser informações críveis; o estudante, John Scott-Railton, postava atualizações sobre os protestos obtidas de fontes egípcias limitadas a telefones fixos.[9] Durante um tempo, sua conta no Twitter, @Jan25voices, foi um importante canal de comunicação sobre o levante[10] — apesar de ele não ser jornalista nem falar árabe com fluência. Entretanto, embora Scott-Railton tenha conseguido conquistar a atenção do público com suas postagens no Twitter, há limites para o grau de influência que o perfil virtual de uma pessoa pode ter sobre os formuladores de políticas.

Talvez um exemplo mais significativo seja Andy Carvin, curador de um dos mais importantes fluxos de informação[11] tanto da revolução egípcia quanto da revolução líbia, com dezenas de milhares de seguidores e inúmeros jornalistas de todo o globo que sabiam que o próprio Carvin (um estrategista sênior da NPR) tinha os padrões jornalísticos de um repórter profissional e só tuitaria ou retuitaria fatos que pudesse verificar. Carvin tornou-se um filtro de enorme influência, cultivando e vetando fontes.

Pensando bem, por mais talentosos que sejam os Andy Carvin e John Scott-Railton do mundo, o árduo trabalho dos movimentos revolucionários é feito em terra, por pessoas dispostas a tomar as ruas de um país. Não se pode depor um ministro do interior por telefone.

A oportunidade para o encorajamento virtual moldará o modo como os próprios revoltosos atuarão. Plataformas globais de mídia social darão aos ativistas e dissidentes em potencial confiança na crença de que eles têm um público, independentemente de isso ser ou não verdade. Uma organização poderia superestimar o valor do apoio on-line e, ao fazê-lo, negligenciar outras prioridades, mais difíceis, que de fato lhe proporcionassem vantagem, como persuadir os administradores do regime a desertar. A presença de uma grande rede virtual estimulará alguns grupos a assumir mais riscos, mesmo que não haja garantia de intensificação do movimento. Tomada pela confiança e pela coragem do mundo virtual, dada força de oposição iniciará campanhas imaturas ou imprudentes, a inevitável consequência do colapso dos mecanismos tradicionais de controle em torno dos movimentos revolucionários. Essa tendência ao encorajamento virtual, tanto para estrangeiros quanto para organizadores, terá de ser exaurida durante algum tempo, até que os grupos de oposição aprendam a explorá-la efetivamente.

De modo geral, o aumento da consciência pública sobre as revoluções e campanhas pelo mundo terá dado origem a uma cultura de "ajudantes" revolucionários. Haverá uma ampla gama deles; alguns serão úteis, alguns causarão distração, e outros serão até perigosos. Veremos engenheiros inteligentes desenvolvendo aplicativos e ferramentas de segurança a serem distribuídos aos dissidentes, e na internet agregadores engajados usarão o poder das multidões para pressionar e exigir atenção. Sem dúvida, algumas pessoas criarão dispositivos especializados a fim de contrabandeá-los para países com manifestações em curso, dispositivos portáteis repletos de aplicativos criptografados que permitirão aos usuários publicar informações (texto, foto, vídeo) sem deixar registro algum no telefone — sem registro, um telefone não contém prova de crime e, portanto, é inútil e anônimo para qualquer agente de segurança que o encontre.

Testemunharemos uma onda de turistas da revolução, pessoas que passam o dia inteiro pesquisando na web em busca de protestos on-line aos quais possam aderir ou auxiliar a divulgar só pela emoção de participar. Elas poderão ajudar a sustentar o ímpeto revolucionário por meio da disseminação do conteúdo, no entanto serão incontroláveis, sem filtro ou supervisão, e suas narrativas talvez distorçam as expectativas de quem age no mundo real, assumindo riscos. Encontrar maneiras de utilizar novos participantes e ao mesmo tempo exercer controle de qualidade e administrar de modo efetivo as expectativas serão tarefas-chave dos líderes de oposição eficazes, cientes de tudo o mais que é necessário para o sucesso de uma revolução.

... difícil é terminar

A rápida proliferação dos movimentos revolucionários em sociedades recém-conectadas, afinal, não será tão ameaçadora para governos estabelecidos como previram alguns observadores, pois, apesar de tudo o que as tecnologias de comunicação podem fazer para transformar revoluções de forma a pender a balança a favor do povo, existem elementos fundamentais de mudança que essas ferramentas não podem afetar. Um dos principais é a criação de líderes de primeira linha, indivíduos capazes de manter a oposição intacta em tempos difíceis, negociar com governos caso optem pela reforma ou ainda candidatar-se às eleições, vencê-las e serem capazes de suprir as demandas da população se um ditador fugir. A tecnologia nada tem a ver com a presença ou não dos atributos necessários a um estadista.

Há pouco tempo, vimos como um grande número de jovens armados com telefones celulares pode estimular revoluções que questionam décadas de autoridade e controle, acelerando um processo que, historicamente, levou anos para se estabelecer. Hoje está claro o proeminente papel que as plataformas de tecnologia, quando usadas de forma adequada, podem desempenhar na derrubada de ditadores. Devido à gama de resultados possíveis — repressão brutal, mudança de regime, guerra civil, transição para uma democracia —, também está claro que são as pessoas que fazem ou iniciam revoluções, não as ferramentas que elas utilizam. Os componentes tradicionais da sociedade civil vão se tornar ainda mais importantes conforme multidões on-line inundarem a praça pública virtual; pois, embora alguns dos participantes recém-envolvidos (como engenheiros ativistas) sejam altamente relevantes e influentes, muitos outros, como dissemos, serão pouco mais do que amplificadores e geradores de ruídos pegando carona nas circunstâncias.

As futuras revoluções produzirão muitas celebridades, mas isso retardará o desenvolvimento da liderança necessária para levar a cabo a tarefa. A tecnologia até ajuda a encontrar pessoas com habilidades de liderança — pensadores, intelectuais e outros —, porém, não as cria. Levantes populares podem depor ditadores; contudo, daí em diante, só terão sucesso se as forças de oposição tiverem um bom plano e souberem executá-lo. Caso contrário, o resultado será a reconstituição do antigo regime ou a transição de um regime funcional para um Estado falido. Criar uma página no Facebook não constitui um plano; o que levará uma revolução a uma conclusão bem-sucedida é a existência de habilidades operacionais reais.

A expressão "sem líder" vem sendo usada para descrever a Primavera Árabe, tanto por observadores quanto por participantes, todavia não é muito precisa. É verdade que, no processo de demonstração cotidiano, é possível manter uma estrutura de comando descentralizada — e também mais seguro, uma vez que o regime não pode pôr fim ao movimento simplesmente capturando seus líderes.

Entretanto, ao longo do tempo, será preciso que alguma forma de autoridade centralizada surja para que o movimento tenha alguma direção. Os rebeldes que enfrentaram Muammar Gaddafi durante meses não formavam um exército coeso, mas, em 27 de fevereiro de 2011, duas semanas depois dos primeiros protestos públicos na Líbia, haviam formado o Conselho Nacional de Transição (CNT) em Benghazi.[12] Composto de figuras de oposição proeminentes, desertores do regime, um ex-oficial do exército, acadêmicos, advogados, políticos e líderes empresariais,[13] o conselho executivo do CNT funcionou como um governo de oposição, negociando com países estrangeiros e autoridades da Otan na luta contra Gaddafi. O presidente do conselho do CNT, Mahmoud Jibril, atuou como primeiro-ministro interino do país até o final de outubro de 2011, logo após a captura e morte do ditador.

Na Tunísia, por outro lado, a revolução ocorreu tão depressa que não houve tempo para formar um governo de oposição como o CNT. Quando o presidente Zine el-Abidine Ben Ali fugiu do país, o Estado tunisiano permaneceu intacto. Os cidadãos continuaram protestando contra o governo[14] até que todos os membros restantes do Partido Democrático Constitutional de Ben Ali abdicassem e fosse formado um governo interino considerado adequado pela população. Se as autoridades governamentais tivessem respondido às demandas da sociedade de outro modo, iniciando repressões em vez de apenas reorganizar posições, a Tunísia poderia ter seguido um caminho muito diferente e menos estável. (Curiosamente, muitos dos líderes eleitos nas eleições tunisianas de outubro de 2011 eram ex-prisioneiros políticos, com um nível de credibilidade diferente, talvez mais pessoal, junto à população do que aqueles que voltavam do exílio.) O primeiro-ministro tunisiano, Hamadi Jebali — ele próprio um ex-prisioneiro político — nos contou que, em seu ponto de vista, o primeiro ministro do interior após o regime de Ben Ali deveria ser uma "vítima do ministro do interior".[15] Como tal, indicou para o cargo Ali Laârayedh, que passara catorze anos na prisão,[16] em sua maior parte confinado na solitária.

O lado negativo da aceleração no ritmo de um movimento é que as organizações e suas ideias, estratégias e líderes têm um período de gestação muito mais curto. A história sugere que movimentos de oposição precisam de tempo para se desenvolver e que os limites que moldam um movimento emergente produzem, em última análise, um movimento mais forte e capaz, com líderes mais afinados com a população que pretendem inspirar. Considere o Congresso Nacional Africano (CNA) na África do Sul. Durante suas décadas de exílio por causa do estado de apartheid, a organização passou por inúmeras evoluções, e os homens que acabariam se tornando presidentes sul-africanos (Nelson Mandela, Thabo Mbeki e Jacob Zuma) tiveram tempo para construir suas reputações, credenciais e redes, bem como para aperfeiçoar suas habilidades operacionais. O mesmo pode ser dito de Lech Walesa e o sindicato Solidariedade na Polônia: passou-se uma década antes que os líderes do Solidariedade pudessem concorrer a assentos no parlamento, e sua vitória abriu caminho para a queda do comunismo.

A maior parte dos grupos de oposição passa anos se organizando, fazendo lobby e cultivando líderes. Perguntamos ao ex-secretário de Estado Henry Kissinger, que conheceu quase todos os grandes líderes revolucionários dos últimos quarenta anos, o que se perde quando o processo é acelerado. "É difícil imaginar o apelo de Charles de Gaulle e Churchill no mundo do Facebook",[17] disse. Em uma era de hiperconectividade, "não vejo as pessoas dispostas a se expressar e ter confiança para se expor sozinhas". Ao contrário, uma espécie de "consenso maluco" passa a impulsionar o mundo, e poucas pessoas se sentem dispostas a se opor abertamente a ele, o que é o tipo de risco que um líder precisa assumir. "A liderança única é uma característica humana, e não será produzida por uma comunidade social de massas", acrescentou Kissinger.

Sem estadistas e líderes, não haverá indivíduos suficientemente qualificados para levar um país adiante, havendo o risco de uma forma de autocracia ser substituída por outra. "O cidadão dotado de autonomia", disse Kissinger, "conhece a técnica de levar as pessoas à praça, porém não sabe o que fazer com a multidão depois que ela *chega* à praça. Sabe ainda menos o que fazer com ela depois que chega ao poder." Tais cidadãos podem ser marginalizados com facilidade, explicou, porque suas estratégias perdem eficácia com o tempo. "É impossível levar as pessoas às praças vinte vezes ao ano. Há um limite objetivo, mas não uma próxima fase nítida." E, sem uma próxima fase nítida, o movimento opera em seu próprio ritmo, que inevitavelmente se desacelera e se esgota.

Existem inúmeros ativistas nas ruas que, embora sejam fundamentais para suas revoluções e para o período que se segue, discordariam da visão de Kissinger. Um deles é Mahmoud Salem, blogueiro egípcio que se tornou ativista e, depois, porta-voz da revolução de 2011 de seu país. Salem é bastante crítico com relação aos seus compatriotas egípcios por causa do que viu como incapacidade de superar o objetivo imediatista de depor Mubarak e abrir o sistema político à concorrência; entretanto, sua crítica é ao Egito, não ao modelo revolucionário da nova era digital. Como escreveu em junho de 2012, logo depois da primeira eleição presidencial pós-revolução no Egito: "Se você é revolucionário, mostre o que sabe fazer. Comece alguma coisa. Entre para um partido. Funde uma instituição. Resolva um problema real. Faça alguma coisa além de ficar dando voltas, participando de demonstrações, marchas e conselhos. Isso não é trabalhar nas ruas; o verdadeiro trabalho nas ruas significa mudar a rua, não andar pela rua. O verdadeiro trabalho nas ruas significa que a rua em que você vive o conhece, confia em você e vai mudar com você."[18] Ele exortou os ativistas de rua a participar do governo e da reforma da cultura de corrupção contra a qual protestavam.[19] Isso significa usar o cinto de segurança, obedecer às leis de trânsito, entrar para a polícia, candidatar-se a um cargo no parlamento ou responsabilizar as autoridades locais por suas ações.

O livro *Bem-vindo ao clube: como o poder dos grupos pode transformar o mundo*,[20] de Tina Rosenberg, é outra defesa do que a multidão pode alcançar. Examinando a importância das relações humanas para a definição do comportamento individual e as principais tendências sociais, ela argumenta que os revolucionários podem canalizar as pressões dos pares para impelir indivíduos e grupos a adotar comportamentos mais adequados. Talvez o indício mais convincente do que ela descreve como "cura social"[21] seja encontrado no exemplo do grupo ativista servo Otpor, que desempenhou um papel de suma importância na queda do regime de Slobodan Milošević. A autora descreve como o grupo usou um teatro de rua vistoso e divertido, brincadeiras, músicas, slogans e desobediência civil pacífica para romper a cultura de medo e impotência. Na repressão ao grupo, o regime revelou-se ao mesmo tempo brutal e tolo, e o suporte ao Otpor cresceu.

Porém, o papel que os líderes de grupos como o Otpor podem desempenhar no futuro é mais importante do que o que eles representam para o passado. Como observa Rosenberg em uma história poderosa sobre antigos ativistas servos que treinam novos ativistas ao redor do mundo,[22] os revolucionários de sucesso precisam desenvolver estratégias duplas para ação virtual e física. Sem ambas, sobrará um excesso de celebridades e seguidores, com poucos líderes confiáveis. Historicamente, uma posição proeminente implicava um grau de confiança do público; com exceção de notórios tipos políticos como chefes militares, a visibilidade de líderes populares correspondia ao tamanho de sua base de apoio. No futuro, porém, essa equação será invertida. Proeminência virá em primeiro lugar, e com facilidade; depois, então, a pessoa precisará desenvolver apoio tangível, credencial e experiência.

Já vimos isso com as profecias que se autorrealizam de candidatos à presidência estadunidenses. Herman Cain, relativamente desconhecido fora do mundo empresarial, tornou-se muito visível por um período na campanha presidencial de 2012, e foi tratado por alguns como um candidato sério, apesar de sua inadequação política ao cargo — algo que se revelou de forma progressiva ao longo das semanas, mas que com certeza teria sido descoberto instantaneamente se ele fosse investigado pelo partido. Celebridades políticas como Cain existirão aos milhares nos futuros movimentos revolucionários, porque as figuras carismáticas, de sucesso transitório, com uma forte presença on-line, chegarão mais rápido ao topo da pilha. Entretanto, sem experiência no mundo político, é provável que tais celebridades revolucionárias sejam esmagadas e expostas com facilidade se não tiverem substância para se sustentar.

A maneira como os movimentos de oposição enfrentarão o desafio de encontrar líderes que se sustentem dependerá de onde estão e dos recursos de que dispõem. Nos países onde os movimentos revolucionários têm pouco financiamento e estão sob a vigilância do regime, será difícil encontrar verdadeiros líderes. Porém, em nações que dispõem de recursos, em que existam movimentos mais autônomos, um grupo de consultores poderá muito bem identificar líderes natos e, subsequentemente, ajudá-los a desenvolver as habilidades e redes de que eles necessitam. Ao contrário dos consultores políticos convencionais de hoje, essas pessoas serão formadas em engenharia e psicologia cognitiva; terão habilidades técnicas e uma compreensão muito maior de como usar dados para construir e aperfeiçoar uma figura pública. Pegarão um candidato promissor cuja proeminência exceda suas credenciais e medirão seu potencial político de diversas maneiras: alimentando seus discursos e artigos por meio de complexos pacotes de software de extração de recursos* e análise de tendência, mapeando sua função cerebral para determinar como ele lida com o estresse ou com a tentação e empregando ferramentas sofisticadas de diagnóstico para avaliar os pontos fracos de seu repertório político.

Vários grupos e organizações ativistas projetarão um front virtual muito mais grandioso do que sua realidade física. Imagine um novo grupo oposicionista formado poucos dias após uma revolução na Argélia, que consegue recrutar bri-

* A extração de recursos identifica automaticamente a presença, ausência ou o status de importantes características de um conjunto de dados. Neste caso, os recursos-chave poderiam incluir o nível de sua escrita, a frequência de palavras carregadas de emoção e o número de pessoas citadas em contextos, indicando assim seus mentores.

lhantes marqueteiros e designers digitais da diáspora argelina em Marseille. O grupo principal é composto por apenas cinco membros, todos eles de vinte e poucos anos, recém-saídos da faculdade, quase sem nenhuma exposição anterior à política. Sua organização não tem histórico algum, porém, com uma sofisticada plataforma digital, eles parecem competentes aos olhos do público argelino, além de muito motivados e com uma abrangente rede de contatos. Na realidade, são desorganizados, carecem de visão e estão completamente despreparados para assumir qualquer responsabilidade real. Para grupos como esses, a dissonância entre a apresentação on-line e a capacidade operacional real causará atrasos e atritos com os movimentos emergentes. Em circunstâncias extremas, poderíamos ver um movimento inteiro que, on-line, parece ser uma ameaça genuína a um regime, quando seus esforços representam de fato pouco mais do que o uso inteligente da tecnologia e, na realidade, não impõem ameaça alguma. Elevando as expectativas e criando falsas esperanças em torno das perspectivas de sucesso do movimento, os grupos de oposição que não estão à altura do desafio podem causar mais danos do que bem, atuando como uma custosa distração para o restante da sociedade.

Sem dúvida, toda revolução histórica teve seu quinhão de pontos fracos organizacionais e falsos profetas; entretanto, no futuro, tais falhas correrão o risco de aumentar o desencanto público com grupos de oposição a um grau extremo. Se a sociedade como um todo perde a fé em um movimento oposicionista e em sua capacidade de efetuar mudanças, isso basta para sufocar uma oportunidade de transformação. Quando associada à instabilidade da liderança, a dissonância entre os fronts físico e virtual restringe totalmente as perspectivas de apoio e sucesso de um movimento em qualquer país. A consequência de ter mais cidadãos bem-informados e conectados é que eles serão tão críticos e perspicazes a respeito dos rebeldes quanto são a respeito do governo.

Esse olhar crítico com relação às possíveis forças de oposição gera consequências também àqueles que retornam do exílio e aos membros da diáspora. Em geral, os ex-exilados caem de paraquedas em seu país, com apoio internacional, mas com uma compreensão limitada das necessidades e dos desejos de sua terra natal. Essa desconexão com as realidades locais manifestou-se em alguns casos (como o do líder iraquiano Ahmed Chalabi) e lutas públicas (como as do presidente Hamid Karzai, do Afeganistão). De um lado, a maior conectividade reduzirá a distância entre as comunidades que emigraram e a população do país de origem; assim, os ex-exilados que voltarem à terra natal na tentativa de ter impacto sobre o processo revolucionário estarão melhor adaptados para se ligarem aos atores locais. Por outro lado, as populações serão mais bem-informadas sobre os ex-exilados que voltam ao país (os quais, sem dúvida, terão gerado um longo rastro de dados on-line sobre sua formação e suas atividades), e essas informações serão usadas para moldar narrativas sobre eles antes de sua chegada.

Imagine um proeminente membro da diáspora da Eritreia que fez fortuna na indústria de mídia no Ocidente, reunindo uma numerosa rede de apoio on-line, tanto internacionalmente quanto em seu país de origem. Ele poderia ter dificuldade de conquistar *adeptos físicos* na Eritreia, uma vez que muitos cidadãos locais podem ser céticos a respeito de sua formação ou de seus elos com a mídia internacional. Promessas que tiveram sucesso aos ouvidos do circuito internacional e de seu público on-line poderiam soar vazias aos ouvidos de seus conterrâneos. Voltando ao seu país na expectativa de encontrar o caminho livre para seu futuro político, ele poderia muito bem observar sua promissora vantagem desaparecer diante da rejeição dos habitantes locais em favor de um candidato a líder com o qual se relacionassem melhor.

Os líderes bem-sucedidos relacionados à diáspora serão os que adotarem uma espécie de modelo híbrido no qual os desejos do eleitorado físico e virtual sejam abordados e, de algum modo, conciliados. Conquistar e usar ambos os grupos será um desafio, todavia será fundamental para a liderança duradoura na era digital.

Uma onda de falsos começos revolucionários levará sucessivas gerações a exigir de seus grupos de oposição não apenas visão, mas também um plano detalhado de como pretendem construir um novo país. Tais expectativas serão verdadeiras sobretudo para as mais recentes organizações dissidentes que, na ausência de um histórico, ainda precisem demonstrar sua boa-fé ao público. Isso segue com naturalidade tendências tecnológicas como maior transparência e livre acesso à informação. Os possíveis apoiadores agirão como consumidores, controlados menos por ideais políticos e mais pelo marketing e pelos detalhes do produto. Haverá mais formas de se tornar um líder (pelo menos no nome), contudo, com tantos candidatos à liderança e tão poucos que serão bem-sucedidos, as pessoas oferecerão e retirarão sua lealdade de maneira implacavelmente calculada. A concorrência, porém, é tão saudável para os grupos de oposição quanto para as empresas.

Candidatos a manifestantes em busca de um líder esperarão que qualquer grupo de oposição sério realize o desenvolvimento de sua instituição on-line, inclusive indicando quem serão os ministros, como será organizado o aparato de segurança e como serão oferecidos os bens e serviços. Hoje, em especial nos países onde a conectividade demora a se disseminar, os líderes de oposição podem fazer declarações vagas e oferecer garantias de que sabem o que estão fazendo, porém no futuro um público informado exigirá detalhes. Uma vez que grupos de oposição existem antes do início de uma revolução — seja no país em si, seja no exílio —, seria sábio da parte deles preparar-se de verdade. As provas de seu preparo para o governo serão mais do que um exercício; os planos serão interpretados literalmente como o alicerce de um novo sistema. Qualquer grupo de oposição que não esteja disposto a seguir esse procedimento ou não possa executá-lo com eficácia poderia receber elogios hesitantes com relação a suas habilidades de organização de comunidades, no entanto suas credenciais de liderança e governo certamente seriam colocadas em dúvida.

Mesmo que um movimento de oposição apresente um plano crível e abrigue líderes genuínos verdadeiramente hábeis, ainda haverá diversas variáveis incontroláveis que poderão descarrilar uma revolução. Em muitas sociedades, profundas tensões tribais, sectárias e étnicas continuam sendo um campo minado até para os operadores mais cautelosos. Obstáculos internos e externos, como grupos terroristas, milícias, insurgentes e forças estrangeiras, podem estilhaçar a situação de segurança. Muitas revoluções são estimuladas por políticas econômicas ou fiscais inadequadas, por isso, a mais ligeira recalibração econômica (para o bem ou para o mal) poderia reverberar pelo país e mudar a opinião dos rebeldes.

Há, também, a temida lacuna de expectativas. Mesmo que uma revolução "termine" bem-sucedida, com novos caciques no poder e o otimismo público em seu ponto mais alto, poucos governos recém-criados serão capazes de cumprir as expectativas e os desejos de suas populações. A consequência dos levantes populares envolvendo muitos milhões de pessoas, graças em grande parte à conectividade, é que muitas outras mais se sentirão abruptamente excluídas do processo político quando a revolução terminar.

Vimos isso na Líbia e na Tunísia, quando nos encontramos com ativistas e ministros do governo; nenhum dos grupos se sentia satisfeito ou totalmente valorizado. Após a revolução no Egito, tantas pessoas estavam insatisfeitas com a forma como os governantes militares do Conselho Supremo das Forças Armadas (SCAF) estavam liderando o país depois de Mubarak que reocuparam a Praça Tahir, [23] local dos levantes originais, várias vezes. E, quando a população se viu com escolhas limitadas na primeira eleição presidencial pós-revolução no Egito — Ahmed Shafik, símbolo do exército, e Mohamed Morsi, símbolo da Irmandade Muçulmana —, as frustrações e a sensação de exclusão só se aprofundaram. O grau de envolvimento gerado pela conectividade aumentará as expectativas das pessoas como nunca antes foi possível.

Novos governos tentarão atender a essas demandas de responsabilização e transparência, buscando iniciativas de "governo aberto", divulgando a agenda diária dos ministros, envolvendo-se com cidadãos em fóruns virtuais e mantendo abertas linhas de comunicação quando possível. Entretanto, nada apaziguará alguns cidadãos, e é neles que a elite política espoliada encontrará sua rede de apoio on-line. Grupos inteligentes leais ao regime usarão essa lacuna nas expectativas, mantendo-se conectados à população virtualmente e alimentando seus rancores, ao mesmo tempo que tentam reconstituir o regime. Esses grupos poderão acabar formando o novo movimento de oposição on-line.

Repressão e contenção virtual

Diante de ameaças revolucionárias difusas e onipresentes, os Estados buscarão soluções rápidas para os levantes que estourarem. Para isso, precisarão lançar mão da criatividade. Métodos tradicionais como repressão e suspensão da transmissão de notícias no rádio e na TV vão se tornar cada vez mais ineficientes com a disseminação da conectividade; a antiga estratégia autocrática de reprimir a rebelião com violência e acuar seus líderes é muito menos relevante na era dos protestos digitais, do ativismo on-line e da disseminação de provas em tempo real. Historicamente, com algumas notáveis exceções (a Praça da Paz Celestial em 1989 e o massacre de Hama, Síria, em 1982), as repressões violentas raramente eram filmadas, e a divulgação de imagens e vídeos fora do país era dificílima. Se o regime controlasse todos os canais de comunicação, a mídia e as fronteiras, a disseminação para outros países era praticamente impossível.

Assim que os dispositivos móveis e a internet passaram a ser um recurso para as rebeliões e os protestos em massa, os regimes adaptaram sua estratégia: derrubaram as redes. De início, a tática pareceu funcionar para vários governos, de forma mais notável para o regime iraniano durante os protestos após as eleições de 2009,[24] quando uma paralisação quase completa restringiu de forma efetiva o crescimento do movimento de oposição. O presidente egípcio Hosni Mubarak tinha todos os motivos para acreditar que a repressão virtual colocaria um ponto final na agitação revolucionária na Praça Tahrir. No entanto, menos de dois anos depois, como narra a história a seguir, tal estratégia já havia se tornado contraproducente.

Nas primeiras horas do dia 28 de janeiro de 2011, prevendo a ocorrência de amplos protestos contra o governo naquele dia, o regime egípcio efetivamente paralisou todas as conexões móveis e com a internet no país.[25] "Egito sai da internet", dizia a manchete de uma das primeiras postagens em blog sobre o evento.* O Estado havia bloqueado o acesso a sites de redes sociais e o serviço de internet em BlackBerries alguns dias antes; com a nova medida, a desconexão estava completa.** Os quatro principais provedores de serviços de internet do país[27] — Link Egypt, Telecom Egypt, Etisalat Misr e Vodafone/Raya — foram afetados, e o serviço de telefonia móvel também foi suspenso por todas as três operadoras de telecomunicações.[28] A maior operadora de telecomunicações, a Vodafone Egypt, emitiu um comunicado naquela manhã:[29] "Todas as operadoras de telefonia móvel do Egito foram instruídas a suspender seus serviços em áreas específicas. Pela legislação egípcia, as autoridades têm o direito de emitir essa ordem, e nós somos obrigados a cumpri-la."

Considerando-se que o governo já controlava as poucas conexões físicas com o mundo exterior — como os cabos de fibra óptica abrigados em um prédio no Cairo[30] —, a paralisação envolvia apenas o fechamento desses portais e o contato com as grandes empresas de telefonia e seus prestadores de serviços, exigindo o cumprimento das solicitações. Revelou-se mais tarde que o regime deixara claro a empresas como a Vodafone que, caso não cumprissem a ordem de suspensão dos serviços, suas operações seriam fisicamente paralisadas, por meio da estatal Telecom Egypt,[31] em toda a infraestrutura de telecomunicações do país (o que danificaria a capacidade operacional da Vodafone e exigiria um tempo considerável para seu restabelecimento). Os provedores de serviços de internet e as empresas de telecomunicações foram pegos totalmente de surpresa — o governo havia muito apoiava a expansão dos serviços móveis e de internet em todo o Egito —; portanto, nenhum deles elaborara planos de contingência. Era uma medida inédita na história recente;[32] outros Estados haviam interferido nos

* O post, feito pela empresa de pesquisa de internet Renesys, incluía gráficos com dados impressionantes mostrando a desconexão quase imediata dos provedores de serviço de internet egípcios da rede global.

** Houve uma exceção a esse bloqueio dos provedores de serviços de internet: o Noor Group, que prestava serviço a várias instituições de destaque, entre elas a Bolsa de Valores do Egito e o Egyptian Credit Bureau, só sofreu restrições de conexão três dias depois.[26]

serviços de internet da população, porém nenhum antes orquestrara e coordenara uma desconexão tão completa.

A medida saiu pela culatra. Como constataram diversos observadores no Egito e fora dele, foi a paralisação da rede que de fato acirrou os movimentos de protesto, pois levou às ruas um número muito maior de pessoas revoltadas. O CEO da Vodafone, Vittorio Colao, concorda. "Atingir 100% da população em algo que todos consideram essencial e eliminar esse serviço provocou uma reação muito mais irritada e negativa do que o governo esperava",[33] disse. Vários ativistas egípcios reiteraram isso, dizendo, com efeito: "Eu não gostava de Mubarak, mas aquela não era a minha luta. Foi depois que Mubarak tirou minha internet que a luta passou a ser minha. Por isso fui à Praça Tahrir." Este ato catalisador proporcionou ao movimento um impulso considerável; se não tivesse ocorrido, é possível que os acontecimentos no Egito tomassem um rumo totalmente diferente.

Quando recebeu a ordem do regime para paralisar a rede, Colao afirma que a primeira atitude da Vodafone foi "verificar, do ponto de vista jurídico, a legitimidade da demanda. Podia ser questionável, mas precisava ser legal". Todos os provedores de serviços de telecomunicação eram obrigados a assinar contratos de licenciamento com o Estado; por isso, depois que a Vodafone confirmou a legitimidade da solicitação, não havia opção. "Podíamos não gostar nada da exigência, entretanto, se não a honrássemos, estaríamos violando a lei."[34]

Logo depois, enquanto os serviços de internet e de telefonia móvel estavam suspensos no Egito, a Vodafone enfrentou mais um teste: o governo procurou a empresa e outras operadoras no país para divulgar suas mensagens por plataformas de SMS.[35] Foi então, disse Colao, que a Vodafone assumiu um papel positivo. No início, disse ele, o tom do governo foi procedural: "Hoje à noite haverá um toque de recolher das seis às nove." "Trata-se de um comando que se pode dar", explicou Colao. O segundo tipo de mensagem tinha um tom mais patriota, dizia algo como "Vamos ser todos amigos e amar nosso país" — até aí, tudo bem também, disse Colao. "Contudo, em determinado momento, as mensagens assumiram um tom extremamente político e unilateral,[36] e era impossível pedir aos funcionários locais da Vodafone que dissessem ao seu próprio governo que não podiam cumprir a lei do Egito. Levamos a questão à embaixada do Egito, a Hillary Clinton, ao governo do Reino Unido e ao Vodafone Group PCL", empresa controladora do grupo, "e elaboramos uma declaração dizendo que [nos recusaríamos a cumprir a exigência do governo[37]]. Com isso, acabaram as mensagens por SMS. As ligações de voz da empresa ficaram suspensas por

24 horas; e as mensagens por SMS, durante quatro ou cinco dias. Para eles, a ameaça vinha dos SMS."

Governos e também operadoras podem aprender uma lição com a tática fracassada do Egito. Dentro do país, mobilizou as massas; fora dele, enfureceu a comunidade internacional. Dias após a suspensão da internet e dos serviços de telefonia móvel, empresas e ativistas externos desenvolveram alternativas para que os cidadãos egípcios voltassem a se conectar, ainda que não ininterruptamente. Uma organização sem fins lucrativos de Paris, a French Data Network, abriu conexões de internet por meio de ligações discadas[38] (disponíveis a todos que tivessem uma linha telefônica internacional convencional), e o Google lançou um serviço de tuíte por telefone chamado Speak2Tweet,[39] que permitia aos usuários discar uma entre três combinações de números e deixar uma mensagem de voz, que seria então postada sob a forma de um tuíte.

Vittorio Colao nos contou que, após os eventos no Egito, grandes empresas de telecomunicações reuniram-se para discutir como impedir que situações semelhantes se repetissem e como assumir uma posição comum caso viessem a acontecer. No final, disse ele, "concluímos que isso tinha de ser discutido no âmbito da União Internacional de Telecomunicações — órgão especial da ONU para telecomunicações globais —, a fim de definir com exatidão as regras de engajamento".[40] No futuro, outros governos decerto se voltarão para o episódio egípcio de paralisação da rede e reavaliarão suas próprias chances de sobrevivência no caso de comprometerem o acesso à internet de suas populações. Além disso, com a crescente popularidade das plataformas de conexão P2P, que operam sem uma rede tradicional, o impacto da interrupção das redes de comunicação fica bastante reduzido. Governos irracionais, ou regimes em pânico, poderiam ainda considerar a medida extrema de romper literalmente as conexões nas fronteiras: desconectar cabos de fibra óptica, destruir as torres de telefonia celular. Porém, considerando-se que tal medida ocasionaria graves danos econômicos ao país — todos os mercados financeiros, mercados cambiais e empresas que usam dados externos para operar entrariam em colapso —, é muito pouco provável que qualquer regime decidisse adotá-la.

Governos repressores, no entanto, são engenhosos e darão um jeito de criar influência e explorar saídas diante de populações irrequietas e desafios revolucionários. Os Estados desenvolverão novos métodos, mais sutis e insidiosos. Uma estratégia que muitos utilizarão será o plano "se não puder vencê-los, junte-se a eles", por meio do qual, em vez de tentar limitar a internet, se infiltrarão nela.

Como vimos, os Estados tendem a ter uma vantagem significativa na revolução dos dados, por terem acesso a informações de um enorme número de cidadãos. Se estiver preocupado com um levante, o governo poderá intensificar os esforços de monitoramento da internet vasculhando as mídias sociais em busca dos militantes mais engajados; fazer-se passar por dissidentes para atrair e capturar outros; invadir importantes sites de mobilização e implantar informações erradas; programar a webcam de um laptop ou tablet para ouvir e vigiar as ações de um dissidente sem seu conhecimento; e prestar atenção à movimentação de dinheiro em plataformas eletrônicas para identificar apoio externo. Caso a infiltração ocorresse nos estágios iniciais, isso poderia fazer grande diferença entre uma pequena manifestação e uma rebelião de âmbito nacional.

Mesmo que a natureza das repressões virtuais mude, combates físicos continuarão sendo uma constante no manual de segurança dos Estados repressores. A tecnologia não substitui a brutalidade física, como demonstraram os terríveis exemplos de agressividade na Síria ao longo dos anos. Por mais que isso pareça impossível inicialmente, a comunidade internacional *pode* se dessensibilizar quanto ao conteúdo violento e gráfico, ainda que, com o tempo, aumente o fluxo de imagens aterrorizantes em vídeos e fotografias. Considerando-se tudo isso, para os governos que continuam tentando proteger sua credibilidade e negar esses crimes, usar violência para reprimir comportamentos na era digital vai se tornar muito mais arriscado. O aumento da visibilidade nas plataformas on-line globais protege os cidadãos, e esperamos que isso se torne ainda mais verdadeiro com o aperfeiçoamento de ferramentas como softwares de reconhecimento facial. Para um oficial do exército, a consciência de que uma fotografia tirada no momento certo pelo dispositivo móvel de um cidadão seria capaz de envergonhá-lo internacionalmente — ou levar o próprio governo a dar cabo dele — poderia estimulá-lo a se conter ou até mesmo desertar. O mesmo pode ser dito a respeito de milícias civis informais que se envolvem em violência em nome de um regime, como as gangues do Zimbábue que lutam pelo partido ZANU-PF de Robert Mugabe.

Em lugar de infiltração (ou pelo menos além dela), esperamos que muitos Estados adotem uma estratégia que chamaremos de contenção virtual. Para aliviar a pressão de um público agitado e bem-informado, os Estados calcularão que, em vez de negar por completo os serviços, será melhor deixar uma janela para que os cidadãos expressem seus rancores em público na internet — porém, mais importante, apenas até certo ponto. No futuro, os regimes permitirão dissidentes on-line, seja reformando a lei ou simplesmente não restringindo o discurso, entretanto apenas sob seus termos, por meio de canais específicos por eles controlados. Afinal, é pouco provável que dar a um ativista do meio ambiente boliviano espaço para reclamar sobre os riscos do desmatamento ameace substancialmente a força do governo.

À primeira vista, a criação de espaços virtuais para expressão parecerá uma situação em que todos vencem: os cidadãos terão uma sensação mais profunda de engajamento e, talvez, um novo grau de liberdade, enquanto o governo ganhará pontos por adotar a reforma (e, ao mesmo tempo, evitar ou pelo menos deter uma rebelião). Talvez alguns Estados repressores sejam sinceros ao reconhecer o valor da reforma e ofereçam mudanças políticas sem malícia. Muitos não o farão; não apenas os gestos não seriam genuínos (esses governos não estariam interessados na opinião dos cidadãos), como também o Estado veria esses espaços como oportunidades para reunir inteligência. Os regimes já entendem o valor estratégico de permitir a atividade virtual que pode levar a prisões. Há uma década, esquadrões da polícia egípcia entravam em salas de bate-papo e fóruns da internet com identidades falsas para armar ciladas contra cidadãos gays,[41] atraindo-os para um McDonald's em Cairo e prendendo-os.* Em 2011, após a revolução na Tunísia, vários dissidentes chineses responderam a um chamado on-line para uma versão chinesa dos protestos diante de cadeias norte-americanas populares[43] como Starbucks. Os chamados à mobilização disseminaram-se pelas redes sociais e microblogs chineses, e a polícia soube a respeito deles. Quando os ativistas chegaram na data e hora marcadas, encontraram uma enorme força policial que prendeu muitos deles. Se o governo tivesse esmagado essa atividade virtual logo depois de detectá-la, a polícia não teria podido rastreá-la até os dissidentes físicos.

Como parte das estratégias de contenção virtual, os Estados realizarão uma série de gestos de transparência, liberando migalhas de informação, porém mantendo a maior parte das que possuem. Tais Estados serão parabenizados por expor suas instituições e até seus crimes passados. Um governo conhecido por sua corrupção interna talvez queira virar uma nova página, divulgando publicamente o esquema de subornos de seu sistema judiciário ou de um ex-líder. Ou um regime em um Estado unipartidário divulgará alguma informação precisa, mas não particularmente significativa ou útil, como a prestação de contas orçamentárias

---

* O regime egípcio foi notoriamente severo com a comunidade gay *underground*; em uma ocasião infame, o esquadrão policial do Cairo invadiu um *night club* flutuante chamado Queen Boat e prendeu 55 homens, dezenas dos quais foram condenados por devassidão e enviados à prisão.[42]

do Ministério da Saúde. Surgirão novos testas de ferro para assumir a responsabilidade e lidar com a raiva do público, e o regime sobreviverá intacto. Não será difícil gerar, para esses governos, documentos e registros que aparentem ser transparentes — na ausência de informações contraditórias (como o vazamento de documentos originais), há pouca esperança de provar que são falsos.

O verdadeiro desafio para os Estados que adotarem a abordagem da contenção virtual será diferenciar esse espaço de exposição pública da verdadeira oposição on-line. Os engenheiros de computação usam o termo "ruído" para descrever dados que, apesar de fazerem bastante barulho, não transmitem um sinal útil. Governos autoritários encontrarão uma versão política disso conforme começarem a permitir discussões mais abertas na internet. Nas sociedades abertas, as leis relacionadas à liberdade de expressão e a manifestações de ódio definem, em grande parte, as fronteiras para os cidadãos, no entanto, em países com regimes fechados que carecem de precedentes jurídicos quanto ao que constitui o discurso permitido, o governo atua mais ou menos no escuro. Os Estados terão dificuldade de determinar a intenção das pessoas no mundo on-line — se não forem dissidentes conhecidos, não tiverem elos com grupos de oposição e não se manifestarem de forma específica, como um governo que acaba de se comprometer com o diálogo aberto pode reagir sem ir longe demais? Essa qualidade desconhecida fará do ruído digital o grande curinga para autoridades que se esforçam em primeiro avaliar para depois reagir. Uma interpretação equivocada, de um lado ou de outro, poderá ser letal a um regime. Negligenciar uma tendência virtual poderá transformá-la em uma tempestade off-line, e reprimir muito violentamente uma brincadeira on-line poderá dar combustível demais a um movimento incipiente sem nenhum ímpeto real.

Há inúmeros exemplos atuais de reações exageradas do Estado ao conteúdo da internet, embora nenhuma delas tenha ainda resultado em revolução. Dois exemplos ocorridos em 2011 na Arábia Saudita se destacam, sugerindo um modelo para o caminho de intensificação que veremos no futuro. O primeiro envolveu um grupo de clérigos conservadores que, irritados com a decisão do rei saudita de garantir às mulheres o direito ao voto nas eleições municipais de 2015, retaliaram imediatamente contra um grupo de mulheres que havia participado da *Women2Drive Campaign* (durante a qual várias mulheres desafiaram abertamente a lei saudita e assumiram o volante)[44]. Os clérigos decidiram tomar uma delas como exemplo e a condenaram a dez chibatadas. Quando correu a notícia da sentença, os sauditas começaram a protestar na internet[45] em defesa da mulher e compartilharam internacionalmente a notícia. A retaliação virtual de centenas de pessoas dentro e fora da Arábia Saudita levou o governo a revogar a decisão menos de 24 horas depois.[46] Nesse caso, a rápida reação do rei saudita alimentou uma onda crescente de agitação social, mas sua pronta resposta sugere uma genuína preocupação do Estado com a ameaça imposta pelas clamorosas multidões on-line.

O segundo exemplo vem da decisão de proibir um filme curta-metragem satirizando o caríssimo mercado de imóveis da Arábia Saudita.[47] Como acontece com a maior parte do material oficialmente proibido ao longo da história, não há modo mais certo de atrair o interesse e a demanda do público do que com uma proibição governamental, e nesse caso não foi diferente. Uma hora depois da proibição, o filme *Monopoly* foi postado no YouTube[48] e, em apenas algumas semanas, tinha sido visto por mais de um milhão de pessoas.[49] Se a história da condenação da mulher a chibatadas destaca a importância da ação rápida para reverter erros, esta exemplifica a importância da escolha certa das batalhas a serem enfrentadas pelos regimes. Os governos nunca conseguirão prever o gatilho que transforma discussões virtuais em protestos na rua, por isso toda decisão entre reagir ou ignorar é uma loteria. Até o momento, não houve na Arábia Saudita protestos públicos em grande escala; no entanto, como é um país com uma das populações mais ativas da região em redes sociais (um dos que mais usa o YouTube no mundo, nada menos do que isso[50]), certamente seus cidadãos encontrarão outras pequenas batalhas como as que já descrevemos, e um cálculo errado a respeito de qualquer uma delas poderá acarretar um problema muito maior.

O fim das "primaveras"

Conforme um número maior de sociedades ingressar no mundo digital, as pessoas buscarão sinais de epidemias revolucionárias regionais. Há quem diga que a América Latina será a próxima, em razão de suas profundas disparidades econômicas, seus governos fracos, líderes velhos e populações numerosas que falam o mesmo idioma. Outros indicam a África, onde a fragilidade do Estado é a maior do mundo e a adoção de telefones celulares subiu de repente, criando o mercado de mais rápido crescimento para celulares[51] atualmente. Ou talvez seja a Ásia, que tem o maior número de pessoas vivendo em regimes autocráticos, com crescimento econômico descontrolado e inúmeras tensões sociais, econômicas e políticas. Já tem havido tentativas incipientes de organizar protestos e demonstrações em massa no Vietnã, na Tailândia, na Malásia e em Cingapura, o que com certeza se intensificará com o passar do tempo.

Entretanto, embora essas regiões se tornem mais conectadas e suas populações estejam cada vez mais expostas a eventos e rancores compartilhados com outras nacionalidades, ainda não temos indícios de que o efeito dominó que o mundo viu na Primavera Árabe se repetirá. (Vale a pena notar, entretanto, que *será* mais fácil ocorrer o contágio de protestos e demonstrações, como nos mostraram as reações de setembro de 2012 ao infame vídeo *Innocence of Muslims* [Inocência dos Muçulmanos] em vários países pelo mundo.) O mundo árabe tem uma identidade regional peculiar, não compartilhada por outras regiões, solidificada por tentativas históricas de unificação e sentimentos pan-árabes que resistiram ao longo de décadas. E, evidentemente, idioma e cultura comuns, bem como sistemas políticos semelhantes, contribuíram para esse efeito. Como já dissemos, as modernas tecnologias de comunicação não inventaram as redes que os ativistas e participantes de protestos no Oriente Médio usam — apenas as ampliaram.

Além disso, havia redes religiosas estabelecidas que, na ausência de uma sociedade civil forte sob um regime autocrático, formavam a entidade não governamental mais organizada e, não raro, mais benéfica para os cidadãos. Todos os líderes árabes que perderam poder nessa onda de revoluções — Ben Ali, na Tunísia; Mubarak, no Egito; Gaddafi, na Líbia; e Ali Abdullah Saleh, no Iêmen — construíram e operaram sistemas políticos que reprimiram o desenvolvimento de instituições; por isso, entidades e organizações religiosas muitas vezes preencheram esse vazio (e, ao fazê-lo, conquistaram a animosidade desses ditadores; os grupos mais proeminentes, como a Irmandade Muçulmana, no Egito, e o partido islâmico Ennahda, na Tunísia, foram imediatamente proibidos ou impiedosamente perseguidos pelo Estado por constituírem uma ameaça). Durante as revoluções recentes, as mesquitas tornaram-se pontos de encontro; imãs e outros clérigos conferiram legitimidade à causa dos rebeldes em alguns casos, e a solidariedade religiosa para com muitas teve grande importância motivacional para a mobilização.

Em outras regiões, esses componentes estão ausentes. África, América Latina e Ásia têm culturas, idiomas, religiões e economias muito heterogêneas e diversificadas para espelhar o modelo árabe. Não existe nessas sociedades uma identidade regional como a do Oriente Médio; além disso, as redes sociais, políticas e de negócios são mais localizadas.

É impossível, porém, não ver que mudanças estão por acontecer em todas essas regiões. Talvez sejam específicas a cada país e incluam uma gama maior de resultados do que a mudança de regime, mas mesmo assim serão profundas no nível político e psicológico. Todos os países do mundo vivenciarão outros gatilhos revolucionários, contudo a maior parte dos Estados sobreviverá à tempestade, na melhor das hipóteses porque terá oportunidade de observar e aprender com os erros dos outros. Surgirá entre eles um manual de práticas com o objetivo de evitar, difundir e reagir às acusações apresentadas pelos públicos recém-conectados. (Trata-se de um pressuposto razoável, pois os ministros do interior de Estados repressores, responsáveis pelo controle e pela segurança nacional, comunicam-se para trocar conhecimentos e técnicas.) Problemas como desigualdade de renda, desemprego, altos preços dos alimentos e brutalidade da polícia existem em toda parte, e os governos precisarão ajustar suas políticas e mensagens para lidar com a demanda pública com mais responsabilidade. Mesmo em sociedades comparativamente estáveis, os líderes estão sentindo a pressão dos cidadãos conectados e reconhecendo a necessidade de reforma e adaptação na nova era digital, porque nenhum governo está imune a essas ameaças.

Ninguém entende a combinação entre pressão política e desafios tecnológicos melhor do que o primeiro-ministro da Cingapura, Lee Hsien Loong, um líder regional formado em ciência da computação. "A internet é boa para aliviar a pressão", disse, "mas também pode ser usada para criar novos incêndios. O perigo que enfrentaremos no futuro é que será muito mais fácil ser contra do que a favor de algo."[52] Jovens de todo lugar, explicou, sempre querem fazer parte de algo interessante, e "essa experiência social de ser contra a autoridade significa que eles não precisam mais de um plano. Tornou-se muito mais fácil transformar pequenos eventos em atividades on-line de grande escala exploradas pelos grupos de oposição".[53]

Lee apontou para um acontecimento recente em seu país, conhecido coloquialmente como *Currygate*.[54] "Um imigrante chinês e um cingapuriano de origem indiana brigaram pelo direito de cozinhar com curry, pois o cheiro atravessava as paredes",[55] disse Lee. O chinês considerava desconsideração do vizinho indiano o uso constante que ele fazia do curry e, "de modo tipicamente cingapuriano", os dois recorreram a um mediador para resolver a disputa. Chegou-se a um acordo: o indiano só usaria curry quando seu vizinho estivesse viajando. Foi o fim da questão até que, anos depois, o mediador divulgou a história. A comunidade indiana em Cingapura ficou revoltada, indignada pela ideia de que os chineses poderiam ditar quando as pessoas cozinhariam ou não com curry, e a situação agravou-se depressa. Segundo Lee, "o que começou como uma declaração do dia nacional do uso do curry levou a milhares de 'curtidas' e posts e criou um movimento viral que captou a atenção do país inteiro". Felizmente para Lee, a agitação virtual em torno do curry não ocasionou protestos em massa nas ruas, embora na época a retórica fosse bastante carregada.

As manifestações em Cingapura tinham pouco a ver com curry e tudo a ver com a crescente preocupação com a chegada de estrangeiros (principalmente vindos da China continental), que tomavam os empregos dos habitantes locais. Não surpreende que grupos de oposição ávidos por abordar o assunto tenham encontrado no *Currygate* um episódio de fácil exploração. Para um país como Cingapura, que se orgulha da estabilidade, da eficiência e do estado de direito, a expressão dessa raiva por parte de tantos cidadãos revelou uma vulnerabilidade no sistema: mesmo em um espaço controlado de maneira tão rígida, as restrições e os códigos sociais têm influência limitada na internet. Segundo Lee, o episódio prenunciou uma onda de expressão on-line que, como reconhece a liderança do país, será difícil reverter. Se até mesmo as autoridades de Cingapura estão sentindo as consequências de uma sociedade civil recém-conectada, imagine o nervosismo de governos mais frágeis em outras partes do mundo.

Perguntamos a Lee como, em sua opinião, a China lidaria com essa transição — em uma década, haverá quase um bilhão de cidadãos chineses conectados em uma sociedade altamente censurada.[56] "O que acontece na China está fora do controle de qualquer pessoa, até mesmo do governo chinês", respondeu.[57] "A China terá dificuldade de abrir espaço para todas essas novas vozes, e a transição de ter uma minoria da população on-line para a maioria será difícil para os líderes." Quanto à questão da liderança, acrescentou, "sucessivas gerações de líderes chineses não terão o carisma nem as habilidades de comunicação para impulsionar a população. Nesse sentido, o mundo virtual vai se tornar muito mais atraente e muito mais relevante para os chineses do que o mundo físico". A mudança, disse ele, viria não apenas de pessoas de fora do sistema: "São as pessoas dentro do sistema, os quadros de oficiais do *establishment* chinês, que são influenciadas pelas conversas [nas ruas] e que também encaram com ceticismo a legitimidade do governo."

Concordamos com a avaliação de Lee e outros especialistas regionais de que o futuro da China não será necessariamente brilhante. Alguns interpretam fatores como projeções de crescimento econômico decrescente, envelhecimento da população e mudança ocasionada pela tecnologia como indicações de que o Estado chinês logo estará lutando para sobreviver em sua forma atual, enquanto outros sugerem que esses desafios iminentes acabarão estimulando mais inovações e resoluções de problemas por parte do país. Em última análise, porém, é difícil imaginar como um sistema fechado com 1,3 bilhão de pessoas, enormes problemas socioeconômicos, questões étnicas internas e forte censura sobreviverá à transição para a nova era digital em sua forma atual. Com a maior conectividade, surgem também expectativas, demandas e responsabilidades tão grandes que nem o maior estado de vigilância do mundo será capaz de controlar por completo. Nos casos em que as exigências da lei forem longe demais ou os adeptos do regime se envolverem em comportamentos imprudentes que causem danos físicos aos cidadãos chineses, mais movimentos públicos exigirão responsabilização por seus atos. Como os ministros abominam situações constrangedoras, pressão do *Weibos* e de outros fóruns virtuais podem ocasionar mais tensão e mudança, eliminando, por fim, os excessos de um governo unipartidário.

Embora a internet não possa democratizar a China de uma hora para outra, a maior responsabilização pública pelo menos gerará alguma pressão para que o regime tome providências sobre as exigências de justiça feitas pelos cidadãos. E, se o crescimento econômico for notavelmente lento, isso poderá criar uma abertura revolucionária para alguns elementos da população. A China vivenciará um episódio revolucionário nas próximas décadas, mas sua extensão e eficácia vão depender da disposição popular em assumir riscos virtuais e nas ruas.

As futuras revoluções, onde quer que aconteçam e qualquer que seja a forma que assumam, podem mudar regimes, mas não produzirão necessariamente resultados democráticos. Como afirmou Henry Kissinger: "A história das revoluções é uma confluência de ressentimento que alcança um ponto explosivo e, em seguida, faz desaparecer a estrutura existente. Depois disso, há o caos ou a restauração da autoridade que varia em proporção inversa à destruição da autoridade anterior."[58] Em outras palavras, depois de uma revolução bem-sucedida, "quanto mais autoridade é destruída, mais absoluta é a autoridade que a sucede", disse. Após vivenciar revoluções bem-sucedidas e fracassadas ao longo de mais de quarenta anos, Kissinger adquiriu um profundo conhecimento de sua evolução e seu caráter. Os Estados Unidos e o Leste Europeu são os únicos casos, segundo ele, nos quais a destruição da estrutura existente levou à criação de uma democracia genuína. "No Leste Europeu", explicou, "as revoluções deram certo porque a experiência da ditadura foi muito ruim e havia a lembrança de pertencer ao Ocidente e fazer parte da tradição democrática, mesmo sem nunca terem sido democracias."

Embora a observação de Kissinger sobre as características específicas do Leste Europeu seja importante, não podemos descartar a função dos incentivos no sucesso das revoluções. Seríamos negligentes se deixássemos de fora o importantíssimo estímulo que é poder fazer parte da União Europeia. Se ser membro da União Europeia não estivesse disponível como motivação política para as elites liberais e populações como um todo e também como um fator de estabilidade, provavelmente haveriam muitas recaídas e contrarrevoluções em diversos países. Por isso, as potências ocidentais precisaram expandir a Otan *e* oferecer participação na União Europeia.

A ausência dessa cultura democrática é parte da razão pela qual o fim das ditaduras durante a Primavera Árabe produziu, aos olhos de alguns, apenas versões mais fracas de autocracias, em lugar de democracias jeffersonianas puras. "Em vez de ter todo o poder consolidado sob um único ditador", disse Kissinger, "eles se dividem em vários partidos — seculares e não seculares —, mas acabam sendo dominados por um partido muçulmano que controla um governo de coalizão." O resultado será a formação de governos de coalizão que "o *New York Times* receberá como uma expressão de grande democracia", brincou, porém, na realidade, "no fim desse processo, haverá um governo sem oposição, mesmo que tenha tomado forma em uma única eleição".

Governos de coalizão com tendências autocráticas, prevê Kissinger, com frequência serão o formato que os novos governos produzidos pelas revoluções digitais assumirão nas próximas décadas, menos por causa da tecnologia e mais pela ausência de líderes fortes e singulares. Sem um líder dominante e visão, os governos de coalizão surgem como a opção mais viável para pacificar os participantes; entretanto, eles sempre correrão o risco de não se distanciar o suficiente do regime anterior ou da geração mais antiga de atores políticos.

Revoluções são apenas uma manifestação de descontentamento. Permanecem em nossas lembranças porque muitas vezes assumem tons românticos e são facilmente incorporadas a narrativas humanas sobre liberdade e autodeterminação. Com o desenvolvimento de novas tecnologias, surgem relatos de histórias que captam nossa imaginação e se prestam às manchetes. Mesmo quando não são bem-sucedidos, os revolucionários ocupam uma posição particular em nossa história coletiva que lhes confere certa dose de respeito, ainda que de maneira relutante. São componentes importantíssimos do desenvolvimento político humano, essenciais para a compreensão da cidadania e dos contratos sociais, e a próxima geração de tecnologias não vai mudar isso.

Embora as revoluções sejam a forma como alguns efetuam mudanças no sistema ou expressam seu descontentamento com o *status quo*, haverá sempre pessoas e grupos que almejam os mesmos objetivos, mas recorrem a meios mais devastadores e agressivos. Terroristas e extremistas violentos continuarão fazendo parte do nosso futuro, exatamente como fazem do nosso presente. O próximo capítulo examinará os viveiros de radicalização do nosso futuro — tanto no mundo físico quanto no virtual — e explicará como campos de batalha ampliados mudarão a natureza do terrorismo e de que ferramentas dispomos para combatê-lo.

CAPÍTULO 5

O futuro do terrorismo

Como já deixamos claro, a tecnologia possibilita que todos tenham oportunidades iguais, oferecendo às pessoas ferramentas poderosas para realizarem seus objetivos — algumas vezes, objetivos maravilhosamente construtivos, mas outras, inimaginavelmente destrutivos. A verdade inevitável é que a conectividade também beneficia terroristas e extremistas violentos; quanto mais difundida, maiores os riscos. As atividades terroristas do futuro incluirão aspectos físicos e virtuais, do recrutamento à implementação. As organizações continuarão a matar milhares de pessoas todos os anos, com bombas ou outros meios. É uma péssima notícia para os cidadãos em geral, para os Estados, que já têm problemas suficientes com a proteção de seu território no mundo físico, e para as empresas, que ficarão cada vez mais vulneráveis.

E, claro, resta a possibilidade aterrorizante de que um desses grupos adquira uma arma nuclear, química ou biológica. Como os países desenvolvidos dependem cada vez mais de sua própria ligação com a internet — quase todos os sistemas que temos estão, de alguma forma, conectados a uma rede virtual —, estamos profundamente vulneráveis ao ciberterrorismo em suas diversas formas.[1] Isso se aplica, é claro, até mesmo a lugares menos conectados, onde hoje ocorre a maioria dos ataques terroristas. As habilidades técnicas de extremistas violentos aumentarão conforme desenvolverem estratégias de recrutamento, treinamento e execução no mundo virtual, com a plena noção de que seus ataques estarão mais em evidência do que nunca, graças ao alcance crescente das redes sociais globais.

Porém, apesar desses ganhos, as tecnologias de comunicação também tornarão os terroristas muito mais vulneráveis do que são hoje. Mesmo com todas as vantagens proporcionadas pelo mundo virtual (pequenas células espalhadas pelo mundo, maior dificuldade de rastreamento de suas atividades destrutivas), eles ainda precisam viver no plano físico (alimentar-se, proteger-se, situar-se em um espaço onde possam usar seus telefones e computadores), e é exatamente isso que os torna mais vulneráveis na nova era digital. Exploraremos aqui como os terroristas dividirão seu tempo entre o mundo físico e o virtual, e por que — apesar das vantagens conquistadas — eles cometerão mais erros e envolverão mais pessoas, o que dificultará ainda mais suas atividades violentas.

Novo alcance, novos riscos

Que a internet fornece informações perigosas a criminosos e extremistas em potencial todos sabem; o que não se sabe ainda é de que maneira esse acesso evoluirá em escala global no futuro. Grande parte das populações on-line na próxima década será muito jovem e viverá em áreas de conflito, com poucas oportunidades econômicas e uma longa história de lutas internas e externas. Portanto, em alguns lugares, o advento da nova era digital também será sinônimo de um aumento das atividades violentas estimulado pela maior disponibilidade de tecnologia. Um forte indício de que esse processo está em curso será a proliferação de explosivos caseiros sofisticados.

Em uma viagem pelo Iraque em 2009, ficamos impressionados ao constatar como era fácil ser um terrorista. Um capitão do exército nos contou que um dos maiores medos das tropas americanas ao fazer a ronda era a possibilidade de haver um dispositivo explosivo improvisado (DEI) à beira da estrada.[2] No começo da guerra, era caro produzir DEIs, pois exigia materiais especiais; com o passar do tempo, porém, ferramentas de fabricação de bombas e instruções tornaram-se amplamente disponíveis para qualquer insurgente em potencial. O DEI de 2009 era mais barato e mais inovador,[3] projetado para evitar com simples adaptações as contramedidas que, àquela altura, eram bastante conhecidas. Uma bomba com o gatilho colado a um celular no modo "vibrar" poderia ser detonada à distância com uma ligação para o aparelho. (Os americanos logo reagiram a essa tática introduzindo sistemas de *jamming* para interromper a comunicação móvel, com sucesso limitado.) O que antes era uma atividade violenta, sofisticada e lucrativa (que rendia milhares de dólares aos revoltosos) tornara-se rotineira, uma opção para qualquer pessoa com um pouco de iniciativa e disposta a agir em troca de cigarros.[4]

Se o dispositivo explosivo improvisado no celular de um insurgente equivale hoje a um trabalho escolar de ciências, o que isso nos diz a respeito do futuro? Esses "trabalhos" são uma consequência infeliz do que Andy Rubin, criador do Android, descreve como o "fenômeno do fabricante"[5] na tecnologia, que fora do contexto do terrorismo costuma ser louvado. "Os cidadãos terão mais facilidade de se tornar fabricantes ao reunirem versões de produtos atuais a fim de criar algo que antes teria sido muito difícil para um cidadão comum", disse Rubin. A emergente "cultura do fabricante" mundial gera uma quantidade incontável de criações engenhosas — as impressoras em 3-D são apenas o começo —, mas, tal qual ocorre com a maioria dos movimentos da tecnologia, existe um lado mais sombrio na inovação.

O dispositivo caseiro de terror do futuro provavelmente será um misto entre uma versão genérica de *drone* (aeronave não tripulada) e um DEI móvel. Esses *drones* poderiam ser comprados pela internet ou em uma loja de brinquedos; na verdade, já é possível encontrar helicópteros simples de controle remoto à venda. O quadricóptero AR.Drone, construído pela Parrot, foi um sucesso de vendas no Natal de 2011. Esses brinquedos já vêm equipados com uma câmera e podem ser pilotados por um smartphone. Imagine uma versão mais complexa com uma conexão Wi-Fi autogerada, equipada com uma bomba caseira no trem de pouso, proporcionando um novo nível de terror doméstico que está bem perto de se concretizar. O conhecimento, os recursos e as habilidades técnicas necessárias para a fabricação de um *drone* como esse com certeza serão acessíveis praticamente em toda parte num futuro próximo. Os recursos de navegação autônoma que discutimos antes estarão disponíveis e embutidos em um chip, o que permitirá que terroristas e criminosos realizem com mais facilidade um ataque sem intervenção. A maior capacidade destrutiva em atentados é apenas uma das formas como a difusão da tecnologia afetará o terrorismo global. O ciberterrorismo, claro, é outra maneira — o termo em si remonta à década de 1980 —, e sua ameaça será cada vez mais séria. Para nossos propósitos, definiremos ciberterrorismo como atentados com motivação política ou ideológica a informações, dados de usuários ou sistemas de computadores visando a resultados violentos. (Há certa sobreposição de táticas entre o ciberterrorismo e atividades criminosas de hackers, mas em geral são as motivações que distinguem um do outro.)

É difícil imaginar grupos extremistas operando em cavernas em Tora Bora como uma ciberameaça, mas, conforme a conectividade se difundir ao redor do mundo, até mesmo lugares remotos terão acesso razoável à rede e sofisticados dispositivos móveis. Temos de partir do pressuposto de que esses grupos também vão adquirir habilidades técnicas para desferir ciberataques. Essas mudanças, e o fato de que nossa própria conectividade apresenta uma quantidade infinita de alvos em potencial para extremistas, não são avanços promissores.

Pense em algumas possibilidades simples. Se os ciberterroristas conseguirem comprometer a segurança da rede de um grande banco, todos os dados e o dinheiro de seus clientes estarão em risco. (Até mesmo considerar isso uma ameaça, nas circunstâncias adequadas, poderia causar uma corrida aos bancos.) Se os ciberterroristas mirarem o sistema de transporte, as informações policiais, o mercado de ações ou a rede elétrica de um município, eles terão condições de interromper subitamente toda a rotina local.

Os mecanismos de segurança de algumas instituições e cidades impedirão que isso aconteça, mas nem todas terão tal proteção. A Nigéria, que enfrenta o terrorismo doméstico e instituições fracas, já é líder mundial de fraudes virtuais. À medida que a conectividade das cidades de Lagos e Abuja se estende às partes mais conflituosas e rurais do norte (onde o extremismo violento é mais dominante), muitos pretensos fraudadores poderão ser atraídos pela causa de um grupo violento islamita, como o Boko Haram (a versão nigeriana do Talibã). Bastaria um punhado de novos recrutas para que o Boko Haram deixasse de ser a organização terrorista mais perigosa da África ocidental para se tornar a mais poderosa organização ciberterrorista.

Os ataques tampouco precisam limitar-se a interferências em sistemas. Narcoterroristas, cartéis e criminosos na América Latina lideram o ranking mundial de sequestros, mas no futuro o sequestro tradicional será mais arriscado, dadas tendências como geolocalização de alta precisão em celulares. (Mesmo se os sequestradores destruírem o telefone de um prisioneiro, sua última localização conhecida terá ficado gravada em algum lugar na nuvem. Indivíduos preocupados com a própria segurança em países onde sequestros são disseminados provavelmente também terão algum tipo de tecnologia vestível, algo do tamanho de um alfinete capaz de transmitir de modo contínuo sua localização em tempo real. E quem corre mais riscos poderá até ter variações daqueles dispositivos físicos que abordamos anteriormente.) Os sequestros virtuais, por outro lado — roubo de identidades on-line de pessoas ricas, qualquer informação, desde dados bancários até perfis em redes sociais, em troca de um resgate em dinheiro —, serão comuns. Em vez de manter e sustentar prisioneiros na selva, os guerrilheiros das Farc (Forças Armadas Revolucionárias da Colômbia) ou de grupos semelhantes preferirão o risco e a responsabilidade reduzidos dos reféns virtuais.

As vantagens dos ciberataques são nítidas: pouco ou nenhum risco de lesão corporal pessoal, comprometimento mínimo de recursos e oportunidades de infligir danos imensos. Esses ataques serão atordoantes para as vítimas, como já vimos, devido à dificuldade de rastrear suas origens,* e amedrontarão um enorme grupo de vítimas em potencial (o que inclui quase todo mundo que vive conectado). Acreditamos que os terroristas transferirão cada vez mais suas operações para o espaço virtual, em combinação com atentados no mundo físico. Embora o medo dominante continue sendo o de armas de destruição em massa (a porosidade das fronteiras facilita o contrabando de uma bomba do tamanho de uma mala para um país), um futuro ataque nos moldes do 11 de Setembro pode não envolver bombardeios coordenados nem sequestros, mas atentados coordenados no mundo físico e virtual, com proporções catastróficas, destinados a explorar um ponto fraco específico em nossos sistemas.

Um ataque aos Estados Unidos poderia começar com uma distração virtual, talvez uma invasão em larga escala no sistema de controle de tráfego aéreo que orientaria uma grande quantidade de aviões a voar em altitudes incorretas ou em rotas de colisão. À medida que o pânico se instalasse, outro ciberataque poderia derrubar os recursos de comunicação de muitas torres de controle de aeroportos, voltando todas as atenções para os céus e agravando o medo de que aquele fosse "o grande ataque" que tanto temíamos. Enquanto isso, a ameaça real poderia vir do solo — três bombas poderosas, contrabandeadas para o Canadá e detonadas simultaneamente em Nova York, Chicago e São Francisco. O restante do país assistiria aos primeiros socorristas reagirem e avaliarem os danos, mas uma enxurrada subsequente de ataques virtuais poderia imobilizar a polícia, os bombeiros e os sistemas

* Os responsáveis pelos ciberataques cobrem seus rastros ao encaminharem dados através de computadores intermediários entre eles e suas vítimas. Esses computadores *proxy* — que poderiam incluir computadores hackeados em lares ou escritórios pelo mundo — aparecem para as vítimas e para quem está de fora como as fontes do ataque, e pode ser bastante desafiador rastrear as camadas intermediárias para encontrar as verdadeiras origens. Para piorar ainda mais a situação, um criminoso pode lançar um roteador Tor sobre o hospedeiro, obscurecendo o tráfego em toda a rede comprometida e escondendo as atividades intencionais do responsável pelo ataque.

de informação de emergências. Se isso já não fosse assustador, enquanto os esforços de emergência urbana se arrastassem em meio à destruição física em massa e à perda de vidas, um sofisticado vírus de computador atacaria os sistemas de controle industrial responsáveis por manter infraestruturas importantes — como água, energia, oleodutos e gasodutos — em todo o país. Tomar à força esses sistemas, chamados Scada (do inglês *Supervisory Control and Data Acquisition*, Sistemas de Supervisão e Aquisição de Dados), permitiria que os terroristas fizessem todo o tipo de coisa: derrubar redes elétricas, inverter instalações de tratamento de água e desativar sistemas de monitoramento de aquecimento em usinas nucleares. (Quando o vírus Stuxnet atacou instalações nucleares iranianas em 2012, comprometeu os processos de controle industrial nas operações das centrífugas nucleares.) Saiba que seria inacreditavelmente difícil, quase inconcebível, realizar esse nível de ataque — comandar um sistema Scada por si só exigiria conhecimentos detalhados da arquitetura interna, meses de codificação e *timing* preciso. Mas algum tipo de ataque físico e cibernético coordenado é inevitável.

Poucos grupos terroristas terão habilidade ou determinação para realizar ataques dessa escala nas próximas décadas. Na verdade, devido às vulnerabilidades que a tecnologia lhes apresenta, haverá menos líderes terroristas. Mas os que existirem serão ainda mais perigosos. O que dará vantagem aos grupos terroristas no futuro poderá não ser a disposição dos membros de morrer pela causa, mas, talvez, seu nível de domínio da tecnologia.

Diversas plataformas ajudarão grupos extremistas no planejamento, na mobilização, na execução e — o mais importante, como já apontamos — no recrutamento. Talvez não haja muitas cavernas conectadas, porém esses pontos cegos onde todos os tipos de relações abomináveis acontecem, inclusive a pornografia infantil e as salas de bate-papo terroristas, continuarão a existir no mundo virtual. Olhando à frente, as futuras organizações terroristas desenvolverão as próprias plataformas sociais sofisticadas e seguras, que, em última análise, poderiam servir também como campos de treinamento digitais. Esses sites expandirão seu alcance para possíveis novos recrutas, permitirão o compartilhamento de informações entre células diferentes e servirão como uma comunidade on-line para indivíduos com a mesma mentalidade. Tais esconderijos virtuais terão um valor inestimável para os extremistas, desde que não haja agentes duplos e que a criptografia digital seja forte o suficiente. Unidades contraterrorismo, autoridades responsáveis pela segurança pública e ativistas independentes tentarão derrubar ou infiltrar-se nesses sites, mas não conseguirão. É fácil demais mudar ou alterar as chaves de criptografia no espaço virtual sem fronteiras e manter viva a plataforma.

Uma das características mais importantes dos futuros terroristas transnacionais será a compreensão da mídia; o recrutamento, entre outras coisas, se baseará nisso. A maior parte das organizações já começou a testar ferramentas de marketing, e o que antes parecia cômico — o site da al-Qaeda cheio de efeitos especiais ou o grupo insurgente al-Shabaab, da Somália, no Twitter[6] — deu lugar a uma estranha nova realidade. O caso infame de Anwar al-Awlaki, falecido sacerdote extremista nascido nos Estados Unidos e afiliado à al-Qaeda no Iêmen,[7] é um exemplo convincente. Sua popularidade era, em grande parte, resultado de autopromoção — ele usava vídeos virais e redes sociais para disseminar internacionalmente seus sermões carismáticos. Como o primeiro terrorista a causar sensação no YouTube, a influência de Awlaki é inegável — muitos terroristas bem-sucedidos e aspirantes o citaram como inspiração[8] —, e sua proeminência lhe rendeu um lugar na lista de alvos valiosos preparada pelo governo. Awlaki morreu em um ataque com *drones* em setembro de 2011.

O desembaraço de Awlaki nas mídias sociais impressionou o príncipe saudita Alwaleed bin Talal al-Saud, bilionário investidor e reformista, que vê isso como parte de uma tendência generalizada na região. "Até os religiosos mais antiocidentais na Arábia Saudita estão utilizando a tecnologia",[9] disse, acrescentando que "muitos até usam dispositivos móveis e, cada vez mais, as redes sociais, para emitir *fatwas*" — decretos islâmicos. Como bem sabem aqueles que observam o Oriente Médio, essa é uma mudança profunda, em especial na Arábia Saudita, onde o *establishment* religioso é notoriamente moroso para aceitar a tecnologia. A tendência só vai continuar.

Dada a importância do marketing digital para os futuros terroristas, prevemos que eles tentarão infiltrar-se cada vez mais em empresas de telefonia móvel e internet. Alguns grupos islâmicos já tentaram fazer isso. Maajid Nawaz, ex-líder do Hizb ut-Tahrir (HT) —, um grupo extremista global que visa à destituição de governos de maioria muçulmana por meio de golpes militares e à criação de um superestado islâmico mundial — contou que sua organização tinha a política de recrutar pessoas de empresas de telefonia celular. "Montamos quiosques de propaganda do lado de fora dos escritórios da Motorola no Paquistão e recrutamos alguns de seus funcionários, que vazaram os números dos editores de jornais do Paquistão",[10] disse ele. Os membros do HT bombardearam esses editores com mensagens de texto cheias de propaganda, temas de discussão e até mesmo ameaças. O pessoal recrutado junto à Motorola ajudou mais ainda o HT, segundo Nawaz, ao ocultar a identidade de seus membros inscritos no serviço de telefonia, o que permitiu que operassem sem serem descobertos.

Se os grupos extremistas não visarem as empresas de telefonia móvel em si, encontrarão outras maneiras de exercer influência sobre essas poderosas plataformas. Grupos como o Hamas e o Hezbollah tendem a conquistar o apoio da comunidade oferecendo serviços que o Estado não quer ou não consegue fornecer de maneira adequada. Serviços, apoio e entretenimento, tudo isso serve para fortalecer a credibilidade do grupo e a lealdade de sua base. O Hamas poderia desenvolver uma série de aplicativos para os smartphones populares, de baixo custo, oferecendo desde informações sobre cuidados com a saúde até a taxa de câmbio das moedas, passando por joguinhos infantis. Essa plataforma extremamente valiosa seria desenvolvida e operada por membros do Hamas e seus simpatizantes. Mesmo que a loja da Apple bloqueasse tais aplicativos por exigência do governo americano, ou que a ONU adotasse medidas semelhantes, seria possível desenvolver aplicativos sem nenhuma ligação oficial com o Hamas e promovê-los por propaganda boca a boca. O impacto sobre uma geração jovem poderia ser imenso.

Conforme a conectividade global tornar os grupos extremistas mais perigosos e capazes, as soluções tradicionais parecerão cada vez mais ineficazes. Em muitas partes do mundo, o simples ato de prender terroristas terá pouco efeito sobre sua rede ou sua capacidade de influenciá-la. Aparelhos contrabandeados permitirão que tais criminosos mantenham centros de comando e controle dentro da prisão, e a tarefa de confiscar ou limitar o poder desses dispositivos ficará mais difícil à medida que os componentes dos smatphones — processadores, cartões SIM (cartões de memória usados em celulares que podem levar dados de um telefone para outro) e todo o resto — se tornarem menores e mais poderosos.

Essas práticas já começaram, às vezes de formas inusitadas. Em 2011, as autoridades de uma prisão colombiana pararam uma menina de onze anos que ia visitar um parente encarcerado em Medellín por desconfiarem do formato esquisito de seu suéter;[11] encontraram 74 celulares e um revólver presos com fita às suas costas. No Brasil, presidiários treinaram pombos-correio para lhes trazerem componentes de telefones,[12] e pelo menos uma quadrilha contratou um adolescente para lançar com arco e flecha telefones sobre os muros da prisão. (O rapaz foi pego quando uma de suas flechas atingiu um funcionário.)[13]

Isso não acontece só nos países em desenvolvimento. Um ex-membro de uma gangue do centro-sul de Los Angeles nos contou que o preço atual de um smartphone contrabandeado está em torno de mil dólares nas prisões americanas.[14] Pelo preço certo, é possível conseguir até tablets. Ele descreveu também como esses dispositivos permitem que presidiários bem-conectados mantenham seus vínculos comerciais ilícitos de trás das grades utilizando populares plataformas de redes sociais. Em 2010, presidiários de pelo menos seis prisões no estado americano da Geórgia entraram em greve ao mesmo tempo para protestar contra suas condições, numa ação organizada quase inteiramente por meio de uma rede de celulares ilícitos.

O exemplo mais eloquente (e bem-sucedido) de atividades em presídios vem do Afeganistão, país com uma das menores taxas de conectividade do mundo.[15] A penitenciária de Pul-e-Charkhi, nos arredores de Cabul, é a maior do país e está entre as mais notórias. Encomendada na década de 1970 e terminada durante a ocupação soviética, em seus primeiros anos, foi cenário da execução de dezenas de milhares de presos políticos e da tortura de muitos outros acusados de sentimentos anticomunistas.[16] O local ganhou uma nova fama durante a ocupação norte-americana, como centro nervoso terrorista.[17] Depois de uma rebelião violenta em 2008 no Bloco Três, as autoridades afegãs descobriram em uma das celas da cadeia uma célula terrorista totalmente operacional que vinha sendo usada pelos presos para coordenar ataques fora da prisão.[18] A porta dos fundos da cela estava coberta com fios elétricos carregados, entrelaçados às grades como videiras que emitiam um leve brilho vermelho no corredor, e as paredes haviam sido pintadas com espadas e versos do Alcorão. O Bloco Três fora dominado anos antes por prisioneiros do Talibã e da al-Qaeda, e, por meio de uma combinação de contrabando eficaz de telefones e rádios, recrutamento avançado de presos e ameaças aos guardas e a suas famílias, esses radicais haviam transformado o ambiente em uma prisão sem muros — um poleiro seguro (a salvo de *drones* e outros perigos), a partir do qual podiam expandir sua organização, manter esquemas de extorsão e coordenar ataques terroristas em cidades a trinta quilômetros de distância. Eles recrutaram ladrões pés de chinelo, viciados em heroína e cristãos (presos cuja condição de pária na sociedade afegã os tornava perfeitos para a radicalização) por meio de dinheiro ou ameaça de violência.

Depois da rebelião de 2008, supunha-se que o remanejamento desses presos para diferentes blocos fosse acabar com sua rede de terror ou pelo menos restringir severamente sua funcionalidade. Contudo, dois anos mais tarde, após uma série de ataques em Cabul, autoridades penitenciárias admitiram em público que as células terroristas haviam se reestruturado dentro de Pul-e-Charkhi quase de imediato, e as tentativas das autoridades de limitar sua capacidade operacional por meio de interferências esporádicas (para inutilizar o contrabando de celulares) haviam fracassado terrivelmente. Pul-e-Charkhi abrigava muitos dos presos mais valiosos do Afeganistão e era mantida pelo exército afegão com conselheiros americanos, mas, ao que parece, ninguém foi capaz de controlar as redes de telefonia móvel. Quando Jared acompanhou o falecido enviado especial Richard Holbrooke ao Afeganistão, em uma viagem a Cabul, visitou o presídio e se reuniu com um dos ex-líderes encarcerados do Bloco Três, um extremista chamado Mullah Akbar Agie, para avaliar como as condições locais haviam mudado depois da repressão pós-motim. Brincando, os dois perguntaram a Agie qual era o número de seu celular, e o prisioneiro puxou de dentro de sua túnica um aparelho de modelo recente, dotado com alguns recursos.[19] Anotou com orgulho seu nome e telefone em um pedaço de papel: 070-703-1073.

A experiência em Pul-e-Charkhi sugere o perigo de misturar gangues, extremistas religiosos, traficantes de drogas e criminosos na era digital. Fora dos muros da prisão, essas diferentes redes às vezes se sobrepõem e utilizam as mesmas plataformas tecnológicas, mas, quando colocadas bem próximas dentro dos presídios, com a ajuda de dispositivos contrabandeados, podem tornar-se unidades perigosas e cooperativas. Um bando de narcotraficantes de um cartel mexicano pode compartilhar informações valiosas sobre redes de contrabando de armas pelas fronteiras com um extremista islâmico em troca de dinheiro ou apoio para o cartel em um novo mercado. Quando ambas as partes chegam a um acordo mutuamente benéfico, cada uma pode utilizar seu celular para informar sua organização a respeito da nova colaboração. Acordos acertados na prisão e seguidos em sociedade aberta serão difíceis de interceptar; pois, com a necessidade de colocar todos os presos em celas isoladas (fora da realidade) ou de paralisar o comércio de contrabando móvel (também improvável, apesar do esforço enorme), as autoridades penitenciárias terão sucesso limitado para impedir que casos como esses se materializem.

Portanto, se tomarmos como certo que as redes de contrabando nos presídios, de um modo geral, passarão a perna nas autoridades encarregadas de interromper suas operações e que os celulares continuarão em alta entre os detentos, que opções restam para impedir que o cenário de Pul-e-Charkhi se repita em outros lugares? A solução mais óbvia é simplesmente cortar o acesso, interferindo nas redes para que os telefones ilícitos dos detentos não passem de plataformas caras para jogar Tetris. No entanto, seria razoável supor que alguém poderia descobrir uma forma de contornar esse obstáculo. Talvez pombos de verdade não funcionem, mas pequenos *drones* desenhados para assemelhar-se a pombos e agindo como pontos móveis de acesso Wi-Fi podem dar certo.

O monitoramento e o grampo das atividades dos dispositivos móveis entre os prisioneiros é outra opção para o cumprimento da lei. As informações obtidas nas escutas poderiam, entre outras coisas, esclarecer como operam as redes ilícitas. Uma solução mais subversiva consistiria em cooptar intencionalmente as redes de contrabando, levando aos prisioneiros celulares que, na verdade, estivessem repletos de armadilhas para fornecer informações. Com a instalação de um malware que permitiria o rastreamento das atividades de cada telefone, os aparelhos seriam projetados para revelar segredos com facilidade e sem o conhecimento dos detentos. Isso, em última análise, poderia ser mais eficaz e também mais seguro do que recorrer a informantes humanos.

Algumas sociedades garantirão que um prisioneiro desapareça totalmente da internet enquanto estiver atrás das grades. Por ordem judicial, sua identidade virtual seria congelada, leis impediriam que qualquer pessoa tentasse contactá-lo, interagir com ele ou até mesmo enviar anúncios para seu perfil e, quando ele fosse solto, seria obrigado a fornecer ao seu agente de condicional os direitos de acesso a suas contas on-line. Na era digital, um software imposto pelo governo para monitorar e restringir a atividade virtual será o equivalente das atuais tornozeleiras de monitoramento eletrônico, não apenas para os casos óbvios como molestadores de crianças (cuja atividade na internet às vezes é restringida como pré-requisito para a condicional), mas também para qualquer criminoso condenado durante toda a duração de sua liberdade condicional.* Uma pessoa condenada por divulgar informações privilegiadas poderia ser temporariamente excluída de todas as formas de *e-commerce*: sem direito a realizar operações comerciais, atividades bancárias ou compras pela internet. Ou alguém que estivesse submetido a uma ordem de restrição seria impedido de visitar perfis de redes sociais da pessoa-alvo e de seus amigos, ou mesmo de pesquisar seu nome na internet.

---

* Dependendo da natureza do crime, será difícil pôr isso em prática. Kevin Mitnick, um hacker conhecido, foi condenado, passou cinco anos na prisão e depois, como parte de sua liberdade condicional, foi proibido de usar internet e celular. Acabou recorrendo da decisão judicial de restrição e ganhando.

Infelizmente, muitas dessas soluções serão contornadas na era do ciberterrorismo, pois um número cada vez maior de criminosos operará de maneira invisível.

A ascensão dos hackers terroristas

O grau de gravidade da ameaça do ciberterrorismo depende da visão de uma pessoa sobre as atividades dos hackers. Muitos cidadãos ainda os consideram adolescentes que entram nos sistemas de telefonia por diversão no porão da casa dos pais, mas suas atividades progrediram consideravelmente na última década, passando de hobby a uma ação polêmica e disseminada. O surgimento de "hacktivistas" (hackers com motivação política ou social) e de grupos como o Anonymous é sinal de amadurecimento da mensagem e do método, e sugere o que podemos esperar para os próximos anos. Um número cada vez maior de hackers encontrará meios de se organizar em torno de causas em comum. Eles realizarão ataques sofisticados aos alvos que considerarem adequados e depois divulgarão seus sucessos aos quatro ventos. Esses grupos continuarão a exigir atenção dos governos e das instituições que atacarem, e suas ameaças passarão a ser levadas mais a sério do que se poderia esperar, a julgar pelas atividades de hoje em dia, que parecem, em sua maioria, truques publicitários. A história do WikiLeaks, sobre o qual discutimos antes, e seus solidários hackers aliados é um exemplo bastante ilustrativo.

A prisão do cofundador do WikiLeaks, Julian Assange, em dezembro de 2010, provocou manifestações de indignação pelo mundo, sobretudo entre ativistas, hackers e especialistas em computação que acreditaram que a acusação de abuso sexual feita a Assange tinha motivações políticas. Pouco tempo depois, uma série de ciberataques prejudicou, entre outros, os sites da Amazon, que havia revogado o uso de seus servidores por parte do WikiLeaks, bem como o MasterCard e o PayPal, que haviam deixado de processar doações para o WikiLeaks.[20]

A campanha, oficialmente intitulada *Operation Avenge Assange* [Operação Vingar Assange], foi coordenada pelo Anonymous, grupo disperso de hackers e ativistas responsáveis por uma série de ataques distribuídos de negação de serviço (DDoS) contra a Igreja da Cientologia e outros alvos. Durante a Operação Vingar Assange, o grupo prometeu se vingar de qualquer organização que se alinhasse contra o WikiLeaks:[21] "Embora não sejamos afiliados ao WikiLeaks, lutamos pelas mesmas causas. Queremos transparência e contestamos a censura. As tentativas de silenciar o site são passos largos em direção a um mundo onde não podemos dizer o que pensamos, e onde somos incapazes de expressar nossas opiniões e ideias. Não podemos deixar que isso aconteça... É por isso que pretendemos utilizar nossos recursos para aumentar a conscientização, atacar aqueles que são contrários à nossa causa e apoiar os que estão ajudando a conduzir o nosso mundo à liberdade e à democracia." Os sites corporativos voltaram ao ar dentro de algumas horas, mas sua paralisação se fez sentir pelo público e poderia ter afetado milhões de clientes, que, em geral, não faziam ideia de que as páginas estavam vulneráveis, em primeiro lugar. Em outras palavras, os hacktivistas mostraram a que vieram. Seguiu-se uma série de investigações globais que levaram à prisão de dezenas de suspeitos na Holanda, na Turquia, nos Estados Unidos, na Espanha e na Suíça, entre outros países.[22]

Nem o WikiLeaks nem grupos como o Anonymous são organizações terroristas, embora haja quem afirme que hackers envolvidos em atividades como roubo e divulgação de informações pessoais e confidenciais on-line também podem ser considerados terroristas. As informações divulgadas no WikiLeaks colocaram vidas em risco e infligiram graves danos diplomáticos.* A questão é a seguinte: quaisquer fronteiras que existissem entre os hackers inofensivos e os perigosos (ou entre hackers e ciberterroristas, neste caso) tornaram-se enevoadas após o 11 de Setembro. Grupos descentralizados como o Anonymous evidenciam que pessoas que não se conhecem e nunca se encontraram pessoalmente podem organizar-se e gerar um impacto real no espaço virtual. Na verdade, não é necessário ter uma massa crítica — um indivíduo com talentos técnicos (domínio da engenharia da computação, por exemplo) pode comandar sozinho milhares de máquinas. O que acontecerá no futuro, quando o número de grupos semelhantes for maior? Será que todos lutarão pela liberdade de expressão? Exemplos recentes sugerem que precisamos nos preparar para outras possibilidades.

Em 2011, o mundo conheceu um engenheiro de software iraniano de 21 anos que aparentemente trabalhava em Teerã e se autointitulava Comodohacker. Era diferente de outros hacktivistas, que em geral se opunham ao controle da internet pelo governo; pois, segundo o que disse ao *The New York Times* por e-mail,[23] acreditava que seu país "deveria ter controle sobre o Google, Skype, Yahoo! etc.".

---

* No mínimo, plataformas como o WikiLeaks e grupos de hackers que traficam material confidencial roubado de governos permitem ou incentivam a espionagem.

Ele deixou claro que trabalhava com a intenção de frustrar dissidentes contrários ao governo no Irã. "Estou decifrando todos os algoritmos de criptografia", disse, "e dando poder ao meu país para controlar todos eles."

Além de se gabar, Comodohacker foi capaz de forjar mais de quinhentos certificados de segurança na internet,[24] o que lhe permitiu impedir verificações de "site confiável" e obter informações confidenciais ou pessoais de alvos sem o conhecimento deles. Calcula-se que seus esforços tenham comprometido as comunicações de até trezentos mil iranianos inocentes durante o verão.[25] Seus alvos foram empresas cujos produtos eram conhecidos por serem usados por dissidentes iranianos (Google e Skype) ou empresas com significado simbólico. Declarou ter atacado a holandesa DigiNotar porque mediadores holandeses fracassaram na tentativa de proteger muçulmanos bósnios em Srebrenica, em 1995.[26]

Poucos meses depois da campanha Comodohacker, surgiu outro hacktivista ideológico no Oriente Médio. O autointitulado OxOmar afirmava morar em Riad, na Arábia Saudita, e declarou ser "um dos inimigos mais fortes de Israel", aquele que "acabaria com Israel eletronicamente".[27] Em janeiro de 2012, ele invadiu um conhecido site israelense de esportes e redirecionou os visitantes para uma página de onde poderiam baixar um arquivo que continha quatrocentos mil números de cartões de crédito[28] (em sua maior parte, duplicados;[29] portanto, o número total de titulares comprometidos estava mais perto de vinte mil). Afirmava representar um grupo de hackers Wahhabi,[30] Group-XP, que escreveu em um comunicado: "Vai ser muito divertido ver quatrocentos mil israelenses enfileirados na porta dos bancos e escritórios de empresas de cartões de crédito... [e] ver que seus cartões não são aceitos em todo o mundo, como os nigerianos."[31] Semanas mais tarde, quando ataques DoS derrubaram os sites da El Al Airlines e da bolsa de valores de Israel,[32] OxOmar declarou a um repórter que se unira a um grupo de hackers chamado Nightmare a favor dos palestinos e que os ataques seriam reduzidos se Israel pedisse desculpas pelo "genocídio".[33] O vice-ministro de relações exteriores de Israel, Danny Ayalon, disse que considerava "uma honra (...) ter sido pessoalmente alvo de ciberterroristas".[34] Mais tarde, confirmou os ataques em sua página no Facebook, mas acrescentou: "Hackers não vão nos silenciar na internet, nem em fórum nenhum." Será que Comodohacker era mesmo um jovem engenheiro iraniano? OxOmar de fato se aliou a outro grupo para lançar seus ataques? Seriam esses hackers indivíduos ou, na realidade, grupos? Uma ou ambas as figuras poderiam ser apenas constructos de países na tentativa de projetar seu poder digital? Vários cenários poderiam ser reais, e é esse o desafio do ciberterrorismo no futuro. Como é muito difícil confirmar as origens dos ciberataques, a capacidade de reação do alvo fica comprometida, independentemente de quem reivindicar a responsabilidade. Essa confusão acrescenta uma nova dimensão às campanhas de desinformação e, sem dúvida, países e indivíduos tirarão proveito disso. No futuro, será mais difícil saber com quem ou com o que estamos lidando.

O repentino acesso à tecnologia, em si, não transforma radicais em ciberterroristas. Existe uma barreira de habilidade técnica que, até o momento, tem impedido que haja uma explosão de hackers terroristas. No entanto, nossa previsão é a de que essa barreira se torne menos significativa conforme a conectividade e os dispositivos de baixo custo cheguem a locais afastados, como a divisa entre Afeganistão e Paquistão, a região do Sahel, na África, e a tríplice fronteira, na América Latina (Paraguai, Argentina e Brasil). Os hackers dos países desenvolvidos normalmente são autodidatas e, como podemos pressupor que a distribuição de jovens com aptidões técnicas é semelhante em toda parte, isso significa que, com tempo e acesso à internet, os hackers em potencial adquirirão as informações necessárias para aperfeiçoar suas habilidades. Uma das consequências será o surgimento de uma classe de soldados virtuais prontos para serem recrutados.

Hoje ouvimos falar nos muçulmanos de classe média que vivem na Europa e vão para campos de treinamento de terroristas no Afeganistão, mas no futuro talvez tenhamos o movimento inverso. Afegãos e paquistaneses irão à Europa aprender a ser ciberterroristas. Em vez de tiro ao alvo, escada horizontal e campos de obstáculos, os campos de treino em engenharia seriam dotados de salas com laptops, liderados por um grupo de estudantes descontentes de pós-graduação de Londres ou Paris com afiadas habilidades técnicas. Atualmente, os campos de treinamento de terroristas em geral podem ser identificados por satélite; os de cibertreinamento não seriam muito diferentes de um cibercafé.

Grupos terroristas e governos tentarão recrutar engenheiros e hackers para suas respectivas causas. Por reconhecerem a maneira como um quadro de estrategistas com habilidades técnicas amplia sua capacidade destrutiva, eles terão por alvo, cada vez mais, engenheiros, estudantes, programadores e cientistas da computação em universidades e empresas, formando a próxima geração de ciberjihadistas. Dadas as consequências físicas e legais, é difícil persuadir alguém a se tornar terrorista, por isso, fatores como ideologia, dinheiro e chantagem continuarão a exercer um papel importante no processo de recrutamento. Ao contrário dos governos, os grupos terroristas podem representar uma oposição ao *establishment*, o que talvez fortaleça seus argumentos junto a hackers jovens e descontentes. É claro que a decisão de se tornar ciberterrorista acarreta, em geral, menos consequências para a saúde da pessoa do que a decisão de se tornar um mártir em um ataque suicida.

A cultura desempenhará um papel importante nos locais onde tais núcleos de ciberterrorismo se desenvolverão no mundo. Tradicionalmente, populações muito religiosas, com elementos radicais, são o terreno mais fértil para recrutamento de terroristas, e isso vai se aplicar também aos ciberterroristas, em especial quando partes do mundo ainda não conectadas ingressarem no universo digital. Em grande parte, a experiência de usuários da web é determinada pelas redes existentes e pelo ambiente imediato. Não esperamos que o advento da conectividade, em si, provoque mudanças sociais radicais. Ao contrário, o que veremos será o desenvolvimento de outros canais de comunicação, mais participação e mais identidades falsas on-line.

E, é claro, patrocinadores governamentais do terrorismo tentarão conduzir ataques cujos vestígios serão impossíveis de reconstituir. Hoje, o Irã é um dos mais notórios patrocinadores mundiais de células de terror, fornecendo armas, dinheiro e suprimentos a grupos como Hezbollah, Hamas, Jihad Islâmica da Palestina, Brigadas dos Mártires de al-Aqsa e diversos outros militantes no Iraque. Porém, conforme os esforços dos ciberterroristas começarem a se mostrar mais frutíferos, o Irã vai se esforçar para desenvolver, em igual medida, a capacidade virtual de seus *proxies*. Isso significa enviar computadores e equipamentos de rede, pacotes de segurança e softwares relevantes, mas também poderia significar treinamento presencial. As universidades técnicas do Irã podem começar a receber programadores xiitas libaneses com o objetivo específico de integrá-los ao ciberexército emergente do Hezbollah. Talvez lhes enviem as mais caras ferramentas de criptografia e hardware. Ou talvez o Irã fundasse madraçais em redutos do Hezbollah como Dahieh, Baalbek e o sul do Líbano, criando incubadoras nas quais promissores engenheiros seriam treinados para desferir ciberataques contra Israel. É possível que, em vez de oferecer dinheiro em espécie a empresários xiitas no Brasil para montarem empresas (uma conhecida tática do governo iraniano), o regime os equipe com tablets e dispositivos móveis dotados de softwares especializados.

No entanto, qualquer regime ou grupo terrorista que recrute esses hackers assumirá certo risco. Embora nem todos sejam jovens, um percentual razoável será, e não apenas por razões demográficas. Há muito os cientistas sociais acreditam que fatores específicos do desenvolvimento tornam os jovens particularmente suscetíveis ao radicalismo. (Entretanto, desenrola-se uma discussão considerável sobre quais seriam exatamente esses fatores; há quem acredite que tenham a ver com a química cerebral, enquanto outros argumentam que elementos sociológicos seriam a causa propulsora.) Por isso, os recrutadores não apenas enfrentarão o desafio de organizar os hackers, que até hoje demonstraram uma resistência característica à organização formal, mas também terão de lidar com adolescentes. Conforme discutiremos a seguir, a participação em uma rede de terrorismo virtual exigirá extraordinária disciplina, característica que não costuma ser associada aos adolescentes. Jovens em geral são atraídos e tentados pelas mesmas promessas — atenção, aventura, afirmação, necessidade de fazer parte do grupo e status. Porém, um único erro ou deslize on-line de um hacker adolescente que queira aparecer (ou de alguém que ele conhece) poderia expor sua rede terrorista inteira.

Assim como as operações de contraterrorismo hoje dependem do compartilhamento da inteligência e da cooperação militar — por exemplo, como a que ocorre entre os Estados Unidos e seus aliados no sul da Ásia —, no futuro, o apoio bilateral necessariamente incluirá um componente virtual. Considerando-se que muitos dos países mais radicais estarão entre os últimos a chegar à internet, eles precisarão de apoio estrangeiro para aprender a seguir pistas de terroristas virtuais e a usar as ferramentas colocadas à sua disposição. Atualmente, grandes contratantes fazem fortuna beneficiando-se do apoio militar estrangeiro; à medida que os esforços bilaterais passarem a incluir, cada vez mais, elementos de cibersegurança, diversas empresas de segurança de computadores, novas ou já estabelecidas, serão beneficiadas.

A abordagem militar também mudará em decorrência da ameaça imposta por ciberterroristas. Hoje, muitos dos terroristas perseguidos encontram-se em Estados falidos ou regiões sem um governo eficaz. No futuro, esses portos seguros físicos também estarão conectados, permitindo que eles se engajem em atos virtuais perversos sem medo algum da aplicação da lei. Quando a inteligência revela que determinados ciberterroristas estão planejando algo perigoso, é necessário considerar medidas extremas, como ataques com *drones*.

* * *

Governos ocidentais também tentarão atrair para o seu lado hackers habilidosos. Na verdade, hackers e órgãos governamentais nos Estados Unidos já trabalham em conjunto, pelo menos em questões de cibersegurança. Durante anos, órgãos como a Darpa, agência de pesquisa militar dos Estados Unidos, e a Agência de Segurança Nacional (na sigla em inglês, NSA) recrutaram indivíduos talentosos em eventos como a série de conferências sobre segurança de computadores Black Hat e a convenção Def Con. Em 2011, a Darpa anunciou um novo programa, chamado *Cyber Fast Track* (CFT), criado por um ex-hacker que hoje é gerente de projetos da agência. Seu objetivo era acelerar a cooperação direta entre essas comunidades. Por meio do CFT, começaram a ser contratadas pessoas físicas e pequenas empresas para que se concentrassem em projetos específicos de segurança na rede. A iniciativa caracterizou-se pelo foco em elementos de menor destaque e agentes solitários, e não em grandes empresas, bem como por sua capacidade de aprovar com agilidade a liberação de verbas. Nos dois primeiros meses do programa, a Darpa aprovou oito contratos[35] — em outras palavras, à velocidade da luz, em comparação com o ritmo normal do governo. O processo permitiu que grupos com habilidade considerável, que de outro modo não trabalhariam com o governo ou para ele, contribuíssem para aprimorar a cibersegurança, com facilidade e dentro de um prazo que reflete a natureza imediatista da tarefa. O CFT fazia parte de uma mudança defendida por Regina Dugan na agência, que visava à "inovação democratizada, abastecida via *crowd-sourcing*, ou seja, conhecimento coletivo".[36]

Perguntamos a Dugan o que estava por trás dessa abordagem pouco convencional para a resolução de problemas — afinal, convidar hackers no intuito de lidar com delicadas questões de segurança surpreendeu muitas pessoas. "Há uma ideia geral de que os hackers e o grupo Anonymous só fazem o mal", respondeu ela. "O que reconhecemos e tentamos fazer com que os outros também reconheçam é que a definição de 'hacker' envolve um conjunto de talentos. Aqueles que se autodeclararam 'hackers' (ou que foram assim chamados por terceiros) tinham contribuições bastante significativas a dar para a questão da cibersegurança com relação à abordagem de problemas, ao cronograma que seguem nessa abordagem e sua capacidade de executar e desafiar."[37] O sucesso do programa CFT, acrescentou, foi um sinal de sua viabilidade. "Não acredito que deva ser o único modelo a ser usado, mas com certeza deve estar incluído em nossa estratégia", disse.

O relacionamento com hackers e outros especialistas em computação independentes deve ser uma prioridade nos anos vindouros, e esperamos que os governos de países ocidentais continuem a tentar incluí-los, seja de forma aberta, por meio de programas como o CFT, seja de forma implícita, por canais das agências de inteligência. Os governos farão de tudo para adquirir contrapartes virtuais em países estrangeiros, a fim de complementar agentes e ativos secretos que atuam no mundo físico, recrutando hackers e outros indivíduos tecnicamente capazes para se tornarem fontes e lidar com eles a distância via canais digitais seguros. Entretanto, existem desafios implícitos associados aos ativos virtuais. Apesar de sua utilidade, não haverá interações pessoais, algo que os agentes utilizaram durante séculos para determinar a credibilidade de uma fonte. Uma conversa por vídeo com certeza não é a mesma coisa, por isso as agências precisarão descobrir meios de avaliar efetivamente os novos participantes. Confiar em ativos virtuais, na realidade, pode ser mais difícil do que transformá-los.

O calcanhar de Aquiles dos terroristas

No futuro, os terroristas descobrirão que a tecnologia é necessária, mas muito arriscada. A morte de Osama bin Laden, em 2011, colocou um ponto final na era de terroristas habitantes de cavernas, isolados do moderno ecossistema tecnológico. Durante pelo menos cinco anos, Bin Laden escondeu-se em sua mansão em Abbottabad, no Paquistão, sem acesso a internet ou celular. Para manter-se seguro, não podia fazer uso de nada disso. Essa providência reduziu de forma drástica seu alcance e esfera de influência na al-Qaeda, cuja operação se baseava, pelo menos em parte, na conectividade. Ironicamente, foi a falta de acesso à internet em uma casa grande na região urbana que ajudou a identificá-lo,[38] depois que seu mensageiro apontou a direção certa aos agentes do serviço de inteligência.

Embora possa ter conseguido manter o anonimato ao ficar off-line, Bin Laden chegou a usar pen-drives, discos rígidos e DVDs para se manter informado. Essas ferramentas lhe permitiram monitorar internacionalmente as operações da al-Qaeda e funcionaram como um meio eficiente para seus mensageiros transferirem grandes volumes de dados entre ele e várias células terroristas em outros lugares. Enquanto Bin Laden estivesse livre, as informações nesses dispositivos estariam seguras, impossíveis de serem acessadas. Contudo, quando a unidade especial da marinha norte-americana SEAL Team Six atacou sua casa de surpresa e apoderou-se de seus equipamentos, capturou não apenas o homem mais procurado do mundo, como também informações vitais sobre todos com quem ele mantinha contato.[39]

O cenário terrorista que mais provavelmente terá continuidade na nova era digital se assemelhará aos ataques de Mumbai em 2008,[40] nos quais dez homens mascarados mantiveram a cidade refém em um cerco de três dias que deixou um saldo de 174 mortos e mais de trezentos feridos. Os atiradores utilizaram tecnologias de consumo básicas[41] — BlackBerry, Google Earth e VoIP — para coordenar e conduzir os ataques, comunicando-se, em um centro de comando no Paquistão, com líderes que assistiam ao vivo à cobertura dos eventos em uma televisão por satélite e monitoravam as notícias, nas quais baseavam suas orientações táticas em tempo real. A tecnologia tornou os ataques muito mais letais; porém, após o último atirador (e o único a sobreviver) ser capturado, as informações que ele e, principalmente, os dispositivos de seus companheiros revelaram permitiram que os investigadores seguissem uma trilha eletrônica[42] até pessoas e lugares importantes no Paquistão, a qual, caso contrário, na melhor das hipóteses, só teria sido descoberta meses depois.

O ponto positivo do ciberterrorismo é que seus adeptos terão menos espaço para erros. Em geral, a maioria das pessoas não tem por que pensar que sua interação com a tecnologia seria diferente caso sua liberdade ou sua vida dependesse de apagar pistas deixadas on-line. Os ciberterroristas possuem uma consciência técnica incomumente alta, mas e quanto aos seus amigos? E quanto aos parentes com quem se correspondem? Não é realista esperar um comportamento perfeitamente disciplinado de todo terrorista on-line. Considere o exemplo não terrorista de John McAfee, o milionário pioneiro dos softwares de antivírus que se tornou fugitivo internacional depois de escapar das autoridades que queriam interrogá-lo sobre sua conexão com o assassinato de um vizinho em Belize, que adotara como terra natal. Depois de convidar jornalistas da revista digital *Vice* a entrevistá-lo em seu esconderijo secreto, McAfee posou com o editor-chefe para uma foto tirada com o iPhone 4S. O que ele e o jornalista da *Vice* que o entrevistou não sabiam era que a publicação da foto também revelava sua localização, uma vez que muitos smartphones (inclusive o iPhone 4S) embutem em fotos metadados sobre coordenadas de GPS. Bastou um usuário do Twitter notar os metadados para, de uma hora para outra, as autoridades e o mundo descobrirem que McAfee estava na Guatemala, perto de uma piscina no restaurante Ranchon Mary. A *Vice* devia ter contado com esse risco (há anos estamos cientes dos metadados de localização); no entanto, à medida que os smartphones se tornam ainda mais complexos, o número de pequenos detalhes aos quais precisamos estar atentos aumenta.

Conforme nossa vida social, profissional e pessoal é transferida, cada vez mais, para o ciberespaço, a interconectividade de toda atividade digital aumenta drasticamente. Os computadores são muito bons em reconhecer padrões e resolver problemas complicados, por isso, com maior volume de dados, os algoritmos de computador podem calcular previsões e correlações mais precisas — com maior rapidez e exatidão do que qualquer ser humano seria capaz. Imagine um extremista marroquino na França que fez todo o possível para tornar seu smartphone anônimo na rede móvel: desativou os meios de geolocalização, optou por não compartilhar dados e removeu periodicamente o cartão SIM, para o caso de alguém tentar monitorá-lo; adotou até o hábito de tirar a bateria do telefone como medida extrema de proteção, por saber que, quando o telefone é desligado, a bateria continua enviando e recebendo sinais. Seu número de telefone é apenas um entre milhares, é impossível identificá-lo ou associá-lo a dada localização geográfica. Entretanto, as competências policiais sabem que ele gosta de apostar em corridas de cavalos e sabem que existem quatro locais em sua cidade onde se fazem apostas do tipo. Usando esses dados, podem restringir o conjunto de números em potencial para os cento e poucos que frequentam esses lugares. E digamos que um de seus conhecidos não seja tão cuidadoso quanto ele com seus rastros; as autoridades podem, então, cruzar seus dados com várias localizações de seus amigos. Talvez isso baste para identificar seu número de celular. Se antes esse tipo de investigação baseada em *big data* era impensável, hoje é fácil — porém, continua sendo outro exemplo no qual as tarefas são distribuídas entre seres humanos e computadores de acordo com seus pontos fortes. Seja off-line, seja on-line, nossas atividades (e as de nossos amigos, familiares e grupos demográficos) fornecem a sistemas de computador inteligentes informações que são mais do que suficientes para nos identificar.

Basta um erro ou um elo fraco para comprometer a rede inteira. Um membro da equipe SEAL Team Six com quem conversamos descreveu um alto comandante da al-Qaeda que era excepcionalmente cauteloso com relação à tecnologia;[43] trocava de celular o tempo todo e quase nunca tinha conversas muito longas ao telefone. Mas, embora na vida profissional ele fosse cauteloso, na vida social era imprudente. Em determinado momento, ligou para um primo no Afeganistão e lhe disse que pretendia ir a um casamento. Esse pequeno deslize proporcionou às autoridades informações suficientes para encontrá-lo e capturá-lo. A não ser que o terrorista esteja agindo sozinho (o que é raro) e com perfeita disciplina virtual (o que é ainda mais raro), há uma chance enorme de que, em alguma parte da cadeia de eventos que leva a um ataque planejado, ele venha a se trair. Existem muitas maneiras de se revelar ou de ser revelado, o que é bastante encorajador quando consideramos o futuro do contraterrorismo.

É evidente que, em meio aos ciberterroristas hábeis e inteligentes, haverá também os menos habilidosos. No período de tentativa e erro que caracteriza o crescimento da conectividade, inúmeras demonstrações de inexperiência poderiam parecer risíveis àqueles que, entre nós, cresceram com a internet. Três anos depois do sequestro da jornalista canadense Amanda Lindhout na Somália[44] — extremistas de al-Shabaab a mantiveram como refém durante quinze meses, após os quais enfim a libertaram em troca do pagamento de um polpudo resgate —, seus ex-sequestradores a contactaram pelo Facebook, fazendo-lhe ameaças e exigindo mais dinheiro.[45] Algumas das contas usadas eram falsas, criadas com o propósito único de assediá-la ainda mais, mas outras pareciam contas pessoais genuínas do Facebook. Parece pouco provável que os terroristas estivessem cientes do grau de exposição a que se submetiam — não apenas seus nomes e perfis, mas todos com quem estavam conectados, tudo o que haviam escrito nas próprias páginas do Facebook e nas páginas de outros, os sites que "curtiram" e assim por diante. Evidentemente, casos assim servirão de exemplo para outros extremistas, permitindo-lhes evitar cometer os mesmos erros no futuro.

Calcula-se que mais de 90% das pessoas no mundo inteiro que possuem um celular o mantêm a pelo menos um metro de distância 24 horas por dia.[46] Não temos motivos para acreditar que o mesmo não se aplique aos extremistas. Talvez eles adotem novas rotinas para se proteger, como remover a bateria do telefone de tempos em tempos, mas não vão deixar de usá-lo por completo. Isso significa que os ataques contraterroristas realizados por militares e autoridades policiais terão melhores resultados: capture o terrorista, capture sua rede de trabalho. Interrogatórios após a captura ainda serão importantes, porém cada dispositivo usado por um terrorista — celulares, drives para armazenamento de dados, laptops e câmeras — será uma mina de ouro em potencial. Confiscar os dispositivos de um terrorista capturado sem que sua rede esteja ciente levará o bando a revelar, sem querer, informações confidenciais ou localizações. Além disso, os dispositivos podem conter dados que possibilitem expor a hipocrisia na *persona* pública de um terrorista, como fizeram as autoridades americanas ao revelarem que os arquivos de computador do complexo de Osama bin Laden continham grande quantidade de vídeos pornográficos.[47] É claro que, depois que essa vulnerabilidade se tornar aparente, os terroristas mais sofisticados a combaterão por meio de uma abundância de tecnologia com informações equivocadas. Armazenar intencionalmente dados pessoais sobre rivais ou inimigos em dispositivos e fazê-los chegar às mãos das autoridades policiais será uma forma útil de sabotagem.

É proibido se esconder

Conforme os terroristas desenvolverem novos métodos, os estrategistas de contraterrorismo precisarão adaptar-se. A prisão pode não ser suficiente para conter uma rede terrorista. Os governos podem concluir, por exemplo, que é arriscado demais ter cidadãos "fora da grade", ou seja, isolados do ecossistema tecnológico. Certamente, no futuro, como agora, haverá aqueles que resistirão à adoção e ao uso da tecnologia, aqueles que não vão querer ter perfis virtuais, sistemas de dados on-line ou smartphones. Entretanto, o governo poderá desconfiar de que as pessoas que optam por ficar isoladas por completo da rede tenham algo a esconder e, assim, uma propensão maior a violar as leis. Como medida de contraterrorismo, esse governo desenvolverá o tipo de registro de "pessoas ocultas" que descrevemos antes. Se você não tiver perfil em rede social ou assinatura de celular e em geral for difícil encontrar referências on-line a seu respeito, talvez você seja considerado um candidato à inclusão nesses registros. E provavelmente também ficará sujeito a um conjunto restrito de novas normas que incluem rigorosa verificação nos aeroportos ou até restrições de deslocamento.

Desde o 11 de Setembro, vemos sinais de que até países com sólidos alicerces de liberdades civis descartam proteções ao cidadão em favor da ampliação da vigilância e segurança nacionais. Isso só vai se acelerar. Depois de alguns atentados ciberterroristas, será mais fácil persuadir as populações de que os sacrifícios envolvidos — essencialmente, níveis mais elevados de monitoramento da atividade digital pelo governo — valem a pena se considerarmos a paz de espírito que proporcionarão. O dano colateral nesse cenário, além da perseguição de um número reduzido de eremitas inofensivos, é claro, será o perigo de, às vezes, haver abuso ou julgamento inadequado pelas autoridades governamentais. Mais um motivo por que será tão importante lutar por privacidade e segurança no futuro.

O cabo de guerra entre privacidade e segurança na era digital chamará ainda mais atenção nos próximos anos. As autoridades responsáveis por localizar, monitorar e capturar indivíduos perigosos precisarão recorrer a sistemas de gerenciamento de dados maciços e muito sofisticados. Apesar de tudo o que pessoas, empresas e grupos sem fins lucrativos têm feito para proteger a privacidade, esses sistemas incluirão, inevitavelmente, volumes de dados sobre cidadãos comuns; as perguntas são quanto e onde. Nos dias de hoje, as informações que os governos coletam sobre pessoas — endereço, identidade, passagens pela polícia, número de telefone celular — em geral são armazenadas em separado (em alguns países, nem são digitalizadas). Essa separação garante um grau de privacidade para os cidadãos, mas cria ineficiências em grande escala para os investigadores.

Este é o desafio dos *big data* que órgãos governamentais e outras instituições pelo mundo estão enfrentando: de que maneira as agências de inteligência, divisões militares e autoridades policiais podem integrar todos os bancos de dados digitais em uma estrutura centralizada a fim de permitir que os pontos certos sejam conectados sem violar a privacidade dos cidadãos? Nos Estados Unidos, por exemplo, o FBI, o Departamento de Estado, a CIA e outros órgãos governamentais usam sistemas diferentes. Sabemos que computadores são capazes de detectar padrões, anomalias e outros sinais relevantes com muito mais eficiência do que analistas humanos, porém reunir diferentes sistemas de informação (sobre passaportes, digitais, saques bancários, gravações telefônicas, registros de viagem) e desenvolver algoritmos que possam estabelecer com eficiência referências cruzadas entre eles, eliminar a redundância e reconhecer sinais suspeitos nos dados são tarefas bastante difíceis e morosas.

Entretanto, difícil não é sinônimo de impossível, e tudo indica que, no futuro próximo, esses abrangentes sistemas de informação integrados vão se tornar o padrão para os Estados ricos e modernos. Tivemos a oportunidade de visitar o centro de comando da Plataforma México, o impressionante banco de dados nacional sobre criminalidade do país, talvez o melhor modelo de sistema de dados integrados em operação atualmente. Abrigado em um *bunker* subterrâneo no prédio da Secretaria de Segurança Pública da Cidade do México,[48] esse enorme banco de dados integra inteligência, relatos de crimes e dados em tempo real provenientes de câmeras de vigilância e outras informações de agências e estados do país. Algoritmos especializados podem extrair padrões, projetar gráficos sociais e monitorar áreas problemáticas com relação tanto a violência e crime quanto a desastres naturais e outras emergências civis. O grau de vigilância e sofisticação tecnológica que vimos na Plataforma México é extraordinário — entretanto, o mesmo pode ser dito dos problemas de segurança enfrentados pelas autoridades mexicanas. O México é o local ideal para um projeto piloto como esse em razão de seus problemas de segurança, mas, uma vez comprovado o modelo, o que impedirá países com menos motivações justificáveis de desenvolver algo semelhante? Certamente outros governos podem lançar mão do argumento da segurança e insistir na necessidade de uma plataforma sofisticada como essa; o que poderá impedi-los?

No início da década de 2000, após o 11 de Setembro, algo semelhante foi proposto nos Estados Unidos. O Departamento de Defesa criou o Information Awareness Office [Gabinete de Conhecimento da Informação] e deu sinal verde para o desenvolvimento de um programa chamado Total Information Awareness (TIA, Conhecimento Total da Informação). Anunciado como o mais avançado aparato de segurança para detectar atividade terrorista, o TIA foi desenvolvido e financiado para agregar todos os dados "transacionais"[49] — inclusive registros bancários, compras com cartão de crédito e prontuários médicos — junto com outras informações pessoais para criar um índice centralizado e pesquisável para órgãos policiais e agências de combate ao terrorismo. Sofisticadas tecnologias de garimpagem de dados seriam desenvolvidas para detectar padrões e associações, e os "sinais" que pessoas perigosas deixam para trás as revelariam a tempo de impedir outro ataque.

Quando detalhes do programa TIA vazaram ao público, vieram à tona diversas críticas de direitistas e esquerdistas, que advertiam quanto aos custos potenciais para as liberdades civis, a privacidade e a segurança no longo prazo. As críticas concentravam-se nas possibilidades de abuso de um sistema de informação de tamanho porte, acusando-o de ter um escopo inspirado no *Big Brother* do livro *1984*, de George Orwell. A campanha no Congresso para interromper o programa TIA acabou gerando uma cláusula que negou todo o financiamento ao programa na defesa do Senado para o projeto da lei de diretrizes orçamentárias para 2004.[50] O Information Awareness Office foi fechado permanentemente, embora alguns de seus projetos mais tarde tenham sido abrigados por outras agências de inteligência no setor de segurança nacional do governo, em franca expansão.[51]

A busca por privacidade será uma luta longa e importante. Talvez tenhamos vencido algumas batalhas iniciais, mas a guerra está longe do fim. De modo geral, a lógica da segurança sempre prevalecerá sobre as preocupações com privacidade. Nos Estados Unidos, os republicanos só precisarão esperar um incidente público grave para conseguirem levar adiante suas demandas, passando um rolo compressor sobre as considerações expressas pelos democratas; depois disso, a falta de privacidade se tornará normal. Com plataformas de informações integradas como essas, é preciso haver, desde o início, salvaguardas adequadas para cidadãos e liberdades civis; pois, quando surge uma ameaça grave à segurança, é muito fácil ultrapassar limites (as informações já estão lá, à disposição). Governos que operam plataformas de vigilância decerto acabarão violando as restrições que lhes são impostas (seja pela legislação, seja por determinação judicial), contudo, em nações democráticas com sistemas jurídicos funcionais e sociedades civis ativas, esses erros serão corrigidos com penalidades aos perpetradores ou pela aplicação de novas salvaguardas.

Restam diversas questões aos Estados responsáveis. O potencial de uso equivocado desse poder é muito alto, para não falar nos perigos de erro humano, falso positivo induzido por dados ou simples curiosidade. Talvez um sistema de informação totalmente integrado, com todas as formas de entradas de dados, um software capaz de interpretar e prever o comportamento e seres humanos no controle seja poderoso demais para que qualquer um possa lidar com essa responsabilidade. Além disso, uma vez desenvolvido, esse sistema jamais seria desmantelado. Mesmo que uma situação calamitosa de segurança melhorasse, que governo estaria disposto a abrir mão de uma ferramenta tão poderosa à aplicação da lei? E o *próximo* governo poderia não ter a mesma cautela ou responsabilidade com as informações quanto o anterior. Esses sistemas de informação totalmente integrados estão apenas começando a engatinhar e por certo encontrarão diversos obstáculos (como a coleta consistente de dados) que imporão limites à sua eficácia. Entretanto, essas plataformas se desenvolverão e existirá uma aura de inevitabilidade em torno de sua proliferação no futuro. Os únicos recursos contra a possível tirania digital são fortalecer as instituições jurídicas e estimular a sociedade civil a se manter ativa e vigilante quanto aos possíveis abusos desse poder.

Uma última observação sobre o conteúdo digital e seus usos no futuro: conforme os dados proliferem na internet e todos se tornem capazes de produzir, enviar e disseminar uma quantidade interminável de conteúdo específico, o verdadeiro desafio será verificá-los. Nos últimos anos, as grandes redes de televisão deixaram de usar apenas gravações profissionais em vídeo, incluindo conteúdo gerado pelo usuário, como vídeos postados no YouTube. Essas redes costumam acrescentar um aviso de isenção de responsabilidade, afirmando que o vídeo não pode ser verificado de maneira independente, porém o ato de levá-lo ao ar constitui, em essência, uma verificação implícita de seu conteúdo. Vozes dissonantes podem alegar que o vídeo foi manipulado ou que induz, de algum modo, a interpretações equivocadas, mas essas alegações, quando registradas, recebem muito pouca atenção e, na maioria das vezes, são ignoradas. A tendência de confiar no conteúdo não verificado acabará gerando um movimento em favor de uma verificação mais rigorosa e sólida tecnicamente.

Na verdade, a verificação vai se tornar mais importante em todos os aspectos da vida. Já exploramos antes de que maneira essa necessidade moldará nossas experiências virtuais, exigindo melhores proteções contra roubo de identidade, e como os dados biométricos mudarão o panorama da segurança. A verificação também desempenhará um papel importante para determinar quais ameaças terroristas são de fato válidas. A fim de evitar serem identificados, muitos extremistas utilizarão vários cartões SIM, múltiplas identidades on-line e uma gama de ferramentas com o intuito de gerar confusão e cobrir rastros. O desafio das autoridades policiais será encontrar maneiras de lidar com esse dilúvio de informações sem desperdiçar tempo e mão de obra em pistas falsas. A existência de registros de "pessoas ocultas" reduzirá esse problema, mas não o resolverá.

Como o público em geral vai preferir, confiar, depender ou insistir em identidades verificadas on-line, os terroristas vão fazer questão de usar seus próprios canais verificados quando proferirem seus discursos. E haverá muitas formas de verificar os vídeos, fotos e telefonemas usados pelos grupos extremistas para se comunicar. Compartilhar uma fotografia de reféns com jornais diários se tornará uma prática antiquada — a foto em si será a prova de quando foi tirada. Por meio de técnicas digitais de perícia criminal como a verificação de marcas-d'água digitais, especialistas em TI poderão verificar não apenas quando, mas onde e como.

Essa ênfase no conteúdo verificado, entretanto, exigirá que os terroristas caprichem nas ameaças. Se um terrorista conhecido não o fizer, a perda de credibilidade subsequente manchará sua reputação e a de seu grupo; se a al-Qaeda divulgasse uma gravação em áudio provando que um de seus comandantes sobreviveu a um ataque com *drones*, mas os especialistas em perícia de computadores, usando software de reconhecimento de voz, concluíssem que era a voz de outra pessoa na fita, isso enfraqueceria a posição da al-Qaeda e fortaleceria seus críticos. Cada desafio de verificação mancharia a imagem grandiosa na qual muitos grupos extremistas se baseiam para arrecadar fundos, recrutar novos membros e instilar medo nas pessoas. A verificação, portanto, pode ser uma excelente ferramenta no combate ao extremismo violento.

A batalha por corações e mentes chega à internet

Embora seja verdade que hackers eficazes e especialistas em computação vão ampliar os recursos dos grupos de terror, a maior parte dos recrutados será, como hoje, soldados rasos. Jovens e pouco instruídos, terão rancores que os extremistas explorarão em proveito próprio. Acreditamos que, no futuro, a mudança mais importante na estratégia de contraterrorismo não estará relacionada a invadir ou monitorar celulares; ao contrário, vai se concentrar em eliminar a vulnerabilidade dessas populações em risco por meio do engajamento tecnológico.

Calcula-se que 52% da população mundial tenha menos de trinta anos,[52] e sua maioria faz parte do grupo que poderíamos chamar de "socioeconomicamente em risco", vivendo em favelas urbanas ou comunidades de imigrantes integradas de forma inadequada, em lugares onde o estado de direito não é confiável e com oportunidades econômicas limitadas. Pobreza, alienação, humilhação, falta de oportunidade e mobilidade ou apenas tédio tornam essas populações jovens suscetíveis à influência de terceiros. Em um cenário de repressão e em uma subcultura que promove o extremismo, seus rancores estimulam ainda mais o radicalismo. Isso se aplica tanto ao menino da favela, pouco instruído, quanto ao estudante universitário que não tem oportunidades depois de formado.

No Google Ideas, estudamos a radicalização ao redor do mundo, com um enfoque específico na função que as tecnologias de comunicação podem desempenhar. * Descobrimos que o processo de radicalização de terroristas não é muito diferente do que acontece em gangues dos centros urbanos ou em outros grupos violentos, como supremacistas brancos. Em nossa Summit Against Violent

* O Google, como muitas outras empresas, desenvolve ferramentas gratuitas que podem ser usadas por qualquer pessoa. Por isso, trabalha continuamente para entender como mitigar os riscos de que pessoas e entidades hostis as utilizem para causar danos.

Extremism [Conferência contra o extremismo violento], realizada em junho de 2011, reunimos mais de oitenta ex-extremistas para discutir os motivos que levam as pessoas a ingressar em organizações violentas e a sair delas. Por meio do diálogo aberto com os participantes que, entre si, representavam extremistas religiosos, nacionalistas violentos, gangues urbanas, fascistas de extrema direita e organizações jihadistas, aprendemos que existem motivações semelhantes em todos esses grupos e que religião e ideologia têm menos peso do que as pessoas imaginam. Os motivos que levam as pessoas a se afiliar a grupos extremistas são complexos; com frequência, têm mais a ver com a ausência de uma rede de apoio, o desejo de pertencer a um grupo, de se rebelar, de buscar proteção ou de procurar perigo e aventura.

Esses sentimentos são comuns a muitos jovens. No entanto, a novidade é que um grande número deles expressa seus rancores na internet de maneiras que, intencionalmente ou não, os expõem a recrutadores de terroristas. O que os jovens radicais buscam nas conexões virtuais resulta de sua experiência no mundo físico — abandono, rejeição, isolamento, solidão e abuso. Podemos descobrir muito sobre eles no mundo virtual, mas, no final, para se dissociar de fato de um pensamento radical é necessário frequentar reuniões de grupo e obter muito apoio, terapia e alternativas significativas no mundo físico.

Palavras e discursos contra o extremismo violento não serão suficientes na batalha por corações e mentes jovens. A força militar tampouco adiantará. Os governos tiveram sucesso na captura e no extermínio de terroristas preexistentes, contudo foram menos eficazes na tentativa de deter o fluxo de recrutas. Como disse em 2010 o general Stanley McChrystal, ex-comandante dos Estados Unidos e da Otan no Afeganistão, à revista *Der Spiegel*: "Na verdade, duas coisas derrotam o terrorismo: o estado de direito e as oportunidades para as pessoas. Assim, quando o governo permite um estado de direito, cria um ambiente no qual é difícil optar pelo terrorismo. E, quando se oferecem oportunidades de vida às pessoas, o que inclui educação e chance de obter um emprego, a maior causa do terrorismo é eliminada. Dessa forma, na realidade, não são os ataques militares que derrotam o terrorismo; ele é combatido com a oferta de condições básicas."[53]

A conclusão de McChrystal destaca uma oportunidade tanto para os entusiastas da tecnologia quanto para as empresas; pois, afinal, existe modo mais adequado de melhorar a qualidade de vida de uma população do que ampliar seu acesso à internet? Os ganhos que as tecnologias da comunicação proporcionam às comunidades — oportunidade econômica, entretenimento, liberdade de informação, maior transparência e responsabilidade — contribuem muito para a missão de acabar com a radicalização. Depois que um grande segmento de uma população estiver on-line, será possível mobilizar a comunidade virtual local para rejeitar o terrorismo e exigir responsabilidade e ação de seus líderes. Haverá mais vozes se expressando contra o extremismo do que a seu favor, e, embora a tecnologia possa ampliar o alcance dos fanáticos, será impossível pregar uma forma de pensar sem enfrentar alguma interferência. Tudo o que acompanha a esfera virtual ativa — mais discussão, mais pontos de vista, mais narrativas contrárias — pode introduzir dúvidas e promover o raciocínio independente entre essas populações jovens e maleáveis. É claro que, tudo isso cairá em ouvidos mais receptivos se a conectividade levar à geração de empregos.

A estratégia mais potente contra a radicalização focará o novo espaço virtual, oferecendo aos jovens alternativas ricas em contexto e distrações que os impeçam de buscar o extremismo como último recurso. Esse esforço deve ser amplo e envolver grupos interessados de todas as áreas — setor público, empresas privadas, parcerias entre ativistas locais e estrangeiros. A tecnologia móvel, em particular, desempenhará uma função dominante nessa campanha, uma vez que a maior parte das pessoas acessará a internet por meio de dispositivos móveis. Os telefones são plataformas personalizadas e poderosas, símbolos de status em que os usuários confiam e que valorizam bastante. Chegar ao jovem descontente por meio do telefone celular é o nosso melhor objetivo possível.

Não serão as empresas e os governos ocidentais que desenvolverão a maior parte do novo conteúdo. As melhores soluções serão hiperlocais, elaboradas e apoiadas por pessoas que conhecem intimamente o ambiente imediato. Desenvolver plataformas e apenas *esperar* que a juventude alienada goste delas e as utilize equivale a lançar folhetos de propaganda de um avião.

As pessoas de fora não devem desenvolver o conteúdo; precisam apenas criar o espaço. Cabeie a cidade, dê aos habitantes locais as ferramentas básicas e eles mesmos farão a maior parte do trabalho. Diversas empresas de tecnologia desenvolveram kits que permitem aos usuários criar aplicativos sobre suas plataformas; Amazon Web Services e Google App Engine são dois exemplos; haverá muitos mais. Criar espaço para que as pessoas desenvolvam os negócios, os jogos, as plataformas e as organizações que imaginarem é uma brilhante manobra empresarial, pois garante que os produtos da empresa sejam usados (aumentando, ao mesmo tempo, a lealdade à marca) enquanto os usuários desenvolvem e operam o que *eles* querem. Os somalis desenvolverão aplicativos que sejam ferramentas eficazes contra a radicalização de outros somalis; os paquistaneses farão o mesmo com foco em outros paquistaneses. Haverá mais oportunidades para o pessoal local desenvolver pequenos negócios e, ao mesmo tempo, criar meios de expressão para os jovens. O segredo consiste em capacitar as pessoas a adaptar produtos de forma a suprir suas necessidades sem requerer conhecimentos tecnológicos mais complexos.

Parcerias público-privadas com ativistas locais e pessoas influentes impulsionarão o processo. As empresas também tentarão se associar a grupos locais para desenvolver conteúdo. Idealmente, surgirão uma gama de conteúdo, plataformas e aplicativos que apelarão a cada comunidade diferente, mas, ao mesmo tempo, compartilharão componentes tecnológicos ou estruturais que permitam sua reprodução em outros lugares. Se as causas da radicalização são similares em toda parte, as soluções também podem ser.

As empresas de tecnologia estão em uma posição singular para liderar esse esforço em nível internacional. Muitas das companhias de maior destaque no ramo possuem todos os valores de uma sociedade democrática, ainda que não carreguem o peso de ser um governo — podem ir a lugares onde os governos não podem, falar com pessoas que não se encontram no radar diplomático e operar na linguagem neutra e universal da tecnologia. Além disso, é o setor que produz videogames, redes sociais e celulares — e talvez por isso entenda melhor como distrair jovens de todas as áreas, os mesmos que são o grupo demográfico mais recrutado por terroristas. As empresas podem não compreender as nuances da radicalização ou as diferenças entre populações específicas em locais-chave como Iêmen, Iraque e Somália, mas entendem os jovens e os brinquedos de que gostam. Somente após prendermos sua atenção poderemos esperar conquistar seus corações e mentes.

Além disso, devido ao envolvimento das empresas de tecnologia nas ameaças de segurança — seus produtos estão sendo usados por terroristas —, o público acabará exigindo que elas participem mais do combate ao extremismo. Isso significa não apenas melhorar seus produtos e proteger usuários com políticas rígidas relacionadas a conteúdo e segurança, mas também assumir uma postura pública. Assim como a capitulação do MasterCard e do Paypal perante a pressão política na saga do WikiLeaks convenceu muitos ativistas de que as empresas assumiram lados, a inércia das empresas de tecnologia será considerada indefensável por alguns. Com razão ou não, as companhias serão responsabilizadas pelo uso destrutivo de seus produtos. Elas revelarão suas responsabilidades e seus valores básicos pela forma como responderem a esses desafios. Palavras vazias não pacificarão um público bem-informado.

Já foram dados os primeiros passos nessa direção: algumas empresas têm feito declarações claras em políticas ou procedimentos. No YouTube, há o desafio do volume de conteúdo. Com mais de quatro bilhões de vídeos visualizados por dia (e sessenta horas de vídeos sendo carregadas a cada minuto),[54] é impossível examinar o conteúdo e descartar o que é considerado inadequado, como discursos em defesa do terrorismo. Por outro lado, o YouTube utiliza um processo no qual os usuários sinalizam o conteúdo que julgam inadequado; o vídeo em questão vai para uma equipe de análise, que o tira do ar se de fato violar as políticas da empresa. Por fim, veremos o surgimento de padrões aplicáveis ao setor como um todo. Todas as plataformas digitais forjarão uma política comum relacionada a vídeos extremistas perigosos on-line, da mesma forma como se uniram para estabelecer políticas que regem a pornografia infantil. Existe uma linha tênue entre censura e segurança, e precisamos criar salvaguardas apropriadas. O setor trabalhará como um todo para desenvolver softwares que identifiquem efetivamente vídeos com conteúdo terrorista. Haverá até mesmo quem empregue softwares de reconhecimento de fala para registrar séries de palavras-chave, ou de reconhecimento facial para identificar terroristas conhecidos.

O terrorismo, obviamente, nunca vai desaparecer e continuará tendo impacto destrutivo. No entanto, como os terroristas do futuro serão forçados a viver tanto no mundo físico quanto no virtual, seu modelo de sigilo e discrição sofrerá. Haverá mais olhos digitais sobre eles, mais interações gravadas e nem os extremistas mais sofisticados, por mais cuidadosos que sejam, conseguirão se esconder totalmente on-line. Se estiverem conectados, poderão ser encontrados. E, se puderem ser encontrados, toda a sua rede de informação também será.

Neste capítulo, exploramos as formas mais obscuras como indivíduos poderão perturbar violentamente nosso mundo futuro, entretanto, considerando-se que conflito e guerra fazem parte da história humana tanto quanto a sociedade em si, como os Estados e movimentos políticos vão se engajar nessas atividades para alcançar suas metas? Essa questão será explorada a seguir, quando imaginaremos de que modo o conflito, o combate e a intervenção serão afetados em um mundo onde quase todos estão on-line.

CAPÍTULO 6

O futuro do conflito, do combate e da intervenção

Nunca antes estivemos tão cientes da existência de tantos conflitos ao redor do planeta. A possibilidade de acessar informações sobre atrocidades em várias partes do mundo — reportagens, vídeos, fotos, tuítes — muitas vezes faz parecer que estamos vivendo uma época excepcionalmente violenta. No entanto, como diz a máxima do jornalismo, "*if it bleeds, it leads*" [se espirra sangue, é manchete]. O que mudou não foi a quantidade de conflitos existentes, mas sua atual visibilidade.

Ao contrário, somos hoje mais pacíficos do que nunca; a violência nas sociedades humanas vem caindo drasticamente nos últimos séculos devido a avanços como Estados fortes (que monopolizam a violência e instituem o estado de direito), comércio (as pessoas valem mais vivas do que mortas) e redes internacionais expandidas (o que desmistifica e humaniza o outro). Como explica o psicólogo Steven Pinker em *Os anjos bons da nossa natureza*, excelente e abrangente pesquisa dessa tendência, essas forças externas "favorecem nossos motivos pacíficos" como empatia, senso de moralidade, razão e autocontrole, que "nos orientam a nos afastar da violência e nos aproximar da cooperação e do altruísmo".[1] Uma vez consciente dessa mudança, observa Pinker, "o mundo começa a ficar diferente. O passado parece menos inocente; o presente, menos sinistro".[2]

Com toda a certeza, "conectividade" seria um dos itens da lista de Pinker se ele tivesse escrito seu livro nos próximos cinquenta anos, pois o novo nível de visibilidade que os perpetradores da violência enfrentam em um mundo conectado e tudo o que isso pressagia enfraquecerá muito quaisquer incentivos para uma ação violenta e alterará o cálculo da vontade política de cometer crimes, assim como de detê-los.

No entanto, conflitos, guerras, confrontos violentos em fronteiras e atrocidades em massa continuarão a existir na sociedade humana nas gerações vindouras, mesmo com as mudanças decorrentes dos avanços tecnológicos. Exploraremos aqui as maneiras pelas quais diferentes elementos do conflito — o acúmulo de discriminação e perseguição, combate e intervenção — mudarão nas próximas décadas em resposta a essas novas possibilidades e penalidades.

Menos genocídios, mais assédio

As origens dos conflitos violentos são por demais complexas para serem vinculadas a uma única causa básica. Entretanto, um gatilho bastante conhecido que mudará substancialmente na nova era digital é a discriminação ou perseguição sistemática de minorias, em virtude das quais comunidades específicas se tornam vítimas de graves violências ou começam a perpetrar elas mesmas atos de retaliação. Acreditamos que, no futuro, será mais difícil realizar massacres em escala de genocídio, contudo é provável que a discriminação se acentue e se torne mais pessoal. O aumento da conectividade nas sociedades proporcionará a seus praticantes, sejam eles grupos oficiais ou liderados por cidadãos, formas inteiramente novas de marginalizar as minorias e outras comunidades discriminadas, a quem o uso da tecnologia tornará alvos mais fáceis.

Governos acostumados a reprimir minorias no mundo físico terão novas opções no virtual, e os que descobrirem como combinar suas políticas nos dois mundos serão repressores muito mais eficazes. Se o governo de um país conectado quiser assediar determinada comunidade minoritária no futuro, terá diversas táticas disponíveis de imediato. A mais básica será simplesmente apagar da internet toda a informação sobre aquele grupo. Estados com fortes sistemas de filtro teriam facilidade de realizar tal tarefa, uma vez que para executá-la bastaria solicitar aos provedores de serviço de internet (ISPs) que bloqueassem todos os sites contendo determinadas palavras-chave e tirassem do ar páginas com conteúdo proibido. Para eliminar as referências que ainda existissem em locais como Facebook e YouTube, seria possível ao Estado adotar uma abordagem semelhante à da China, que utiliza a censura ativa, na qual censores derrubam de imediato a conexão sempre que identificam uma palavra proibida.

O governo chinês poderia muito bem ter como alvo a minoria uigur do oeste da China. Concentrado na atribulada região de Xinjiang, esse grupo muçulmano de origem turca há muito testemunha o acirramento das tensões com os han, maioria étnica da China, e movimentos separatistas em Xinjiang foram responsáveis por uma série de levantes fracassados nos últimos anos. Ainda que pouco numerosa, a população uigure causou muita dor de cabeça a Pequim, e não seria implausível imaginar que o governo poderia passar da censura aos episódios relacionados aos uigures (como as revoltas de Ürümqi de 2009) à eliminação do conteúdo uigur na internet.

Os Estados talvez entendessem uma ação assim como um imperativo político, uma tentativa de mitigar ameaças internas à estabilidade ao simplesmente apagá-los. As informações sobre eles continuariam disponíveis fora do espaço da internet de um país, é claro, mas dentro dele elas desapareceriam. Tal medida teria como objetivo humilhá-los, negando sua existência, e isolá-los ainda mais do restante da população. O Estado poderia persegui-los com maior impunidade e, com o tempo, se a censura fosse abrangente o bastante, futuras gerações de grupos majoritários cresceriam sem quase consciência alguma da existência de um grupo minoritário ou dos problemas a ele associados. Apagar o conteúdo digital é uma manobra silenciosa, difícil de ser quantificada e que muito provavelmente não fará soar alarmes, pois esses esforços teriam um impacto tangível pequeno conforme continuassem a depreciar, dos pontos de vista simbólico e psicológico, os grupos mais afetados. Mesmo que o governo fosse "pego" de alguma forma e se comprovasse o bloqueio intencional de conteúdo específico sobre minorias, é provável que as autoridades justificassem suas ações com argumentos de segurança ou colocassem a culpa em problemas técnicos de computadores ou de infraestrutura.

Se um governo quisesse ir além do controle de informação e intensificasse suas políticas discriminatórias até a completa perseguição virtual, poderia encontrar maneiras de limitar o acesso de dado grupo à internet e aos seus serviços. Isso pode parecer trivial se comparado ao assédio físico, às prisões aleatórias, aos atos de violência e à estrangulação econômica e política que grupos perseguidos no mundo vivenciam hoje. Porém, com a disseminação da conectividade, os serviços de internet e os dispositivos móveis oferecem saídas vitais para que os indivíduos transcendam o ambiente em que vivem, conectando-os com informações, empregos, recursos, entretenimento e também com outras pessoas. Excluir populações oprimidas da participação no mundo virtual seria uma política extremamente drástica e prejudicial, pois de várias maneiras elas ficariam de fora e seriam deixadas para trás, incapazes de aproveitar as oportunidades de crescimento e prosperidade que o acesso à internet proporciona em toda parte. Como as operações bancárias, os salários e os pagamentos têm migrado, cada vez mais, para plataformas virtuais, a exclusão digital restringiria de maneira severa as perspectivas econômicas das pessoas. Seria muito mais difícil para elas ter acesso ao próprio dinheiro, realizar pagamentos via cartão de crédito ou conseguir um empréstimo.

O governo romeno já exclui deliberadamente cerca de 2,2 milhões de ciganos das oportunidades oferecidas ao restante da população,[3] uma política que se manifesta em sistemas educacionais separados, exclusão econômica sob a forma de discriminação na contratação e desigualdade no acesso aos benefícios médicos e de saúde (para não falar em um forte estigma social). É difícil obter estatísticas sobre o atual acesso do povo cigano à tecnologia — com medo de declarar sua verdadeira etnia nas pesquisas do governo, muitos deles não se registram como ciganos —, mas, como deixamos claro, se estiverem conectados, os ciganos encontrarão maneiras de melhorar sua situação. No futuro, talvez até considerem a criação de algum tipo de Estado virtual.

Todavia, se o governo romeno decidisse estender à internet suas políticas com os ciganos, quase todas essas oportunidades evaporariam. A exclusão tecnológica poderia assumir muitas formas, dependendo do nível de controle do Estado e do grau de sofrimento que quisesse causar. Se todos os cidadãos precisassem registrar seus dispositivos e endereços IP (muitos governos já exigem que os dispositivos móveis sejam registrados) ou se o Estado mantivesse um registro das "pessoas ocultas", as autoridades romenas que utilizassem esses dados teriam facilidade de bloquear o acesso dos ciganos às notícias, informações externas e plataformas com valor econômico ou social. Tais usuários, de uma hora para outra, ficariam incapazes de acessar seus dados pessoais ou serviços bancários via internet com segurança; ao fazê-lo, encontrariam mensagens de erro, ou suas velocidades de conexão estariam notavelmente lentas. Usando seu poder sobre a infraestrutura de telecomunicações, o governo poderia instigar a queda de ligações, congestionar os sinais telefônicos em determinados bairros ou até provocar um curto-circuito nas conexões dos ciganos com a internet. Trabalhando em conjunto com distribuidores do setor privado, o governo talvez promovesse a venda de aparelhos defeituosos aos indivíduos de etnia cigana (vendendo-os por meio de intermediários confiáveis, com os quais compactuasse), distribuindo laptops e celulares cheios de bugs e mecanismos de *backdoor* que permitissem ao Estado inserir códigos maliciosos num segundo momento.

Em vez de uma campanha sistemática para cortar o acesso (o que provocaria investigações indesejadas), bastaria ao governo romeno implementar esses obstáculos aleatoriamente, não o suficiente para assediar o grupo em si, mas de maneira intermitente o bastante para permitir negações plausíveis. Os ciganos poderiam encontrar saídas tecnológicas imperfeitas que lhes permitissem ter conectividade básica, contudo os bloqueios acabariam ocasionando problemas suficientes para que nem mesmo o acesso intermitente substituísse o que foi perdido. Por um período longo, uma dinâmica como essa poderia gerar uma espécie de apartheid virtual, com vários tipos de limitação à conectividade para diferentes grupos da sociedade.

O isolamento eletrônico das minorias vai prevalecer cada vez mais no futuro, porque os Estados terão acesso a dados que lhes permitirão tomar essa atitude sempre que desejarem. Iniciativas como essa poderiam até começar como programas benignos, com apoio público, e ao longo do tempo transformar-se em políticas mais restritivas e punitivas, conforme o poder mudasse de mãos no país. Imagine, por exemplo, se o contingente ultraortodoxo em Israel realizasse um *lobby* pela criação de uma *internet kosher*, na qual só fossem permitidos sites pré-aprovados, e seu pleito fosse aceito — afinal, poder-se-ia argumentar que a criação de um canal de internet especial para eles não é muito diferente de formar uma lista de sites de internet "seguros" para crianças.* Anos depois, se os ortodoxos vencessem as eleições e assumissem o controle do governo, sua primeira decisão poderia ser tornar *kosher* toda a internet em Israel. A partir daí, eles teriam oportunidade de restringir ainda mais o acesso das minorias dentro do país.

O resultado mais preocupante dessas políticas é o grau de vulnerabilidade que essas restrições imporiam aos grupos envolvidos, cuja tábua de salvação poderia ser literalmente destruída. Se por um lado o acesso limitado pode ser um precursor do assédio físico ou da violência do Estado, comprometendo a capacidade de um grupo de enviar sinais de alerta, por outro também privaria as vítimas da capacidade de documentar, dali em diante, abusos ou destruição. Em breve, poderá ser possível afirmar que o que acontece em um vácuo digital, na verdade, não acontece.

Em países onde os governos definem como alvo minorias ou grupos reprimidos dessa maneira, surgirá um arranjo implícito ou explícito entre alguns cidadãos e Estados por meio do qual as pessoas oferecerão informações ou obediência em troca de um melhor acesso. Quando a cooperação com o governo for demonstrada, o Estado concederá a esses indivíduos conexões mais velozes, melhores dispositivos, proteção contra assédio virtual e maior variedade de sites acessíveis. Um artista, pai

---

* Caso se abrisse uma exceção para os grupos ultraortodoxos israelitas com base em fundamentos religiosos, que tipo de precedente isso criaria? E se o partido ultraconservador Salafi, do Egito, seguisse o exemplo e exigisse também a restrição de acesso à internet?

de seis filhos, vivendo em uma comunidade da minoria xiita na Arábia Saudita, talvez não queira se tornar informante ou assumir com o governo o compromisso de se manter afastado de questões políticas, porém, se acreditar que essa cooperação significa uma renda mais estável para si ou oportunidades educacionais para os filhos, sua determinação talvez enfraqueça. A estratégia de cooptar minorias potencialmente inquietas por meio de incentivos é tão antiga quanto o próprio Estado moderno; essa manifestação específica foi apenas adaptada à era digital.

Nenhuma dessas táticas — apagar conteúdo e limitar acesso — é da competência apenas dos Estados. Grupos e indivíduos com capacidade técnica podem promover a discriminação on-line de forma independente do governo. O primeiro genocídio virtual do mundo pode ser levado a cabo não por um governo, mas por um bando de fanáticos. Discutimos antes como organizações extremistas se aventurarão em atividades destrutivas na internet à medida que desenvolverem ou adquirirem habilidades tecnológicas; a consequência disso é que algumas dessas atividades ecoarão o assédio que acabamos de descrever. Isso se aplica também aos fanáticos que agem sozinhos. Não é difícil imaginar que um ativista anti-islâmico com fortes habilidades técnicas pudesse buscar sites de internet, plataformas e canais de mídia muçulmanos para assediá-los. É o equivalente virtual de desfigurar a propriedade das minorias, invadir seus negócios e gritar com elas em cada esquina. Se o perpetrador for excepcionalmente habilidoso, encontrará maneiras de limitar o acesso dos muçulmanos, paralisando certos roteadores, enviando sinais truncados para a região onde vivem ou infectando seus computadores com vírus que derrubem suas conexões.

Na verdade, a discriminação virtual será mais adequada a alguns extremistas do que as opções atuais, como nos contou um ex-líder neonazista chamado Christian Picciolini, hoje ativista de movimentos contrários a manifestações de ódio: "A intimidação on-line por parte de grupos radicais e extremistas é mais facilmente perpetrada porque a web desumaniza a interação e proporciona uma camada de anonimato e de desconexão 'virtual'",[4] explicou. "Ter a internet como um tipo de amortecedor impessoal faz com que o intimidador tenha mais facilidade de dizer coisas prejudiciais que em geral não diria pessoalmente por medo de ser julgado ou perseguido pelos pares. A retórica racista carrega, de forma justificada, certo estigma social contra a população em geral, mas as palavras podem ser ditas on-line sem serem associadas a quem as proferiu." Picciolini acredita que o assédio virtual posto em prática por grupos extremistas aumentará de forma significativa nos próximos anos, pois "as consequências da discriminação virtual parecem menos arriscadas ao ofensor e, portanto, [o assédio] ocorrerá com mais frequência e de modo mais veemente".

No passado, a exclusão física e legal era a tática predominante dos poderosos em sociedades propensas a conflitos, e acreditamos que a exclusão virtual também venha a se juntar a esse conjunto de ferramentas (sem ultrapassá-lo). Quando as condições se tornarem insuportáveis, como já ocorreu ao longo da história, as centelhas do conflito se acenderão.

Conflito multidimensional

Desinformação e propaganda sempre foram características centrais do conflito humano. Júlio César encheu seu famoso relato das Guerras Gálicas (58 a.C.-50 a.C.) com histórias arrebatadoras sobre as perversas tribos bárbaras que havia derrotado.[5] Na névoa das narrativas competitivas, distinguir o lado "bom" do "mau" em um conflito é uma tarefa de suma importância, embora difícil, e vai se tornar cada vez mais desafiadora na nova era digital. No futuro, os conflitos serão definidos por guerras de marketing entre grupos, pois todos os lados terão acesso a plataformas eletrônicas, ferramentas e dispositivos que ampliam sua capacidade narrativa para públicos em casa e no exterior. Vimos isso acontecer no conflito de novembro de 2012 entre Israel e o Hamas, quando a organização terrorista iniciou uma guerra de marketing de base comunitária que inundou o mundo virtual com fotos de mulheres e crianças mortas. O Hamas, que prospera junto a um público humilhado e desmoralizado, conseguiu explorar o maior número de vítimas fatais em Gaza. Israel, que se concentra mais em gerenciar o moral nacional e reduzir a ambiguidade em torno de suas ações, reagiu usando a página do Twitter @IDFSpokesperson, que incluiu tuítes como "Vídeo: Pilotos das IDF (Forças de Defesa de Israel) aguardam a área ser desocupada por civis antes de atacar o alvo youtube.com/watch?v=G6a112wRmBs...#Gaza".[6] Entretanto, é fato que, nas guerras de marketing, o lado que se contenta em glorificar a morte e usá-la para propaganda acaba conquistando maior solidariedade, especialmente conforme um público mais numeroso e menos bem-fundamentado se junta à conversa. As táticas de propaganda do Hamas não são novidade, porém a crescente onipresença de plataformas como YouTube, Facebook e Twitter lhes permitiu alcançar um público muito mais numeroso, não falante do árabe, no Ocidente, que, a cada tuíte, curte e engrossa as fileiras da guerra de marketing do Hamas.

Grupos em guerra tentarão destruir os recursos de marketing digital uns dos outros antes mesmo que o conflito se instale. Poucos confrontos são de fato óbvios quando chegam ao fim — e menos ainda quando começam —, e esta quase equivalência na capacidade das comunicações afetará enormemente como civis, líderes, militares e mídia lidarão com os eventos. Além disso, o próprio fato de *qualquer pessoa* ser capaz de produzir e divulgar sua versão pessoal dos eventos anulará muitas alegações; com tantos relatos conflitantes e sem verificação crível, todas as afirmações acabam perdendo valor. Na guerra, o gerenciamento de dados (compilar, indexar, classificar e verificar o conteúdo proveniente de uma zona de conflito) logo sucederá o acesso à tecnologia como desafio predominante.

As tecnologias de comunicação modernas possibilitam que tanto vítimas quanto agressores em um dado conflito lancem dúvidas sobre a narrativa da oposição de maneira mais persuasiva do que já ocorreu em qualquer mídia na história. Para os Estados, a qualidade do marketing poderia fazer a diferença entre se manter no poder e enfrentar uma intervenção estrangeira. Para civis presos em uma cidade sitiada por forças governamentais, vídeos amadores convincentes e mapeamento por satélite em tempo real podem opor-se às alegações do Estado e sugerir com veemência, ou até provar, que o governo está mentindo. Entretanto, em uma situação como a ocorrida em 2011 na Costa do Marfim (onde houve uma violenta batalha sobre os resultados questionáveis das eleições), se as duas partes tiverem um marketing digital igualmente bom, será muito mais difícil discernir o que está de fato acontecendo. E, se nenhum dos lados tiver controle total de seu marketing (ou seja, se indivíduos inflamados fora do comando central produzirem conteúdo próprio), o nível de confusão aumentará ainda mais.

Para quem analisa a situação de fora, questões já difíceis, como quem procurar para tentar entender um conflito e o que fazer para oferecer apoio, tornam-se bem mais complicadas em uma era de guerras de marketing. (Isso é particularmente verdadeiro quando poucas pessoas de fora falam o idioma local, ou na ausência de alianças, como entre os países da Otan e os países-membros da Comunidade para o Desenvolvimento da África Austral — SADC.) Informações fundamentais necessárias para tomar essas decisões estarão enterradas sob volumes de conteúdo tendencioso e conflitante emanando da zona de guerra. É raro os Estados intervirem militarmente, a não ser que esteja muito claro o que está acontecendo, e, mesmo assim, em geral hesitam, com medo de consequências físicas imprevistas e do exame minucioso no ciclo de notícias diário.*

As guerras de marketing no âmbito de um combate no exterior terão implicações políticas domésticas também. No caso dos Estados Unidos, se a maioria do público norte-americano, dominada por vídeos de grande carga sentimental unilateral, concluir que a intervenção em dado conflito é uma necessidade moral, mas a inteligência do governo sugerir que esses vídeos não refletem a verdadeira dinâmica no conflito, como a administração deve responder? Não poderá divulgar material confidencial para justificar sua posição, mas também não poderá combater de fato a narrativa assimilada pelo público. Se ambos os lados apresentarem versões com o mesmo nível de persuasão, agentes externos ficarão sem ação, incapazes de avançar — o que talvez fosse exatamente o objetivo de uma das partes da disputa.

Nas sociedades suscetíveis à violência étnica ou sectária, as guerras de marketing em geral começarão muito antes de haver uma centelha que inflame o combate em si. Conectividade e espaço virtual, como vimos, muitas vezes podem ampliar os rancores históricos e fabricados, fortalecendo perspectivas dissonantes em vez de tentar suavizar suas imprecisões. Tensões sectárias que durante anos ficaram latentes podem se reacender com o acesso das pessoas a um espaço on-line anônimo. Vimos de que maneira as sensibilidades religiosas podem se tornar inflamadas quase instantaneamente quando discursos ou imagens controversos chegam à internet — a polêmica da caricatura dinamarquesa em 2005 e violentas demonstrações a respeito do vídeo *Innocence of Muslims* em 2012 são apenas alguns entre muitos exemplos conhecidos —, e é inevitável que o espaço virtual crie novos meios de as pessoas se ofenderem entre si. A natureza viral do conteúdo incendiário não permitirá que atitudes ofensivas em qualquer parte do mundo passem despercebidas.

Marketing não é o mesmo que inteligência, é claro. As primeiras tentativas de marketing digital feitas por grupos em conflito serão pouco mais do que propaganda bruta e desinformação transferidas para uma plataforma virtual.

---

* Nos círculos políticos, isso é conhecido como efeito CNN e frequentemente associado à intervenção norte-americana de 1992-1993 na Somália. Acredita-se que as imagens de somalis esquálidos e desesperados transmitidas pela televisão tenham estimulado George H. W. Bush a enviar forças militares ao país, mas quando, no dia 3 de outubro de 1993, dezoito Army Rangers (membros da elite do exército dos Estados Unidos) e dois companheiros da coalizão malasiana foram mortos e as imagens de um dos americanos sendo arrastado pelas ruas em Mogadíscio foram ao ar, as forças norte-americanas foram evacuadas.

Entretanto, com o passar do tempo, à medida que esses comportamentos forem adotados por países e indivíduos em todo o mundo, a distância estética entre inteligência e marketing diminuirá. Os Estados precisarão ser cuidadosos para não confundir uma coisa com a outra. Assim que souberem o que precisam produzir para gerar uma resposta específica, os grupos serão capazes de adaptar adequadamente seu conteúdo e mensagens.

Quem tiver recursos do Estado terá o controle em qualquer guerra de marketing, porém nunca a vantagem exclusiva. Mesmo que o Estado controle muitos dos meios de produção — as torres de telefonia celular, a mídia estatal, os provedores de serviços de internet —, será impossível um único partido ter o monopólio da informação. Uma vez que um telefone que cabe na palma da mão basta para filmar, editar, fazer o upload e disseminar conteúdo gerado pelo usuário, um regime não pode dominar totalmente. Um vídeo capturado pela câmera trêmula de um telefone celular durante os protestos ocorridos após as eleições de 2009 no Irã inflamou o movimento da oposição: o famoso "vídeo de Neda". Neda Agha-Soltan era uma jovem habitante do Teerã que, depois de estacionar o carro em uma rua próxima ao local onde ocorriam manifestações contra o governo, saiu do automóvel para escapar do excesso de calor e levou um tiro no coração, disparado por um atirador de elite que se encontrava em um telhado próximo.[7] Surpreendentemente, o incidente foi capturado pela câmera do celular de alguém. Enquanto alguns em meio à multidão tentavam ressuscitar Neda, outros também começaram a filmá-la pelos celulares. Os vídeos foram transmitidos entre os iranianos, em geral por Bluetooth, uma vez que o regime, prevendo os protestos, havia bloqueado as comunicações móveis;[8] depois encontraram uma forma de chegar à internet e tornaram-se virais. Em todo o mundo, observadores foram estimulados a denunciar o regime iraniano, ao passo que manifestantes no Irã marchavam, exigindo justiça para Neda. Tudo isso aumentou de forma significativa a atenção global sobre um movimento de protesto que o regime tentava desesperadamente deter.

Mesmo nas sociedades mais restritivas, lugares onde spyware, assédio virtual e hackeamento de telefones móveis ocorrem com frequência, indivíduos determinados encontrarão um modo de transmitir sua mensagem. Talvez isso envolva contrabandear cartões SIM, burlar redes *mesh* (em essência, um coletivo sem fio no qual todos os dispositivos agem como roteadores, criando múltiplos nós para tráfego de dados, em vez de um *hub* central) ou distribuir telefones "invisíveis" destinados a impedir o registro de qualquer comunicação (ao possibilitar que todas as ligações sejam voz sobre IP — VoIP) e que permitam o uso anônimo de serviços de internet. Todos os esforços do Estado para evitar a disseminação de uma tecnologia em demanda fracassam; a questão é apenas saber quando. (Isso se aplica até mesmo às minorias perseguidas que o governo tenta excluir da internet). Muito antes do vídeo da morte de Neda, o Irã tentou proibir as antenas parabólicas; ocorreu justamente o contrário: houve um *aumento* em seu uso entre o público iraniano. Hoje, o mercado ilegal de parabólicas no Irã é um dos maiores *per capita* do mundo, e até mesmo alguns membros do regime lucram com as vendas no mercado negro.

O genocídio de Ruanda, datado de 1994, um conflito de grande destaque ocorrido na era pré-digital que resultou na morte de oitocentas mil pessoas, demonstra que o poder de marketing proporcional faz diferença. Em 1994, embora hutus, tutsis e twa tivessem rádios, somente os primeiros eram donos de estações de rádio. Sem meios para amplificar suas vozes, os tutsis ficaram impotentes diante da barragem de propaganda e das manifestações de ódio transmitidas via ondas sonoras. Quando eles tentaram operar uma estação de rádio própria, o governo, de maioria hutu, identificou os operadores, invadiu seus escritórios e efetuou diversas prisões.[9] Se, nos anos anteriores ao genocídio, a minoria tutsi tivesse tido acesso aos poderosos dispositivos móveis que temos hoje, talvez tivesse sido possível injetar uma narrativa de dúvida no discurso público de Ruanda para que alguns civis hutus não se deixassem convencer pela propaganda antitutsi a pegar em armas contra seus irmãos ruandenses. Os tutsis teriam sido capazes de veicular seu próprio conteúdo com celulares, ao longo do percurso, sem precisar depender da aprovação governamental ou de intermediários para desenvolver e disseminar conteúdo. Durante o genocídio, estações de rádio hutus anunciaram nomes e endereços de pessoas que estavam se escondendo[2] — podemos imaginar a diferença que um canal de comunicação alternativo, como as mensagens P2P criptografadas, poderia ter feito.

Apesar das vantagens em potencial, haverá consequências de longo prazo para essa nova equivalência de condições, ainda que não possamos prever o que será perdido quando as barreiras tradicionais forem eliminadas. A desinformação, como mencionamos antes, vai distrair e distorcer, levando a interpretações equivocadas dos eventos ou a erros de cálculo nas reações. Nem todos os crimes brutais cometidos fazem parte de uma carnificina sistemática de um grupo étnico ou religioso; entretanto, com um esforço mínimo, podem ser incorretamente considerados como tal. Mesmo no contexto doméstico, a desinformação pode representar um grande problema: como um governo local deve lidar com uma turba revoltada às portas da prefeitura exigindo justiça para um vídeo manipulado? Governos e autoridades enfrentarão repetidamente questões como essas, e somente algumas de suas respostas serão pacificadoras.

A melhor resposta a esses desafios, talvez a única, é a verificação digital. Provar que uma foto foi manipulada (verificando a marca d'água digital), que um vídeo foi editado (buscando o clipe na íntegra para provar que algumas partes estão ausentes) ou que uma pessoa que aparece morta na realidade está viva (rastreando sua identidade on-line) proporcionará alguma veracidade em um conflito hiperconectado. No futuro, a testemunha de um ataque de milícias no Sudão do Sul será capaz de acrescentar características como marcas-d'água digitais, dados biométricos e coordenadas para posicionamento por satélite para ajudar a dar peso às suas alegações, o que será útil quando ela compartilhar o conteúdo com a polícia ou a mídia. A verificação digital é o próximo estágio óbvio do processo. Ela já ocorre quando jornalistas e autoridades governamentais verificam suas fontes, comparando-as com outras formas de informação. Será ainda mais fácil e confiável quando os computadores fizerem o grosso do trabalho.

Equipes internacionais de monitores de verificação poderiam ser criadas e alocadas a conflitos nos quais há controvérsias suficientes sobre as narrativas digitais. Como a Cruz Vermelha, os monitores de verificação seriam vistos como agentes neutros, neste caso, bastante capazes do ponto de vista técnico.* (Eles não precisariam ser levados à zona de conflito em todos os casos — seu trabalho poderia muitas vezes ser realizado através de uma conexão com a internet. Entretanto, nos conflitos em que a infraestrutura de comunicação fosse limitada ou excessivamente controlada por um dos lados, a proximidade em relação aos acontecimentos seria necessária, bem como o conhecimento do idioma e da cultura em questão.) Seu selo de aprovação seria uma *commodity* valiosa, um sinal verde para que a mídia e outros observadores levassem a sério determinado conteúdo. Um Estado em guerra poderia evitar esses monitores, no entanto isso desvalorizaria o conteúdo produzido e o tornaria muito suspeito aos olhos de terceiros.

Os monitores examinariam os dados, não o ato em si; por isso, suas conclusões seriam profundamente ponderadas, e os Estados poderiam iniciar intervenções, enviar ajuda ou instituir sanções com base no que eles dissessem. E, claro,

---

* Há uma *start-up* hoje chamada Storyful, que faz isso para muitas das principais empresas de radiodifusão. Emprega ex-jornalistas que atuam como cuidadosos curadores do conteúdo de mídias sociais (por exemplo, verificando se as condições do tempo em um vídeo do YouTube equivalem de fato às condições do tempo registradas na cidade no dia em que o vídeo supostamente foi filmado).

com esse nível de confiança e responsabilidade vem a inevitável possibilidade de abuso, uma vez que tais profissionais não estariam menos imunes à corrupção que obstrui outras organizações internacionais. Regimes talvez tentassem cooptar os monitores de verificação por meio de suborno ou chantagem, e alguns deles poderiam nutrir tendenciosidades pessoais que se revelassem tardiamente. No entanto, esse grupo, em sua maior parte, seria formado por engenheiros e jornalistas honestos que trabalhariam em conjunto, e sua presença em um conflito proporcionaria maior segurança e transparência para todas as partes.

Quando não estão envolvidos em guerras de marketing, grupos em conflito atacam qualquer entidade virtual que considerem valiosas para o inimigo. Isso significa fazer de sites, plataformas e infraestrutura de comunicação que tenham alguma importância estratégica ou simbólica alvos de ataques distribuídos de negação de serviço (DDoS), vírus sofisticados e todos os tipos de armas cibernéticas. Os ataques on-line vão se tornar uma parte integrante da estratégia tática para grupos em combate, das lutas de menor intensidade à guerra em si. Atacar ou incapacitar a rede de comunicação de um grupo rival não só interferirá em seus recursos de marketing digital, como também afetará seu acesso a recursos, informações e sua base de apoio. Uma vez que uma rede ou banco de dados tenha sido comprometida, o grupo infiltrado pode usar as informações obtidas para manter-se informado, disseminar desinformação, desferir ataques preemptivos e até mesmo rastrear alvos de grande valor (se, por exemplo, um grupo encontrar o telefone celular de oficiais do regime e usar software de monitoramento que revele suas localizações).

Os ataques virtuais ocorrerão de forma independente e como medida de retaliação. Em uma guerra civil, por exemplo, se um dos lados perder território para outro, pode retaliar derrubando os sites de propaganda do inimigo como forma de limitar sua capacidade de se gabar da vitória — o que não seria um ganho equivalente, é claro, mas mesmo assim causaria danos. Esta é a versão, no mundo virtual, de bombardear o Ministério da Informação, em geral um dos primeiros alvos em um conflito físico. Um governo repressor conseguirá localizar e invalidar os portais financeiros on-line usados pelos revolucionários do país para receber recursos de seus aliados na diáspora. Hackers solidários a um ou outro lado assumirão para si a tarefa de desmantelar tudo o que estiver a seu alcance: canais do YouTube operados pelos adversários, bancos de dados relevantes. Quando a Otan iniciou suas operações militares na Sérvia, em 1999, hackers favoráveis aos sérvios alvejaram sites públicos da Otan e do Departamento de Defesa dos Estados Unidos com algum sucesso. (O site de assuntos públicos da

Otan para Kosovo ficou "quase inoperante"[11] durante dias por causa dos ataques, que também sobrecarregaram seriamente o servidor de e-mail da organização).

Nas próximas décadas, veremos o primeiro movimento rebelde "inteligente" do mundo. É claro que, para desafiar um governo, será necessário ter armas e efetivo, porém os rebeldes estarão armados com tecnologias e prioridades que ditam uma nova abordagem. Antes mesmo de anunciar sua campanha, eles alvejariam a rede de comunicações do governo, sabendo que esta constitui a verdadeira (e oficial) espinha dorsal da defesa do Estado. Buscariam dissimuladamente o apoio de governos solidários à causa a fim de adquirir os componentes técnicos necessários — *worms*, vírus, informações biométricas — para desmantelá-la, de dentro ou de fora. Uma greve digital contra a infraestrutura de comunicações poderia pegar o governo desprevenido, e, enquanto os rebeldes não assumissem a autoria do ataque, os governantes ficariam imaginando de onde veio e quem estaria por trás dele. Para confundir ainda mais as coisas, os rebeldes deixariam pistas falsas sobre a origem do ataque, talvez apontando para um inimigo externo. O Estado se esforçaria para restabelecer sua rede de comunicações, porém os rebeldes atacariam de novo, se infiltrando na internet do governo e roubando identidades (levando a rede a acreditar que os infiltradores seriam usuários legítimos), para, assim, desorientar e atrapalhar ainda mais os processos da rede. (Se os rebeldes obtivessem acesso a um importante banco de dados biométricos, teriam condições de roubar as identidades de autoridades governamentais e se passar por elas, gerando declarações falsas ou compras suspeitas.) Por fim, os rebeldes definiriam como alvo algo tangível, como a malha elétrica do governo, cuja manipulação provocaria protestos do público, que culparia, incorretamente, o governo. Dessa forma, o movimento inteligente poderia, com três golpes digitais e sem disparar um só tiro, ver-se equilibrado de forma singular para mobilizar as massas contra um governo que nem estava ciente de uma rebelião interna. A essa altura, os rebeldes dariam início ao seu ataque militar e abririam um segundo front, dessa vez, físico.

No futuro, os conflitos também serão influenciados por duas tendências distintas e bastante positivas derivadas da conectividade: primeiro, a sabedoria das multidões virtuais e, segundo, a permanência de dados como provas, que torna mais difícil aos perpetradores de violência negar ou minimizar seus crimes.

A sabedoria coletiva na internet é uma questão controversa. Muitos criticam os pontos negativos da colaboração on-line, como a mediocridade agressiva da "mentalidade da colmeia" (o consenso de grupos de usuários da internet) e a malícia do comportamento de grupo alimentada pelo anonimato em fóruns, redes sociais e outros canais virtuais. Outros defendem a precisão e confiabilidade de plataformas de informações de massa como a Wikipédia. Qualquer que seja a sua visão, há benefícios potenciais que a sabedoria coletiva pode proporcionar aos futuros conflitos.

Com condições mais equitativas para acessar informações em ambientes de guerra, um maior número de cidadãos pode desenvolver as denúncias que surgirem. A disseminação do uso de telefones celulares garantirá que o número de pessoas a par do que acontece dentro de um país seja maior, e a conectividade proporcionada pela internet amplia essa esfera de envolvimento com uma considerável gama de agentes externos. No cômputo geral, há sempre menos pessoas ao lado dos agressores. Com uma população engajada, cresce o potencial de mobilização de cidadãos contra a injustiça ou propaganda: se um número suficiente de pessoas se revoltar contra o que vê, elas terão meios para se fazer ouvir e poderão agir individual ou coletivamente — mesmo que o motivo da discórdia, como vimos em Cingapura, seja o uso do curry na cozinha.

Os desafios de governar a internet também levam em consideração o perigo da vigilância on-line, como mostra a história dos *renrou sousuo yinqing* (literalmente, "mecanismos de busca de carne humana") da China. Segundo o revelador artigo de Tom Downey, publicado em março de 2010 no *The New York Times Magazine*,[12] há alguns anos surgiu no espaço on-line chinês uma perturbadora tendência na qual grandes quantidades de usuários de internet localizavam, monitoravam e assediavam indivíduos que haviam provocado a raiva coletiva. (Não existe uma plataforma central para esse trabalho, e a tendência não se limita à China, no entanto o fenômeno é mais conhecido e entendido no país graças a uma série de exemplos de grande repercussão.) Em 2006, circulou em fóruns da internet chinesa um vídeo horripilante que mostrava uma mulher pisoteando até a morte, com sapatos de salto alto, um gatinho, o que provocou uma caçada nacional à agressora.[13] Por meio de um minucioso trabalho de detetive em massa, não demorou para a mulher ser encontrada[14] em uma pequena cidade no nordeste da China e, depois que seu nome, número de telefone e local de trabalho foram divulgados, ela fugiu com seu câmera. Aparentemente, os computadores não são os únicos capazes de encontrar uma agulha no palheiro; foram necessários apenas seis dias[15] para que essa mulher fosse localizada entre mais de um bilhão de chineses — partindo apenas de pistas contidas no vídeo.

Esse tipo de comportamento de multidão pode desviar-se para o caos inevitável, mas isso não significa que as tentativas de aproveitar o poder coletivo para o bem devem ser abandonadas. Imagine se o objetivo final dos usuários chineses não fosse assediar a assassina do gatinho, mas levá-la a responder por seus atos na justiça pelos canais oficiais. Em um cenário de conflito no qual as instituições foram dilaceradas ou perderam a confiança popular, a energia coletiva ajudará a produzir informações mais abrangentes e precisas, auxiliará na caça a criminosos e criará demanda para responsabilização, mesmo nas circunstâncias mais difíceis.

Entretanto, a importância e a utilidade da justiça coletiva empalidecem se comparadas a outro avanço moderno: a permanência dos dados. A exposição ao vivo de atrocidades, e para uma audiência global, é de suma importância, assim como armazená-las e torná-las disponíveis a todos os que queiram acessá-las (para processos judiciais, legislação ou estudos posteriores). Governos e outros agressores podem ter a vantagem militar com armas, tanques e aviões; porém, mais adiante, travarão uma batalha contra o rastro de informação que deixarem para trás. Se um governo tentar impedir as comunicações entre os cidadãos, talvez consiga abafar parte das provas que fluem no país e saem dele, mas o fluxo continuará. Mais importante: a presença dessas evidências, mesmo que na época tenham sido contestadas, afetará como o conflito será dirigido, resolvido e considerado no futuro.

A responsabilização, ou sua ameaça, é uma ideia poderosa; por isso, as pessoas tentam destruir provas. Na ausência de dados concretos, relatos conflitantes podem impedir a justiça e o desfecho dos casos, e isso se aplica tanto aos cidadãos quanto aos Estados. Em janeiro de 2012, França e Turquia envolveram-se em um conflito diplomático depois que o Senado francês aprovou um projeto de lei (derrubado um mês depois pelo Conselho Constitucional Francês)[16] que tornaria ilegal negar o status de genocídio do assassinato em massa de armênios pelo Império Otomano em 1915. O governo turco, que rejeita o termo "genocídio" e alega que o número de armênios mortos foi muito inferior a 1,5 milhão, considerou o projeto de lei "racista e discriminatório",[17] afirmando que deveria caber aos historiadores julgar os fatos. Com os dispositivos, as plataformas e os bancos de dados disponíveis hoje, em pouco tempo os governos terão muito mais dificuldade de discutir alegações como essas, não apenas em razão das provas permanentes, mas porque todos terão acesso ao mesmo material.

No futuro, a comparação de dados biométricos, o rastreamento de cartões SIM e plataformas de geração de conteúdo fáceis de usar propiciarão um nível de responsabilização nunca visto. A testemunha de um crime poderá usar o celular para capturar o que vê e identificar quase instantaneamente o perpetrador e a vítima com software de reconhecimento facial, sem precisar se expor de maneira direta ao risco. Informações sobre crimes ou brutalidade em formato digital serão automaticamente salvas na nuvem (para que não haja perda de dados se o telefone da testemunha for confiscado) e talvez enviadas a um órgão judicial ou de monitoramento. Uma corte internacional começaria, então, a investigar, e, dependendo do que encontrasse, instituiria um julgamento público virtual, transmitindo-o ao país onde o perpetrador estivesse em liberdade. O risco da humilhação pública e de infrações penais talvez não detivesse os líderes, mas seria suficiente para levar soldados rasos a pensar duas vezes antes de se envolver em atividades mais violentas. Provas verificadas por profissionais estariam disponíveis no site da Corte de Haia antes do julgamento, e as testemunhas prestariam seus depoimentos no meio virtual, e em segurança.

Obviamente, a justiça é morosa, em particular nos meandros do direito internacional. Enquanto um sistema de responsividade de dados é desenvolvido, o ganho intermediário será o armazenamento de provas verificáveis, que resultará em melhor aplicação da lei. Um aplicativo de fonte aberta criado pelo Tribunal Internacional de Justiça ou outro órgão semelhante poderia conter os criminosos mais procurados do mundo, país a país. Assim como os "mecanismos de busca de carne humana" dos chineses conseguem indicar a localização de um indivíduo e seus detalhes de contato, esse recurso poderia ser usado para identificar criminosos. (Lembre-se: as pessoas terão aparelhos telefônicos poderosos até mesmo nos locais mais afastados.) Usando a mesma plataforma, cidadãos preocupados em todo o mundo contribuiriam em termos financeiros para criar uma recompensa que incentivasse a prisão de um criminoso. Então, em vez de enfrentar a justiça das multidões, o delinquente seria levado em custódia pela polícia e submetido a julgamento.

O poder coletivo do mundo digital serviria como um enorme obstáculo para possíveis perpetradores de brutalidade, práticas corruptas e até mesmo crimes contra a humanidade. Com certeza sempre haverá pessoas verdadeiramente más contra as quais obstáculos desse tipo não funcionarão, contudo, para aquelas apenas desonradas, os possíveis custos do mau comportamento em uma era digital só vão aumentar. Além dos riscos elevados de responsabilização e da maior probabilidade de um crime ser documentado e preservado para sempre, os denunciantes usarão a tecnologia para alcançar o público mais amplo possível. Os desertores também terão um incentivo ainda maior para evitar acusações de cumplicidade em crimes documentados. Talvez se crie um programa de proteção às testemunhas digitais para fornecer aos informantes novas identidades virtuais (como as vendidas no mercado negro já mencionado) no intuito de incentivar sua participação.

Terminado um conflito, provas digitais permanentes também ajudarão a moldar a justiça de transição. Comitês de verdade e conciliação no futuro contarão com um tesouro de registros digitais, vigilância via satélite, vídeos e fotos amadores, relatórios de autópsias e depoimentos. (Exploraremos este tópico mais adiante.) Mais uma vez, o medo de ser responsabilizado será obstáculo suficiente para alguns possíveis agressores; no mínimo, ele poderia reduzir o nível de violência.

Além de documentar atrocidades, o armazenamento em nuvem tornará a permanência dos dados relevante e importante para os povos em conflito. Informações pessoais ficarão mais seguras fora do mundo físico, pois se tornarão inalcançáveis. Às vezes, a deflagração da violência pega todos de surpresa. Porém, em casos em que a situação de segurança piora visivelmente, os indivíduos terão condições de prever possibilidades de fugas e deslocamentos e preparar-se para elas. As pessoas também serão capazes de sustentar a reivindicação de suas casas, propriedades e empresas, mesmo se exiladas ou refugiadas, capturando provas visuais e usando ferramentas como Google Maps e GPS para definir fronteiras. Poderão transferir para a rede escrituras e registros de imóveis. Em casos de disputa, as plataformas digitais auxiliarão a arbitragem. Civis surpreendidos em meio a um conflito e forçados a fugir poderão tirar fotos de todas as suas posses e recriar um modelo de sua casa no espaço virtual. Se voltarem, saberão exatamente o que está faltando e poderão usar uma plataforma de rede social para localizar os itens roubados (depois de terem comprovado com recursos digitais que os possuem).

Guerra automatizada

Quando o conflito se intensificar, transformando-se em combate armado, seus futuros participantes constatarão que o cenário da guerra em nada se assemelha ao que era no passado. A abertura de um front virtual não muda o fato de que os soldados e a maior parte das sofisticadas armas automatizadas ainda terão de operar no mundo físico, sem jamais eliminar a função essencial da orientação e do julgamento humanos. Contudo, os militares que não considerarem o fenômeno de um mundo dual (e suas responsabilidades em ambos) descobrirão que, embora a nova tecnologia os transforme em máquinas de matar muito mais eficientes, isso os faz serem odiados e insultados, tornando ainda mais difícil a conquista de corações e mentes.

A automação moderna dos equipamentos de guerra, resultado dos avanços em robótica, inteligência artificial e veículos aéreos não tripulados (UAVs, do inglês *unmanned aerial vehicles*), constitui a mudança mais fundamental no combate humano desde a invenção da arma de fogo. Como diz o especialista militar Peter Singer em seu fabuloso relato da tendência, *Wired for War: the Robotics Revolution and Conflict in the 21st Century* [Cabeados para a guerra: a revolução robótica e os conflitos no século XXI], trata-se do que os cientistas chamariam de "singularidade"[18] — um "estado no qual as coisas se tornam tão diferentes que as antigas regras deixam de valer, e ficamos praticamente sem saber de nada". Como ocorreu em outras mudanças de paradigma na história (a teoria dos germes, a invenção do tipo móvel, a teoria da relatividade de Einstein), é quase impossível prever com grande precisão como a eventual transição para a guerra totalmente automatizada alterará o curso da sociedade humana. Tudo o que podemos fazer é considerar as pistas que temos hoje, avaliar o que pensam as pessoas na linha de frente e apresentar uma opinião abalizada.

A integração da tecnologia da informação aos mecanismos de guerra não é uma tendência nova: a Darpa, braço de pesquisa de desenvolvimento do Pentágono, foi criada em 1958 como resposta ao lançamento do Sputnik.* A determinação do governo norte-americano em evitar ser novamente pego desprevenido é tamanha que a missão da Darpa é, literalmente, "manter a superioridade da tecnologia militar dos Estados Unidos e impedir que surpresas tecnológicas prejudiquem a segurança nacional".[19] Depois disso, o país passou a liderar o mundo em tecnologia militar sofisticada, desde bombas inteligentes a *drones* não tripulados e robôs EOD (*explosive-ordnance-disposal*, desativação de artefatos explosivos). Porém, como discutiremos a seguir, os Estados Unidos talvez não consigam manter essa vantagem exclusiva por muito mais tempo.

É fácil entender por que governos e militares gostam de robôs e outros sistemas de combate não tripulados: nunca se cansam, não sentem medo nem emo-

* Os entusiastas de computação devem se lembrar da função central da Darpa na criação da internet, na época em que era conhecida como Advanced Research Projects Agency (Arpa, Agência de Projetos de Pesquisa Avançada).

ção, têm uma capacidade sobre-humana e nunca deixam de cumprir ordens. (Como observa Singer, os robôs são singularmente adequados a funções que os militares consideram entediantes, sujas ou perigosas[20]). As vantagens técnicas conferidas pelas máquinas são restringidas apenas pelos limites de seus fabricantes. Estes podem construir robôs que resistam a balas, tenham um alvo perfeito, reconheçam e desarmem os alvos e transportem cargas impossíveis em condições severas de calor, frio ou desorientação. Robôs militares têm melhor resistência, e seu tempo de reação é mais rápido do que o de qualquer soldado; além disso, os políticos os enviarão muito mais rápido à batalha do que enviariam tropas humanas. Em geral, as pessoas concordam que a introdução de robôs em operações de combate, seja em terra, no mar ou no ar, vai, por fim, acarretar menos mortes em combate, menos vítimas entre os civis e menos danos colaterais.

Já existem hoje muitos robôs em operações militares americanas. Há mais de uma década, em 2002, a iRobot, empresa que inventou o aspirador de pó robótico,[21] lançou o PackBot, um equipamento de 19 quilos com bitolas semelhantes às de um tanque, câmeras e um grau de funcionalidade autônoma, que as unidades militares podem equipar para detectar minas, identificar armas químicas ou biológicas e investigar possíveis artefatos explosivos improvisados em estradas ou em qualquer outro lugar.* Outro fabricante de robôs, a Foster-Miller, produz um concorrente do PackBot chamado Talon,[23] bem como o primeiro robô armado levado à batalha: o Swords (um sistema de detecção, reconhecimento e observação de armas especiais). E há também os *drones* aéreos.[24] Além dos hoje reconhecíveis *drones* Predator, o exército dos Estados Unidos opera versões menores (como o Raven, lançado manualmente e usado para vigilância) e outros maiores (como o Reaper, que voa mais alto, mais rápido e com maior carga útil de armas do que o Predator). Um relatório interno do Congresso adquirido pelo blog Danger Room, da revista *Wired*, em 2012 afirmou que os *drones* compõem atualmente 31% de todas as aeronaves militares — comparados a 5% em 2005.[25]

Conversamos com diversos soldados e ex-soldados das Forças Especiais para avaliar como eles acreditam que esse avanço das tecnologias robóticas afetará as operações de combate nas próximas décadas. Harry Wingo, um funcionário do Google e ex-membro dos Navy Seal, falou sobre a utilidade de usar computadores e robôs, em vez de seres humanos, para a vigilância e para indicar o caminho

* Foram utilizados dois PackBots durante a crise nuclear de Fukushima após o terremoto de 2011 no Japão,[22] para entrar na planta nuclear danificada, onde os níveis de radiação tornavam altamente arriscada a entrada de pessoal de resgate, a fim de coletar dados visuais e sensoriais.

na frente de combate ou na evacuação de edifícios. Na próxima década, disse ele, uma quantidade maior de "cinética letal"[26] — operações envolvendo fogo — "será delegada aos robôs, inclusive as operações de adentramento tático, que exigem a análise de alvos em milésimos de segundos". De início, a operação dos robôs será "assistida por máquinas", o que significa que um soldado direcionará remotamente o equipamento; no entanto, Wingo acredita que por fim "os robôs identificarão e atingirão os alvos". Desde 2007, as Forças Armadas dos Estados Unidos vêm empregando robôs Swords[27] armados capazes de reconhecer e alvejar de forma semiautônoma alvos humanos, embora se acredite que eles ainda não tenham sido usados em um contexto letal.

Os soldados não serão deixados totalmente para trás, nem todas as funções humanas serão automatizadas. Nenhum dos robôs em operação hoje atua de maneira completamente autônoma — ou seja, sem intervenção humana —, e, como veremos mais adiante, existem aspectos importantes do combate, como julgamento, que os robôs não serão capazes de exercitar por muitos anos ainda. Para entender melhor como a tecnologia ampliará as capacidades dos soldados humanos, perguntamos a um ex-membro do Navy Seal que, por acaso, participou da captura de Osama bin Laden em maio de 2011 como ele acredita que serão as unidades de combate do futuro.[28] Em primeiro lugar, ele nos contou que prevê unidades equipadas com tablets muito sofisticados e seguros que permitirão aos soldados ter acesso a *feeds* de vídeos em tempo real de veículos aéreos não tripulados, baixar análises de inteligência relevantes e manter-se informados sobre os movimentos de tropas amistosas. Esses dispositivos terão mapas ao vivo carregados com dados suficientes sobre o ambiente que os cerca — a importância histórica de uma rua ou de um prédio, os proprietários de cada casa e os movimentos internos detectados via infravermelho pelos *drones* aéreos — para proporcionar aos soldados uma noção muito mais clara do que alvejar e do que evitar.

Em segundo lugar, roupas e equipamentos usados pelos soldados vão mudar. Tecnologias hápticas — que se referem a toques e sensações — produzirão uniformes que lhes permitirão comunicar-se por pulsações, enviando sinais entre si que resultem em um leve beliscão ou vibração em uma parte específica do corpo. (Por exemplo, um beliscão na panturrilha direita poderia indicar a aproximação de um helicóptero.) Os capacetes terão melhor visibilidade e comunicações embutidas, permitindo aos comandantes ter a mesma visão dos soldados para orientá-los a distância, da base. A camuflagem permitirá aos soldados mudar cor, textura, padrão ou odor dos uniformes. As fardas talvez até sejam capazes de emitir sons ou abafar ruídos que os soldados queiram ocultar — sons da natureza mascarando passos, por exemplo. Fontes de energia leves e duráveis também serão integradas, para que nenhum dos dispositivos ou tecnologias vestíveis falhe em momentos cruciais devido a calor, água ou distância de um carregador. Os soldados terão a capacidade adicional de destruir toda essa tecnologia remotamente, para que sua captura ou roubo não revele valiosos segredos da inteligência.

E, claro, em torno de tudo isso, haverá uma robusta camada de cibersegurança — mais do que qualquer civil usaria —, permitindo a transmissão instantânea de dados dentro de um casulo de proteção eletrônica. Sem segurança, nenhuma das vantagens citadas valeria o custo considerável necessário para seu desenvolvimento e aplicação.

Infelizmente, os procedimentos dos fornecedores das forças armadas ocultarão muitos desses avanços. O complexo militar-industrial dos Estados Unidos está trabalhando em algumas das iniciativas já mencionadas — a Darpa liderou o desenvolvimento de muitos dos robôs em operação hoje em dia —, contudo, por natureza, ele é pouco equipado para lidar com a inovação. Até mesmo a Darpa, que dispõe de recursos financeiros abundantes, está presa a elaboradas estruturas contratuais e a sua posição na burocracia do Departamento de Defesa. A vantagem inovadora que constitui a característica principal do setor de tecnologia americano está, em grande parte, distante das forças armadas do país em função de um sistema de aquisições anárquico e bizantino, o que implica uma séria perda de oportunidade. Sem reformas que permitam aos órgãos militares e seus fornecedores se comportarem mais como pequenas empresas privadas e *start-ups* (que têm espaço de manobra e opção de se movimentar com rapidez), é provável que o setor inteiro se retraia diante da austeridade fiscal.

As forças armadas estão cientes dos problemas. De acordo com Singer, "trata-se de uma questão estratégica para eles: como romper com essa estrutura falida?"[29] Os grandes projetos de defesa não saem do estágio de protótipo, com orçamentos acima do esperado e atrasos no cronograma, enquanto tecnologias e produtos comerciais hoje são concebidos, desenvolvidos e lançados no mercado em grandes volumes, em tempo recorde. Por exemplo, o Joint Tactical Radio System,[30] que deveria ser uma nova rede de radiocomunicações das forças armadas, semelhante à internet, foi concebido em 1997, depois paralisado em setembro de 2012, apenas para ter suas funções de aquisições transferidas para o Exército, no âmbito do que hoje se conhece como Joint Tactical Networking Center. Quando as operações foram interrompidas, seu custo chegava a bilhões de dólares, e o sistema ainda não era totalmente aplicado no campo de batalha. "Eles não podem mais se dar ao luxo de ter esse tipo de processo", disse Singer.[31]

Uma saída para as forças armadas e seus fornecedores é usar produtos prontos, o que significa adquirir tecnologias e dispositivos disponíveis no comércio, em vez de desenvolver tudo por conta própria. A integração desses produtos externos, entretanto, não é um processo fácil; atender às especificações militares (resistência, utilização e segurança) já é o suficiente para introduzir atrasos prejudiciais. Segundo Singer, a burocracia e a ineficiência do sistema de contratação militar na realidade geraram um grau inédito de criatividade no desenvolvimento de soluções funcionais. Algumas dessas soluções envolvem adquirir os sistemas imediatamente necessários fora do processo normal de aquisições do Pentágono; foi assim que os veículos MRAP (do inglês *mine-resistant, ambush protected* — veículos resistentes a emboscadas com minas) foram logo introduzidos no front depois que o uso de artefatos explosivos improvisados começou no Iraque. E as tropas com frequência adaptam para uso próprio as tecnologias comerciais que adquirem.

Até os líderes militares reconheceram as vantagens que essa criatividade pode proporcionar. "As forças armadas foram auxiliadas, em alguns aspectos, pelas demandas dos campos de batalha no Iraque e no Afeganistão", explicou Singer. "No Afeganistão, pilotos de helicópteros de ataque dos Fuzileiros Navais começaram a amarrar iPads ao joelho ao levantar voo, usando-os para consultar mapas em vez de um sistema acoplado a suas aeronaves."* [32] Ele acrescentou que líderes militares se preocupam com o desaparecimento dessas soluções criativas quando a pressão em campos de batalha ativos cede. Ainda precisaremos ver se a inovação levará à mudança em um sistema de contratação problemático.

No passado, as inovações tecnológicas proporcionaram aos Estados Unidos importantes vantagens estratégicas. Durante muitos anos após o desenvolvimento dos primeiros mísseis guiados por laser, nenhum outro país o alcançava em termos de letalidade em longa distância. Entretanto, os avanços tecnológicos tendem a se igualar com o passar do tempo, conforme as tecnologias se disseminam, vazam ou passam por engenharia reversa; armas sofisticadas não são exceção. O mercado

* A declaração de Singer foi corroborada por vários soldados das Forças Especiais na ativa com os quais conversamos.

para *drones* já é internacional. Há anos Israel ocupa a dianteira dessa tecnologia; a China é muito ativa na promoção e venda de seus *drones*; e o Irã revelou o primeiro *drone* bombardeiro de fabricação própria em 2010. Até a Venezuela já entrou para o clube,[33] utilizando sua aliança militar com o Irã para criar um programa de *drones* "exclusivamente defensivos" operado por engenheiros de mísseis iranianos. Quando solicitado a confirmar relatos desse programa, o presidente da Venezuela, Hugo Chávez (morto em março de 2013), observou: "É claro que estamos implementando o programa, é um direito nosso. Somos um país livre e independente."[34] Os *drones* não tripulados ficarão menores, mais baratos e eficazes com o passar do tempo. Como acontece com a maior parte das tecnologias, uma vez que um produto é lançado — seja um *drone*, seja um aplicativo para desktop —, não é mais possível colocá-lo de volta na caixa.

Perguntamos à ex-diretora da Darpa, Regina Dugan, como os Estados Unidos abordam o alto nível de responsabilidade associado ao desenvolvimento desse tipo de produto, sabendo que as consequências do uso fogem ao controle. "A maior parte dos avanços tecnológicos, em particular os grande avanços, tende a deixar as pessoas nervosas", disse. "E temos bons e maus exemplos do desenvolvimento da estrutura conceitual social, ética e jurídica que acompanha esses avanços."[35] Dugan apontou as preocupações iniciais expressas pelas pessoas quando o sequenciamento do genoma humano foi anunciado. Se fosse possível determinar a predisposição de um indivíduo a desenvolver Doença de Parkinson, como essa informação afetaria o tratamento dispensado por empregadores e seguradoras a esse indivíduo? "O que acabou acontecendo foi a compreensão de que o avanço que nos permitiria identificar essa predisposição não era o que deveria nos assustar", explicou Dugan. "O importante seria criar proteções legais que garantissem que o acesso à assistência médica não fosse negado às pessoas pelo fato de terem predisposição genética." O desenvolvimento de avanços tecnológicos e das proteções de que, em última análise, elas precisarão, devem caminhar lado a lado para que se chegue ao equilíbrio.

Dugan descreveu a função de sua ex-agência com perfeição e clareza: "Não se pode assumir uma missão como inventar e prever surpresas estratégicas sem estar disposto a fazer coisas com as quais as pessoas a princípio vão se sentir pouco à vontade." Ao contrário, a obrigação é lidar com essa tarefa de maneira responsável — o que requer a contribuição e ajuda de outras pessoas. "A agência não pode fazer isso sozinha. É preciso envolver outros órgãos do governo, outras pessoas, no debate sobre o assunto", disse.

É reconfortante saber que a Darpa leva a sério sua responsabilidade por essas novas tecnologias, mas o problema, evidentemente, é que nem todos os governos vão lhe dispensar a mesma consideração e cautela. A proliferação de *drones* representa um desafio particularmente preocupante, pois proporciona enormes benefícios até mesmo aos menores exércitos. Nem todos os governos ou forças armadas do mundo têm a infraestrutura técnica ou o capital humano necessários para apoiar a própria frota de veículos não tripulados; apenas os dotados de maiores recursos terão facilidade para adquirir essa capacidade, abertamente ou não. Possuir robôs militares — em particular veículos aéreos não tripulados — vai se tornar uma prerrogativa estratégica para todos os países. Alguns os adquirirão para obter vantagem; outros, apenas para manter a soberania.

Sob esse nível de competição entre Estados, haverá uma corrida contínua por parte dos civis e de figuras não estatais pela aquisição ou desenvolvimento de *drones* e robôs para fins próprios. Singer nos lembrou que "grupos de mídia, empresas de pulverização de safras agrícolas, autoridades policiais e até mesmo criminosos e terroristas já usam ou usaram *drones*".[36] A controversa firma militar privada Blackwater, hoje chamada Academi, LLC, revelou seu serviço especial — *drones* não tripulados, disponíveis para locação, missões de vigilância e reconhecimento[37] — em 2007. Em 2009, foi contratada para carregar bombas em *drones* da CIA.[38]

Há também muitos avanços no setor privado e no uso de *drones* fora do contexto militar. Por exemplo, algumas imobiliárias fazem uso deles para tirar fotografias aéreas de suas propriedades maiores.[39] Várias universidades os utilizam para fins de pesquisa; a Universidade Estadual do Kansas criou um curso de aviação não tripulada.[40] E, em 2012, ficamos sabendo do Tacocopter (um serviço que permite que qualquer pessoa com vontade de comer tacos os peça via smartphone, indique o endereço e receba a encomenda em casa, entregue por um *drone*); a história na realidade era um embuste, mas tecnicamente possível; não estamos muito longe disso.

Como já mencionamos, *drones* comuns, leves e baratos, desenvolvidos para combate, vão se tornar populares no bazar de armas globais e em mercados ilícitos. Aeromodelos, automóveis e barcos pilotados de maneira remota, capazes de realizar tarefas de vigilância, interceptar alvos hostis e detonar bombas, vão impor sérios desafios a soldados em zonas de guerra, acrescentando uma nova dimensão às operações. Se a versão civil de *drones* armados se tornar sofisticada o suficiente, poderemos muito bem ver *drones* militares e civis entrando em batalha, talvez no México, onde cartéis de drogas têm recursos para adquirir tais armas.

Os governos tentarão restringir o acesso às tecnologias-chave que facilitariam a produção em massa de *drones*, mas legislar sobre sua proliferação e venda será extremamente difícil. A proibição direta é irrealista, e até mesmo tentativas modestas de controlar o uso civil em países pacíficos terão sucesso limitado. Se, por exemplo, o governo dos Estados Unidos exigir que as pessoas registrem suas pequenas aeronaves não tripuladas, restringindo os espaços nos quais os *drones* poderiam voar (longe de aeroportos e outros alvos valiosos, por exemplo) e proibindo sua utilização além das fronteiras do Estado, não é difícil imaginar que determinados indivíduos encontrariam maneiras de burlar as regras reconfigurando seus dispositivos, tornando-os anônimos ou embutindo-lhes algum tipo de recurso secreto. Ainda assim, tratados internacionais poderiam ser discutidos em torno da proliferação dessas tecnologias, talvez proibindo a venda de *drones* maiores fora dos canais governamentais oficiais. De fato, as nações com maior capacidade de proliferar veículos aéreos não tripulados podem até criar uma versão moderna do Acordo de Limitação de Armamentos Estratégicos (Salt, do inglês Strategic Arms Limitation Talks), que tentou restringir o número de armas norte-americanas e soviéticas durante a Guerra Fria.

Os Estados precisarão se esforçar para manter a segurança de suas áreas costeiras e fronteiriças, protegendo-as da crescente ameaça de veículos aéreos não tripulados inimigos que, por definição, são difíceis de detectar. Assim que a navegação autônoma for possível, os *drones* vão se tornar minimísseis de cruzeiro que, uma vez disparados, não poderão ser detidos por interferência. Os *drones* de vigilância inimigos podem ser mais aceitáveis do que os que transportam mísseis, porém ambos serão considerados uma ameaça, pois não é fácil distinguir um do outro. Talvez seja mais eficaz alvejar um *drone* inimigo eletronicamente, violando as defesas de cibersegurança dos veículos aéreos não tripulados sem o uso da força bruta. A guerra torna-se, nas palavras de Singer, uma "batalha de persuasão"[41] — uma tentativa de cooptar e persuadir essas máquinas a sair de sua missão original. No final de 2011, o Irã exibiu com orgulho um *drone* americano intacto que derrubara, o RQ-170 Sentinel,[42] alegando tê-lo capturado ao tentar violar suas defesas, depois de invadir o espaço aéreo iraniano. (Os Estados Unidos, de sua parte, declararam apenas que o *drone* estava "perdido".) Sem se identificar, um engenheiro iraniano afirmou ao *The Christian Science Monitor* que ele e seus colegas conseguiram fazer o *drone* "aterrissar sozinho, onde eles quiseram, sem ter de craquear os sinais de controle remoto e as comunicações"[43] do centro de controle dos Estados Unidos devido a uma conhecida vulnerabilidade na navegação por GPS da aeronave. Embora não seja impossível, a técnica de implantar novas coordenadas, conhecida como *spoofing*,[44] é muito difícil (os iranianos precisariam decifrar a criptografia militar para alcançar o GPS, mascarando os sinais e interferindo nos canais de comunicação).

Soluções diplomáticas poderiam envolver tratados de boa vontade entre Estados que proibissem o envio de *drones* de vigilância ao espaço aéreo uns dos outros ou acordos implícitos de que eles seriam uma ofensa aceitável. É difícil dizer. Talvez surjam exigências internacionais estipulando que *drones* de vigilância sejam facilmente distinguíveis de *drones* bombardeiros. Alguns países poderiam unir-se em uma espécie de "escudo contra drones", algo não muito diferente da aliança nuclear na Guerra Fria; nesse caso, veríamos a primeira zona de proibição de *drones* do mundo. Quando um país pequeno e pobre não puder se dar ao luxo de desenvolver ou adquirir *drones* bombardeiros próprios, mas temer ataques de um vizinho agressor, poderá formar uma aliança com uma superpotência para garantir alguma medida de proteção. Parece improvável, entretanto, que os Estados sem *drones* continuem assim por muito tempo: a fabricação do espião Sentinel, capturado pelos iranianos, custa apenas cerca de 6 milhões de dólares.[45]

A proliferação de robôs e veículos aéreos não tripulados aumentará o conflito pelo mundo — sempre que os Estados os adquirirem, ficarão ansiosos para testar as novas ferramentas —, todavia diminuirá a chance de guerras propriamente ditas. Há alguns motivos para isso. Em primeiro lugar, o fenômeno ainda é muito novo; acordos internacionais relacionados a armas e guerras — o Tratado de Não Proliferação Nuclear, o Tratado Antimísseis Balísticos e a Convenção sobre Armas Químicas, para citar apenas alguns — ainda não chegaram à era dos *drones*. É preciso delimitar fronteiras e desenvolver estruturas conceituais legais; os políticos devem aprender a usar essas ferramentas de maneira responsável e estratégica. Sérias considerações éticas serão ventiladas no discurso público (como vem acontecendo nos Estados Unidos atualmente). Questões dessa importância levarão os Estados a demonstrar cautela nos primeiros anos da proliferação de *drones*.

Precisamos considerar também a possibilidade de extravio de *drones*, a exemplo do que ocorre hoje com armas nucleares. Em países como o Paquistão, por exemplo, existe uma preocupação real com a capacidade do Estado de proteger suas reservas nucleares (estimadas em cem armas). Conforme os Estados desenvolverem frotas mais numerosas de *drones*, crescerá o risco de um deles ir parar em mãos erradas e ser usado contra uma embaixada estrangeira, base militar ou centro cultural. Imagine um futuro 11 de Setembro cometido não por sequestradores em aviões comerciais, mas por *drones*. Esses temores são suficientes para estimular futuros tratados cujo foco seja definir exigências para proteção e salvaguarda dos equipamentos.

Caberá aos Estados determinar, separadamente ou em conjunto, as regras para veículos aéreos não tripulados e se eles estarão ou não sujeitos às mesmas leis que os aviões normais no que diz respeito à violação da soberania sobre o espaço aéreo. Os temores mútuos das nações impedirão a acelerada intensificação de uma guerra de *drones*. Mesmo quando veio a público que o *drone* norte-americano Sentinel violara o espaço aéreo iraniano, Teerã reagiu ostentando suas próprias façanhas, em vez de retaliar.

O público reagirá favoravelmente à reduzida letalidade de uma guerra de *drones*, e isso impedirá a ocorrência de futuras guerras. Já podemos aprender com os anos de notícias relacionadas a *drones* nos Estados Unidos. Poucos meses antes das eleições presidenciais de 2012, vazaram no governo artigos detalhados sobre as operações secretas com *drones* do presidente Obama.[46] A julgar pela reação aos ataques de *drones* em palcos de combate oficiais e não oficiais como Somália, Iêmen e Paquistão, missões letais conduzidas por *drones* são muito mais aceitáveis ao público americano do que as realizadas por tropas, gerando menos questionamento e revolta. Defensores da redução da presença dos Estados Unidos no estrangeiro até apoiam a expansão do programa de *drones* como uma forma legítima de atuação.

Ainda não sabemos quais serão as consequências — políticas, culturais e psicológicas — de nossa recém-adquirida capacidade de explorar a distância física e emocional e de fato "desumanizar" a guerra dessa maneira. Guerras remotas estão ocorrendo com maior frequência do que em qualquer outro momento da história e vão se tornar uma característica ainda mais proeminente do conflito. Ao longo da história, a ideia de guerra remota costumava significar um bombardeio com mísseis, porém, no futuro, será ao mesmo tempo comum e aceitável separar ainda mais o soldado da cena de batalha. A julgar pelas tendências atuais, podemos pressupor que um dos efeitos dessas mudanças será o menor envolvimento público nos níveis emocional e político. Afinal, as baixas do inimigo raramente são a força propulsora por trás das políticas externas ou dos sentimentos do público; nos Estados Unidos, o interesse popular cai drasticamente se não se detectar perigo para as tropas do país. Isso, por sua vez, significa uma população mais silenciosa sobre questões de segurança nacional; tanto os republicanos quanto os democratas acalmam-se diante de uma ameaça menor aos seus soldados. Com mais opções de combate que não inflamam a opinião pública, o governo pode buscar seus objetivos de segurança sem pensar em declarar guerra ou comprometer suas tropas, reduzindo, assim, a possibilidade de um conflito aberto.

A perspectiva de um número inferior de baixas entre os civis, menos danos colaterais e menor risco de prejuízos às pessoas é bem-vinda, mas a transição para um campo de batalha mais automatizado introduzirá novas e importantes vulnerabilidades e desafios. No topo dessa lista vem a manutenção da cibersegurança de equipamentos e sistemas. Assim como as comunicações entre as tropas e suas bases, o fluxo de dados entre dispositivos, robôs em terra, veículos aéreos não tripulados e seus centros de comando e controle dirigidos por seres humanos precisa ser rápido, seguro e livre de obstáculos como infraestrutura inadequada. Por isso, as forças armadas desenvolvem suas próprias redes de comunicação em vez de utilizar a rede local. Até que os robôs no campo tenham inteligência artificial suficiente, uma conexão ruim ou interrompida transforma essas máquinas em caros pesos mortos — possivelmente, também perigosos, pois a captura de um robô inimigo equivale à captura de tecnologia patenteada. Os *insights* que uma captura como essa poderia gerar são infinitos, em particular se o robô for mal projetado — revelando não apenas informações sobre software e engenharia de *drones*, mas também dados ainda mais confidenciais, como a localização do inimigo, obtida por meio de coordenadas digitais. (É difícil imaginar que os países não criarão engodos, derrubando ou comprometendo de propósito um veículo aéreo não tripulado que tenha sido alimentado com informações falsas ou componentes técnicos enganosos como parte de uma campanha de desinformação.) Em guerras com elementos robóticos, os dois lados empregarão ciberataques para interromper a atividade do inimigo, seja por meio de *spoofing* (fazer-se passar por uma identidade da rede), seja utilizando um chamariz para atrapalhar grades de sensores ou degradar redes de batalha inimigas. Os fabricantes tentarão desenvolver mecanismos à prova de falhas para limitar os danos causados por esses ataques, porém será difícil atingir esse nível tecnológico.

Desenvolvedores militares e de robótica enfrentarão também erros simples. Todos os sistemas em rede possuem vulnerabilidades e bugs que, muitas vezes, só são revelados por hackers ou especialistas independentes em sistemas de segurança. O código de computador necessário para operar máquinas desse calibre é incrivelmente denso — milhões e milhões de linhas de código —, e erros acontecem. Mesmo quando os desenvolvedores estão cientes das fragilidades de um sistema, não é fácil resolvê-las. A vulnerabilidade que os iranianos afirmaram ter atingido ao derrubar o *drone* americano, um ponto fraco no sistema de GPS, era conhecida pelo Pentágono desde a campanha na Bósnia da década de 1990.[47] Em 2008, tropas norte-americanas descobriram laptops de insurgentes xiitas no Iraque contendo arquivos de *feeds* de vídeos do *drone* interceptado que os iraquianos conseguiram acessar apenas posicionando suas antenas parabólicas e usando um software barato, que podia ser baixado por 26 dólares, chamado *SkyGrabber*, de início destinado a ajudar as pessoas a piratear filmes e músicas.[48] Os links de dados entre o *drone* e sua estação de controle em terra nunca foram criptografados.

No futuro próximo, conforme os seres humanos continuarem implementando essas tecnologias, outros erros serão cometidos. Colocar a frágil psique humana em situações extremas de combate sempre vai gerar imprevisibilidade — podendo ser um gatilho para a Síndrome do Estresse Pós-Traumático, sofrimento emocional intenso ou surtos psicóticos. Enquanto os seres humanos travarem guerras, é preciso considerar esses erros.

Até que a inteligência artificial possa imitar a capacidade do cérebro humano, não veremos sistemas não tripulados substituindo por completo soldados humanos, seja presencialmente, seja nas tomadas de decisão. Mesmo os equipamentos inteligentes podem ter falhas. Como observou Peter Singer, durante a Primeira Guerra Mundial, quando os tanques de guerra surgiram com suas armas, blindagens e pneus com bitolas enormes nos campos de batalha, eram considerados indestrutíveis — até que alguém inventou o fosso antitanque.[49] O ex-ministro da Defesa do Afeganistão, Abdul Rahim Wardak, que conhecemos em Cabul pouco antes de sua destituição do cargo, descreveu, exultante, como ele e seus companheiros combatentes mujahideen alvejaram tanques soviéticos na década de 1980 esfregando lama em suas janelas e fazendo armadilhas cobertas de folhas semelhantes às usadas pelos vietcongues, uma década antes, para capturar soldados americanos.[50] De acordo com Singer, em um paralelo moderno, "os robôs terrestres que nossos soldados usam no Iraque e no Afeganistão [empregam] uma tecnologia impressionante, mas os insurgentes perceberam que poderiam desenvolver armadilhas para eles — bastariam buracos profundos nos quais cairiam. Calcularam até o ângulo de inclinação necessário para impedir que o robô subisse de volta à superfície".[51] A inteligência desses robôs é especializada, por isso, à medida que forem testados no campo, seus operadores e desenvolvedores encontrarão continuamente manobras inimigas inesperadas e serão forçados a aprimorar seus produtos. Encontros assimétricos em combates como esses continuarão impondo desafios imprevisíveis até mesmo para as tecnologias mais sofisticadas.

Entretanto, a inteligência humana possui outras habilidades além das destinadas apenas à resolução de problemas. Características relevantes ao combate específicas dos seres humanos — como julgamento, empatia e confiança — são difíceis de definir e, mais ainda, instilar em um robô. Sendo assim, o que se perde quando os robôs assumem cada vez mais responsabilidades humanas em operações no campo de batalha? Em nossas conversas com membros das Forças Especiais, eles enfatizaram a importância suprema da confiança e camaradagem nas experiências em combate. Alguns oficiais treinaram e lutaram juntos durante anos, passando a conhecer instintivamente os hábitos, movimentos e padrões de pensamento uns dos outros. Dizem ser capazes de comunicar-se pelo olhar. Será que os robôs um dia poderão imitar a capacidade humana de reagir a dicas não verbais?

Um robô pode ser corajoso? Consegue sacrificar-se por altruísmo? Será que, treinado para identificar e atingir alvos, pode ter alguma noção de ética ou limitação? Saberá distinguir uma criança de um homem de baixa estatura? Se um robô matar um inocente, de quem será a culpa? Imagine um embate entre um robô terrestre armado e uma criança de seis anos com uma lata de tinta spray, talvez enviada por um grupo insurgente. Agindo de forma autônoma ou com orientação humana, o robô pode atirar na criança desarmada ou ser incapacitado quando a tinta spray manchar suas câmeras de alta tecnologia e componentes sensoriais, cegando-o. "O que você faria se, no comando do robô, você precisasse tomar essa decisão?",[52] pergunta Singer. Não podemos levar os robôs à corte marcial, responsabilizá-los ou investigá-los. Assim, os homens continuarão dominando as operações de combate durante muitos anos ainda, mesmo que os robôs se tornem mais inteligentes e integrados com as forças humanas.

Novas intervenções

O advento do conflito virtualizado e da guerra automatizada significará que, no futuro, Estados com agendas agressivas terão uma vasta gama de ferramentas disponíveis. Intervenções feitas por outros agentes — cidadãos, empresas e governos — também vão se diversificar.

O Conselho de Segurança da ONU continuará sendo o único órgão governamental que inclui todas as nações e, ao mesmo tempo, é capaz de conferir legalidade a intervenções militares lideradas por Estados. É pouco provável que a comunidade internacional se distancie muito do poderoso esquema de 1945 que criou as Nações Unidas, mesmo com os chamados vociferantes de cidadãos dotados de autonomia que pressionam cada vez mais seus países a agir. Será quase impossível aprovar novos mandatos e decretos pela intervenção, considerando-se que qualquer emenda à Carta das Nações Unidas exige a aprovação de 194 países-membros.

No entanto, existem áreas de alto nível de diplomacia nas quais novas formas de intervenção são mais viáveis, e elas ocorrerão por meio de alianças menores. Em uma situação extrema, por exemplo, prevemos a reunião de um grupo de países para desarmar os robôs militares de uma nação errante. Podemos imaginar também que alguns membros da Otan tentarão estabelecer novos mandatos para intervenção que poderiam autorizar Estados a enviar tropas a conflitos com o intuito de criar zonas de segurança dotadas de redes independentes. Seria uma ideia popular nos círculos de políticas de intervenção — trata-se de uma extensão natural da doutrina de Responsabilidade de Proteger,[53] que o Conselho de Segurança da ONU usou para autorizar a ação militar (inclusive ataques aéreos) na Líbia em 2011, subsequentemente levada a cabo pela Otan. É muito possível que membros da Otan contribuam com *drones* para fazer valer a primeira zona de exclusão aérea não tripulada sobre uma resistência rebelde futura, sem enviar tropas ao combate ou colocá-las em risco.

Para além de instituições formais como a Otan, a pressão pela ação encontrará saídas sob a forma de coalizões *ad hoc* entre cidadãos e empresas. Nem um nem outro é capaz de reunir força militar para uma invasão terrestre, porém ambos podem contribuir para a manutenção da importantíssima rede de comunicações em uma zona de conflito. As futuras intervenções terão o objetivo de reconectar a internet ou ajudar uma área tomada por rebeldes a montar uma rede independente e segura. Se o Estado manipular as comunicações ou patrocinar manipuladores, haverá um esforço concentrado dos interessados internacionais para intervir e restaurar o acesso livre e ininterrupto sem esperar a aprovação da ONU.

O crucial não é a conectividade em si (é provável que civis em zonas de conflito já tenham alguma forma de acesso às comunicações), mas o que uma rede segura e veloz permite que as pessoas façam. Médicos em hospitais de campanha improvisados poderão coordenar-se com rapidez, interna e externamente, para distribuir suprimentos médicos, organizar o lançamento aéreo de medicamentos, além de documentar o que estão presenciando. Combatentes rebeldes vão se comunicar com segurança, ao largo da rede de comunicações do governo, em frequências e plataformas muito mais úteis do que rádios. Civis vão interagir com membros de suas famílias em diáspora em plataformas antes bloqueadas e usar canais seguros — sobretudo uma gama de ferramentas de *proxy* e circunvenção — para enviar dinheiro e transmitir informações.

Coalizões de Estados poderão enviar Forças Especiais para ajudar movimentos rebeldes a se desconectar da rede governamental e estabelecer uma rede própria. Hoje, ações como essas são praticadas de forma independente. Um grupo de ministros líbios nos contou a história de um corajoso americano chamado Fred que chegou a Benghazi,[54] reduto dos rebeldes, em um barco de madeira, armado com equipamentos de comunicação, determinado a ajudar os revoltosos a construir sua própria rede de telecomunicações. Sua primeira tarefa foi eliminar as escutas da era Gaddafi. No futuro, isso será uma operação de combate, sobretudo em lugares sem acesso por mar.

A composição das coalizões mediadoras, por sua vez, mudará. Estados com forças armadas pequenas, mas cujo setor de tecnologia é robusto, assumirão um papel de peso. Hoje, Bangladesh é um dos países que mais contribui com tropas para as missões internacionais de manutenção da paz.[55] No futuro, países com setores tecnológicos fortes, como Estônia, Suécia, Finlândia, Noruega e Chile, assumirão a liderança desse tipo de missão. Coalizões de países conectados gerarão vontade política e armas digitais como banda larga, redes móveis independentes improvisadas e maior cibersegurança. Essas nações poderiam também contribuir para intervenções militares com exércitos de robôs e *drones* aéreos próprios. Para alguns Estados, em especial os menores, será mais fácil, barato e politicamente vantajoso desenvolver e destinar seu arsenal de *drones* não tripulados a esforços multilaterais, em vez de cultivar e mobilizar tropas humanas.

Empresas de tecnologia, ONGs e pessoas físicas também participarão dessas coalizões, cada qual trazendo algo de valor singular. As empresas poderão desenvolver software de fonte aberta adequado especificamente às necessidades das pessoas de um país, e oferecer upgrades gratuitos para todos os seus produtos. As ONGs talvez se coordenem com empresas de telecomunicação para desenvolver bancos de dados precisos de uma dada população e suas necessidades, mapeando a localização dos bolsões mais instáveis ou isolados. E cidadãos poderão se oferecer como voluntários para testar novas redes e todos esses produtos, ajudando a detectar bugs e vulnerabilidades, além de oferecer o importantíssimo feedback do usuário.

Por mais avançada que a tecnologia venha a se tornar, conflitos e guerras sempre terão origem no mundo físico, onde as decisões de utilizar máquinas e cibertáticas são fundamentalmente humanas. Ao possibilitar oportunidades iguais, a tecnologia ampliará a capacidade de todos os participantes em um conflito fazerem mais, o que significa uma troca mais expressiva de mensagens e conteúdo entre todas as partes, maior uso de robôs e armas cibernéticas e uma gama de alvos estratégicos ainda mais ampla a atingir. Haverá algumas melhorias específicas, como a responsabilização viabilizada pela permanência das provas, mas, em última análise, a tecnologia complicará o conflito, apesar de reduzir o risco.

Futuros combatentes — Estados, rebeldes, forças armadas — descobrirão que os difíceis cálculos éticos, táticos e estratégicos que estão acostumados a fazer em conflitos físicos deverão levar em conta um front virtual que, muitas vezes, afetará suas decisões. Como vimos antes, isso vai fazer os agressores agirem mais no front virtual, que é menos arriscado, e será difícil identificar os responsáveis por discriminação on-line e ciberinvasões. Em outros casos, essa zona de guerra virtual agirá como uma força limitante, levando os agressores a imaginar o grau de sua agressão no mundo físico. Como veremos ainda mais claramente nas páginas que se seguem, a mera existência de um front virtual abre caminho para opções de intervenção que ainda são robustas, mas minimizam ou reduzem por completo a necessidade de enviar tropas a zonas de risco. Zonas de exclusão aérea patrulhadas por *drones* e intervenções robóticas para manutenção da paz podem ocorrer durante um conflito, mas são opções limitadas. Entretanto, quando o conflito terminar e começar o esforço de reconstrução, as oportunidades proporcionadas pela tecnologia serão infinitas.

CAPÍTULO 7

O futuro da reconstrução

A esta altura, está claro que a tecnologia pode ser usada para modificar completamente as sociedades e até mesmo destroçá-las, mas o que pode fazer para reconstruí-las? O processo de reconstrução após um conflito ou desastre natural é longo e árduo; decerto não é tarefa a ser realizada por um *flash mob* ou uma campanha de vídeo viral. No entanto, embora as tecnologias de comunicação, em si, não possam reconstruir uma sociedade dilacerada, os esforços políticos, econômicos e de segurança podem ser reforçados e acelerados por elas. Ferramentas que hoje usamos para entretenimento casual terão no futuro novas aplicações em países em situações pós-crise, e populações carentes terão cada vez mais informações e poder na ponta dos dedos. Ao longo do tempo, à medida que antigos métodos e modelos forem modernizados ou descartados, os esforços de reconstrução se tornarão mais inovadores, inclusivos e eficientes. A tecnologia não tem como impedir a ocorrência de desastres ou interromper uma guerra civil, mas pode tornar menos doloroso o processo de reconstrução.

Assim como nos futuros conflitos haverá o acréscimo de um front virtual, essa nova linha de frente também estará presente nos esforços de reconstrução. Guindastes e outros equipamentos pesados continuarão a ser utilizados para restaurar estradas, reconstruir pontes e reerguer prédios destruídos, mas haverá um foco imediato e simultâneo em funções-chave que, no passado, só mais tarde passavam a fazer parte do processo. A restauração das comunicações, por exemplo, permitirá a recuperação concomitante das infraestruturas física, econômica e de governança. Esboçaremos aqui, em linhas gerais, como será, em nossa opinião, a abordagem dos futuros responsáveis pelo planejamento de reconstrução em uma sociedade pós-crise; discutiremos a onda de novos participantes que a conectividade colocará em ação e ofereceremos algumas ideias políticas inovadoras que podem acelerar o percurso das sociedades em direção à recuperação.

Comunicações em primeiro lugar

A reconstrução é uma tarefa intimidante para sociedades em processo de recuperação de um desastre natural ou causado pelo homem. Da reforma de estradas e edifícios ao oferecimento dos serviços necessários à população, esses desafios requerem imensos recursos, diferentes tipos de conhecimentos técnicos e, é claro, paciência. Se empregada corretamente, a tecnologia moderna pode auxiliar muito esses processos, e acreditamos que os esforços de reconstrução mais bem-sucedidos no futuro vão depender muito das tecnologias de comunicação e redes de telecomunicações rápidas.

Haverá um protótipo de reconstrução: um conjunto flexível e segmentado de práticas e modelos adaptáveis que poderão ser ajustados a determinados ambientes pós-crise. As empresas de tecnologia usam protótipos e modelos "beta" como forma de abrir espaço para tentativas e erros — a filosofia subjacente é que o feedback precoce em relação a um produto imperfeito acaba gerando um resultado final melhor. (Daí o aforismo preferido dos empresários da área de tecnologia: falhe cedo, falhe com frequência.) Uma abordagem semelhante à dos protótipos na reconstrução levará algum tempo para ser desenvolvida, mas acabará servindo melhor às comunidades necessitadas.

O principal componente de um protótipo de reconstrução — e o que o distingue, por assim dizer, das iniciativas mais tradicionais — é a mentalidade que prega a restauração das comunicações em primeiro lugar. Restaurar e aprimorar as redes de comunicação já se tornou o novo cimento dos esforços modernos de reconstrução. No futuro, a instalação do modelo mais rápido e moderno de infraestrutura de telecomunicações será prioridade para todos os agentes de reconstrução, uma vez que o sucesso do seu próprio trabalho dependerá dela. Já começamos a testemunhar essa mudança.

No início da década de 2000, a reconstrução em situações pós-conflito não dizia respeito ao restabelecimento das telecomunicações, mas sim à instalação de infraestrutura. No Afeganistão e no Iraque, não havia rede de telefonia móvel antes da mudança de regime. O governo talibã opunha-se violentamente a quase todas as formas de tecnologia para o consumidor (embora tivesse uma pequena rede GSM [*Global System for Mobile Communications*, Sistema Global para Comunicações Móveis], cujo uso era limitado às autoridades);[1] em seu governo totalitário, Saddam Hussein proibiu por completo o uso de celulares.[2] Após a queda desses regimes, as populações ficaram praticamente sem nenhuma infraestrutura ou dispositivos modernos; os combatentes nos conflitos subsequentes eram os únicos a dispor de alguma forma de comunicação portátil (em geral, rádios).[3]

Quando entraram no Iraque em 2003, as equipes americanas de reconstrução civil se viram em um deserto de telecomunicações, e as tentativas iniciais de usar telefones via satélite fracassaram, pois se descobriu que os aparelhos só funcionavam se ambos os usuários estivessem ao ar livre — desnecessário dizer, uma característica inconveniente para uma zona de guerra.* Como solução emergencial, a Autoridade Provisória da Coalizão (CPA, do inglês Coalition Provisional Authority) dos Aliados firmou com a MTC-Vodafone, empresa regional de telecomunicações,[4] um contrato para a instalação de torres de telefonia celular e provisão de serviços no sul do país, enquanto outra empresa de telecomunicações, a MCI, ficou encarregada de Bagdá.[5] De acordo com um ex-funcionário graduado da CPA com quem conversamos, as torres foram instaladas pelo país[6] literalmente da noite para o dia; funcionários e autoridades da ONU receberam milhares de celulares, que deveriam ser distribuídos aos mais importantes representantes políticos. (A título de curiosidade, todos tinham o código de área "917", compartilhando essa distinção com cinco distritos de Nova York). Tais esforços de construção da infraestrutura física necessária deram o pontapé inicial na moribunda indústria de telecomunicações do Iraque; passados alguns anos, o setor estava em franco crescimento.[7]

No Afeganistão, onde a ONU estabeleceu uma rede móvel[8] logo após a queda do Talibã (com serviço gratuito como forma de incentivar os usuários), o mercado de telefonia celular cresceu de maneira significativa na última década, graças, em grande parte, à decisão do governo afegão de emitir licenças para operadoras privadas de telefonia móvel. Em 2011, havia quatro grandes operadoras no Afeganistão,[9] compartilhando entre si 15 milhões de assinantes. As equipes de reconstrução que chegaram ao Iraque e ao Afeganistão encontraram uma tela em branco: infraestrutura precária, nenhum assinante e perspectivas comerciais duvidosas. Considerando-se a taxa de adoção da telefonia celular ao redor do

* Tais dificuldades foram agravadas pelo fato de os Estados Unidos terem montado sua sede operacional em palácios que haviam pertencido a Saddam e que antes serviram de *bunkers* eletronicamente protegidos pelo paranoico ditador.

mundo e a expansão do setor de telecomunicações, é pouco provável que alguém volte a encontrar contexto tão precário.

No Haiti, após o terremoto de 2010, a principal tarefa na área das comunicações não foi instalar, mas restaurar de forma generalizada a infraestrutura de telecomunicações, que havia sofrido sérios danos. Apesar de todo o país ter sido devastado, o processo de recuperação física e operacional das redes de comunicação foi relativamente rápido. A infraestrutura de telefonia móvel sofreu sérios danos com o terremoto e abalos posteriores, mas, devido à rápida ação e cooperação entre empresas locais de telecomunicações e as Forças Armadas dos Estados Unidos, as operadoras conseguiram restaurar a funcionalidade[10] em poucos dias. Dez dias após a tragédia, a Digicel e a Voilà, as duas maiores operadoras de telefonia móvel, relataram poder operar[11] com 70 a 80% da capacidade vigente antes dos tremores.

Jared, que na época trabalhava no Departamento de Estado, recorda-se de ter entrado em contato com o embaixador dos Estados Unidos na Indonésia logo após o terremoto haitiano para ouvir as lições aprendidas após o tsunami de 2004, que deixou 230 mil vítimas letais em catorze países do Sudeste Asiático. A mensagem era clara: levantar as torres, deixá-las em perfeito funcionamento[12] e ignorar quem acreditasse que as telecomunicações são secundárias às operações de resgate. Redes rápidas não são secundárias; são complementares.

Como a maioria das torres de telefonia celular no Haiti, mesmo antes do terremoto, era alimentada por geradores, não por eletricidade, a manutenção da cobertura muitas vezes era mais um problema de combustível do que de infraestrutura. Torres de telefonia celular doadas precisavam ser vigiadas[13] para que pessoas desesperadas não roubassem seu combustível. Ainda assim, a capacidade de manter o serviço, apesar da destruição e do caos, demonstrou ser vital para coordenar e enviar organizações de ajuda às áreas e às pessoas que mais precisavam, bem como funcionar como um meio de contato para amigos e familiares tanto no Haiti quanto no exterior. Na verdade, algumas das primeiras imagens a saírem do país após o desastre eram fotos tiradas e enviadas pelo celular por haitianos. Todos os envolvidos no período imediatamente posterior ao terremoto reconheceram o papel fundamental das comunicações em meio à destruição física e ao sofrimento humano generalizados.

As revoltas no mundo árabe iniciadas em 2010 representam outro exemplo recente das vantagens de priorizar as comunicações. A rápida restauração do serviço pela Vodafone no Egito[14] antes da renúncia de Hosni Mubarak à presidência prediz um setor de telecomunicações mais ágil e sagaz. Vittorio Colao, da Vodafone, nos disse que "havia funcionários dormindo nos centros de rede[15] para garantir que fôssemos a primeira empresa a oferecer o serviço depois da paralisação das redes de telefonia. Tínhamos água e comida; alugáramos quartos em hotéis nas proximidades e protegíamos nossas instalações para garantir que ninguém derrubasse ou desativasse a rede". Como resultado de seus esforços, a Vodafone foi a primeira operadora a retomar o serviço — um importante "primeiro lugar" para uma empresa que tentava alcançar um grande mercado que, de uma hora para a outra, tinha muito assunto para falar. Colao descreveu uma estratégia inteligente e solidária por parte da Vodafone para valorizar essa clientela: "Demos crédito a nossos clientes egípcios para que pudessem ligar para os familiares, sem cobrar nada." A Vodafone também moldou o tráfego (ou seja, liberou espaço para usuários egípcios), "de modo que, quando a rede voltasse, nós pudéssemos garantir que as primeiras pessoas a usá-la fossem capazes de [fazer] ligações no valor de vinte euros para informar aos parentes [que estavam] a salvo".

Nossa atual dependência das telecomunicações é um reflexo da importância dessa tecnologia até nas sociedades mais pobres. Na maior parte dos casos, quando falamos hoje em restaurar a rede, referimo-nos especificamente a serviços de voz e texto — não à conectividade com a internet. Isso vai mudar na próxima década, conforme pessoas do mundo todo recorrerem mais aos serviços de dados do que às comunicações de voz. Após uma crise, as pressões para restaurar o acesso à internet suplantarão as pressões que vemos atualmente em relação a voz e texto, tanto pelo bem à população quanto porque uma rede de dados veloz ajudará os responsáveis pela reconstrução a atingir seus objetivos. Se necessário, organizações de ajuda utilizarão torres de 4G portáteis junto com um provedor de internet de baixa largura de banda. Os dados poderão ser transmitidos de um dispositivo móvel para a torre mais próxima, depois de torre em torre até atingir um cabo de fibra ótica conectado à internet como um todo. A velocidade de navegação será lenta, mas a solução portátil será suficiente para acelerar a reconstrução.

Uma liderança encabeçada pelo setor de telecomunicações será uma característica do protótipo de reconstrução, no qual as empresas abrirão caminho como estatais ou parceiros de coalizões, se fizerem parte do setor privado. Hoje, a Bechtel e outras firmas de engenharia recebem com frequência a incumbência de reconstruir a infraestrutura física por meio de contratos com o governo, mas, uma vez que o mundo adote uma perspectiva na qual as comunicações venham em primeiro lugar, as empresas de telecomunicações serão as primeiras a chegar — e, como outras, sua motivação será ganhar dinheiro. Em sociedades que acabaram de atravessar uma crise, é preciso restabelecer redes sólidas o mais rápido possível para coordenar os esforços de busca e resgate, envolver-se com a população, preservar o estado de direito, organizar e facilitar os esforços de distribuição de ajuda, localizar pessoas desaparecidas e ajudar aquelas que foram deslocadas internamente a se adaptar no novo ambiente. As empresas de telecomunicações terão motivações comerciais claras e válidas para investir recursos na construção e manutenção de uma rede moderna. Se o setor for devidamente regulamentado desde o início, o benefício será bem grande para todos os envolvidos: as empresas vão gerar receita, os envolvidos na reconstrução terão ferramentas melhores e mais rápidas, e a população em geral poderá acessar um serviço confiável, rápido e barato (em especial se for competitivo desde o início).

Em longo prazo, o benefício proporcionado por um setor de telecomunicações saudável consiste em promover e facilitar o crescimento da economia, mesmo que o retorno da estabilidade seja lento. Em geral, investimentos diretos em infraestrutura, empregos e serviços têm mais a oferecer à economia do que programas de ajuda de curto prazo, e as telecomunicações estão entre os empreendimentos mais lucrativos e sustentáveis no mundo comercial. A maior operadora de telefonia celular do Afeganistão, a Roshan, é também o maior investidor e contribuinte do país.[16] Ela emprega milhares de afegãos,[17] sendo responsável por quase 5% da receita doméstica total do governo, apesar da infraestrutura deficiente, da baixa renda e de mais de uma década de guerra contínua no país. No futuro, representantes sagazes nos esforços de reconstrução — governos, organizações multinacionais e grupos de ajuda humanitária — reconhecerão de imediato o valor dessas empresas e priorizarão a rede, em vez de considerá-las concorrentes ou não prioritárias.

Como o mercado de telecomunicações é um negócio rentável (em especial após uma crise, quando os níveis de atividade ficam acima da média), haverá muitas oportunidades para empreendedores locais e transnacionais. Engenheiros locais talentosos usarão software de fonte aberta para construir plataformas e aplicativos próprios a fim de ajudar a economia emergente ou colaborarão com empresas ou organizações externas e contribuirão com suas habilidades. Grande parte do investimento será composta por transações e iniciativas simples para prestar serviços úteis à população, mas existe o risco de que os líderes empresariais que surgirem venham a constituir uma nova oligarquia digital. Empresários locais bem-relacionados podem aproveitar o ambiente pós-desastre para capturar um setor-chave, assim como executivos estrangeiros que busquem expandir seu império. A regulamentação, mais uma vez, será fundamental: como acontece com todos os esforços de reconstrução, os responsáveis precisarão desconfiar de tais manobras em um ambiente caótico e altamente maleável e usar sua supervisão de maneira eficaz.

Em meio aos empresários e oligarcas digitais, haverá outro grupo de investidores estrangeiros, membros da diáspora do país e aqueles cujos interesses serão pessoais e não apenas financeiros. No futuro, os investidores que quiserem se vincular a novos países descobrirão que a conectividade global produz um tipo de engajamento muito mais profundo e multifacetado. Alertas de notícias em tempo real, redes sociais ativas e tradução instantânea são recursos que permitem que os investidores se sintam muito mais próximos dos países nos quais atuam, de forma semelhante ao profundo conhecimento das comunidades de imigrantes por todo mundo. Isso gerará investimentos melhores e mais permanentes e um relacionamento mais proveitoso tanto para os investidores quanto para as sociedades com as quais interagem.

Poucos entendem isso melhor do que Carlos Slim Helú, o magnata mexicano das telecomunicações e atualmente a pessoa mais rica do mundo. Slim é um dos 15 milhões de descendentes de libaneses espalhados pelo mundo — fugindo do recrutamento do exército do Império Otomano, seu pai emigrou do Líbano para o México em 1902. Hoje, por meio de uma variedade de empresas, Slim tem interesses comerciais no mundo inteiro (inclusive uma participação de 8% no *The New York Times*[18]). Ele nos descreveu como sua experiência como filho de imigrantes moldou sua perspectiva. "Acho que, mais do que apenas libanês, eu me sinto parte do mundo como um todo",[19] afirmou. "Hoje, sinto-me um meio-termo entre ser libanês e enfrentar os desafios de lá e ser um homem de negócios na América Latina, com a responsabilidade que tenho em relação aos países nos quais faço negócios."

Helú explicou que sua experiência não é única, prevendo que, no futuro, todos vão se tornar "mais globais *e* mais locais", com a sobreposição de interesses regionais que resultam da herança pessoal, de oportunidades de negócios e da simples curiosidade. Descreveu-se como parte de um novo grupo que chama de "diáspora dos negócios". De acordo com Slim Helú, como empresários transnacionais, "não vamos aos países apenas para colocar dinheiro ou tirá-lo de lá.

Fazemos negócios para ficar e contribuir para o desenvolvimento do país". Você pode encarar isso como algo "romântico", acrescentou, mas também é um negócio inteligente: "A realidade é que os negócios melhoram quando o mercado, a demanda, os clientes e as possibilidades aumentam."

Conforme diminuem as barreiras à entrada de empresas em um mundo cada vez mais interconectado, a experiência de ser um membro da "diáspora dos negócios" não estará reservada apenas a quem pode investir muito capital. Imagine, por exemplo, que um estudante de ciências da computação em Indiana desenvolva um jogo para uma rede social que fica popular entre usuários no Sri Lanka. O estudante e aspirante a empresário pode nem ter passaporte (e não saber nada sobre o Sri Lanka), mas, sabe-se lá por quê, seu jogo torna-se altamente lucrativo. Por curiosidade, o estudante adiciona amigos do Sri Lanka no Facebook e no Google+, segue notícias locais no Twitter e começa a aprender sobre o país, resolvendo visitá-lo. Logo desenvolve com a região um relacionamento digital que vai durar anos. Milhões de empreendedores, desenvolvedores de aplicativos e empresários vivenciarão algo semelhante no futuro, porque os mercados virtuais serão maiores e mais diversos do que se havia previsto.

Em um cenário de reconstrução, essa perspectiva, evidentemente, é encorajadora, mas nem as empresas de telecomunicações mais bem-organizadas e bem-intencionadas suplantarão o trabalho árduo das instituições governamentais. Há bens e serviços sociais básicos que somente o governo pode oferecer à população, como segurança, programas de saúde pública, abastecimento de água limpa, infraestrutura de transportes e educação básica. A conectividade e as telecomunicações vão melhorar a eficácia dessas funções, mas somente com parcerias institucionais, como mostra o exemplo a seguir.

Com o primeiro colapso, em 1991, a Somália tornou-se o principal Estado falido do mundo. Fome, guerra entre clãs, agressão externa, insurgências terroristas e fragmentação regional destroçaram um governo de transição após o outro. Nos últimos anos, o crescimento da telefonia móvel no país[20] tem sido uma das poucas histórias de sucesso a emergir dessa anarquia. Mesmo na ausência de segurança ou de um governo funcional, o setor de telecomunicações passou a desempenhar uma função fundamental em muitos aspectos da sociedade, proporcionando aos somalis emprego, informação, segurança e, o que é fundamental, conexão com o mundo exterior. Na verdade, as telecomunicações são praticamente a única coisa organizada na Somália, transcendendo a dinâmica tribal e dos clãs, e funcionam em todas as três regiões:[21] Mogadíscio, no centro-sul; Puntlândia, no nordeste; e Somalilândia, no noroeste. Existe apenas um banco comercial no país (fundado em maio de 2012)[22] e, antes da chegada dos celulares, para movimentar seu dinheiro os cidadãos utilizavam as informais redes *hawala*, sem registros de transações. Hoje, os serviços móveis permitem[23] que centenas de milhares de pessoas movimentem dinheiro internamente e recebam remessas do exterior. Plataformas baseadas em SMS permitem que os assinantes utilizem e-mail, recebam dicas de ações e informações sobre o tempo.

ONGs e empresas estrangeiras lançam com regularidade projetos pilotos de tecnologia móvel para melhorar as perspectivas para a população da Somália de várias formas; já houve tentativas de construir plataformas de bancos de emprego com base em SMS e sistemas médicos para diagnóstico remoto, entre outras. Entretanto, grande parte não consegue se consolidar — o que não é surpresa, considerando-se o ambiente de negócios e de segurança extremamente hostis. Assim, a maior parte da inovação proveniente hoje da Somália vem dos próprios somalis; lá, a exemplo do que acontece em outros países em desenvolvimento, as soluções mais criativas surgem em nível local, impulsionadas mais pela necessidade do que por qualquer outra razão.

A ausência de governo no país faz com que o setor de telecomunicações não seja regulamentado, o que reduz os preços, porque os empresários podem intervir e construir uma rede quando detectam uma oportunidade (e têm apetite suficiente para o risco). Trata-se de um padrão comum quando um governo deixa de funcionar. Nas semanas após a queda de Saddam Hussein, uma empresa de telecomunicações do Bahrein tentou se expandir[24] para o sul do Iraque e tirar proveito dos laços sectários entre a região, em grande parte xiita, e Bahrein, que tem maioria xiita, para conquistar novos clientes. As forças de ocupação militar, preocupadas com as crescentes tensões sectárias, acabaram bloqueando a investida da empresa.

O ambiente de negócios de extremo liberalismo na Somália produziu uma das tarifas locais, internacionais e de internet mais baixas da África, possibilitando o uso de dispositivos móveis a uma população profundamente empobrecida. Quando imigrantes somalis nos Estados Unidos ligam para a família, seus parentes muitas vezes optam por desligar e ligar de volta. Sem o governo para cobrar impostos, emitir licenças ou impor custos regulatórios, as empresas de telecomunicações podem manter os custos baixos para expandir sua base de assinantes e, ainda assim, gerar lucros. A penetração da telefonia móvel na Somália é muito maior[25] do que se poderia esperar, ficando entre 20 e 25%.

As quatro principais operadoras oferecem serviços de voz e dados em todo o país e também entre 80 a 100 quilômetros do vizinho Quênia.

Apesar dessas conquistas nas comunicações, a Somália continua sendo um país extremamente inseguro, e os insurgentes usam a conectividade para promover essa volatilidade. A milícia radical islâmica al-Shabaab envia mensagens e faz ligações ameaçadoras às forças de paz da União Africana. Radicais islâmicos impõem proibições a plataformas de serviços bancários móveis e sabotam a infraestrutura de telecomunicações. Piratas na costa[26] usam redes locais porque desconfiam que seus telefones por satélite possam ser rastreados por navios de guerra internacionais. Em um relatório de fevereiro de 2012, o Conselho de Segurança das Nações Unidas[27] acrescentou o chefe da maior operadora de telecomunicações da Somália, a Hormuud, a uma lista de indivíduos proibidos de viajar após identificá-lo como um dos principais financiadores da al-Shabaab. (O relatório também afirmava que Ali Ahmed Nur Jim'ale configurara o sistema móvel de transferência de dinheiro na Hormuud de modo a facilitar o financiamento anônimo para a al-Shabaab.)

A situação na Somália é por certo complexa. Contudo, se o país emergir de seu casulo de instabilidade em breve, o novo governo certamente encontrará parceiros prestativos entre as operadoras de telecomunicações nacionais.

De forma ideal, os esforços de reconstrução deveriam tentar não apenas recuperar, mas também aperfeiçoar o que já existia, além de desenvolver práticas e instituições que reduzam o risco da repetição de desastres. A maioria das sociedades em situações pós-crise, ainda que conte com diferentes especificidades, compartilha as mesmas necessidades básicas, mais ou menos análogas aos componentes fundamentais da construção do Estado. Entre elas estão o controle administrativo do território, o monopólio sobre os meios de violência, a boa gestão das finanças públicas, o investimento em capital humano, a garantia de fornecimento de infraestrutura e a criação de direitos e deveres dos cidadãos.* Os esforços para suprir essas necessidades, ainda que bastante dependentes da comunidade internacional (do ponto de vista financeiro, técnico e diplomático), devem ser conduzidos pelo próprio Estado. Se a reconstrução não for vista como uma questão doméstica ou

* Extraímos esses deveres de uma lista de dez funções do Estado[28] no livro *Fixing Failed States* [Reconstruindo Estados Falidos], de Clare Lockhart e Ashraf Ghani, fundadores do Institute for State Effectiveness [Instituto para a Efetividade do Estado].

pelo menos compatível com os objetivos políticos e econômicos da sociedade, a probabilidade de fracasso aumentará de maneira drástica.

A tecnologia ajudará a proteger os direitos de propriedade, salvaguardando registros virtuais de ativos reais para que esses ativos possam ser retomados quando a estabilidade voltar. É provável que os investidores não coloquem dinheiro em um país onde se sintam inseguros sobre a posse de suas propriedades. No Iraque pós-invasão, foram criadas três comissões[29] para permitir que a população local e os exilados que retornassem ao país pudessem recuperar ou receber alguma compensação pelas propriedades apreendidas durante o regime de Saddam. Criou-se uma autoridade paralela para resolver disputas.[30] Foram passos importantes para a reconstrução do Iraque, pois serviram para moderar a exploração da instabilidade pós-conflito e para casos de reivindicação de propriedade. Entretanto, apesar das boas intenções[31] (foram recebidas mais de 160 mil requisições até 2011), certas restrições burocráticas em torno de muitas reivindicações em complicados litígios dificultaram o trabalho dessas comissões. No futuro, os Estados aprenderão com o modelo iraquiano que transparência e segurança na proteção dos direitos de propriedade podem prevenir aborrecimentos em caso de conflito. Ao criar sistemas cadastrais virtuais (ou seja, sistemas de registros on-line do valor da terra e dos limites das propriedades) com software de mapeamento habilitado para dispositivos móveis, os governos permitirão aos cidadãos visualizar todas as propriedades públicas e privadas e até mesmo enviar disputas menores, como o traçado de uma cerca, a um árbitro sancionado on-line.

No futuro, as pessoas não farão backup apenas de seus dados, mas também de seu governo. No protótipo de reconstrução que começa a surgir, instituições virtuais existirão em paralelo com suas contrapartes físicas e servirão de backup em caso de necessidade. Em vez de haver um edifício onde todos os registros de um ministério sejam mantidos e os serviços, prestados, essas informações serão digitalizadas e armazenadas na nuvem, e muitas funções de governo serão realizadas em plataformas virtuais. Se um tsunami destruir uma cidade, todos os ministérios continuarão funcionando com alguma competência no mundo virtual enquanto são reconstituídos fisicamente.

Instituições virtuais permitirão que governos novos ou abalados mantenham grande parte da sua eficácia na prestação de serviços e os sustentarão como parte integrante de todos os esforços de reconstrução. Elas não serão capazes de fazer tudo o que as instituições físicas podem fazer, mas serão de grande ajuda. O departamento de serviços sociais, encarregado de alocar abrigo, continuará a precisar de postos físicos para interagir com a população, no entanto, com mais dados, será capaz de alocar os leitos com eficiência e acompanhar os recursos disponíveis, entre outras coisas. Forças armadas virtuais não podem instilar o estado de direito, mas podem garantir que os militares e a polícia sejam pagos, o que dissipará alguns temores. Ainda que os governos se sintam um pouco inseguros em confiar seus dados a provedores de nuvem, a paz de espírito que instituições de backup garantem será suficiente para justificar sua criação.

Essas instituições também propiciarão uma rede de segurança à sociedade, garantindo que registros sejam preservados, salários sejam pagos pelos empregadores e bases de dados dos cidadãos dentro e fora do país sejam mantidas. Tudo isso acelerará a propriedade local do processo de reconstrução e ajudará a limitar o desperdício e a corrupção que costumam se seguir a um desastre ou conflito. Os governos podem entrar em colapso, e guerras podem destruir a infraestrutura física, mas as instituições virtuais sobreviverão.

Autoridades permanecerão funcionais mesmo no exílio, ao contrário do que ocorreu com os governos polaco, belga e francês ao serem forçados a operar de Londres durante a Segunda Guerra Mundial. Considerando-se o *modus operandi* das instituições virtuais, os futuros governos vão operar a distância com um nível de eficiência e alcance inéditos. Será uma mudança nascida da necessidade, decorrente de uma catástrofe natural ou de uma situação mais prolongada, como uma guerra civil. Imagine se o Mogadíscio de uma hora para a outra se tornasse inoperavelmente hostil ao governo somali sitiado, fosse porque os rebeldes da al-Shabaab capturaram a cidade, fosse porque uma guerra de clãs tornou o ambiente inabitável. Com instituições virtuais em funcionamento, oficiais do governo poderiam ser temporariamente realocados, dentro ou fora do país, e manter alguma aparência de controle sobre a administração civil do Estado. No mínimo, continuariam a ter um grau de credibilidade junto à população, estruturando o pagamento dos salários, coordenando-se com as organizações de ajuda e doadores estrangeiros e comunicando-se com o público de forma transparente. É claro que a governança virtual feita de forma remota seria um último recurso (a distância por certo alteraria a credibilidade e responsabilidade do governo aos olhos de seus cidadãos), e, para que tal sistema funcionasse, seria preciso satisfazer algumas precondições, que incluem redes rápidas, confiáveis e seguras; plataformas sofisticadas; e uma população totalmente conectada. Nenhum Estado estaria preparado para fazer isso hoje — a Somália menos ainda —, mas se os países pudessem começar a construir tal sistema agora, estariam prontos quando fosse necessário.

O potencial para governar de forma virtual e remota também pode afetar exilados políticos. Se considerarmos que figuras públicas vivendo fora de seus países já tiveram de agir nos bastidores para se manterem conectadas — o aiatolá Khomeini lançava mão de fitas cassete gravadas em Paris e contrabandeadas para o Irã para espalhar sua mensagem na década de 1970 —, existe hoje uma gama de alternativas mais rápidas, seguras e eficazes. No futuro, exilados políticos terão a capacidade de formar instituições virtuais poderosas e competentes, e, assim, construir uma espécie de governo paralelo, que poderia interagir com os cidadãos em casa e suprir suas necessidades.

Não é tão complicado quanto parece. Graças à conectividade, os exilados estarão muito menos distantes da população do que seus antecessores. Profundamente sintonizados com o que ocorre em suas nações, eles poderão ampliar seu alcance e influência com mensagens direcionadas em plataformas e dispositivos simples e populares. Líderes no exílio não precisarão estar concentrados em um só lugar para formar um partido ou movimento; as diferenças mais importantes entre eles serão ideológicas, não geográficas. E, quando tiverem uma plataforma e uma visão coerentes para o país, poderão transmitir seus planos à população sem nunca sequer retornar ao local, com rapidez, segurança e em tantos milhões de cópias que o governo oficial será incapaz de interromper o fluxo.

Para reforçar sua campanha por apoio público, os exilados usarão as instituições virtuais que controlam a fim de conquistar os corações e as mentes da população. Imagine um governo de oposição que pague a uma força de segurança no país composta de vários estrangeiros para proteger redutos comunitários, proporcionando de Paris benefícios de *e-health* — saúde digital (administração independente de hospitais, coordenação de campanhas de vacinação gratuita, ampliação de planos de saúde virtuais, coordenação de uma rede de médicos disponíveis para diagnóstico a distância) — e administrando on-line, de Londres, escolas e universidades. Esse governo exilado poderia eleger seu próprio Parlamento; as campanhas e eleições ocorreriam totalmente on-line, seus membros viriam de vários países e as sessões seriam realizadas em canais de vídeo com *streaming* ao vivo que pudessem ser acessados por milhões de pessoas ao redor do mundo. A mera noção de um governo paralelo funcional pode ser o bastante para influenciar a população o suficiente para que ela transfira seu apoio do governo oficial ao governo construído e operado de forma remota pelos exilados.

A última característica distintiva de um protótipo de reconstrução será o compromisso com as comunidades em diáspora. Governos no exílio muitas vezes são formados por intelectuais que imigraram, mas o papel das comunidades externas não será só político ou financeiro (sob a forma de remessas). A conectividade possibilita que esses grupos sejam capazes de trabalhar mais estreitamente em uma gama maior de questões. A percepção e profundidade de conhecimentos relevantes para a reconstrução que os membros das comunidades em diáspora possuem são inestimáveis; portanto, com mais acesso a tecnologias de comunicação, sociedades que acabaram de atravessar uma crise poderão explorar de forma significativa as reservas de capital humano. Já vimos sinais disso em algumas das crises mundiais recentes. Os imigrantes somalis[32] usaram ativamente ferramentas como Google Map Maker para identificar as áreas afetadas pela seca de 2011 no Corno de África, lançando mão de seus conhecimentos e conexões locais para compilar relatórios mais precisos do que os agentes estrangeiros seriam capazes de fazer.

No futuro, será criado um grupo de oficiais de reserva imigrados; eles poderão ser organizados por profissão: médicos, policiais, trabalhadores da construção civil, professores e assim por diante. Os Estados terão um incentivo para organizar suas comunidades em diáspora — supondo-se que elas não sejam formadas por exilados políticos hostis — e, assim, saber quem dispõe de habilidades necessárias em momentos de crise no país.

Hoje, várias comunidades de imigrantes são muito mais bem-sucedidas do que a população que vive nos países de origem (incluindo a iraniana, a cubana e a libanesa, mas também pequenos grupos como os hmong e os somalis). Entretanto, apenas uma parte dessas pessoas continua ligada à terra natal; muitas, por opção ou com a passagem do tempo, escolheram seus países adotivos pelas oportunidades, segurança ou qualidade de vida que oferecem. Conforme a conectividade se disseminar, a lacuna entre quem vive fora ou dentro do país de origem diminuirá, pois as tecnologias da comunicação e as redes sociais reforçarão os laços de cultura, idioma e perspectivas que conectam os grupos distantes. E os imigrantes que forem capacitados e saírem do país em uma fuga de cérebros deixarão locais muito mais conectados do que são hoje, mesmo que sejam lugares pobres, autocráticos ou carentes de oportunidades. Membros da diáspora, portanto, serão capazes de criar uma economia do conhecimento no exílio que se aproveitará da força de instituições de ensino, redes e recursos dos países desenvolvidos, canalizando-os de forma construtiva de volta aos países de origem.

Oportunismo e exploração

Depois de todo grande conflito ou desastre natural, sempre surgem novos agentes: trabalhadores de ajuda humanitária, jornalistas, funcionários da ONU, consultores, empresários, especuladores e turistas. Alguns querem oferecer seus serviços; outros, explorar o ambiente de crise em busca de ganhos políticos ou econômicos. Muitos fazem ambas as coisas, e de maneira bastante eficaz.*

Mesmo quem não está em busca de ganhos financeiros tem razões para se envolver além do altruísmo. Um país abalado é um grande campo de teste para novas ONGs e uma plataforma para organizações sem fins lucrativos já estabelecidas demonstrarem seu valor aos doadores. Os novos participantes — tanto os altruístas quanto os oportunistas — podem fazer um grande bem, mas também causar enormes danos. No futuro, o desafio para os planejadores da reconstrução será encontrar formas de equilibrar os interesses e as ações de todas essas pessoas e grupos de maneira produtiva.

De um modo geral, a conectividade incentiva e capacita o comportamento altruísta. As pessoas têm mais perspectivas e visibilidade a respeito do sofrimento dos outros e mais oportunidades de fazer algo para ajudar. Alguns zombam da ascensão do "slacktivismo" — ou ativismo de sofá, o engajamento em ativismo social com pouco ou nenhum esforço —, contudo organizações transnacionais de visão, como Kiva, Kickstarter e Samasource representam a imagem do nosso futuro conectado. Kiva e Kickstarter são duas plataformas de *crowd-funding*, ou seja, financiamento coletivo (a primeira se concentra em microfinanciamento, enquanto a segunda foca principalmente projetos inovadores), e a Samasource terceiriza "microtrabalho" de empresas para pessoas nos países em desenvolvimento por meio de plataformas on-line simples. Há outras maneiras menos quantificáveis de contribuir para uma causa distante do que doações em dinheiro, como criar conteúdo de apoio ou conscientizar o público; ambas as práticas fazem cada vez mais parte do processo.

À medida que o número de pessoas conectadas aumentar no mundo, possíveis doadores e ativistas dispostos a contribuir na próxima crise se proliferarão.

---

* A jornalista Naomi Klein[33] os chamou de "capitalistas do desastre" em seu provocativo livro *A doutrina do choque*. Klein argumenta que os defensores da economia neoliberal tentam explorar um ambiente pós-crise para impor os ideais do livre-mercado, em geral em detrimento da ordem econômica existente. Como a terapia de choque da psicologia, esse fundamentalismo do livre-mercado usa a aparência de uma "tábula rasa" para remodelar violentamente o ambiente econômico.

Com informações em tempo real sobre conflitos e desastres mundiais cada vez mais acessíveis e disponíveis, disseminadas em plataformas diferentes, em idiomas diferentes, a crise de um país pode reverberar de maneira instantânea no mundo inteiro. A notícia não estimulará todas as pessoas a agir, mas muitas se sentirão tocadas, o que aumentará de forma drástica a escala de participação.

Examinar uma vez mais os eventos ocorridos após o terremoto no Haiti nos dará um bom indício daquilo que o futuro nos reserva. O grau de destruição perto da capital do país, local extremamente pobre e muito populoso, foi impressionante: casas, hospitais e prédios institucionais foram ao chão; os sistemas de transporte e as comunicações ficaram devastados; houve centenas de milhares de vítimas fatais[34] e 1,5 milhão de desabrigados.* Em poucas horas, governos vizinhos enviaram equipes de emergência, e em questão de dias muitos países tinham se comprometido a enviar ajuda ou já o haviam feito.

A resposta da comunidade humanitária foi ainda mais robusta. Dias após o terremoto, a Cruz Vermelha levantou mais de 5 milhões de dólares por meio de uma inovadora campanha de doações por mensagens de texto[37] na qual os usuários de celulares poderiam enviar a mensagem "HAITI" para um código especial (90999) para doar 10 dólares, valor cobrado automaticamente em sua conta de telefone. Ao todo, foram enviados por plataformas móveis de doação 43 milhões de dólares em ajuda,[38] de acordo com a Mobile Giving Foundation, que constrói a infraestrutura técnica usada por muitas ONGs. A Télécoms Sans Frontières,[39] uma organização humanitária especializada em telecomunicações de emergência, chegou ao Haiti um dia depois do terremoto para montar *call centers* que permitissem às famílias se conectar com seus entes queridos. E, apenas cinco dias após o desastre, o serviço de notícias humanitárias AlertNet da Thomson Reuters Foundation[40] montou o Emergency Information Service [Serviço de Informação de Emergência], o primeiro do tipo, que permitia aos haitianos enviar mensagens gratuitas de alerta via SMS para ajudá-los a enfrentar o impacto do desastre.

Esforços humanitários de emergência transformaram-se em projetos de reconstrução de longo prazo e, em poucos meses, havia dezenas de milhares de ONGs atuando no Haiti. Se já é difícil imaginar dezenas de milhares de organizações de ajuda humanitária trabalhando com eficiência — com objetivos claros e sem re-

---

* As estimativas sobre o número de mortos no terremoto haitiano variam muito. O governo haitiano acredita[35] que 316 mil pessoas tenham morrido, enquanto um memorando vazado[36] do governo dos Estados Unidos fala em algo entre 46.190 e 84.961.

dundância — em qualquer lugar do mundo, imagine em um país pequeno, populoso e devastado como o Haiti. Passados alguns meses, começaram a surgir relatos perturbadores sobre a distribuição de ajuda ineficiente. Havia armazéns cheios de produtos farmacêuticos não utilizados cujo prazo de validade estava prestes a expirar por má administração; surtos de cólera nos cada vez mais comuns assentamentos informais ameaçavam acabar com muitos dos sobreviventes; e a entrega dos recursos de doadores institucionais,[41] em grande parte governos, atrasara e era difícil de acompanhar — pouco do financiamento chegara aos haitianos, pois fora utilizado em sua maior parte por várias das organizações estrangeiras que ocupavam uma posição superior na cadeia. Um ano depois do terremoto, centenas de milhares de haitianos[42] ainda viviam em acampamentos insalubres improvisados porque o governo e suas ONGS parceiras não tinham encontrado outra forma de abrigá-los. Apesar de toda a cobertura, do levantamento de recursos, dos planos de coordenação e das boas intenções, os haitianos não foram bem servidos após o terremoto.

Pessoas bem-qualificadas a respeito da situação[43] do Haiti examinaram esse fracasso com grande perspicácia — entre elas Paul Farmer, no livro *Haiti After the Earthquake* [Haiti após o terremoto] — e parecem ter chegado ao consenso de que a culpa estava em uma infeliz confluência de fatores: extensa devastação associada à ineficiência burocrática em meio a um cenário de desafios preexistentes muito arraigados. As tecnologias de comunicação, isoladas, não poderiam mitigar todas as desgraças do Haiti, mas, em muitas áreas, se forem utilizadas correta e amplamente, plataformas on-line coordenadas podem agilizar esse processo, para que uma versão futura do terremoto haitiano produza mais bons resultados e menos desperdícios em um período de recuperação mais rápido. Ao longo desta seção, vamos apresentar algumas das nossas ideias, sabendo muito bem que agentes institucionais nos contextos de reconstrução — as grandes ONGs, os doadores de governos estrangeiros e todo o resto — podem não se dispor a adotar essas medidas por medo do fracasso ou da perda de influência no futuro.

Se olharmos adiante, para a próxima onda de desastres e conflitos que ocorrerá em uma era mais conectada, veremos surgir um padrão.[44] A mistura de novos possíveis doadores com um impressionante marketing virtual criará uma "bolha de ONGs" em sociedades abaladas por crises, e essa bolha acabará estourando, o que levará, por fim, a uma descentralização maior da ajuda e ao surgimento de novos experimentos.

Em termos históricos, o diferencial das organizações de ajuda humanitária já estabelecidas não era tanto o seu impacto, e sim sua marca: logotipos atraentes, anúncios comoventes e endossos de celebridades fazem muito mais para angariar doações públicas do que relatórios detalhados sobre logística, mosquiteiros contra malária ou outros sucessos. Talvez não exista um exemplo recente melhor do que o infame vídeo *Kony 2012*, produzido pela organização sem fins lucrativos Invisible Children para gerar conscientização sobre uma guerra no norte de Uganda que já dura décadas. Embora a missão de acabar com as atrocidades de um grupo militante ugandês, o Exército de Resistência do Senhor, fosse nobre, pessoas que estavam intimamente familiarizadas com o conflito — inclusive vários ugandenses — consideraram a filmagem feita pela ONG enganosa, simplista e, em última análise, oportunista. Entretanto, o vídeo teve mais de 100 milhões de acessos em menos de uma semana (tornando-se o primeiro vídeo viral a alcançar essa marca), em grande parte graças ao endosso de celebridades com milhões de seguidores no Twitter. As críticas iniciais à ONG e suas operações — como o fato de 70% de suas despesas gerais se resumirem a "custos de produção"[45] (basicamente salários) — pouco fizeram para travar o movimento, que terminou de modo abrupto com a detenção pública e bizarra[46] de um dos fundadores da organização após sua exposição pública.

Como já dissemos, as condições serão mais equitativas para o uso do marketing na era digital. Qualquer indivíduo à frente de uma ONG ou instituição de caridade registrada (e talvez nem isso) pode produzir uma plataforma virtual chamativa com conteúdo de alta qualidade e aplicativos interessantes para dispositivos móveis. Afinal, essa é a maneira mais rápida e fácil de um indivíduo ou grupo deixar sua marca. A substância real da organização — sua robustez ou competência, como ela lida com as finanças, se seus programas são ou não bons — importa menos. Como algumas *start-ups* revolucionárias que valorizam o estilo em detrimento da substância, esses novos participantes encontrarão maneiras de explorar os pontos cegos dos seus apoiadores; nesse caso, os grupos poderão tirar proveito do fato de os doadores terem pouca noção da realidade. Assim, quando ocorrer um desastre e ONGs surgirem do nada, aquelas já estabelecidas estarão ombro a ombro com as *start-ups*, que dispõem de forte presença na internet e recursos iniciais, mas cuja organização ainda não foi testada. Essas novas organizações humanitárias serão mais focadas na sua missão do que as tradicionais e parecerão igualmente competentes, se não mais, em relação a suas contrapartes estabelecidas. Atrairão atenção, mas gerarão menos resultados do que o necessário para os beneficiários da ajuda; algumas podem ser capazes, contudo a maioria não será, pois carecerá das redes, do profundo conhecimento e das habilidades operacionais das organizações profissionais.

Esse descompasso entre o marketing das *start-ups* e sua capacidade de apresentar resultados vai enfurecer os agentes estabelecidos. ONGs iniciantes e institucionais competirão pelos mesmos recursos, e as primeiras usarão sua sabedoria digital e o conhecimento de diferentes públicos virtuais a seu favor para angariar recursos que, antes, eram destinados às organizações mais antigas. Retratarão as grandes instituições como organizações pesadas, ineficientes e inalcançáveis, com despesas gerais altíssimas, inchadas, dotadas de qualidades impessoais; prometerão aproximar os doadores de quem recebem a ajuda ao eliminar os intermediários. Para os novos doadores em potencial, essa promessa de franqueza será um argumento de venda especialmente atraente, pois a conectividade garante que muitos deles se sintam envolvidos de maneira pessoal na crise.

O jovem profissional preocupado e altruísta de Seattle com alguns dólares para gastar não apenas "testemunhará" cada desastre futuro; será bombardeado com formas de ajudar. Sua caixa de entrada, seu *feed* no Twitter, seu perfil do Facebook e seus resultados de busca ficarão abarrotados. Ele vai ficar sobrecarregado, mas selecionará as opções e tentará fazer um julgamento rápido, porém sério, com base no que vê — que grupo tem o site mais promissor, a presença mais robusta em redes sociais, os seguidores mais confiáveis. Não sendo um especialista, como poderá decidir para qual organização doar? Ele terá de contar com a confiança que deposita em determinado grupo, e, assim, organizações com fortes habilidades de marketing, capazes de atrair diretamente sua atenção, sairão na frente.

Existe um risco real de as ONGs tradicionais serem superadas pelas *start-ups*. Algumas dessas novas organizações serão genuinamente úteis, mas não todas. Os oportunistas aproveitarão as possibilidades de marketing direto e as menores barreiras à entrada. Quando esses grupos enfim precisarem prestar contas, isso enfraquecerá a confiança dos doadores (e é provável que essa situação exponha os participantes mais fraudulentos). Haverá também um excesso de oferta de projetos com celebridades e líderes empresariais conhecidos cujas campanhas de alta voltagem só desviarão ainda mais a atenção do verdadeiro trabalho a ser realizado. De modo geral, transformar as boas ações em uma competição de marketing resultará no aumento do número de envolvidos e na diminuição da ajuda real conforme as organizações estabelecidas sejam deixadas de lado.

Intervenção, como já dissemos, requer expertise. Fica mais difícil coordenar a assistência, permitir a supervisão do governo e definir expectativas realistas com o campo de trabalho cada vez mais superlotado. Nisso a tecnologia pode ajudar. O governo poderia manter um banco de dados centralizado de todas as ONGs, registrando, controlando e classificando cada uma delas em uma plataforma virtual, com a ajuda do público. Já existem sistemas de monitoramento e classificação para ONGs[47] — o Charity Navigator, banco de dados de organizações da sociedade civil do One World Trust e categorizador de ONGs —, mas eles próprios são essencialmente organizações não governamentais, ainda que estejam ajudando a impor a responsabilidade, e, além de lançar luz sobre as más práticas, não têm capacidade real de garantir a execução correta das propostas. Imagine um sistema de classificação AAA para ONGs no qual os dados sobre as atividades das organizações, finanças e gestão, junto com análises da comunidade local e dos beneficiários, sejam usados para gerar um ranking que norteie os doadores e seus investimentos. Esse sistema classificatório teria implicações reais, entre elas a perda da possibilidade de se candidatar a um financiamento caso a posição da ONG ficasse abaixo de determinada pontuação ou a necessidade de passar por um processo de investigação minuciosa feito pelo governo. Sem um sistema integrado e transparente de avaliação e monitoramento, governos e doadores ficarão sob uma avalanche de apelos de diferentes organizações de ajuda humanitária e disporão de meios limitados de discernir quais são legítimas e competentes.

No final, como todas as bolhas, essa vai explodir, pois os processos vão atrasar, e doadores institucionais perderão a fé nos esforços de reconstrução. Quando a poeira baixar, as organizações que estiverem de pé serão ONGs bem-posicionadas, com foco definido, doadores leais e a capacidade de demonstrar um histórico eficiente e transparente das operações. Algumas serão grupos de ajuda humanitária já estabelecidos e outras serão *start-ups*, mas todas compartilharão certas características que as tornarão adequadas ao trabalho de reconstrução na era digital. Implantarão programas sólidos com resultados que geram dados, e seus esforços concretos virão acompanhados de um marketing digital bem-fundamentado, que, ao mesmo tempo, servirá de vitrine para seu trabalho e permitirá o feedback tanto dos doadores quanto das pessoas beneficiadas. A responsabilidade e a transparência serão muito importantes.

A tendência a um envolvimento maior entre doadores e beneficiários também sobreviverá. As ONGs adotarão novos métodos com o objetivo de proporcionar relacionamentos mais próximos e, ao fazê-lo, acelerarão outra tendência de longo prazo: a descentralização da distribuição da ajuda — ou seja, a tendência de nos afastarmos de vários nós principais (algumas ONGs institucionais de grande porte) e nos aproximarmos de redes condutoras menores. Em vez de doar para o escritório principal da Cruz Vermelha ou da Save the Children, doadores envolvidos e bem-informados buscarão, cada vez mais, programas especiais e específicos com quem falem diretamente, ou levarão suas doações para organizações menores que prometam serviços equivalentes. ONGs inteligentes e já estabelecidas remodelarão com astúcia sua função: passarão a atuar mais como agregadoras do que como diretoras, redefinindo seu papel e conectando os doadores às pessoas por eles financiadas — o que vai proporcionar uma "experiência pessoal" direta; por exemplo, aproximarão médicos em países desenvolvidos de pessoas em um país afetado por um terremoto — sem deixar de manter total controle programático. (Evidentemente, nem todos os doadores optarão por esse conhecimento íntimo das organizações e dos indivíduos que apoiam. Nesses casos, será fácil optar por não adotar essa postura.)

Tampouco podemos subestimar o papel dos indivíduos em países que sofreram desastres ou conflitos no novo ecossistema de ajuda digital. A conectividade influenciará as soluções para um dos maiores problemas — e também um dos mais comuns — enfrentados por sociedades após crises: os deslocados internos receberão ajuda. De fora, pouco pode ser feito para evitar as condições — guerras, fome, desastres naturais — que provocam deslocamentos internos em um país. Porém, o celular vai mudar o futuro de suas vítimas. A maior parte das pessoas deslocadas terá celulares, e, se não tiver (ou se precisar deixá-los para trás), as organizações de ajuda humanitária os distribuirão. Os campos de refugiados serão equipados com pontos de acesso 4G que permitirão a comunicação fácil e barata, e, com os celulares, registrar os deslocados internos ficará mais simples.

Deslocados e refugiados, de modo geral, afirmam que um de seus maiores desafios é a falta de informação. Eles nunca sabem quanto tempo ficarão em um lugar, quando vai chegar comida ou como consegui-la, onde podem obter água, lenha e assistência médica ou descobrir as ameaças à própria segurança. Registrados e com plataformas especializadas para abordar essas questões, eles poderão receber alertas, orientar-se em seu novo ambiente e obter suprimentos e benefícios de organizações de ajuda internacionais. Softwares de reconhecimento facial serão muito usados para localizar pessoas perdidas ou desaparecidas. Com a tecnologia de reconhecimento de fala, usuários analfabetos poderão falar nomes de parentes em voz alta, e o banco de dados dirá se estão ou não no sistema do campo. Plataformas virtuais e celulares permitirão que os campos de refugiados classifiquem e organizem seus membros de acordo com suas habilidades, sua formação e seus interesses. Nos campos de refugiados de hoje, há um grande número de pessoas com habilidades pertinentes e necessárias (médicos, professores, técnicos de futebol) cuja participação só é aproveitada aleatoriamente, mobilizada aos poucos por conversas nos acampamentos. No futuro, os deslocados internos terão acesso a um aplicativo de monitoramento por meio do qual poderão registrar suas habilidades ou buscar o que precisam em um banco de dados, sem desperdiçar nenhuma habilidade ou excluir participantes dispostos a ajudar.

O uso difundido de telefones celulares apresentará novas oportunidades para reorganizar o modelo existente de distribuição de ajuda. Alguns refugiados dotados de espírito empreendedor e conhecimentos técnicos serão capazes de construir uma plataforma aberta na qual possíveis beneficiários da ajuda, como o serão eles próprios, poderão registrar suas necessidades e informações pessoais, enviá-las para a nuvem e esperar que doadores individuais as selecionem e lhes enviem ajuda direta. Isso não é diferente da plataforma usada pela Kiva para microfinanciamento, exceto pelo fato de ter um escopo mais amplo, uma natureza mais pessoal e focar em doações em vez de empréstimos. (Naturalmente, uma plataforma como essa encontraria uma série de obstáculos mecânicos e legais que precisariam ser solucionados antes da implementação para garantir o correto funcionamento.)

Agora imagine se essa plataforma formasse uma parceria com uma organização maior, capaz de promovê-la a um público mais amplo em todo o mundo, e ao mesmo tempo fornecesse alguma medida de verificação para abrandar os ânimos dos usuários mais céticos. No Ocidente, uma mãe poderia fazer uma pausa ao assistir ao jogo de futebol do filho e explorar em seu iPad um mapa global ao vivo (interativo e atualizado com frequência) que mostrasse quem precisa do que e onde. Poderia decidir, por vontade própria, de acordo com as histórias dos indivíduos ou do nível de necessidade percebido, a quem faria doações. Usando sistemas de transferência de dinheiro via celular já disponíveis, essa mãe poderia transferir dinheiro ou crédito móvel direto aos destinatários, com a mesma rapidez e informalidade com que enviaria uma mensagem de texto.

O desafio desse tipo de plataforma é que o ônus de marketing recai sobre os beneficiários da ajuda em si. A vida já é bastante difícil em um campo de refugiados para que as pessoas tenham de se preocupar com a efetividade de um perfil on-line, e a árdua concorrência pelos recursos que a plataforma geraria para beneficiários, em si, seria de extremo mau gosto. Há também o risco de a falta de bom senso ou familiaridade com a situação apoiar desproporcionalmente pessoas que tiverem as melhores campanhas de marketing (ou que tenham manipulado o sistema) e não quem mais precisa. A consequência de evitar organizações estabelecidas é a perda da capacidade, por parte desses grupos, de discernir níveis de necessidade e distribuir seus recursos de modo apropriado. Sem esses controles, a competição pelas doações diretas levaria, quase com certeza, a uma divisão menos equitativa dos recursos. Uma análise de empréstimos diretos através do site da Kiva realizada por pesquisadores em Cingapura revelou que os credores tendem a preferir pessoas mais bonitas, de pele mais clara e menos obesas na hora de escolher a quem emprestarão seu dinheiro.

Além disso, o surgimento de uma plataforma como essa pressupõe que o desejo de aproximação seja correspondido. Quem recebe a ajuda precisaria *querer* se envolver em uma conexão como essa, e na opinião de muitos isso seria um obstáculo para seu desenvolvimento. Com certeza, algumas pessoas em nações em crise (bem como em muitos países em desenvolvimento) podem aproveitar a oportunidade para divulgar a si mesmas diretamente no mercado — se isso significar uma fonte mais confiável de financiamento. No entanto, a maioria não o fará. Ao contrário do que acontece na Kiva, cujos destinatários solicitam empréstimos, aqui, eles buscam caridade — publicamente. O orgulho é uma qualidade humana universal e, muitas vezes, quando privadas de todo o resto, as pessoas o valorizam ainda mais. É difícil imaginar que, mesmo que uma plataforma aberta de financiamento estivesse disponível, refugiados, deslocados internos e outros destinatários estariam dispostos a anunciar suas necessidades diante de uma audiência global. Uma função importante das organizações de ajuda humanitária estabelecidas é a distância que proporcionam entre beneficiários e financiadores. Assim, em meio a todas as mudanças que descrevemos — ONGs iniciantes, programas com objetivos específicos e ajuda descentralizada —, vale a pena recordar as razões pelas quais certos aspectos do mundo em desenvolvimento e das instituições de ajuda são como são e por que funcionam.

Espaço para inovação

Se há um ponto positivo na destruição de instituições e sistemas causada por agitações sociais ou políticas, é o fato de abrir caminho para o surgimento de novas ideias. A inovação está em toda parte, mesmo no intrincado e difícil trabalho de reconstrução, e será ampliada por redes rápidas, boa liderança e oferta abundante de dispositivos, isto é, tablets e smartphones.

Já conseguimos perceber de que maneira ferramentas de internet estão sendo repaginadas para funcionar em contextos pós-crise. A Ushahidi (o nome significa "testemunho" em suaíli), uma plataforma de fonte aberta que mapeia crises e agrega dados obtidos via *crowd-sourcing* para construir um mapa de informações ao vivo, demonstrou isso com grande efeito[48] após o terremoto de 2010 no Haiti. Utilizando uma plataforma de mapeamento básico, voluntários da Ushahidi nos Estados Unidos[49] desenvolveram um mapa da crise que funcionava ao vivo apenas uma hora após o desastre, designando um código curto (4636) para o qual pessoas da região atingida poderiam enviar mensagens de texto; posteriormente, as informações foram divulgadas em emissoras de rádio haitianas nacionais e locais. Engenheiros no exterior inseriam os dados coletados em um mapa interativo on-line que agregava relatos de destruição, necessidade de suprimentos de emergência, pessoas presas nos destroços e casos de violência ou crime. Muitas das mensagens estavam em crioulo haitiano, por isso a plataforma Ushahidi contou com uma rede de milhares de americanos de origem haitiana para traduzir as informações, reduzindo o tempo de tradução a apenas dez minutos. Dentro de algumas semanas, eles haviam mapeado cerca de 2.500 denúncias; Carol Waters, diretora de comunicação e parceria da Ushahidi-Haiti, contou que muitas dessas mensagens simplesmente diziam: "Estou enterrado sob um monte de detritos, mas ainda estou vivo."[50]

O raciocínio rápido e a codificação veloz da plataforma salvaram vidas. No futuro, mapas de crises como esses serão padrão, e é provável que seu desenvolvimento seja liderado pelos governos. Centralizando as informações com uma fonte oficial e confiável, alguns dos problemas enfrentados pela plataforma (por exemplo, o fato de outras ONGs não saberem de sua existência) poderiam ser evitados. É claro que há o risco de um projeto liderado pelo governo ser vítima de burocracia ou restrições legais que o impeçam de acompanhar o ritmo de agentes externos como a plataforma Ushahidi. Contudo, se a resposta fosse imediata, haveria enorme potencial para um mapa de crise liderado pelo governo, pois ele poderia crescer e abarcar muito mais do que informações de emergência. O mapa poderia permanecer ativo durante todo o processo de reconstrução e serviria como uma plataforma para divulgar e receber informações sobre os vários projetos ambientais e de reconstrução que o governo gerenciasse.

Em qualquer sociedade abalada por uma crise, seria possível informar aos cidadãos o posicionamento das zonas seguras (livres de minas ou milícias) em seus bairros, a localização da melhor cobertura móvel ou onde seriam feitos os maiores investimentos nos esforços de reconstrução. Denúncias de crimes, violência ou corrupção manteriam o governo informado. Um sistema integrado de informações como esse não só deixaria a população mais segura, saudável e consciente, como também reduziria parte do desperdício, da corrupção e da redundância que costumam ser gerados pelos esforços de reconstrução. É claro que nem todos os governos nessas situações estarão interessados em tal transparência, mas, se a população e a comunidade internacional estiverem amplamente conscientes do modelo, poderá haver pressão pública suficiente a favor de sua adoção. Obter ajuda externa poderia até depender disso. E sem dúvida haveria muitos parceiros e voluntários fora do governo dispostos a participar do processo.

No entanto, a prioridade de um país com problemas internos é administrar o frágil ambiente de segurança. Mapas interativos podem ajudar nisso, mas não serão o suficiente. Os momentos iniciais após o fim de um conflito são os mais delicados, porque o governo provisório deve demonstrar ao povo sua capacidade de controle *e* resposta; caso contrário, corre o risco de ser deposto pela mesma população que o instaurou. Para retomar seu dia a dia, os cidadãos precisam se sentir seguros o suficiente para reabrir empresas, reconstruir casas e replantar lavouras; portanto, mitigar a volatilidade do meio é vital para desenvolver a confiança do cidadão no processo de reconstrução. O uso inteligente da tecnologia pode ajudar o governo a afirmar o estado de direito de maneiras importantes.

Por sua funcionalidade, os celulares vão se tornar condutores importantíssimos e valiosos ativos enquanto o Estado tenta gerenciar o ambiente de segurança. Nos países que dispõem de Forças Armadas funcionais, o fato de seus membros sustentarem o estado de direito — em vez de desertarem, cometerem atos criminosos ou tomarem o poder para si — dependerá menos de motivações pessoais e mais de sua fé na competência do governo. Simplificando: para a maior parte das pessoas que vestem um uniforme, a questão se resume a receber seu salário no final do mês, sem subornos; elas precisam saber quem está no comando.

As plataformas de tecnologia do futuro ajudarão a aplicar a lei nesse processo, equipando cada policial e oficial do exército com um dispositivo móvel especializado que contenha vários aplicativos diferentes (e altamente seguros). Um aplicativo vai cuidar dos salários e servir de interface entre oficiais e o ministério responsável por seu pagamento. No Afeganistão, a empresa de telecomunicações

Roshan iniciou um programa piloto[51] para pagar os oficiais de polícia de forma eletrônica por meio de uma plataforma de banco móvel — uma jogada ousada destinada a acabar com a corrupção desenfreada que mutila as finanças do país. Nesses telefones especializados, outro aplicativo poderia exigir que os oficiais relatassem suas atividades, como em um diário, armazenando as informações na nuvem; mais tarde, seus comandantes poderiam garimpar essas informações em busca de padrões de eficiência e impacto. Outros aplicativos poderiam oferecer dicas de treinamento ou mentores virtuais a oficiais recentemente integrados — como no caso da Líbia, onde muitos dos combatentes das milícias foram integrados ao recém-criado exército — e poderiam proporcionar espaços virtuais seguros para denúncias anônimas de corrupção ou outras atividades ilícitas por parte de policiais e oficiais.

Denúncias de cidadãos em plataformas móveis reforçariam a capacidade do Estado de manter a segurança caso os dois lados escolhessem trabalhar juntos. Todo cidadão armado com um dispositivo móvel é uma testemunha e um investigador em potencial, mais atento do que qualquer autoridade policial e pronto para documentar injustiças. Na melhor das hipóteses, os cidadãos optarão por participar dessas atividades de vigilância móvel, por patriotismo ou interesse pessoal, e, junto com o Estado, ajudarão a construir uma sociedade mais segura e honesta. Na pior das hipóteses, nos casos em que grandes parcelas da população desconfiam do governo ou favorecem os ex-combatentes (como os que lutaram na batalha contra Gaddafi), esses canais de denúncias e relatos de cidadãos poderão ser usados para compartilhar informações falsas e desperdiçar o tempo da polícia.

A participação dos cidadãos será crucial também em outros aspectos, além das questões iniciais de segurança. Com as plataformas certas e um governo disposto a adotar a transparência, as pessoas conseguirão monitorar o progresso, denunciar casos de corrupção, dar sugestões e participar das conversas entre governo, ONGs e agentes estrangeiros — usando apenas celulares. Conversamos com o presidente ruandês Paul Kagame, um dos líderes africanos mais versados em tecnologia, e perguntamos de que maneira a tecnologia móvel tem transformado a forma como os cidadãos enfrentam os desafios locais. "Sempre que tiverem necessidades[52] — econômicas, de segurança e sociais —, as pessoas utilizarão os telefones", disse, "porque seus celulares são a única maneira que têm de se proteger. Agora, quem precisa de ajuda imediata pode recebê-la." Esse fato, explicou Kagame, foi um divisor de águas para as populações dos países em desenvolvimento, em particular para pessoas recém-saídas de situações de conflito ou crise. Desenvolver a confiança no governo é uma tarefa fundamental, e, com o aumento da participação dos cidadãos através de plataformas abertas, esse processo pode ser muito mais rápido e sustentável: "Em Ruanda, criamos um programa de policiamento comunitário no qual a população transmite as informações", contou, salientando que o uso da tecnologia o tornou muito mais eficiente.

Conforme o *crowd-sourcing* se tornar parte essencial do futuro do estado de direito — pelo menos após conflitos ou desastres —, uma cultura de responsabilização surgirá lentamente. Temores de violência ou de saques permanecerão, mas no futuro as sociedades terão todos os seus pertences e artefatos históricos documentados na internet. Dessa forma, ninguém perguntará o que está faltando quando a segurança retornar. Os cidadãos serão recompensados pelo envio de fotos dos ladrões (ainda que forem policiais) mostrando seus rostos e despojos. O risco de retaliação será real, porém os indícios sugerem que, apesar dos temores, quase sempre existe uma grande quantidade de pessoas dispostas a correr riscos. E, quanto mais elas estiverem interessadas em denunciar crimes, mais o risco para o indivíduo diminuirá. Imagine se o saque do celebrado Museu de Bagdá, no Iraque, ocorrido em 2003, acontecesse vinte anos depois: por quanto tempo os criminosos seriam capazes de esconder seus tesouros (e tentar vendê-los) se seu roubo tivesse sido gravado e transmitido instantaneamente para todo o país, e outros cidadãos estivessem altamente motivados a denunciá-los?

Artefatos perdidos abalam a dignidade de uma sociedade e a preservação de sua cultura, todavia armas perdidas constituem um perigo muito maior para a estabilidade de um país. Armas de grande e pequeno calibre desaparecem com muita frequência após conflitos e chegam ao mercado negro (que, segundo estimativas, movimenta um volume anual de negócios de 1 bilhão de dólares[53]), reaparecendo mais tarde nas mãos de milícias, gangues e exércitos de outros países. Os chips de identificação por radiofrequência (RFID — do inglês *Radio Frequency Identification*) poderiam ser uma solução para esse desafio. Chips ou etiquetas RFID contêm informações armazenadas de forma eletrônica e podem ser do tamanho de um grão de arroz. Estão em toda parte hoje: em telefones, passaportes e nos produtos que compramos. (Até em nossos animais de estimação: chips RFID aplicados sob a pele ou na orelha do animal têm sido usados para ajudar a identificar animais perdidos.) Se os principais países assinassem tratados que exigissem aos fabricantes de armas implantar chips RFID irremovíveis em todos os produtos, caçar esconderijos de armas e interditar as remessas seria muito mais fácil. Considerando-se que os chips RFID de hoje podem ser facilmente destruídos no micro-ondas, os do futuro precisarão de um escudo que os proteja contra adulteração. (Pressupomos que haverá um jogo de gato e rato tecnológico entre os governos, que querem rastrear as armas com chips RFID, e os traficantes de armas, que desejam negociá-las ilegalmente). Quando armas com chips RFID fossem recuperadas, seria possível rastrear seu percurso se os chips tivessem sido projetados para armazenar dados de localização. Isso não deteria o tráfico, mas pressionaria os principais agentes do comércio de armas.

Estados que doam armas a movimentos rebeldes muitas vezes querem saber o que acontece com elas. Com chips RFID, tais investimentos poderiam ser rastreados. Ninguém sabia qual era o número real de revolucionários líbios; por isso, na ausência de qualquer recurso de rastreamento, os governos que lhes cederam armas precisaram ponderar o benefício de uma revolução bem-sucedida com as possíveis consequências de elas caírem na clandestinidade. (No início de 2012, algumas das armas usadas pelas milícias líbias acabaram no Mali, nas mãos de tuaregues descontentes.[54] Com o retorno do contingente tuaregue do exército de Gaddafi, isso provocou uma violenta campanha antigovernamental que propiciou as condições para um golpe militar.)

A distribuição de armas eletronicamente rastreáveis terá de superar obstáculos. Projetar armas que incluam chips de identificação por radiofrequência custa dinheiro; os fabricantes lucram com o grande mercado ilícito para seus produtos; e tanto os Estados quanto os traficantes prezam o atual anonimato da distribuição de armas. É difícil imaginar uma superpotência disposta a sacrificar espontaneamente sua possibilidade de negar, de forma plausível, que detém depósitos de armas ou que fornece por baixo dos panos armas para algum benefício de longo prazo. Além disso, os Estados poderiam alegar que plantar armas rastreáveis de outro país em uma zona de guerra, de maneira a implicar o envolvimento de uma nação inocente, *agravaria* ainda mais o conflito. Entretanto, a pressão internacional pode fazer diferença.

Felizmente, existem inúmeras outras formas de usar a tecnologia RFID em curto prazo nos esforços de reconstrução. Etiquetas RFID podem ser empregadas para rastrear entregas de suprimentos essenciais, verificar a legitimidade de produtos farmacêuticos e, de modo geral, limitar o desperdício ou suborno em projetos de grande porte. O Programa Mundial de Alimentos experimentou monitorar remessas de alimentos na Somália, usando códigos de barras e chips RFID para determinar quais fornecedores são honestos e de fato entregam a comida à área destinada. Esse tipo de sistema de rastreamento — barato, onipresente e confiável — poderia ajudar a agilizar o mundo serpenteante da distribuição de ajuda, aumentando a responsabilização e fornecendo dados que poderão ser usados para medir o sucesso e a eficácia, mesmo em lugares menos conectados.

Outro uso inovador de dispositivos móveis em governos que passaram por conflitos envolve ex-combatentes. Trocar armas por celulares pode se tornar um recurso-chave de qualquer programa de desarmamento, desmobilização e reintegração (DDR). O governo de Paul Kagame, embora controvertido em termos de direitos humanos e comunidades de governança, tem supervisionado a desmilitarização de dezenas de milhares de ex-combatentes[55] através do Projeto de Desmobilização e Reintegração de Ruanda. "Acreditamos que é preciso colocar nas mãos de ex-combatentes ferramentas que lhes permitam transformar suas vidas",[56] explicou. Em pacotes entregues aos ex-combatentes, "havia algum dinheiro, mas também celulares para que pudessem saber suas possibilidades". A maior parte dos ex-combatentes que participam do programa de Ruanda, ainda em curso, também recebe algum tipo de treinamento que os preparará para a reinserção na sociedade. O tratamento psicológico é um componente igualmente importante. Vimos esses programas em ação, e eles se assemelham a acampamentos de verão, com atividades, dormitórios e salas de aula — o que é bastante adequado, uma vez que muitos dos ex-combatentes em Ruanda são praticamente crianças. O segredo é começar com o exemplo de centenas de outros que têm uma experiência em comum e, em seguida, construir neles a confiança de que existe um lado bom da vida, e que esse lado não envolve o combate.

As palavras de Kagame indicam que não estamos muito longe dos países que experimentam isso. No período que se segue ao fim de um conflito, o desarmamento de ex-combatentes é uma prioridade. (Desarmamento, conhecido também como desmilitarização ou controle de armas, é o processo de eliminar as capacidades militares das facções beligerantes, independentemente de serem insurgentes, inimigos civis ou facções do exército que vieram de um regime anterior.) Em um programa de DDR típico, as armas são transferidas das forças beligerantes para as forças de manutenção da paz durante um período de tempo específico, e essa transferência muitas vezes envolve alguma compensação. Quanto mais longo o conflito, maior é o tempo necessário para concluir o processo. Foram anos de luta entre o norte e o sul do Sudão para que se chegasse ao Estado do Sudão do Sul (que tivemos a oportunidade de visitar em janeiro de 2013); portanto, a necessidade urgente de um amplo programa de DDR foi reconhecida de imediato pelo novo governo do Sudão do Sul e pela comunidade internacional. Com mais de 380 milhões de dólares em ajuda[57] da ONU, China, Japão, Noruega e Estados Unidos, sudaneses em ambos os lados da fronteira decidiram desarmar cerca de duzentos mil ex-soldados[58] até 2017. Preocupados com a possibilidade de ex-combatentes se transformarem em mercenários e com o transporte ilegal de armas nas fronteiras, dois países vizinhos, Uganda e Quênia, também prometeram apoio para reforçar a segurança regional — um elemento fundamental do plano. No entanto, poucas regiões são tão imprevisíveis e propensas a conflito quanto os Grandes Lagos; por isso, os compromissos não devem ser levados tão a sério.

Na maior parte das sociedades pós-conflitos, ex-combatentes armados se veem sem trabalho, propósito, status ou aceitação social. Se não forem orientados, podem retornar à violência — como criminosos, membros de milícias ou mercenários —, em especial se ainda tiverem suas armas. Ao tentarem criar incentivos para ex-combatentes entregarem seus fuzis AK-47, os governos descobrirão que a perspectiva de ter um smartphone pode ser mais do que suficiente para começar. Os ex-combatentes precisam de algum tipo de compensação, status e perspectiva. Se conseguirem entender que um smartphone representa não apenas uma chance de se comunicar, mas também um meio de receber benefícios e pagamento, o telefone se tornará um investimento atraente em troca de uma arma.

Dependendo da cultura e do nível de sofisticação tecnológica, cada sociedade oferecerá pacotes ligeiramente diferentes nessa iniciativa, mas os aspectos essenciais do processo terão apelo universal: dispositivos gratuitos, de última geração, planos de voz e texto baratos, crédito para adquirir aplicativos e subsídios para programas de dados que permitam às pessoas usar internet e e-mail a baixo custo. Esses smartphones teriam uma qualidade melhor do que os de grande parte da população, e seu uso também seria mais barato. Poderiam vir carregados com atraentes aplicativos profissionalizantes que atuassem como um instrumento para a ascensão de ex-combatentes, como aulas de inglês ou mesmo alfabetização. Um ex-soldado infantil em um campo de refugiados sudaneses forçado a deixar a família ainda pequeno poderia ter acesso a um dispositivo que o associasse não só aos familiares locais, mas também a potenciais mentores sudaneses no exterior, talvez jovens bem-sucedidos que buscaram asilo nos Estados Unidos e construíram para si uma vida nova.

Os países doadores provavelmente arcariam com os custos dos estágios iniciais do programa e, em seguida, transfeririam o custo e o controle para o Estado em questão. Isso permitiria que o governo mantivesse alguma influência sobre os ex-combatentes em sua sociedade. Os celulares talvez viessem com softwares que permitissem ao Estado rastrear ex-combatentes ou monitorar seu histórico de navegação por dado período; se não seguissem as regras do programa, os ex-combatentes correriam o risco de perder o plano de dados ou o telefone. Um Estado seria capaz de instituir uma política de três passos associada aos dados de geolocalização nesses telefones: na primeira vez que um ex-combatente deixasse de se "apresentar" a uma espécie de agente de condicional em dado momento, receberia um breve aviso por vídeo; na segunda, o plano de dados seria suspenso por um período; e, na terceira, seria cancelado e o telefone lhe seria tomado.

Com certeza, aplicar a lei seria um desafio, mas o Estado conseguiria exercer mais poder do que se pagasse uma única compensação em dinheiro. E o programa poderia ser atraente não apenas por causa dos aplicativos úteis e dos telefones sofisticados. Os ex-combatentes provavelmente dependeriam de pensões ou benefícios para sustentar suas famílias; portanto, a integração desses pagamentos a um sistema monetário móvel seria uma forma inteligente de impedir que eles se desviassem do caminho certo.

No entanto, para que a troca de armas por celulares funcione, ela deverá estar vinculada a um programa abrangente e bem-sucedido — celulares, em si, não bastariam para reintegrar milhares de ex-combatentes. Como parte dos programas de reintegração e responsabilização, alguns deles receberiam dinheiro ou recursos especiais para o dispositivo em troca de fotografias que revelassem esconderijos de armas ou valas comuns. Os ex-combatentes precisariam ser bem-tratados e recompensados de forma adequada para entregar suas armas e perder seu senso de autoridade; programas que incluíssem apoio psicológico e aulas de qualificação profissional seriam importantes para ajudar a transição dessas pessoas para a vida civil.

Na Colômbia, um programa de DDR[59] de relativo sucesso destinado a reintegrar à sociedade ex-combatentes de guerrilha envolveu uma ampla rede de centros de apoio, que lhes oferecia serviços educacionais, jurídicos, psicossociais e de saúde. Ao contrário do que ocorre com muitos outros programas de DDR, levados a cabo muito longe dos centros urbanos, o governo da Colômbia optou por uma jogada ousada: muitas das casas de reintegração localizavam-se em regiões centrais. O governo identificou a necessidade inicial de desenvolver a confiança no programa, por parte tanto do ex-combatente quanto da sociedade. Montadas à semelhança de lares para adolescentes fugitivos, as casas de reintegração acabaram se tornando parte da comunidade, com o envolvimento de vizinhos e outros moradores locais. O governo usou ex-combatentes como porta-vozes dos motivos pelos quais os colombianos não deveriam recorrer à violência. Eles davam palestras em universidades, abordavam ex-membros das Farc — uma organização terrorista colombiana com 48 anos de existência — e realizavam mesas-redondas nas comunidades.

Não está claro se as tecnologias de comunicação vão ajudar ou dificultar o processo de reconciliação entre civis. Por um lado, a onipresença de dispositivos durante um combate ajudará a capacitar os cidadãos a registrar provas que possam ser usadas para buscar justiça ao término do conflito. Por outro, com tanta violência e sofrimento registrados em meio digital (armazenados perpetuamente e compartilhados de maneira ampla), é possível que as divisões sociais ou étnicas que geraram o conflito se solidifiquem quando o volume de dados for revelado. O processo de cura para sociedades dilaceradas por conflitos civis ou étnicos é bastante doloroso e requer certo esquecimento coletivo. Com muito mais provas, haverá muito mais a ser perdoado.

No futuro, a tecnologia será usada para documentar e registrar a implementação de vários processos de transição na justiça, inclusive reparações, deposição (como os esforços de "debaathificação" – afastamento dos antigos membros do partido Baath do governo iraquiano), comissões da verdade e conciliação e até mesmo julgamentos, tornando-os mais acessíveis e transparentes. Essa mudança tem aspectos bons e ruins. O julgamento de Saddam Hussein, transmitido pela televisão, foi catártico para muitos iraquianos, mas também deu ao falecido ditador e a seus seguidores um palco no qual se apresentar. Por outro lado, como previu Nigel Snoad, ex-funcionário sênior da área de ajuda humanitária da ONU, atualmente no Google, "grupos de direitos humanos e de justiça podem construir um sistema que permita às pessoas criar memoriais e contar a história daqueles que morreram ou desapareceram no conflito".[60] Usando essas memórias, disse, grupos poderiam "reunir histórias de ambos os lados e, apesar dos relatos conflitantes e das ocasionais rixas virtuais (difamações na internet por meio de listas de discussão e comentários), criar um espaço para pedidos de desculpa, revelação da verdade e, quem sabe, reconciliação".

A tecnologia da internet não eliminará a lenta e dolorosa mecânica da reconciliação, nem deveria fazê-lo. Admissão pública de culpa, condenação e punição, bem como gestos de perdão, são catárticos para uma sociedade que está se recuperando de um conflito. Os modelos atuais de processo criminal em nível internacional — por crimes contra a humanidade — são lentos, burocráticos e propensos a corrupção. Dezenas de criminosos[61] esperam no Tribunal Internacional de Justiça — conhecido informalmente como Tribunal de Haia — meses a fio antes de seus julgamentos.[62] Hoje, países que atravessaram conflitos preferem sistemas de tribunais e órgãos locais às morosas instituições internacionais.

É provável que a disseminação da tecnologia agrave essa tendência. O grande volume de indícios digitais de crimes e violência elevará as expectativas de que se faça justiça; no entanto, o ritmo glacial de órgãos judiciais internacionais como o Tribunal Internacional de Justiça limitará a rapidez com que eles se adaptarão às mudanças. Exemplo disso é que o Tribunal jamais aceitará como prova vídeos não verificados, gravados no telefone celular, em seus julgamentos altamente processuais (embora organizações como Witness desafiem esse modo de agir), mas os sistemas judiciais locais, com menos restrições legais e uma atitude mais flexível, podem ser mais abertos a avanços em marca d'água digital, que permitirão a autenticação de imagens digitais em vídeos amadores. As pessoas demonstrarão, cada vez mais, sua preferência por essas vias judiciais.

Um contexto local significa que os árbitros, sejam eles juízes formais, chefes tribais ou líderes comunitários, devem ter um conhecimento íntimo e expansivo da sociedade — sua dinâmica interna, seus agentes principais, os maiores vilões e todas as nuances que organismos internacionais ou distantes se esforçam para entender. Diante de provas digitais, a necessidade de verificação é menor, porque as pessoas e os lugares já serão familiares. Em situações pós-crise, há também uma pressão específica da comunidade para que se faça justiça com rapidez. Se esses tribunais serão mais ou menos justos do que suas contrapartes internacionais é uma questão controversa, mas por certo serão mais ágeis.

Essa tendência poderia se manifestar em futuros comitês da verdade e reconciliação ou em estruturas temporárias judiciais após um grande conflito. Depois do genocídio de Ruanda, o novo governo do país[63] rejeitou o modelo sul-africano de verdade e reconciliação, argumentando que só poderia haver reconciliação quando os culpados fossem punidos. Contudo, o sistema judiciário formal levou muito tempo para processar os supostos perpetradores do genocídio; mais de 100 mil ruandeses ficaram na prisão durante vários anos à espera de julgamento no Tribunal. Criou-se então um novo sistema de tribunais locais inspirado em um processo de base comunitária para resolução de conflitos conhecido como "*gacaca*". Nos tribunais *gacaca*, os acusados eram confrontados pela comunidade, que lhes oferecia a chance de comutar a sentença se confessassem seus crimes, lançassem luz sobre o que aconteceu ou identificassem os restos mortais de suas vítimas. Apesar de ter como base a justiça de aldeia, o sistema de tribunal *gacaca*[64] era uma estrutura complexa, envolvendo diferentes fases de julgamento. A primeira era conhecida como nível celular; nela, o acusado era apresentado perante um tribunal de pessoas da comunidade na qual o crime fora cometido. Esse tribunal determinava a gravidade do crime: se o acusado deveria ser julgado no nível do setor, distrito ou província — os quais lidariam com os recursos. O sistema *gacaca* estava longe de ser perfeito. Vinha acompanhado de toda a panóplia de tradicionais preconceitos culturais, o que incluía a proibição de mulheres atuarem como juízas e a incapacidade de julgar crimes cometidos contra mulheres com a mesma ferocidade com que crimes contra homens eram julgados. Excetuando-se essas ressalvas, a justiça era rápida, e a comunidade participante em geral ficava satisfeita com o processo. Governos pelo mundo em situações similares subsequentes tentaram adotar o modelo, que foi eficaz ao dar andamento a numerosas metas de reconciliação.

Independentemente de optarem por levar suas provas digitais ao Tribunal de Haia ou aos órgãos judiciais locais, os cidadãos no futuro com certeza terão mais oportunidade de participar do processo de justiça e reconciliação transicional. Poderão fazer o upload imediato de documentos, fotos e outras provas de um conflito ou regime repressor em um banco de dados internacional em nuvem que categorizará as informações, inserindo-as nos arquivos relevantes e em seguida disponibilizando-os a tribunais, jornalistas e outros. Memoriais participativos e sistemas de feedback inclusivos, que permitem às populações expressar suas queixas de forma organizada — é possível que comunidades utilizem o mapeamento algorítmico de argumentos para tornar o feedback mais prescritivo — ajudarão a manter a confiança de grupos que, após o fim do conflito, poderão começar a se sentir postos de lado. Os cidadãos poderão assistir aos desdobramentos do processo judicial em tempo real, com a transmissão ao vivo do julgamento de figuras importantes ocorrendo do outro lado do mundo disponível em seus telefones e uma riqueza de informações sobre cada etapa do processo na ponta dos dedos. Documentar os crimes (físicos e virtuais) de um regime depois de sua queda serve a um propósito ainda maior: assim que cada segredo sujo do antigo Estado for divulgado on-line, nenhum governo futuro será capaz de repetir suas ações. Os observadores políticos sempre se preocupam com a possibilidade de um Estado retornar à autocracia após um conflito, observando com atenção a existência de possíveis sinais desse retorno; a exposição total dos males do antigo regime — exatamente como brutalizou seus dissidentes, como espionava as atividades virtuais dos cidadãos, como enviava dinheiro para fora do país — ajudará a prevenir tais possibilidades.

Dentre todos os tópicos que abordamos, o futuro da reconstrução talvez seja o que mais comporta nosso otimismo. Pouca coisa pode ser mais devastadora para um país e uma população que um desastre natural, uma guerra ou ambos; entretanto, identificamos uma clara tendência de as transições que se sucedem a crises ocorrerem em períodos mais curtos, com resultados mais satisfatórios. Ao contrário do que argumentam muitas abordagens da geopolítica, o mundo aprende o que funciona, o que não funciona e o que pode ser aperfeiçoado com cada exemplo de reconstrução. Aplicações inteligentes da tecnologia de comunicações e conectividade generalizada vão acelerar a reconstrução, informar e capacitar as pessoas e ajudar a forjar uma sociedade melhor, mais forte e mais resiliente. Para tanto, bastam um pouco de criatividade, muita banda larga e vontade de inovar.

Conclusão

Ao olharmos para o futuro — suas promessas e seus desafios —, vemo-nos diante de um admirável mundo novo, o mais rápido e emocionante período na história da humanidade. As mudanças que vivenciaremos serão maiores e ocorrerão em um ritmo mais veloz do que em qualquer geração anterior, e essas transformações, impulsionadas em parte por dispositivos que teremos em nossas próprias mãos, serão mais pessoais e participativas do que podemos imaginar.

Em 1999, o futurista Ray Kurzweil propôs a nova "Lei dos Retornos Acelerados" em seu livro seminal *A era das máquinas espirituais*. "A tecnologia",[1] escreveu, "é a continuação da evolução por outros meios e é, em si, um processo evolutivo." A evolução baseia-se na sua própria ordem crescente, levando a um crescimento exponencial e retornos acelerados com o tempo. A computação, a espinha dorsal de toda a tecnologia que vemos hoje, comporta-se mais ou menos da mesma forma. Apesar de suas eventuais e inevitáveis limitações, a Lei de Moore nos promete processadores infinitesimalmente pequenos daqui a alguns anos. A cada dois dias[2] produzimos um volume de conteúdo digital equivalente ao que geramos dos primórdios da civilização até 2003 — ou seja, cerca de cinco exabytes de informações, com apenas dois bilhões de pessoas[3] on-line, entre as sete bilhões[4] possíveis. Quantas novas ideias, perspectivas e criações a inclusão tecnológica de fato global produzirá, e com que velocidade seu impacto se fará sentir? A chegada de mais pessoas ao mundo virtual é boa para elas e também para nós. O benefício coletivo de compartilhar o conhecimento e a criatividade humanos cresce a uma taxa exponencial.

No futuro, a tecnologia da informação estará em toda parte, da mesma forma que a eletricidade. Será algo garantido, integrado de tal maneira a nosso cotidiano que teremos dificuldade de descrever aos nossos filhos como era a vida antes dela. Uma vez que a conectividade permite que bilhões de pessoas se juntem ao rebanho tecnológico, sabemos que a tecnologia em breve estará entrelaçada a todos os desafios do mundo. Estados, cidadãos e empresas a incorporarão a todas as soluções.

Tentativas de conter a disseminação da internet ou restringir o acesso das pessoas a ela invariavelmente fracassarão no longo prazo — a informação, como a água, sempre encontra um caminho próprio. Estados, cidadãos, empresas, ONGs, consultores, terroristas, engenheiros, políticos e hackers, todos tentarão adaptar-se a essa mudança e gerenciar seus efeitos colaterais, mas nenhum deles será capaz de controlá-la.

Acreditamos que a maior parte do mundo se beneficiará da conectividade, que lhe proporcionará eficiência e novas oportunidades, além de melhor qualidade de vida. Entretanto, apesar desses benefícios quase universais, a experiência virtual não será igual para todos. Um sistema de castas digital resistirá no futuro, e a experiência das pessoas será determinada, em grande parte, pelo lugar que ocupam nessa estrutura. Em função de fatores como riqueza, acesso ou localização, a pequena minoria no topo ficará, quase sempre, protegida das consequências menos agradáveis da tecnologia. A classe média do mundo impulsionará grande parte da mudança, pois nela estarão os inventores, os líderes nas comunidades de imigrantes e os proprietários de pequenas e médias empresas. Esses são os primeiros cinco bilhões de pessoas já conectados.

Os próximos cinco bilhões a se juntar ao clube experienciarão muitas outras mudanças, simplesmente por viverem onde vivem e por serem numerosos. Eles serão os maiores beneficiados pela conectividade, mas também enfrentarão os piores inconvenientes da era digital. Esse grupo conduzirá as revoluções e questionará os estados policiais; será também o segmento controlado pelos governos, assediado por multidões enfurecidas on-line e desorientado por guerras de marketing. Muitos dos desafios de seu mundo perdurarão mesmo com a disseminação da tecnologia.

Portanto, o que acreditamos saber sobre nosso mundo futuro?

Em primeiro lugar, está claro que a tecnologia, em si, não é uma panaceia para os males do mundo; entretanto, se usada com inteligência, poderá fazer toda a diferença. No futuro, computadores e seres humanos dividirão cada vez mais seus deveres de acordo com o que cada um sabe fazer bem. Usaremos a inteligência humana para discernir, usar a intuição, interpretar nuances e interações singularmente humanas; o poder dos computadores nos ajudará a ter uma memória sem limites e um processamento infinitamente rápido, além de desempenhar ações limitadas pela biologia humana. Utilizaremos computadores para realizar correlações preditivas baseadas em enormes volumes de dados a fim de rastrear e capturar terroristas, mas o interrogatório e o tratamento a eles dispensado daí em diante continuarão sendo da alçada dos seres humanos e suas leis. Robôs em combates prevenirão mortes por meio de uma maior precisão e de uma consciência situacional, mas caberá ao julgamento humano determinar o contexto em que serão utilizados e as ações que poderão tomar.

Em segundo lugar, o mundo virtual não tomará o lugar da ordem mundial existente, tampouco a reformulará, embora vá complicar quase todos os comportamentos. Pessoas e Estados preferirão os mundos nos quais têm maior controle — virtual para aquelas, físico para estes —, e essa tensão estará presente enquanto a internet existir. Multidões com pessoas corajosas virtualmente talvez sejam o bastante para iniciar uma revolução, mas o Estado continuará usando táticas de repressão brutais nas ruas. Minorias podem lutar pela condição de Estado virtual e, ao longo do caminho, cimentar sua solidariedade, porém, se a iniciativa der errado, a causa e seus participantes podem sofrer consequências negativas tanto no mundo físico quanto no virtual.

Em terceiro lugar, as nações precisarão praticar duas políticas externas e duas internas — uma para o mundo virtual e outra para o físico —, e elas poderão parecer contraditórias. Os Estados lançarão ciberataques contra países que nem sonhariam em invadir militarmente. Permitirão a expressão da discordância on-line, mas patrulharão com violência a praça da cidade em busca dos dissidentes mais engajados para reprimi-los. Apoiarão intervenções emergenciais em telecomunicações sem nem pensar em utilizar soldados (ou mesmo robôs) nas ruas.

Enfim, com a disseminação da internet e dos celulares no mundo, os cidadãos serão mais autônomos do que em qualquer outro período da história, porém isso terá seus custos, sobretudo no que diz respeito à privacidade e à segurança. A tecnologia a que nos referimos coleta e armazena grande quantidade de dados pessoais — localizações passadas, presentes e futuras, bem como informações que você consome —, armazenando-as por um tempo para que os sistemas funcionem. Tais informações não estavam disponíveis antes, e há sempre a possibilidade de serem usadas contra você. Os países legislarão grande parte do uso da tecnologia, e suas políticas serão diferentes, não apenas entre democracias e autocracias, como também entre países com sistemas políticos semelhantes. O risco de divulgação dessas informações está aumentando, e, ainda que exista tecnologia disponível para protegê-las, erro humano, atividades nefastas e a passagem do tempo tornam cada vez mais difícil manter as informações confidenciais. As empresas que armazenam os dados são responsáveis por garantir a segurança deles, e isso não vai mudar. Contudo, embora a proteção da privacidade individual também seja de responsabilidade delas, trata-se de um dever que elas compartilham com os usuários.

Temos de lutar por nossa privacidade ou a perderemos, particularmente em momentos de crise nacional, quando os predadores da segurança insistirão que, a cada novo crime terrível, os governos têm o direito de acessar informações cada vez mais privadas ou que antes eram privadas. Os governos precisarão definir quais são as fronteiras da privacidade e cumpri-las. O reconhecimento facial, por exemplo, manterá as pessoas seguras e provará sua importância em todos os processos, dos censos às votações, facilitando a captura dos responsáveis por atos ilícitos, desestimulando criminosos em potencial e promovendo a segurança pública. No entanto, também poderá permitir que os governos exerçam maior vigilância sobre a população.

E quais são as perspectivas de conseguirmos manter segredos no futuro, algo igualmente importante para o bom funcionamento das pessoas e instituições? Novos recursos para criptografar segredos e difundir informações entre as pessoas ocasionarão problemas incomuns. Grupos separados — de criminosos a dissidentes — em breve serão capazes de criptografar um segredo (talvez um conjunto de códigos ou documentos confidenciais) e, em seguida, dividi-lo por meio da atribuição de uma parte da chave de criptografia a cada um de seus membros. Um grupo poderia então estabelecer um pacto de publicação mutuamente assegurada — ou seja, sob certas circunstâncias, todos combinariam suas chaves parciais para liberar os dados. Esse pacto poderia ser usado para disciplinar os governos ou aterrorizar as pessoas. E, se organizações como a al-Qaeda se apoderassem de dados confidenciais criptografados — por exemplo, nome e localização dos agentes secretos da CIA —, poderiam distribuir cópias aos seus afiliados com uma chave comum e ameaçar divulgar as informações caso houvesse um ataque a um dos grupos.

O que emergirá no futuro, e o que nós tentamos articular, é um conto de duas civilizações: uma é física e desenvolve-se há milhares de anos; a outra é virtual e ainda está se formando. Essas civilizações coexistirão de forma mais ou menos pacífica, uma restringindo os aspectos negativos da outra. O mundo virtual nos permitirá escapar da repressão do controle do Estado, proporcionando aos cidadãos novas oportunidades de se organizar e revoltar; no entanto, muitos simplesmente vão se conectar, aprender e jogar. O mundo físico imporá regras e leis que ajudem a conter a anarquia do espaço virtual e protejam as pessoas contra hackers terroristas, desinformação e até mesmo registros digitais do seu próprio mau comportamento. A permanência das provas fará com que criminosos tenham mais dificuldade de minimizar ou negar suas ações, forçando a responsabilização no mundo físico de uma forma jamais vista.

As civilizações virtual e física afetarão e moldarão uma à outra; o equilíbrio que alcançarem definirá o nosso mundo. Em nossa opinião, o resultado multidimensional, embora não seja perfeito, será mais igualitário, transparente e interessante do que podemos imaginar. Como ocorre em um contrato social, os usuários abrem mão voluntariamente de coisas que valorizam no mundo físico — segurança, privacidade, dados pessoais — para obter os benefícios de estarem conectados ao mundo virtual. Por sua vez, caso sintam que esses benefícios lhes são negados, usarão as ferramentas à sua disposição para demandar a responsabilização e impulsionar a mudança no mundo físico.

A razão de nosso otimismo reside não apenas em *gadgets* ou hologramas típicos de ficção científica, mas na possibilidade de verificação que tecnologia e conectividade proporcionam contra abuso, sofrimento e destruição em nosso mundo. Quando exposição e oportunidade se encontram, as possibilidades são infinitas. O melhor que qualquer um pode fazer para aumentar a qualidade de vida mundial é estimular a oportunidade tecnológica e a conectividade. Tendo acesso, as pessoas farão o resto. Elas já sabem o que precisam e o que querem construir, e encontrarão maneiras de inovar mesmo com um conjunto limitado de ferramentas. Qualquer apaixonado por prosperidade econômica, direitos humanos, justiça social, educação ou autodeterminação deve considerar como a internet pode ajudar a alcançar esses objetivos ou até ir além deles. Não podemos eliminar a desigualdade ou o abuso de poder, contudo, por meio da inclusão tecnológica, podemos ajudar a transferir o poder para as mãos das pessoas e confiar em sua capacidade de, dali em diante, executar a tarefa. Não vai ser fácil, mas vai valer a pena.

AGRADECIMENTOS

Este livro é produto de quase três anos de colaboração, mas não teria sido possível sem o compromisso incrivelmente generoso de amigos, familiares e colegas.

Antes de tudo, temos uma enorme dívida de gratidão para com Sophie Schmidt, que durante dez meses foi nossa editora e uma parceira fundamental na elaboração desta obra. Sua perspicácia, seus *insights* estratégicos e sua capacidade analítica ajudaram a dar vida às ideias. Seu entendimento sobre os mundos da política e da tecnologia lhe proporcionou um posicionamento singular para ajudar a garantir que o livro atingisse o rigor e o equilíbrio adequados entre tecnologia e política externa, de um lado, e análise da realidade atual e especulação futurista, de outro. Sophie também esteve a nosso lado nas viagens que fizemos a vários dos lugares sobre os quais escrevemos.

Nossos agradecimentos também ao Council on Foreign Relations (CFR), entidade norte-americana voltada para a política internacional, de onde partiu a sugestão de que escrevêssemos um artigo para a *Foreign Affairs,* em meados de 2010. O artigo inspirou conversas que levaram a este livro. Gostaríamos de agradecer especialmente a Richard Haass e outros executivos do CFR.

Somos gratos ao nosso amigo Scott Malcomson, que nas primeiras versões dos manuscritos demonstrou ser um indispensável parceiro e conselheiro editorial. Antes de o envolvermos no projeto, já admirávamos seu trabalho como jornalista, escritor e pensador da área de política externa. Seus profundos conhecimentos gerais, sua *expertise* sobre o sistema internacional e sua compreensão da natureza revolucionária da tecnologia fizeram dele o conselheiro perfeito para os estágios iniciais desta obra. No entanto, somos ainda mais gratos pela amizade que desenvolvemos, ao longo do processo, com essa pessoa brilhante e maravilhosa.

Nossos agradecimentos especiais aos primeiros leitores dos originais do livro: Robert Zoellick, Anne-Marie Slaughter, Michiko Kakutani, Alec Ross e Ian Bremmer. Todos eles dedicaram seu precioso tempo para nos oferecer profundos feedbacks e opiniões profissionais.

Tivemos vários parceiros nas pesquisas, sem os quais esta obra não teria sido possível. Agradecemos especialmente a Kate Krontiris, que nos ajudou a garantir que nossas alegações mais audaciosas fossem fundamentadas nos dados quantitativos adequados. Gostaríamos de agradecer também a Andrew Lim, incansável em suas investigações, que tiveram grande relevância para cada capítulo. Sua capacidade de realizar detalhadas pesquisas quase da noite para o dia nos impressionou muito. E obrigado também a Thalia Beaty, que se juntou a nós mais para o fim do projeto e foi de imensa ajuda nos estudos finais.

As entrevistas pessoais tiveram valor inestimável, e gostaríamos de agradecer em particular ao ex-secretário de Estado Henry Kissinger; ao presidente de Ruanda, Paul Kagame; ao primeiro-ministro da Malásia, Mohd Najib Abdul Razak; ao ex-presidente do México, Felipe Calderon; ao príncipe saudita Al-Waleed bin Talal; a Ashfaq Parvez Kayani, chefe de *staff* das Forças Armadas do Paquistão; a Shaukat Aziz, ex-primeiro-ministro do Paquistão; a Julian Assange, cofundador do WikiLeaks; ao primeiro-ministro da Mongólia, Sukhbaatar Batbold; ao empresário mexicano Carlos Slim Helú; a Hamadi Jebali, primeiro-ministro da Tunísia; a Regina Dugan, ex-administradora da Darpa, hoje parte da equipe Google; a Andy Rubin, vice-presidente sênior da Android; a Craig Mundie, diretor de pesquisas da Microsoft; a Vittorio Colao, CEO da Vodafone; ao *senior fellow* da Brookings, Peter Singer; ao ex-chefe do Mossad, Meir Dagan; a Prakash Shukla, CIO do Taj Hotels; e ao ex-secretário de economia mexicano, Bruno Ferrari.

Vários amigos, colegas e familiares nos permitiram apresentar-lhes esta obra em diversos estágios do seu processo de elaboração. Gostaríamos de agradecer a Pete Blaustein, uma estrela em ascensão na área de economia, cujas ideias demonstraram ser essenciais para vários capítulos; a Jeffrey McLean, que nos ofereceu valiosíssimos *insights* estratégicos sobre o futuro do combate e dos conflitos; a Trevor Thompson, que nos ajudou a entender melhor o campo de batalha do futuro; e a Nicolas Berggruen, um dos motivadores iniciais do desenvolvimento desta obra, e que leu algumas das versões iniciais dos originais.

A Knopf é uma editora excelente, e é fácil entender o porquê de sua reputação. Seu líder, Sonny Mehta, nos estimulou a ousar, pensar grande e escrever sobre o futuro. Jonathan Segal superou sua reputação, ajudando-nos a levar o original em direções que muito o fortaleceram. Sua criatividade e visão como editor foram essenciais para tornar este livro possível. Nosso sincero obrigado a Paul Bogaards, Maria Massey e Erinn Hartman, todos excelentes profissionais.

Nosso agente, Mel Parker, garantiu que encontrássemos uma editora que compartilhasse nossa visão e nos ajudasse a contornar obstáculos difíceis. Gostaríamos de agradecer também a muitos membros do Google, que nos proporcionaram *insights* importantes em várias fases da elaboração do livro. Os cofundadores do Google, Larry Page (também CEO) e Sergey Brin são fontes constantes de inspiração para nós dois. Justin Kosslyn, gerente de produtos do Google Ideas e visionário de produtos, nos ajudou a dar forma a várias de nossas previsões. Justin sem dúvida será uma das mentes brilhantes do futuro. Lucas Dixon, um sócio da equipe do Google Ideas e engenheiro brilhante, nos ajudou a elaborar os aspectos mais técnicos do livro. Nós também nos beneficiamos de conversas com muitos *Googlers*, atuais e do passado. São eles: C.J. Adams, Larry Alder, Nikesh Arora, Jieun Baek, Brendan Ballou, Andy Berndt, Eric Brewer, Shona Brown, Scott Carpenter, Christine Chen, D.J. Collins, Yasmin Dolatabadi, Marc Ellenbogen, Eric Gross, Jill Hazelbaker, Shane Huntley, Minnie Ingersoll, Amy Lambert, Ann Lavin, Erez Levin, Damian Menscher, Misty Muscatel, David Pressoto, Scott Rubin, Nigel Snoad, Alfred Spector, Matthew Stepka, Astro Teller, Sebastian Thrun, Lorraine Twohill, Rachel Whetstone, Mike Wiacek, Susan Wojcicki e Emily Wodd.

Inúmeras pessoas no Google ajudaram a orquestrar grande parte da logística e das viagens que tornaram possível este livro: Jennifer Barths, Kimberly Birdsall, Gavin Bishop, Kimberly Cooper, Daniela Crocco, Dominique Cunningham, Danielle "Mr. D." Feher, Ann Hiatt, Dan Keyserling, Marty Lev, Pam Shore, Manuel Temez e Brian Thompson.

Somos gratos a todos os nossos amigos e colegas, de cujas ideias e pensamentos nos beneficiamos: Elliott Abrams, Ruzwana Bashir, Michael Bloomberg, Richard Branson, Chris Brose, Jordan Brown, James Bryer, Mike Cline, Steve Coll, Peter Diamandis, Larry Diamond, Jack Dorsey, Mohamed El-Erian, James Fallows, Summer Felix, Richard Fontaine, Dov Fox, Tom Freston, Malcolm Gladwell, James Glassman, Jack Goldsmith, David Gordon, Sheena Greitens, Craig Hatkoff, Michael Hayden, Chris Hughes, Walter Isaacson, Dean Kamen, David Kennedy, Erik Kerr, Parag Khanna, Joseph Konzelmann, Stephen Krasner, Ray Kurzweil, Eric Lander, Jason Liebman, Claudia Mendoza, Evgeny Morozov,

Dambisa Moyo, Elon Musk, Meghan O'Sullivan, Farah Pandith, Barry Pavel, Steven Pinker, Joe Polish, Alex Pollen, Jason Rakowski, Lisa Randall, Condoleezza Rice, Jane Rosenthal, Nouriel Roubini, Kori Schake, Vance Serchuk, Michael Spence, Stephen Stedman, Dan Twining, Decker Walker, Matthew Waxman, Tim Wu, Jillian York, Juan Zarate, Jonathan Zittrain e Ethan Zuckerman.

Gostaríamos de agradecer também ao pessoal da Peak Performance, em especial a Joe Dowdell e Jose e Emilio Gomez, por nos manter saudáveis durante as fases finais do desenvolvimento do livro.

E a nossas famílias: da parte de Jared, um enorme e especial obrigado a Rebecca Cohen, que ao longo do processo de desenvolvimento desta obra deixou de ser a namorada distante para se transformar em esposa. Durante todo esse tempo, ela foi uma parceira intelectual e uma de nossas conselheiras mais úteis. Sua *expertise* e seus conhecimentos do sistema legal levantaram inúmeras questões que acabaram tornando-se traços definidores de vários capítulos. Agradecimentos especiais também a Dee e Donald Cohen, Emily e Jeff Nestler, Annette e Paul Shapiro, Audrey Bear, Aaron e Rachel Zubaty por todo seu apoio. Jared tem uma grande dívida de gratidão para com Alan Mirken, um veterano do mercado editorial que, além de ser um grande (literalmente!) tio, é sempre perspicaz em seus conselhos e orientações.

Da parte de Eric, agradecimentos infinitos a Wendy Schmidt, que instilou a noção de humanidade e propósito em um indiferente executivo da área de tecnologia. Wendy constrói uma perfeita ponte entre o mundo humano e o tecnológico.

E.S., J.C., janeiro de 2013

NOTAS

Introdução

1. Citação adaptada de parte do discurso de Eric Schmidt na *JavaOne Conference* de abril de 1997 em São Francisco. A citação original é: "A internet é a primeira coisa criada pelos homens que eles não entendem completamente, o maior experimento de anarquia de que já tivemos notícia." Adaptamos a citação a nossa visão atual, ou seja, a internet não seria a primeira coisa, mas sim "uma das"; entre elas, as armas nucleares, o motor a vapor e a eletricidade.
2. O tipo móvel, o telefone fixo, o rádio, a televisão e o fax representam, todos eles, revoluções tecnológicas. Entretanto, todos exigem intermediários.
3. Vide números para o ano 2000 em "Estimated Internet Users (World) and Percentage Growth", ITU World Telecommunication Indicators (2001), mencionado por Claudia Sarrocco e Dr. Tim Kelly, *Improving IP Connectivity in the Least Developed Countries*, International Telecommunication Union (ITU), Strategy and Policy Unit, 9, acessado em 23 de outubro de 2012, http://www.itu.int/osg/spu/ni/ipdc/study/Improving%20IP%20Connectivity%20in%20the%20Least%20Developed%20Countries1.pdf.
4. Vide números para o ano 2010 em "Global Numbers of Individuals Using the Internet, Total and Per 100 Inhabitants, 2001–2011", International Telecommunication Union (ITU), ICT Data and Statistics (IDS), acessado em 8 de outubro de 2012, http://www.itu.int/ITU-D/ict/statistics/.
5. Vide números para os anos 2000 e 2010 em "Mobile-Cellular Telephone Subscriptions", International Telecommunication Union (ITU), ICT Data and Statistics (IDS), acessado em 8 de outubro de 2012, http://www.itu.int/ITU-D/ict/statistics/.
6. Vide total para a população de ambos os sexos em "World Midyear Population by Age and Sex for 2025", U.S. Census Bureau, International Data Base, acessado em 8 de outubro de 2012, http://www.census.gov/population/international/data/idb/worldpop.php.
7. Já vínhamos discutindo o conceito havia algum tempo, porém, somente depois de uma conversa com nosso amigo Alec Ross, conseguimos captá-lo dessa maneira. Ross merece que compartilhemos com ele o crédito pelo conceito. Vide Alec Ross, "How Connective Tech

Boosts Political Change", CNN, 20 de junho de 2012, http://www.cnn.com/2012/06/20/opinion/opinion-alec-ross-tech-politics/index.html.

8. "Better than Freedom? Why Iraqis Cherish Their Mobile Phones", *Economist*, 12 de novembro de 2009, http://www.economist.com/node/14870118.
9. "Iraq: Key Facts and Figures", BBC, 7 de setembro de 2010, http://www.bbc.co.uk/news/world-middle-east-11095920.
10. Zaineb Naji e Dawood Salman, "Baghdad's Trash Piles Up", Environmental News Service, 6 de julho de 2010, http://www.ens-newswire.com/ens/jul2010/2010-07-06-01.html.

CAPÍTULO 1 Nossos eus futuros

1. *The World in 2011: ICT Facts and Figures*, International Telecommunication Union (ITU), acessado em 10 de outubro de 2012, http://www.itu.int/ITUD/ict/facts/2011/material/ICTFactsFigures2011.pdf. Essa fonte mostra que, em 2011, 35% da população mundial estava conectada. Consideramos as projeções de aumento populacional para estimar que cinco bilhões ingressarão no mundo virtual.
2. A ideia do experimento com pescadoras partiu de uma conversa com Rebecca Cohen, e, embora o tenhamos colocado no contexto do Congo, o exemplo pertence a ela.
3. "Africa's Mobile Phone Industry 'Booming'", BBC, 9 de novembro de 2011, http://www.bbc.co.uk/news/world-africa-15659983.
4. Vide assinaturas de telefones celulares, Ásia & Pacífico, ano 2011, em "Key ICT Indicators for the ITU/BDT Regions (Totals and Penetration Rates)", International Telecommunication Union (ITU), ICT Data and Statistics (IDS), atualizado em 16 de novembro de 2011, http://www.itu.int/ITU-D/ict/statistics/at_glance/KeyTelecom.html.
5. Ibid. Compare as assinaturas de telefones celulares com as assinaturas ativas de banda larga móvel em 2011.
6. "Country Comparison: Life Expectancy at Birth", CIA, World Fact Book, acessado em 11 de outubro de 2012, https://www.cia.gov/library/publications/the-world-factbook/rankorder/2102rank.html#top.
7. Um dos autores passou o verão de 2001 nessa aldeia remota, sem eletricidade, água encanada ou telefone (celular ou fixo). Ao voltar ao local, no outono de 2010, muitas das mulheres maasai haviam bordado lindas bolsinhas para guardar seus celulares.
8. Nicholas Schmidle, "Inside the Knockoff-Tennis-Shoe Factory", *New York Times Magazine*, 19 de agosto de 2010, edição global, http://www.nytimes.com/2010/08/22/magazine/22fake-.html?pagewanted=all.
9. "The Printed World: Three-Dimensional Printing from Digital Designs Will Transform Manufacturing and Allow More People to Start Making Things", *Economist*, 10 de fevereiro de 2011, http://www.economist.com/node/18114221.
10. Patrick Collinson, "Hi-Tech Shares Take US for a Walk on the High Side", *Guardian* (Manchester), 16 de março de 2012, http://www.guardian.co.uk/money/2012/mar/16/hi-tech-shares-us.

11. Sarah Constantin, "Gesture Recognition, Mind-Reading Machines, and Social Robotics", *H+ Magazine*, 8 de fevereiro de 2011, http://hplusmagazine.com/2011/02/08/gesture-recognition-mind-reading-machines-and-social-robotics/.
12. Helen Thomson, "Robot Avatar Body Controlled by Thought Alone", *New Scientist*, julho de 2012, p. 19-20.
13. "Shoe Technology to Charge Cell Phones", *Daily Nation*, maio de 2012, http://www.nation.co.ke/News/Shoe+technology+to+charge+cell+phones++/-/1056/1401998/-/view/printVersion/-/sur34lz/-/index.html.
14. Ibid.
15. Ibid.
16. Eric Schmidt faz parte do Conselho da Khan Academy.
17. Clive Thompson, "How Khan Academy Is Changing the Rules of Education", *Wired Magazine*, agosto de 2011, postado on-line em 15 de julho de 2011, http://www.wired.com/magazine/2011/07/ff_khan/.
18. Nicholas Negroponte, "EmTech Preview: Another Way to Think About Learning", *Technology Review*, 13 de setembro de 2012, http://www.technologyreview.com/view/429206/emtech-preview-another-way-to-think-about/.
19. David Talbot, "Given Tablets but No Teachers, Ethiopian Children Teach Themselves", *Technology Review*, 29 de outubro de 2012, http://www.technologyreview.com/news/506466/given-tablets-but-no-teachers-ethiopian-children-teach-themselves/.
20. "Field Listing: Literacy", CIA, World Fact Book, acessado em 11 de outubro de 2012, https://www.cia.gov/library/publications/the-world-factbook/fields/2103.html#af.
21. Chris Gaylord, "Ready for a Self-Driving Car? Check Your Driveway", *Christian Science Monitor*, 25 de junho de 2012, http://www.csmonitor.com/Innovation/Tech/2012/0625/Ready-for-a-self-driving-car-Check-your-driveway.
22. James Temple, "California Affirms Legality of Driverless Cars", The Tech Chronicles (blog), *San Francisco Chronicle*, 25 de setembro de 2012, http://blog.sfgate.com/techchron/2012/09/25/california-legalizes-driverless-cars/; a Flórida aprovou lei semelhante. Vide Joann Muller, "With Driverless Cars, Once Again It Is California Leading the Way", *Forbes*, 26 de setembro de 2012, http://www.forbes.com/sites/joannmuller/2012/09/26/with-driverless-cars-once-again-it-is-california-leading-the-way/.
23. Erin Kim, "'Digital Pill' with Chip Inside Gets FDA Green Light", *CNN Money*, 3 de agosto de 2012, http://money.cnn.com/2012/08/03/technology/startups/ingestible-sensor-proteus/index.htm; Peter Murray, "No More Skipping Your Medicine — FDA Approves First Digital Pill", *Forbes*, 9 de agosto de 2012, http://www.forbes.com/sites/singularity/2012/08/09/no-more-skipping-your-medicine-fda-approves-first-digital-pill/.
24. Ibid.
25. Daniel Cressey, "Say Hello to Intelligent Pills: Digital System Tracks Patients from the Inside Out", *Nature*, 17 de janeiro de 2012, http://www.nature.com/news/say-hello-to-intelligent-pills-1.9823; Randi Martin, "FDA Approves 'Intelligent' Pill That Reports Back to Doctors", *WTOP*, 2 de agosto de 2012, http://www.wtop.com/267/2974694/FDA-approves-intelligent-pill-that-reports-back-to-doctors.

26. Cressey, "Say Hello to Intelligent Pills", *Nature*, 17 de janeiro de 2012, e Martin, "FDA Approves 'Intelligent' Pill", *WTOP*, 2 de agosto de 2012.
27. Randi Martin, "FDA Approves 'Intelligent' Pill That Reports Back to Doctors", *WTOP*, 2 de agosto de 2012.
28. Henry Fountain, "One Day, Growing Spare Parts Inside the Body", *New York Times*, 17 de setembrode2012,http://www.nytimes.com/2012/09/18/health/research/using-the-body-to-incubate-replacement-organs.html?pagewanted=all; Henry Fountain, "A First: Organs Tailor-Made with Body's Own Cells", *New York Times*, 15 de setembro de 2012, http://www.nytimes.com/2012/09/16/health/research/scientists-make-progress-in-tailor-made-organs.html?pagewanted=all; Henry Fountain, "Synthetic Windpipe Is Used to Replace Cancerous One", *New York Times*, 12 de janeiro de 2012, http://www.nytimes.com/2012/01/13/health/research/surgeons-transplant-synthetic-trachea-in-baltimore-man.html.
29. Gina Kolata, "Infant DNA Tests Speed Diagnosis of Rare Diseases", *New York Times*, 3 de outubro de 2012, http://www.nytimes.com/2012/10/04/health/new-test-of-babies-dna-speeds-diagnosis.html?_r=1; Gina Kolata, "Genome Detectives Solve a Hospital's Deadly Outbreak", *New York Times*, 22 de agosto de 2012, http://www.nytimes.com/2012/08/23/health/genome-detectives-solve-mystery-of-hospitals-k-pneumoniae-outbreak.html; Gina Kolata, "A New Treatment's Tantalizing Promise Brings Heartbreaking Ups and Downs", *New York Times*, 8 de julho de 2012, http://www.nytimes.com/2012/07/09/health/new-frontiers-of-cancer-treatment-bring-breathtaking-swings.html.
30. "One Size Does Not Fit All: The Promise of Pharmacogenomics", National Center for Biotechnology Information, Science Primer, revisado em 31 de março de 2004, http://www.ncbi.nlm.nih.gov/About/primer/pharm.html.
31. "mHealth in the Developing World", *m+Health*, acessado em 23 de outubro de 2012, http://mplushealth.com/en/SiteRoot/MHme/Overview/mHealth-in-the-Developing-World/.
32. Lakshminarayanan Subramanian et al., "SmartTrack", CATER (Cost-effective Appropriate Technologies for Emerging Region), New York University, acessado em 11 de outubro de 2012, http://cater.cs.nyu.edu/smarttrack#ref3.
33. Kevin Spak, "Coming Soon: X-Ray Phones", *Newser*, 20 de abril de 2012, http://www.newser.com/story/144464/coming-soon-x-ray-phones.html.
34. Um cartoon da revista *New Yorker* de autoria de Tom Cheney, em 2012, expressou uma ideia semelhante. Na legenda, lia-se: "The Cloud Ate My Homework [A nuvem comeu meu dever de casa]." Vide "Cartoons from the Issue", *New Yorker*, 8 de outubro de 2012, http://www.newyorker.com/humor/issuecartoons/2012/10/08/cartoons_20121001#slide=5.

CAPÍTULO 2 O futuro da identidade, da cidadania e da reportagem

1. Eli Pariser descreve isso como "bolha do filtro" no livro *The Filter Bubble: What the Internet Is Hiding from You* (Nova York: Penguin Press, 2011).

2. R. Kelly Garrett e Paul Resnick, "Resisting Political Fragmentation on the Internet", *Daedalus* 140, n. 4 (outono de 2011): 108-120, doi:10.1162/DAED_a_00118.
3. Steven D. Levitt e Stephen J. Dubner, *Freakonomics: o lado oculto e inesperado de tudo que nos afeta* (Rio de Janeiro: Campus, 2007). Seu estudo mostrou que os nomes não eram a causa do sucesso ou do fracasso da criança, mas um sintoma de outros indicadores (em especial, socioeconômicos) que influenciam, de fato, as chances de uma criança. Vide Steven D. Levitt e Stephen J. Dubner, "A Roshanda by Any Other Name", *Slate*, 11 de abril de 2005, http://www.slate.com/articles/business/the_dismal_science/2005/04/a_roshanda_by_any_other_name.single.html.
4. Nick Bilton, "Erasing the Digital Past", *New York Times*, 1º de abril de 2011, http://www.nytimes.com/2011/04/03/fashion/03reputation.html?pagewanted=all.
5. Julian Assange em discussão com os autores, junho de 2011.
6. Atika Shubert, "WikiLeaks Editor Julian Assange Dismisses Reports of Internal Strife", CNN, 22 de outubro de 2010, http://articles.cnn.com/2010-10-22/us/wikileaks.interview_1_julian-assange-wikileaks-afghan-war-diary?_s=PM:US.
7. Julian Assange em discussão com os autores, junho de 2011.
8. James Cowie, "WikiLeaks: Moving Target", Renesys (blog), 7 de dezembro de 2010, http://www.renesys.com/blog/2010/12/wikileaks-moving-target.shtml.
9. Ravi Somaiya, "Pro-Wikileaks Activists Abandon Amazon Cyber Attack", BBC, 9 de dezembro de 2010, http://www.bbc.com/news/technology-11957367.
10. Matthew Kaminski, "The Man Vladimir Putin Fears Most", *Wall Street Journal*, 3 de março de 2012, http://online.wsj.com/article/SB10001424052970203986604577257321601811092.html; "Russia Faces to Watch: Alexei Navalny", BBC, 12 de junho de 2012, http://www.bbc.co.uk/news/world-europe-18408297.
11. Tom Parfitt, "Alexei Navalny: Russia's New Rebel Who Has Vladimir Putin in His Sights", *Guardian* (Manchester), 15 de janeiro de 2012, http://www.guardian.co.uk/theguardian/2012/jan/15/alexei-navalny-profile-vladimir-putin.
12. "Russia Checks Claims of $4bn Oil Pipeline Scam", BBC, 17 de novembro de 2010, http://www.bbc.co.uk/news/world-europe-11779154.
13. Tom Parfitt, "Russian Opposition Activist Alexei Navalny Fined for Suggesting United Russia Member Was Thief", *Telegraph* (Londres), 5 de junho de 2012, http://www.telegraph.co.uk/news/worldnews/europe/russia/9312508/Russian-opposition-activist-Alexei-Navalny-fined-for-suggesting-United-Russia-member-was-thief.html; Stephen Ennis, "Profile: Russian Blogger Alexei Navalny", BBC, 7 de agosto de 2012, http://www.bbc.co.uk/news/world-europe-16057045.
14. Ellen Barry, "Rousing Russia with a Phrase", *New York Times*, 9 de dezembro de 2011, http://www.nytimes.com/2011/12/10/world/europe/the-saturday-profile-blogger-aleksei-navalny-rouses-russia.html. Robert Beckhusen, "Kremlin Wiretaps Dissident Blogger — Who Tweets the Bug", Danger Room (blog), *Wired*, 8 de agosto de 2012, http://www.wired.com/dangerroom/2012/08/navalny-wiretap/. "Navalny Charged with Embezzlement, Faces up to 10 Years", RT (Moscou), atualização mais recente, 1º de agosto de 2012, http://rt.com/politics/navalny-charged-travel-ban-476/.

15. Parfitt, "Alexei Navalny: Russia's New Rebel Who Has Vladimir Putin in His Sights", http://www.guardian.co.uk/theguardian/2012/jan/15/alexei-navalny-profile-vladimir-putin.
16. Kaminski, "The Man Vladimir Putin Fears Most", http://online.wsj.com/article/SB10001424052970203986604577257321601811092.html.
17. "Mikhail Khodorkovsky", *New York Times*, atualização mais recente, 8 de agosto de 2012, http://topics.nytimes.com/top/reference/timestopics/people/k/mikhail_b_khodorkovsky/index.html; Andrew E. Kramer, "Amid Political Prosecutions, Russian Court Issues Ruling Favorable to Oil Tycoon", *New York Times*, 1º de agosto de 2012, http://www.nytimes.com/2012/08/02/world/europe/russian-court-issues-favorable-ruling-to-oil-tycoon.html. Na época da publicação deste livro, Khodorkovsky continuava preso. Especulava-se que o presidente Vladimir Putin poderia comutar sua pena de treze anos.
18. Svetlana Kalmykova, "Oligarch Berezovsky Faces New Charges", *Voice of Russia* (Moscou), 29 de maio de 2012, http://english.ruvr.ru/2012_05_29/76399306/.
19. "Russian Blogger Navalny Unmasks 'Kremlin' Photo Smear", BBC, 10 de janeiro de 2012, http://www.bbc.co.uk/news/world-europe-16487469.
20. Ellen Barry, "Russia Charges Anticorruption Activist in Plan to Steal Timber", *New York Times*, 31 de julho de 2012, http://www.nytimes.com/2012/08/01/world/europe/aleksei-navalny-charged-with-embezzlement.html.
21. Ibid.
22. Mathew J. Schwartz, "Sony Hacked Again, 1 Million Passwords Exposed", *InformationWeek*, 3 de junho de 2011, http://www.informationweek.com/security/attacks/sony-hacked-again-1-million-passwords-ex/229900111.
23. Julian Assange em discussão com os autores, junho de 2011.
24. Charlie Savage, "Holder Directs U.S. Attorneys to Track Down Paths of Leaks", *New York Times*, 8 de junho de 2012, http://www.nytimes.com/2012/06/09/us/politics/holder-directs-us-attorneys-to-investigate-leaks.html?pagewanted=all.
25. Reed Stevenson, Reuters, "Sohaib Athar Captures Osama bin Laden Raid on Twitter", *Huffington Post*, postado inicialmente em 2 de maio de 2011, última atualização em 2 de julho de 2011, http://www.huffingtonpost.com/2011/05/02/osama-bin-laden-raid-twitter-sohaib-athar_n_856187.html.
26. Ibid.; Sohaib Athar, post do Twitter em 1º de maio de 2011, 12:58 a.m., https://twitter.com/ReallyVirtual/status/64780730286358528. Cinco dos tuítes que Sohaib Athar enviou na noite da captura de Osama bin Laden: 1) "Helicóptero ronda Abbottabad à uma da manhã (um evento raro.)" (Seu primeiro tuíte sobre o assunto.) 2) "Saia daqui, helicóptero, antes que eu pegue meu bastão :-/" 3) "Explosão de abalar os vidros aqui em Abbottabad Cantt. Espero que não seja o início de algo feio :-S" 4) "@mohcin as poucas pessoas on-line essa hora da noite estão dizendo que um dos helicópteros não era paquistanês..." 5) "Como o Talibã (provavelmente) não tem helicópteros, e como eles estão dizendo que não eram 'nossos', a situação deve ser complicada #abbottabad." Vide Rik Myslewski, "Pakistani IT Admin Leaks bin Laden Raid on Twitter", *Register*, 2 de maio de 2011, http://www.theregister.co.uk/2011/05/02/bin_laden_raid_tweeted/.

27. Vide a baixa penetração de celulares nos países da parte inferior do Press Freedom Index como Eritreia e Coreia do Norte em "Mobile-Cellular Telephone Subscriptions Per 100 Inhabitants", International Telecommunication Union (ITU), ICT Data and Statistics (IDS), acessado em 15 de outubro de 2012, http://www.itu.int/ITUD/ict/statistics/, e "Press Freedom Index 2011/2012", Repórteres Sem Fronteiras (RSF), acessado em 15 de outubro de 2012, http://en.rsf.org/press-freedom-index-2011-2012,1043.html.
28. "ICC/DRC: Second Trial of Congolese Warlords", Human Rights Watch, News, 23 de novembro de 2009, http://www.hrw.org/news/2009/11/23/iccdrc-second-trial-congolese-warlords; Marlise Simons, "International Criminal Court Issues First Sentence", *New York Times*, 10 de julho de 2012, http://www.nytimes.com/2012/07/11/world/europe/international-criminal-court-issues-first-sentence.html.
29. "Presidential Records Act (PRA) of 1978", National Archives, Presidential Libraries, Laws and Regulations, acessado em 12 de outubro de 2012, http://www.archives.gov/presidential-libraries/laws/1978-act.html; "Presidential Records", National Archives, Basic Laws and Authorities, acessado em 12 de outubro de 2012, http://www.archives.gov/about/laws/presidential-records.html.
30. Mike Giglio, "Saudi Writer Hamza Kashgari Detained in Malaysia over Muhammad Tweets", *Daily Beast*, 10 de fevereiro de 2012, http://www.thedailybeast.com/articles/2012/02/08/twitter-aflame-with-fatwa-against-saudi-writer-hamza-kashgari.html.
31. Asma Alsharif e Amena Bakr, "Saudi Writer May Face Trial over Prophet Mohammad", *Reuters*, 13 de fevereiro de 2012, http://www.reuters.com/article/2012/02/13/us-saudi-blogger-idUSTRE81C13720120213.
32. Liz Gooch e J. David Goodman, "Malaysia Detains Saudi over Twitter Posts on Prophet", *New York Times*, 10 de fevereiro de 2012, http://www.nytimes.com/2012/02/11/world/asia/malaysia-detains-saudi-over-twitter-posts-on-prophet.html.
33. Ellen Knickmeyer, "Saudi Tweeter Is Arrested in Malaysia", *Wall Street Journal*, 10 de fevereiro de 2012, http://online.wsj.com/article/SB1000142405297020464260457721355 3613859184.html; Nadim Kawach, "Malaysia Deports Saudi over Twitter Posts", *Emirates 24/7*, 11 de fevereiro de 2012, http://www.emirates247.com/news/region/malaysia-deports-saudi-over-twitter-posts-2012-02-11-1.442363.
34. "Saudi Writer Kashgari Deported", Freedom House, News and Updates, acessado em 12 de outubro de 2012, http://www.freedomhouse.org/article/saudi-writer-kashgari-deported; "Saudi Arabia: Writer Faces Apostasy Trial", Human Rights Watch (HRW), News, 13 de fevereiro de 2012, http://www.hrw.org/news/2012/02/13/saudi-arabia-writer-faces-apostasy-trial.
35. Laura Bashraheel, "Hamza Kashgari's Poem from Prison", *Saudi Gazette* (Jeddah), última atualização em 21 de agosto de 2012, http://www.saudigazette.com.sa/index.cfm?method=home.regcon&contentid=20120821133653.
36. "The Drivers Privacy Protection Act (DPPA) and the Privacy of Your State Motor Vehicle Record", Electronic Privacy Information Center, acessado em 13 de outubro de 2012, http://epic.org/privacy/drivers/.
37. "Existing Federal Privacy Laws", Center for Democracy and Technology, acessado em 13 de outubro de 2012, https://www.cdt.org/privacy/guide/protect/laws.php#vpp.

38. "Harris v. Blockbuster", Electronic Privacy Information Center, acessado em 13 de outubro de 2012, http://epic.org/amicus/blockbuster/default.html; Cathryn Elaine Harris, Mario Herrera, e Maryam Hosseiny v. Blockbuster, Inc., Settlement, District Court for the Northern District of Texas Dallas Division, Civil Action nº 3:09-cv-217-M, http://www.scribd.com/doc/28540910/Lane-v-Facebook-Blockbuster-Settlement.
39. Ben Brumfield, "Computer Spyware Is Newest Weapon in Syrian Conflict", CNN, 17 de fevereiro de 2012, http://articles.cnn.com/2012-02-17/tech/tech_web_computer-virus-syria_1_opposition-activists-computer-viruses-syrian-town?_s=PM:TECH.
40. Ibid.
41. Ibid.
42. "China Train Crash: Signal Design Flaw Blamed, BBC, 28 de julho de 2011, http://www.bbc.co.uk/news/world-asia-pacific-14321060.
43. Michael Wines e Sharon LaFraniere, "In Baring Facts of Train Crash, Blogs Erode China Censorship", *New York Times*, 28 de julho de 2011, http://www.nytimes.com/2011/07/29/world/asia/29china.html?pagewanted=all.
44. Sharon LaFraniere, "Design Flaws Cited in Deadly Train Crash in China", *New York Times*, 28 de dezembro de 2011, http://www.nytimes.com/2011/12/29/world/asia/design-flaws-cited-in-china-train-crash.html; "China Bullet Train Crash 'Caused by Design Flaws'," BBC, 28 de dezembro de 2011, http://www.bbc.co.uk/news/world-asia-china-16345592.
45. David Bandurski, "History of High-Speed Propaganda Tells All", China Media Project, 25 de julho de 2011, http://cmp.hku.hk/2011/07/25/14036/?utm_source=twitterfeed&utm_medium=twitter.
46. Abdinasir Mohamed e Sarah Childress, "Telecom Firms Thrive in Somalia Despite War, Shattered Economy", *Wall Street Journal*, 11 de maio de 2010, http://online.wsj.com/article/SB10001424052748704608104575220570113266984.html.
47. Eric J. Sinrod, "Perspective: A Cyberspace Update for Hoary Legal Doctrine", CNET, 4 de abril de 2007, http://news.cnet.com/A-cyberspace-update-for-hoary-legal-doctrine/2010-1030_3-6172900.html.
48. Andrew Quinn, "Cell Phones May Be New Tool vs. Somalia Famine", Reuters, 21 de setembro de 2011, edição para a África, http://af.reuters.com/article/topNews/idAFJOE78K00L20110921.
49. Sahra Abdi, "Mobile Transfers Save Money and Lives in Somalia", Reuters, 3 de março de 2010, http://www.reuters.com/article/2010/03/03/us-somalia-mobiles-idUSTRE6222BY20100303.
50. Compare as assinaturas de telefone celular com as de internet em 2010 em países como Guiné Equatorial, Mali, Niger, etc., em "Mobile-Cellular Subscriptions" e "Fixed (Wired) Internet Subscriptions", International Telecommunication Union (ITU), ICT Data and Statistics (IDS), acessado em 13 de outubro de 2012, http://www.itu.int/ITU-D/ict/statistics/.
51. Michael Byrne, "Inside the Cell Phone File Sharing Networks of Western Africa (Q+A)", *Motherboard*, 3 de janeiro de 2012, http://motherboard.vice.com/2012/1/3/inside-the-cell-phone-file-sharing-networks-of-western-africa-q-a.

52. Dena Cassella, "What Is Augmented Reality (AR): Augmented Reality Defined, iPhone Augmented Reality Apps and Games and More", *Digital Trends*, 3 de novembro de 2009, http://www.digitaltrends.com/mobile/what-is-augmented-reality-iphone-apps-games-flash-yelp-android-ar-software-and-more/.
53. Babak Parviz, Steve Lee, Sebastian Thrun, "Project Glass", Google+, 4 de abril de 2012, https://plus.google.com/+projectglass/posts; Nick Bilton, "Google Begins Testing Its Augmented--Reality Glasses", Bits (blog), *New York Times*, 4 de abril de 2012, http://bits.blogs.nytimes.com/2012/04/04/google-begins-testing-its-augmented-reality-glasses/.
54. Todd Wasserman, "Apple Patent Hints at Google Glass Competitor", *Mashable*, 5 de julho de 2012, http://mashable.com/2012/07/05/apple-patent-google-glass/; Molly McHugh, "Google Glasses Are Just the Beginning: Why Wearable Computing Is the Future", *Digital Trends*, 6 de julho de 2012, http://www.digitaltrends.com/computing/google-glasses-are-just-the-beginning-why-wearable-computing-is-the-future/#ixzz-29PI4PWK4.
55. Declan McCullagh, "FBI: We Need Wiretap-Ready Web Sites—Now", CNET, 4 de maio de 2012, http://news.cnet.com/8301-1009_3-57428067-83/fbi-we-need-wiretap-ready-web-sites-now/; Charlie Savage, "As Online Communications Stymie Wiretaps, Lawmakers Debate Solutions", *New York Times*, 17 de fevereiro de 2011, http://www.nytimes.com/2011/02/18/us/18wiretap.html.
56. Matt Richtel, "Technology; Judge Orders Napster to Police Trading", *New York Times*, 7 de março de 2001, http://www.nytimes.com/2001/03/07/business/technology-judge-orders-napster-to-police-trading.html?ref=marilynhallpatel; Matt Richtel, "With Napster Down, Its Audience Fans Out", *New York Times*, 10 de julho de 2001, http://www.nytimes.com/2001/07/20/business/technology-with-napster-down-its-audience-fans-out.html?pagewanted=all&src=pm.
57. Matt Richtel, "Napster Appeals an Order to Remain Closed Down", *New York Times*, 13 de julho de 2001, http://www.nytimes.com/2001/07/13/business/technology-napster-appeals-an-order-to-remain-closed-down.html; Lawrence Lessig, *Free Culture: How Big Media Uses Technology and the Law to Lock Down Culture and Control Creativity* (Nova York: Penguin Press, 2004), 73–74, http://www.free-culture.cc/freeculture.pdf.
58. "Beware: Dangers of Bluetooth in Saudi...", *Emirates 24/7*, 1º de dezembro de 2010, http://www.emirates247.com/news/region/beware-dangers-of-bluetooth-in-saudi-2010-12-01-1.323699; Associated Press (AP), "In Saudi Arabia, a High-Tech Way to Flirt", MSNBC, 11 de agosto de 2005, http://www.msnbc.msn.com/id/8916890/ns/world_news-mideast_n_africa/t/saudi-arabia-high-tech-way-flirt/#.UJBU0sVG-8A.
59. Margaret Coker e Stuart Weinberg, "RIM Warns Update Has Spyware", *Wall Street Journal*, 23 de julho de 2009, http://online.wsj.com/article/SB124827172417172239.html; John Timmer, "UAE Cellular Carrier Rolls Out Spyware as a 3G 'Update'", *Ars Technica*, 23 de julho de 2009, http://arstechnica.com/business/2009/07/mobile-carrier-rolls-out-spyware-as-a-3g-update/.
60. "UAE Spyware Blackberry Update", *Digital Trends*, 22 de julho de 2009, http://www.digitaltrends.com/mobile/uae-spyware-blackberry-update/.

61. George Bevir, "Etisalat Accused in Surveillance Patch Fiasco", *Arabian Business*, 21 de julho de 2009, http://www.arabianbusiness.com/etisalat-accused-in-surveillance-patch-fiasco-15698.html; ver também, Adam Schreck, Associated Press (AP), "United Arab Emirates, Saudi Arabia to Block BlackBerry over Security Fears", *Huffington Post*, 1º de agosto de 2010, http://www.huffingtonpost.com/2010/08/01/uae-saudi-arabia-blackberry-ban_n_666581.html.
62. Margaret Coker, Tim Falconer, Phred Dvorak, "U.A.E. Puts the Squeeze on BlackBerry", *Wall Street Journal*, 2 de agosto de 2010, http://online.wsj.com/article/SB10001424052748704702304575402493300698912.html; Kayla Webley, "UAE, Saudi Arabia Ban the Blackberry", *Time*, 5 de agosto de 2010, http://www.time.com/time/specials/packages/article/0,28804,2008434_2008436_2008440,00.html; "Saudi Arabia Begins Blackberry Ban, Users Say", BBC, 6 de agosto de 2010, http://www.bbc.co.uk/news/world-middle-east-10888954.
63. Bappa Majumdar e Devidutta Tripathy, "Setback for BlackBerry in India; Saudi Deal Seen", Reuters, 11 de agosto de 2010, India edition, http://in.reuters.com/article/2010/08/11/idINIndia-50769520100811.
64. Laura Davis, "The Debate: Could the Behaviour Seen at the Riots Ever Be Justified?", Notebook (blog), *Independent* (Londres), 8 de agosto de 2012, http://blogs.independent.co.uk/2012/08/08/the-debate-could-the-behaviour-seen-at-the-riots-ever-be-justified/.
65. John Benyon, "England's Urban Disorder: The 2011 Riots", *Political Insight*, 28 de março de 2012, http://www.politicalinsightmagazine.com/?p=911; "A Little Bit of History Repeating", *Inside Housing*, 27 de julho de 2012, http://www.insidehousing.co.uk/tenancies/a-little-bit-of-history-repeating/6522947.article.
66. Sky News Newsdesk, post no Twitter, 9 de agosto de 2011, 5:32 a.m., https://twitter.com/SkyNewsBreak/status/100907315603054592; Bill Ray, "Tottenham MP Calls for BlackBerry Messenging Suspension", *Register*, 9 de agosto de 2011, http://www.theregister.co.uk/2011/08/09/bbm_suspension/.
67. "PM Statement on Disorder in England", número 10 (site oficial do Gabinete do primeiro-ministro britânico), 11 de agosto de 2011, http://www.number10.gov.uk/news/pm-statement-on-disorder-in-england/.
68. Rich Trenholm, "Cameron Considers Blocking Twitter, Facebook, BBM after Riots", CNET, 11 de agosto de 2011, http://crave.cnet.co.uk/software/cameron-considers-blocking-twitter-facebook-bbm-after-riots-50004693/; Olivia Solon, "Cameron Suggests Blocking Potential Criminals from Social Media", *Wired UK*, 11 de agosto de 2011, http://www.wired.co.uk/news/archive/2011-08/11/david-cameron-social-media.
69. "Social Media Talks About Rioting 'Constructive'", BBC, 25 de agosto de 2011, http://www.bbc.co.uk/news/uk-14657456.
70. *Bitcoin* é o experimento de maior sucesso em moeda digital atualmente; usa uma mistura de *networking* P2P e assinaturas criptografadas para processar pagamentos virtuais. O valor da moeda flutuou muito desde seu surgimento; os primeiros *bitcoins* negociados valiam 3 centavos; pouco mais de um ano depois, foram avaliados em 29,57 dólares cada. Os *bitcoins* são armazenados em "carteiras" digitais e usados para pagar uma ampla

gama de mercadorias físicas e virtuais. No mercado on-line ilícito chamado *Silk Road*, em que as pessoas podem usar canais criptografados para comprar drogas ilegais, *bitcoins* são a única moeda e geram aproximadamente 22 milhões de dólares em vendas anuais, segundo um estudo recente. Ver Andy Greenberg, "Black Market Drug Site 'Silk Road' Booming: $22 Million in Annual Sales", *Forbes*, 6 de agosto de 2012, http://www.forbes.com/sites/andygreenberg/2012/08/06/black-market-drug-site-silk-road-booming-22-million-in-annual-mostly-illegal-sales/; Nicolas Christin, "Traveling the Silk Road: A Measurement Analysis of a Large Anonymous Online Marketplace" (*working paper*, INI/CyLab, Carnegie Mellon, Pittsburgh, PA, 1º de agosto de 2012), http://arxiv.org/pdf/1207.7139v1.pdf.

71. Bruno Ferrari em discussão com os autores, novembro de 2011.
72. Arch Puddington, *Freedom in the World 2012: The Arab Uprisings and Their Global Repercussions*, Freedom House, acessado em 15 de outubro de 2012, http://www.freedomhouse.org/sites/default/files/FIW%202012%20Booklet_0.pdf.
73. Ver baixos percentuais de usuários de telefones móveis e/ou de internet em países considerados como algumas das sociedades mais repressoras do mundo, como Guiné Equatorial, Eritreia e Coreia do Norte, em *Worst of the Worst 2012: The World's Most Repressive Societies*, Freedom House, acessado em 15 de outubro de 2012, http://www.freedomhouse.org/sites/default/files/Worst%20of%20the%20Worst%202012%20final%20report.pdf, "Mobile-Cellular Telephone Subscriptions Per 100 Inhabitants" e "Percentage of Individuals Using the Internet", International Telecommunication Union (ITU), ICT Data and Statistics (IDS), acessado em 15 de outubro de 2012, http://www.itu.int/ITU-D/ict/statistics/.
74. William J. Dobson, *The Dictator's Learning Curve: Inside the Global Battle for Democracy* (Nova York: Doubleday, 2012), 4.
75. Ibid.
76. Ibid., 8.
77. Ver taxas de penetração da internet em países considerados como algumas das sociedades mais repressoras do mundo, como Guiné Equatorial, Eritreia e Coreia do Norte, em *Worst of the Worst 2012: The World's Most Repressive Societies*, Freedom House, acessado em 15 de outubro de 2012, http://www.freedomhouse.org/sites/default/files/Worst%20of%20the%20Worst%202012%20final%20report.pdf, e "Percentage of Individuals Using the Internet", International Telecommunication Union (ITU), ICT Data and Statistics (IDS), acessado em 15 de outubro de 2012, http://www.itu.int/ITU-D/ict/statistics/.
78. Alessandro Acquisti, Ralph Gross, Fred Stutzman, "Faces of Facebook: Privacy in the Age of Augmented Reality", Heinz College e CyLab, Carnegie Mellon University (apresentado na conferência sobre segurança *2011 Black Hat*, Las Vegas, NV, 3-4 de agosto de 2011), http://media.blackhat.com/bh-us-11/Acquisti/BH_US_11_Acquisti_Faces_of_Facebook_Slides.pdf.; Declan McCullagh, "Face-Matching with Facebook Profiles: How It Was Done", CNET, 4 de agosto de 2011, http://news.cnet.com/8301-31921_3-20088456-281/face-matching-with-facebook-profiles-how-it-was-done/.
79. "UIDAI Background", Unique Identification Authority of India, acessado em 13 de outubro de 2012, http://uidai.gov.in/about-uidai.html.

80. "Aadhaar Concept", *Unique Identification Authority of India*, acessado em 13 de outubro de 2012, http://uidai.gov.in/aadhaar.html.
81. "What Is Aadhaar?", *Unique Identification Authority of India*, acessado em 13 de outubro de 2012, http://uidai.gov.in/what-is-aadhaar-number.html.
82. Sunil Dabir e Umesh Ujgare, "Aadhaar: The Numbers for Life", *News on Air* (Nova Delhi), acessado em 13 de outubro de 2012 http://www.newsonair.nic.in/AADHAAR-UID-Card-THE-NUMBERS-FOR-LIFE.asp.
83. Surabhi Agarwal e Remya Nair, "UID-Enabled Bank Accounts in 2–3 Months", *Mint with the Wall Street Journal* (Nova Delhi), 17 de maio de 2011, http://www.livemint.com/Politics/Go6diBWitIaus61Xud70EK/UIDenabled-bank-accounts-in-23-months.html; "Reform by Numbers", *Economist*, 14 de janeiro de 2012, http://www.economist.com/node/21542814.
84. "Salaried Taxpayers May Be Spared Filing Returns", *Business Standard* (Nova Delhi), 19 de janeiro de 2011, http://business-standard.com/india/news/salaried-taxpayers-may-be-spared-filing-returns/422225/.
85. "Identity Cards Act 2006", *The National Archives* (Reino Unido), Browse Legislation, acessado em 15 de outubro de 2012, http://www.legislation.gov.uk/ukpga/2006/15/introduction.
86. Alan Travis, "ID Cards Scheme to Be Scrapped Within 100 Days", *Guardian* (Manchester), 17 de maio de 2010, http://www.guardian.co.uk/politics/2010/may/27/theresa-may-scrapping-id-cards; "Identity Cards Scheme Will Be Axed 'Within 100 Days,'" BBC, 27 de maio de 2010, http://news.bbc.co.uk/2/hi/8707355.stm.
87. "Opinion 15/2011 on the Definition of Consent", Artigo 29 Proteção de Dados, Partido Trabalhista, Comissão Europeia, adotado em 13 de julho de 2011, http://ec.europa.eu/justice/policies/privacy/docs/wpdocs/2011/wp187_en.pdf.
88. "EU Directive 95/46/EC — The Data Protection Directive: Chapter III Judicial Remedies, Liability and Sanctions", Data Protection Commissioner, http://www.dataprotection.ie/viewdoc.asp?DocID=94.

CAPÍTULO 3 O futuro dos Estados

1. Gwen Ackerman e Ladane Nasseri, "Google Confirms Gmail and YouTube Blocked in Iran Since Feb. 10", *Bloomberg*, 13 de fevereiro de 2012, http://-blocked-in-iran-since-feb-10.html.
2. Jack Goldsmith e Tim Wu, *Who Controls the Internet?: Illusions of a Borderless World* (Nova York: Oxford University Press, 2006).
3. Determinação do autor com base em dez anos como CEO do Google e dois como diretor executivo.
4. Mark McDonald, "Watch Your Language! (In China, They Really Do)", Rendezvous (blog), *International Herald Tribune*, edição global do *New York Times*, 13 de março de 2012, http://rendezvous.blogs.nytimes.com/2012/03/13/watch-your-language-and-in-china-they-do/.

5. Observações do diretor executivo do Google, Eric Schmidt.
6. Nate Anderson, "280,000 Pro-China Astroturfers Are Running Amok Online", *Ars Technica*, 26 de março de 2010, http://arstechnica.com/tech-policy/news/2010/03/280000-pro-china-astroturfers-are-running-amok-online.ars; Rebecca MacKinnon, "China, the Internet, and Google", comentários preparados (não apresentados) para a *Congressional Executive Commission on China*, 1º de março de 2010, http://rconversation.blogs.com/MacKinnonCECC_Mar1.pdf; David Bandurski, "China's Guerrilla War for the Web", *Far Eastern Economic Review*, julho de 2008, http://www.feer.com/essays/2008/Agosto/chinas-guerrilla-war-for-the-web. Obs: O número 280.000 foi divulgado originalmente em 2008, mas ratificado em 2010.
7. Texto na íntegra: *The Internet in China, IV. Basic Principles and Practices of Internet Administration* (8 de junho de 2010), portal oficial do governo chinês, http://english.gov.cn/2010-06/08/content_1622956_6.htm.
8. Tom Zeller, Jr., "YouTube Banned in Turkey after Insults to Ataturk", The Lede (blog), *New York Times*, 7 de março de 2007, http://thelede.blogs.nytimes.com/2007/03/07/youtube-banned-in-turkey-after-insults-to-ataturk/.
9. Jeffrey Rosen, "Google's Gatekeepers", *New York Times Magazine*, 28 de novembro de 2008, http://www.nytimes.com/2008/11/30/magazine/30google-t.html?partner=permalink&exprod=permalink.
10. Ayla Albayrak, "Turkey Dials Back Plan to Expand Censorship", *Wall Street Journal*, 6 de agosto de 2011, http://online.wsj.com/article/SB10001424053111903885604576490253692671470.html.
11. Sebnem Arsu, "Internet Filters Set Off Protests Around Turkey", *New York Times*, 15 de maio de 2011, http://www.nytimes.com/2011/05/16/world/europe/16turkey.html?_r=3&.
12. Ibid.
13. Ayla Albayrak, "Turkey Dials Back Plan to Expand Censorship", *Wall Street Journal*, 6 de agosto de 2011.
14. "New Internet Filtering System Condemned as Backdoor Censorship", Reporters Without Borders, 2 de dezembro de 2011, http://en.rsf.org/turquie-new-internet-filtering-system-02-12-2011,41498.html.
15. Ibid.
16. "Internet Filters Block Evolution Website for Children in Turkey", *Hurriyet* (Istambul), 8 de dezembro de 2011, http://www.hurriyetdailynews.com/internet-filters-block-evolution-website-for-children-in-turkey.aspx?pageID=238&nID=8709&NewsCatID=374; Sara Reardon, "Controversial Turkish Internet Censorship Program Targets Evolution Sites", *Science*, 9 de dezembro de 2011, http://news.sciencemag.org/scienceinsider/2011/12/controversial-turkish-internet-c.html.
17. "Countries Under Surveillance: South Korea", Repórteres Sem Fronteiras, acessado em 21 de outubro de 2012, http://en.rsf.org/surveillance-south-korea,39757.html.
18. Ibid.
19. Lee Tae-hoon, "Censorship on Pro-NK Websites Tight", *Korea Times*, 9 de setembro de 2010, http://www.koreatimes.co.kr/www/news/nation/2010/12/113_72788.html.

20. "Europe", OpenNet Initiative, acessado em 21 de outubro de 2012, http://openner.net/research/regions/europe; "Germany", OpenNet Initiative, acessado em 21 de outubro de 2012, http://opennet.net/research/profiles/germany.
21. Clara Chooi, "Najib Repeats Promise of No Internet Censorship", *Malaysian Insider* (Kuala Lumpur), 24 de abril de 2011, http://www.themalaysianinsider.com/malaysia/article/najib-repeats-promise-of-no-internet-censorship.
22. "Benefits", MSC Malaysia, acessado em 21 de outubro de 2012, http://www.mscmalaysia.my/why_msc_malaysia.
23. Ricky Laishram, "Malayasian Government Blocks the Pirate Bay, MegaUpload and Other File Sharing Websites", Techie Buzz, 9 de junho de 2011, http://techie-buzz.com/tech-news/malayasian-government-blocks-websites.html.
24. Wong Pek Mei, "MCMC Wants Block of 10 Websites That Allow Illegal Movie Downloads", *The Star* (Petaling Jaya), 10 de junho de 2011, http://thestar.com.my/news/story.asp?file=/2011/6/10/nation/20110610161330&sec=nation.
25. Sukhbaatar Batbold (ex-primeiro-ministro da Mongólia) em discussão com os autores, novembro de 2011.
26. Tim Stevens, "Chile Becomes First Country to Guarantee Net Neutrality, We Start Thinking About Moving", *Engadget*, 15 de julho de 2010, http://www.engadget.com/2010/07/15/chile-becomes-first-country-to-guarantee-net-neutrality-we-star/.
27. Ver população em 2011 e percentual de usuários de internet em 2011 em "Midyear Population and Density — Custom Region — Chile, 2011", U.S. Census Bureau, International Data Base, acessado em 21 de outubro de 2012, http://www.census.gov/population/international/data/idb/informationGateway.php e "Percentage of Individuals Using the Internet", International Telecommunication Union (ITU), ICT Data and Statistics (IDS), acessado em 21 de outubro de 2012, http://www.itu.int/ITU-D/ict/statistics/.
28. Neal Ungerleider, "Iran Cracking Down Online with 'Halal Internet'", *Fast Company*, 18 de abril de 2011, http://www.fastcompany.com/1748123/iran-cracking-down-online-halal-internet.
29. Neal Ungerleider, "Iran's 'Second Internet' Rivals Censorship of China's 'Great Firewall'", *Fast Company*, 23 de fevereiro de 2012, http://www.fastcompany.com/1819375/irans-second-internet-rivals-censorship-chinas-great-firewall.
30. David Murphy, "Iran Launches 'Mehr,' Its Own YouTube-like Video Hub", http://www.pcmag.com/article2/0,2817,2413014,00.asp.
31. Christopher Rhoads e Farnaz Fassihi, "Iran Vows to Unplug Internet", *Wall Street Journal*, atualizado em 19 de dezembro de 2011, http://online.wsj.com/article/SB10001424052748704889404576277391449002016.html; Nick Meo, "Iran Planning to Cut Internet Access to Rest of World", *Telegraph* (Londres), 28 de abril de 2012, http://www.telegraph.co.uk/news/worldnews/middleeast/iran/9233390/Iran-planning-to-cut-internet-access-to-rest-of-world.html.
32. S. Isayev e T. Jafarov, "Iran Bans Import of Foreign Computer Security Software", *Trend*, 20 de fevereiro de 2012, http://en.trend.az/regions/iran/1994160.html.

33. Rhoads e Fassihi, “Iran Vows to Unplug Internet”, http://online.wsj.com/article/SB10001424052748704889404576277391449002016.html.
34. “Request for Proposal: National URL Filtering and Blocking System”, National ICT R&D Fund, acessado em 21 de outubro de 2012, http://ictrdf.org.pk/RFP-%20URL%20Filtering%20%26%20Blocking.pdf; Ungerleider, “Iran’s ‘Second Internet’ Rivals Censorship of China’s ‘Great Firewall’”, http://www.fastcompany.com/1819375/irans-second-internet-rivals-censorship-chinas-great-firewall; Danny O’Brien, “Pakistan’s Excessive Internet Censorship Plans”, Committee to Protect Journalists (CPJ), 1º de março de 2012, http://www.cpj.org/internet/2012/03/pakistans-excessive-net-censorship-plans.php. Vale observar que, na época em que este livro estava sendo escrito, o programa paquistanês havia sido “engavetado”. Ver Shahbaz Rana, “IT Ministry Shelves Plan to Install Massive URL Blocking System”, *The Express Tribune* (Karachi) (blog) com *International Herald Tribune*, 19 de março de 2012, http://tribune.com.pk/story/352172/it-ministry-shelves-plan-to-install-massive-url-blocking-system/.
35. “Mobile Phones in North Korea: Also Available to Earthlings”, *Economist*, 11 de fevereiro de 2012, http://www.economist.com/node/21547295.
36. Ibid.
37. Ibid.
38. Ibid; David Matthew, “Understanding the Growth of KoryoLink”, *NK News*, 15 de dezembro de 2011, http://www.nknews.org/2011/12/understanding-koryo-link/.
39. “Mobile Phones in North Korea: Also Available to Earthlings”, *Economist*, 11 de fevereiro de 2012.
40. Ibid.
41. Steve Stecklow, Farnaz Fassihi e Loretta Chao, “Chinese Tech Giant Aids Iran”, *Wall Street Journal*, 27 de outubro de 2011, http://online.wsj.com/article/SB10001424052970204644504576651503577823210.html?_nocache=1346874829284&user=welcome&mg=id-wsj.
42. Ibid.
43. Ibid.
44. Ibid.
45. Huawei, “Statement Regarding Inaccurate and Misleading Claims About Huawei’s Commercial Operations in Iran”, *press release*, 4 de novembro de 2011, http://www.huawei.com/en/about-huawei/newsroom/press-release/hw-104191.htm.
46. Huawei, “Statement Regarding Huawei’s Commercial Operations in Iran”, *press release*, 9 de dezembro de 2011, http://www.huawei.com/en/about-huawei/newsroom/press-release/hw-104866-statement-commercialoperations.htm.
47. Hu Jintao (ex-presidente da China) em discussão com um pequeno grupo de líderes empresariais no Asia-Pacific Economic Cooperation (APEC) CEO Summit, em 2011.
48. *2010 Report to Congress on China’s WTO Compliance*, United States Trade Representative (dezembro de 2010), 5, http://www.ustr.gov/webfm_send/2460.
49. Ibid., 92.
50. *2011 Special 301 Report*, United States Trade Representative, vide “Section II: Country Reports Priority Watch List”, 25, 28, 30, http://www.ustr.gov/webfm_send/2841.

51. Ibid., 27, 29.
52. Richard A. Clarke e Robert K. Knake, *Cyber War: The Next Threat to National Security and What to Do About It* (Nova York: Ecco, 2010), 6.
53. Elisabeth Bumiller e Thom Shanker, "Panetta Warns of Dire Threat of Cyberattack on U.S.", *New York Times*, 11 de outubro de 2012, http://www.nytimes.com/2012/10/12/world/panetta-warns-of-dire-threat-of-cyberattack.html?hp&_r=1&.
54. Carl von Clausewitz, *On War* (Baltimore: Penguin Books, 1968). A citação original é "a guerra como continuação da *politik* por outros meios".
55. Craig Mundie em discussão com os autores, novembro de 2011.
56. Craig Mundie, "Information Security in the Digital Decade". Remarks at the American Chamber of Commerce in Bangkok, Thailand, 20 de outubro de 2003, http://www.microsoft.com/en-us/news/exec/craig/10-20security.aspx.
57. "Resource 207: Kaspersky Lab Research Proves That Stuxnet and Flame Developers Are Connected", *Kaspersky Lab*, 11 de junho de 2012, http://www.kaspersky.com/about/news/virus/2012/Resource_207_Kaspersky_Lab_Research_Proves_that_Stuxnet_and_Flame_Developers_are_Connected.
58. David E. Sanger, "Obama Order Sped Up Wave of Cyberattacks Against Iran", *New York Times*, 1º de junho de 2012, http://www.nytimes.com/2012/06/01/world/middleeast/obama-ordered-wave-of-cyberattacks-against-iran.html?_r=1&ref=davidesanger&pagewanted=all.
59. Ibid.
60. Julian Borger e Saeed Kamali Dehghan, "Attack on Iranian Nuclear Scientists Prompts Hit Squad Claims", *Guardian* (Manchester), 29 de novembro de 2010, http://www.guardian.co.uk/world/2010/nov/29/iranian-nuclear-scientists-attack-claims.
61. Sanger, "Obama Order Sped Up Wave of Cyberattacks Against Iran", http://www.nytimes.com/2012/06/01/world/middleeast/obama-ordered-wave-of-cyberattacks-against-iran.html?_r=1&ref=davidesanger&pagewanted=all.
62. Elinor Mills, "Stuxnet: Fact vs. Theory", CNET, 5 de outubro de 2010, http://news.cnet.com/8301-27080_3-20018530-245.html.
63. Michael Joseph Gross, "A Declaration of CyberWar", *Vanity Fair*, abril de 2011, http://www.vanityfair.com/culture/features/2011/04/stuxnet-201104.
64. Elinor Mills, "Shared Code Indicates Flame, Stuxnet Creators Worked Together", CNET, 11 de junho de 2012, http://news.cnet.com/8301-10093-57450292-83/shared-code-indicates-flame-stuxnet-creators-worked-together/.
65. Sanger, "Obama Order Sped Up Wave of Cyberattacks Against Iran", http://www.nytimes.com/2012/06/01/world/middleeast/obama-ordered-wave-of-cyberattacks-against-iran.html?_r=1&ref=davidesanger&pagewanted=all.
66. Meir Dagan em discussão com os autores, junho de 2012.
67. Sanger, "Obama Order Sped Up Wave of Cyberattacks Against Iran", http://www.nytimes.com/2012/06/01/world/middleeast/obama-ordered-wave-of-cyberattacks-against-iran.html?_r=1&ref=davidesanger&pagewanted=all.
68. Ibid.

69. Larry Constantine, entrevista por Steven Cherry, "Stuxnet: Leaks or Lies?", *Techwise Conversations* (podcast), *IEEE Spectrum*, 4 de setembro de 2012, http://spectrum.ieee.org/podcast/computing/embedded-systems/stuxnet-leaks-or-lies.
70. Sanger, "Obama Order Sped Up Wave of Cyberattacks Against Iran", http://www.nytimes.com/2012/06/01/world/middleeast/obama-ordered-wave-of-cyberattacks-against-ran.html?_r=1&ref=davidesanger&pagewanted=all.
71. Ibid.
72. "Resource 207: Kaspersky Lab Research Proves That Stuxnet and Flame Developers Are Connected", http://www.kaspersky.com/about/news/virus/2012/Resource_207_Kaspersky_Lab_Research_Proves_that_Stuxnet_and_Flame_Developers_are_Connected; Mills, "Shared Code Indicates Flame, Stuxnet Creators Worked Together", http://news.cnet.com/8301-1009_3-57450292-83/shared-code-indicates-flame-stuxnet-creators-worked-together/.
73. "Resource 207: Kaspersky Lab Research Proves That Stuxnet and Flame Developers Are Connected", http://www.kaspersky.com/about/news/virus/2012/Resource_207_Kaspersky_Lab_Research_Proves_that_Stuxnet_and_Flame_Developers_are_Connected.
74. Mills, "Shared Code Indicates Flame, Stuxnet Creators Worked Together", http://news.cnet.com/8301-1009_3-57450292-83/shared-code-indicates-flame-stuxnet-creators-worked-together/.
75. "Bronze Soldier Installed at Tallinn Military Cemetery", *RIA Novosti* (Moscou), 30 de abril de 2007, http://en.rian.ru/world/20070430/64692507.html.
76. Ian Traynor, "Russia Accused of Unleashing Cyberwar to Disable Estonia", *Guardian* (Manchester), 16 de maio de 2007, http://www.guardian.co.uk/world/2007/may/17/topstories3.russia.
77. Joshua Davis, "Hackers Take Down the Most Wired Country in Europe", *Wired*, 21 de agosto de 2007, http://www.wired.com/politics/security/magazine/15-09/ff_estonia?currentPage=all.
78. Doug Bernard, "New Alarm Bells, and Old Questions, About the Flame Virus and Cyber-War", VOA (blog), 30 de maio de 2012, http://blogs.voanews.com/digital-frontiers/tag/cyber-war/.
79. "Estonia Has No Evidence of Kremlin Involvement in Cyber Attacks", *RIA Novosti* (Moscou), 9 de junho de 2007, http://en.rian.ru/world/20070906/76959190.html.
80. John Markoff, "Georgia Takes a Beating in the Cyberwar with Russia", Bits (blog), *New York Times*, 11 de agosto de 2008, http://bits.blogs.nytimes.com/2008/08/11/georgia-takes-a-beating-in-the-cyberwar-with-russia/; John Markoff, "Before the Gunfire, Cyber-attacks", *New York Times*, 12 de agosto de 2008, http://www.nytimes.com/2008/08/13/technology/13cyber.html.
81. Gregg Keizer, "Russian 'Cybermilitia' Knocks Kyrgyzstan Offline", *Computerworld*, 28 de janeiro de 2009, http://www.computerworld.com/s/article/9126947/Russian_cybermilitia_knocks_Kyrgyzstan_offline.
82. Christopher Rhoads, "Kyrgyzstan Knocked Offline", *Wall Street Journal*, 28 de janeiro de 2009, http://online.wsj.com/article/SB123310906904622741.html.

83. Ibid.; "Kyrgyzstan to Close US Airbase, Washington Says No Plans Made", *Hurriyet* (Istambul), 17 de janeiro de 2009, http://www.hurriyet.com.tr/english/world/10796846.asp?scr=1.
84. David Drummond, "A New Approach to China", Google Blog, 12 de janeiro de 2010, http://googleblog.blogspot.com/2010/01/new-approach-to-china.html.
85. David Drummond, "A New Approach to China, an Update", Google Blog, 22 de março de 2010, http://googleblog.blogspot.com/2010/01/new-approach-to-china.html.
86. "U.S. Cyber Command", U.S. Strategic Command, atualizado em dezembro de 2011, http://www.stratcom.mil/factsheets/cyber_command/.
87. Misha Glenny, "Who Controls the Internet?", *Financial Times Magazine* (Londres), 8 de outubro de 2010, http://www.ft.com/cms/s/2/3e52897c-d0ee-11df-a426-00144feabdc0.html#axzz1nYp7grM6; Susan P. Crawford, "When We Wage Cyberwar, the Whole Web Suffers", *Bloomberg*, 25 de abril de 2012, http://www.bloomberg.com/news/2012-04-25/when-we-wage-cyberwar-the-whole-web-suffers.html.
88. Ron Deibert e Rafal Rohozinski, "The New Cyber Military-Industrial Complex", *Globe and Mail* (Toronto), 28 de março de 2011, Http://www.theglobeandmail.com/commentary/the-new-cyber-military-industrial-complex/article573990.
89. Ibid.; Eli Lake, "British Firm Offered Spy Software to Egypt", *Washington Times*, 25 de abril de 2011, http://www.washingtontimes.com/news/2011/apr/25/british-firm-offered-spy-software-to-egypt/?page=all#pagebreak.
90. WikiLeaks, telegrama, "Subject: Stifled Potential: Fiber-optic Cable Lands in Tanzania, Origin: Embassy Dar Es Salaam (Tanzania), Cable time: Fri. 4 Sep 2009 04:48 UTC", http://www.cablegatesearch.net/cable.php?id=09DARESSALAAM585.
91. Fumbuka Ng'wanakilala, "China Co Signs $3 Bln Tanzania Coal, Iron Deal", Reuters, 22 de setembro de 2011, http://www.reuters.com/article/2011/09/22/tanzania-china-mining-idUSL5E7KM1HU20110922.
92. "China, Tanzania Sign $1 Bln Gas Pipeline Deal: Report", Reuters, 30 de setembro de 2011, edição para a África, http://af.reuters.com/article/investingNews/idAFJOE78T08T20110930?pageNumber=1&virtualBrandChannel=0.
93. "Emerging-Market Multinationals: The Rise of State Capitalism", *Economist*, 21 de janeiro de 2012, http://www.economist.com/node/21543160.
94. Andrea Marshall, "China's Mighty Telecom Footprint in Africa", *eLearning Africa News Portal*, 21 de fevereiro de 2011, http://www.elearning-africa.com/eLA_Newsportal/china%E2%80%99s-mighty-telecom-footprint-in-africa/.
95. "East Africa: Kenya, China in Sh8 Billion University Hospital Deal", *AllAfrica*, 22 de abril de 2011, http://allafrica.com/stories/201104250544.html.
96. John G. Whitesides, "Better Diplomacy, Better Science", *China Economic Review*, 1º de janeiro de 1970, http://www.chinaeconomicreview.com/content/better-diplomacy-better-science.
97. Opinião dos autores.
98. Michael Riley e Ashlee Vance, "Cyber Weapons: The New Arms Race", *Bloomberg BusinessWeek*, 20 de julho de 2011, http://www.businessweek.com/magazine/cyber-weapons-the-

new-arms-race-07212011.html. Como você pode ver, não fomos nós que cunhamos o termo "Guerra dos Códigos".

99. Kim Zetter, "Lawmaker Wants 'Show of Force' Against North Korea for Website Attacks", *Wired*, 10 de julho de 2009, http://www.wired.com/threatlevel/2009/07/show-of-force/.
100. Choe Sang-Hun e John Markoff, "Cyberattacks Jam Government and Commercial Web Sites in U.S. and South Korea", *New York Times*, 9 de julho de 2009, http://www.nytimes.com/2009/07/10/technology/10cyber.html?_r=1; Associated Press (AP), "U.S. Officials Eye N. Korea in Cyberattack", *USA Today*, 9 de julho de 2009, http://usatoday30.usatoday.com/news/washington/2009-07-08-hacking-washington-nkorea_N.htm.
101. Choe e Markoff, "Cyberattacks Jam Government and Commercial Web Sites in U.S. and South Korea", *New York Times*, 9 de julho de 2009.
102. Zetter, "Lawmaker Wants 'Show of Force' Against North Korea for Website Attacks", *Wired*, 10 de julho de 2009.
103. Lolita C. Baldor, Associated Press (AP), "US Largely Ruling Out North Korea in 2009 Cyber Attacks", *USA Today*, 6 de july de 2010, http://usatoday30.usatoday.com/tech/news/computersecurity/2010-07-06-nkorea-cyber-attacks_N.htm.
104. Martyn Williams, "UK, Not North Korea, Source of DDOS Attacks, Researcher Says", *IDG News Service and Network World*, 14 de julho de 2009, http://www.networkworld.com/news/2009/071409-uk-not-north-korea-source.html?ap1=rcb.
105. "N. Korean Ministry Behind July Cyber Attacks: Spy Chief", *Yonhap News*, 30 de outubro de 2009, http://english.yonhapnews.co.kr/northkorea/2009/10/30/0401000000AEN20091030002200315.HTML.
106. Michael Riley e Ashlee Vance, "Inside the Chinese Boom in Corporate Espionage", Bloomberg *BusinessWeek*, 15 de março de 2012, http://www.businessweek.com/articles/2012-03-14/inside-the-chinese-boom-in-corporate-espionage.
107. "Famous Cases of Corporate Espionage", *Bloomberg BusinessWeek*, 20 de setembro de 2011, http://images.businessweek.com/slideshows/20110919/famous-cases-of-corporate-espionage#slide3.
108. Ed White, Associated Press (AP), "Shanshan Du, Ex-GM Worker, Allegedly Tried to Sell Hybrid Car Secrets to Chinese Companies", *Huffington Post*, 23 de julho de 2010, http://www.huffingtonpost.com/2010/07/23/shanshan-du-ex-gm-worker_n_656894.html.
109. "Cyber Espionage: An Economic Issue", China Caucus (blog), Congressional China Caucus, 9 de novembro de 2011, http://forbes.house.gov/chinacaucus/blog/?postid=268227; *Foreign Spies Stealing U.S. Economic Secrets in Cyberspace, Report to Congress on Foreign Economic Collection and Industrial Espionage, 2009–2011*, Office of the National Counterintelligence Executive, (outubro de 2011), 3, http://www.ncix.gov/publications/reports/fecie_all/Foreign_Economic_Collection_2011.pdf.
110. "Economic Espionage", Office of the National Counterintelligence Executive, acessado em 22 de outubro de 2012, http://www.ncix.gov/issues/economic/index.php.
111. Craig Mundie em discussão com os autores, novembro de 2011.
112. Ibid.

113. Darpa, "Darpa Increases Top Line Investment in Cyber Research by 50 Percent over next Five Years", *news release*, 7 de novembro de 2011, http://www.darpa.mil/NewsEvents/Releases/2011/11/07.aspx; Spencer Ackerman, "Darpa Begs Hackers: Secure Our Networks, End 'Season of Darkness'", *Danger Room* (blog), *Wired*, 7 de novembro de 2011, http://www.wired.com/dangerroom/2011/11/darpa-hackers-cybersecurity/.
114. Regina Dugan em discussão com os autores, julho de 2012.
115. Cheryl Pellerin, American Forces Press Service, "Darpa Goal for Cybersecurity: Change the Game", U.S. Air Force, 20 de dezembro de 2010, http://www.af.mil/news/story.asp?id=123235799.

CAPÍTULO 4 O futuro da revolução

1. Ver baixa penetração da internet em 2011 na Etiópia, Paquistão e Filipinas em "Percentage of Individuals Using the Internet", International Telecommunication Union (ITU), ICT Data and Statistics (IDS), acessado em 16 de outubro de 2012, http://www.itu.int/ITU-D/ict/statistics/, e populações jovens desses países no ano de 2011 em "Mid-Year Population by Five Year Age Groups and Sex — Custom Region — Ethiopia, Pakistan, Philippines", U.S. Census Bureau, International Data Base, acessado em 16 de outubro de 2012, http://www.census.gov/population/international/data/idb/region.php.
2. Courtney C. Radsch, "Unveiling the Revolutionaries: Cyberactivism and the Role of Women in the Arab Uprisings", James A. Baker III Institute for Public Policy, Rice University, 17 de maio de 2012; Jeff Falk, "Social Media, Internet Allowed Young Arab Women to Play a Central Role in Arab Spring", 24 de maio de 2012, Rice University, News and Media, http://news.rice.edu/2012/05/24/social-media-and-the-internet-allowed-young-arab-women-to-play-a-central-role-in-the-arab-spring-uprisings-new-rice-study-says-2/; *Women and the Arab Spring: Taking Their Place?*, International Federation for Human Rights, acessado em 4 de novembro de 2012, http://www.europarl.europa.eu/document/activities/cont/201206/20120608ATT46510/20120608ATT46510EN.pdf; Lauren Bohn, "Women and the Arab Uprisings: 8 'Agents of Change' to Follow", CNN, 3 de fevereiro de 2012, http://www.cnn.com/2012/02/03/world/africa/women-arab-uprisings/index.html.
3. Ministros do governo de transição em Trípoli em discussão com os autores, janeiro de 2012.
4. "Fresh Protests Erupt in Syria", Al Jazeera, última atualização em 8 de abril de 2011, http://www.aljazeera.com/news/middleeast/2011/04/201148104927711611.html.
5. David Pollock, "Al Jazeera: One Organization, Two Messages", Washington Institute, Policy Analysis, 28 de abril de 2011, http://www.washingtoninstitute.org/policy-analysis/view/aljazeera-one-organization-two-messages.
6. Ibid.
7. Ativistas da Revolução do Jasmim em discussão com os autores, janeiro de 2012.
8. Stephan Faris, "Meet the Man Tweeting Egypt's Voices to the World", *Time*, 1º de fevereiro de 2011, http://www.time.com/time/world/article/0,8599,2045489,00.html.

9. Ibid.
10. Ibid.
11. Andy Carvin, entrevistado por Robert Siegel, "The Revolution Will Be Tweeted", NPR, 21 de fevereiro de 2011, http://www.npr.org/2011/02/21/133943604/The-Revolution-Will-Be-Tweeted.
12. "Anti-Gaddafi Figures Say Form National Council", Reuters, 27 de fevereiro de 2011, edição para a África, http://af.reuters.com/article/idAFWEB194120110227.
13. Dan Murphy, "The Members of Libya's National Transitional Council", *Christian Science Monitor*, 2 de setembro de 2011, http://www.csmonitor.com/World/Backchannels/2011/0902/The-members-of-Libya-s-National-Transitional-Council; David Gritten, "Key Figures in Libya's Rebel Council", BBC, 25 de agosto de 2011, http://www.bbc.co.uk/news/world-africa-12698562.
14. "Tunisia's Leaders Resign from Ruling Party", NPR, 20 de janeiro de 2011, http://www.npr.org/2011/01/20/133083002/tunisias-leaders-resign-from-ruling-party; Christopher Alexander, "Après Ben Ali: Déluge, Democracy, or Authoritarian Relapse?", *Middle East Channel* (blog), *Foreign Policy*, 24 de janeiro de 2011, http://mideast.foreignpolicy.com/posts/2011/01/24/apres_ben_ali_deluge_democracy_or_authoritarian_relapse.
15. Conversa com o primeiro-ministro tunisiano Hamadi Jebali, janeiro de 2012.
16. David D. Kirkpatrick, "Opposition in Tunisia Finds Chance for Rebirth", *New York Times*, 20 de janeiro de 2011, http://www.nytimes.com/2011/01/21/world/africa/21islamist.html?pagewanted=all; Tarek Amara e Mariam Karouny, "Tunisia Names New Government, Scraps Secret Police", Reuters, 8 de março de 2011, http://in.mobile.reuters.com/article/worldNews/idINIndia-55387920110307?irpc=984.
17. Henry Kissinger em discussão com os autores, dezembro de 2011.
18. Mahmoud Salem, "Chapter's End!", *Rantings of a Sandmonkey* (blog), 18 de junho de 2012, http://www.sandmonkey.org/2012/06/18/chapters-end/.
19. Mahmoud Salem, "For the Light to Come Back", *Rantings of a Sandmonkey* (blog), 30 de maio de 2012, http://www.sandmonkey.org/2012/03/30/for-the-light-to-come-back/.
20. Para ver uma interpretação mais detalhada do livro de Tina Rosenberg, *Bem-vindo ao clube: como o poder dos grupos pode transformar o mundo*, ver Saul Austerlitz, "Power of Persuasion: Tina Rosenberg's Join the Club", resenha, *The National* (Abu Dhabi), 25 de fevereiro de 2011, http://www.thenational.ae/arts-culture/books/power-of-persuasion-tina-rosenbergs-join-the-club#full; Jeffrey D. Sachs, "Can Social Networking Cure Social Ills?", resenha, *New York Times*, 20 de maio de 2011, http://www.nytimes.com/2011/05/22/books/review/book-review-join-the-club-by-tina-rosenberg.html?pagewanted=all; Thomas Hodgkinson, "Join the Club by Tina Rosenberg—Review", *Guardian* (Manchester), 1º de setembro de 2011, http://www.guardian.co.uk/books/2011/sep/02/join-club-tina-rosenberg-review; e Steve Weinberg, "C'mon, Everyone's Doing It", resenha, *Bookish* (blog), *Houston Chronicle*, 27 de março de 2011, http://blog.chron.com/bookish/2011/03/cmon-everyones-doing-it-a-review-of-tina-rosenbergs-new-book/.
22. Tina Rosenberg, *Bem-vindo ao clube: como o poder dos grupos pode transformar o mundo* (Rio de Janeiro: Campus, 2012).

22. Ibid., 278–82, 332–36.
23. "Egypt Anti-Military Protesters Fill Tahrir Square", BBC, 22 de junho de 2012, http://www.bbc.co.uk/news/world-middle-east-18547371; Aya Batrawy, Associated Press (AP), "Egypt Protests: Thousands Gather in Tahrir Square to Demonstrate Against Military Rule", *Huffington Post*, 20 de abril de 2012, http://www.huffingtonpost.com/2012/04/20/egypt-protests-tahrir-square_n_1439802.html; Gregg Carlstrom e Evan Hill, "Scorecard: Egypt Since the Revolution", Al Jazeera, última atualização 24 de janeiro de 2012, http://www.aljazeera.com/indepth/interactive/2012/01/20121227117613598.html "Egypt Protests: Death Toll Up in Cairo's Tahrir Square", BBC, 20 de novembro 2011, http://www.bbc.co.uk/news/world-africa-15809739.
24. Christopher Rhoads, Geoffrey A. Fowler e Chip Cummins, "Iran Cracks Down on Internet Use, Foreign Media", *Wall Street Journal*, 17 de junho de 2009, http://online.wsj.com/article/SB124519888117821213.html.
25. James Cowie, "Egypt Leaves the Internet", *Renesys* (blog), 27 de janeiro de 2011, http://www.renesys.com/blog/2011/01/egypt-leaves-the-internet.shtml.
26. James Cowie, "Egypt Returns to the Internet", *Renesys* (blog), 2 de fevereiro de 2011, http://www.renesys.com/blog/2011/02/egypt-returns-to-the-internet.shtml.
27. Cowie, "Egypt Leaves the Internet", http://www.renesys.com/blog/2011/01/egypt-leaves-the-internet.shtml.
28. Associated Press (AP), "Vodafone: Egypt Ordered Cell Phone Service Stopped", *Huffington Post*, 28 de janeiro de 2011, http://www.huffingtonpost.com/2011/01/28/vodafone-egypt-service-dropped_n_815493.html.
29. "Statements — Vodafone Egypt", Vodafone, 28 de janeiro de 2011, http://www.vodafone.com/content/index/media/press_statements/statement_on_egypt.html.
30. James Glanz e John Markoff, "Egypt Leaders Found 'Off' Switch for Internet", *New York Times*, 15 de fevereiro de 2011, http://www.nytimes.com/2011/02/16/technology/16internet.html?pagewanted=all&_r=0.
31. Ibid.
32. Parmy Olson, "Egypt Goes Dark, Cuts Off Internet and Mobile Networks", *Forbes*, 28 de janeiro de 2011, http://www.forbes.com/sites/parmyolson/2011/01/28/egypt-goes-dark/.
33. Vittorio Colao em discussão com os autores, agosto de 2011.
34. Ibid.; ver também "Statements — Vodafone Egypt", Vodafone, 28 de janeiro de 2011 a 3 de fevereiro de 2011, http://www.vodafone.com/content/index/media/press_statements/statement_on_egypt.html.
35. "Statements — Vodafone Egypt", Vodafone, 3 de fevereiro de 2011, http://www.vodafone.com/content/index/media/press_statements/statement_on_egypt.html; Jonathan Browning, "Vodafone Says It Was Instructed to Send Pro-Mubarak Messages to Customers", *Bloomberg*, 3 de fevereiro de 2011, http://www.bloomberg.com/news/2011-02-03/vodafone-ordered-to-send-egyptian-government-messages-update1-.html.
36. Vittorio Colao em discussão com os autores, agosto de 2011.
37. Ibid.

38. Jonathan Browning, "Google, Twitter Offer Egyptians Option to Tweet", *Bloomberg*, 1º de fevereiro de 2011, http://www.bloomberg.com/news/2011-01-31/egyptians-turn-to-dial-up-service-to-get-around-government-s-web-shutdown.html.
39. Ujjwal Singh e AbdelKarim Mardini, "Some Weekend Work That Will (Hopefully) Enable More Egyptians to Be Heard", Google Blog, 31 de janeiro de 2011, http://googleblog.blogspot.com/2011/01/some-weekend-work-that-will-hopefully.html.
40. Vittorio Colao em discussão com os autores, agosto de 2011.
41. *In a Time of Torture: The Assault on Justice in Egypt's Crackdown on Homosexual Conduct*, Human Rights Watch (HRW): 2004, http://www.hrw.org/en/reports/2004/02/29/time-torture.
42. Ibid.; "Egypt: Egyptian Justice on Trial — The Case of the Cairo 52", International Gay and Lesbian Human Rights Commission, 15 de outubro de 2001, http://www.iglhrc.org/cgi-bin/iowa/article/takeaction/partners/692.html.
43. Andrew Jacobs, "Chinese Government Responds to Call for Protests", *New York Times*, 20 de fevereiro de 2011, http://www.nytimes.com/2011/02/21/world/asia/21china.html?_r=1.
44. "Rights Group Decries Flogging Sentence for Female Saudi Driver", CNN, 27 de setembro de 2011, http://articles.cnn.com/2011-09-27/middleeast/world_meast_saudi-arabia-flogging_1_flogging-sentence-women2drive-saudi-woman?_s=PM:MIDDLEEAST.
45. Ibid.; Amnesty International (AI), "Flogging Sentence for Saudi Arabian Woman After Driving 'Beggars Belief'", *press release*, 27 de setembro de 2011, https://www.amnesty.org/en/for-media/press-releases/flogging-sentence-saudi-arabian-woman-after-driving-%E2%80% 9Cbeggars-belief%E2%80%9D-2011-0.
46. "Saudi King Revokes Flogging of Female Driver", CNN, 29 de setembro de 2011, http://www.cnn.com/2011/09/28/world/meast/saudi-arabia-flogging/index.html.
47. Prince Alwaleed bin Talal al-Saud em discussão com os autores, fevereiro de 2011; Faisal J. Abbas, "Monopoly: The Saudi ShortFilm Which Went a Long Way", *Huffington Post*, 9 de setembro de 2011, http://www.huffingtonpost.com/faisal-abbas/monopoly-the-saudi-shortf_b_969540.html.
48. Prince Alwaleed bin Talal al-Saud em discussão com os autores, fevereiro de 2011. O filme apareceu tanto no Facebook quanto no YouTube. O príncipe discutiu a exibição do vídeo no Facebook.
49. Ibid.
50. "Saudi Arabia Ranks First in YouTube Views", *Al Arabiya*, 22 de maio de 2012, http://english.alarabiya.net/articles/2012/05/22/215774.html; Simon Owens, "Saudi Satire Ignites YouTube's Massive Growth in Middle East", *U.S. News*, 30 de maio de 2012, http://www.usnews.com/news/articles/2012/05/30/saudi-satire-ignites-youtubes-massive-growth-in-middle-east.
51. *African Mobile Observatory 2011: Driving Economic and Social Development Through Mobile Services*, Groupe Speciale Mobile (GSM), 9, acessado em 17 de outubro de 2011, http://www.gsma.com/publicpolicy/wp-ontent/uploads/2012/04/africamobileobservatory2011-1.pdf.

52. Primeiro-ministro Lee Hsien Loong em discussão com os autores, novembro de 2011.
53. A declaração, pelo primeiro-ministro Lee Hsien Loong, de que os jovens querem fazer parte de algo interessante é sustentada pela discussão de Tina Rosenberg sobre a necessidade de ser *cool* como parte fundamental da estratégia do Otpor, ensinada a grupos de oposição ao redor do mundo. Para ver exemplos do "fator *coolness*" no Otpor, consulte Rosenberg, *Bem-vindo ao clube*, p. 223-224, 229, 256-58, 260, 276.
54. Shamim Adam, "Singapore Curry Protest Heats Up Vote with Facebook Campaign", *Bloomberg*, 19 de agosto de 2011, http://www.bloomberg.com/news/2011-08-18/singapore-curry-protest-heats-up-vote.html; "Singaporeans to Launch Largest 'Protest' over 'Currygate' Incident", *TR Emeritus* (blog), 21 de agosto de 2011,http://www.tremeritus.com/2011/08/21/singaporeans-to-launch-largest-protest-over-currygate-incident/.
55. Lee Hsien Loong em discussão com os autores, novembro de 2011.
56. Michael Kan, International Data Group (IDG) News Service, "China's Internet Population Reaches 538 Million", 19 de julho de 2012, *PCWorld*, http://www.pcworld.com/article/259482/chinas_internet_population_reaches_538_million.html; na época em que este livro estava sendo escrito, a população da China ultrapassava 1,3 bilhão; portanto, restavam aproximadamente oitocentos milhões de cidadãos chineses a se conectarem. Consideramos que, com as projeções de aumento populacional ao longo da próxima década, esse número chegará a quase um bilhão. Segundo um relatório de 2012 preparado pelo *Committee to Protect Journalists*, a Eritreia era o país mais censurado, seguido pela Coreia do Norte.
57. Lee Hsien Loong em discussão com os autores, novembro de 2011.
58. Henry Kissinger em discussão com os autores, dezembro de 2011.

CAPÍTULO 5 O futuro do terrorismo

1. Há certa sobreposição de táticas entre ciberterrorismo e atividades criminosas de hackers, mas, de modo geral, são as motivações que distinguem um do outro. Não é uma distinção muito diferente da que separa narcotráfico de terrorismo.
2. Capitão do Exército (no Iraque) em discussão com autores, novembro de 2009.
3. Ibid.
4. Um dos autores soube disso ao participar de um painel com Jonathan Powers na *Johns Hopkins School of Advanced International Studies* em 2005. Desde então, os autores corroboraram o dado com relatos adicionais de autoridades civis e militares que trabalharam ou serviram no Iraque durante a última década.
5. Andy Rubin em discussão com os autores, fevereiro de 2012.
6. Will Oremus, "Twitter of Terror", *Slate*, 23 de dezembro de 2011, http://www.slate.com/articles/technology/technocracy/2011/12/al_shabaab_twitter_a_somali_militant_group_unveils_a_new_social_media_strategy_for_terrorists_.html.
7. "Profile: Anwar alAwlaki", Anti-Defamation League (ADL), atualizado em novembro de 2011, http://www.adl.org/main_Terrorism/anwar_al-awlaki.htm.

8. Pierre Thomas, Martha Raddatz, Rhonda Schwartz e Jason Ryan, "Fort Hood Suspect Yells Nidal Hasan's Name in Court", *ABC Blotter*, 29 de julho de 2011, http://abcnews.go.com/Blotter/fort-hood-suspect-naser-jason-abdo-yells-nidal-hasan/story?id=14187568#.UIIw-W8VG-8C; Bruce Hoffman, "Why al Qaeda Will Survive", *Daily Beast*, 30 de setembro de 2011, http://www.thedailybeast.com/articles/2011/09/30/al-awlaki-s-death-nothing-more-than-a-glancing-blow-al-qaeda-stronger-than-everest.html.
9. Príncipe Alwaleed bin Talal al-Saud em discussão com os autores, fevereiro de 2012.
10. Maajid Nawaz em discussão com os autores, fevereiro de 2012.
11. "Colombia Catches Girl 'Smuggling 74 Mobiles into Jail'", BBC, 6 de fevereiro de 2011, http://www.bbc.co.uk/news/world-latin-america-12378390.
12. "Pigeons Fly Mobile Phones to Brazilian Prisoners", *Telegraph* (Londres), 30 de março de 2009, http://www.telegraph.co.uk/news/newstopics/howaboutthat/5079580/Pigeons-fly-mobile-phones-to-Brazilian-prisoners.html.
13. Associated Press (AP), "Police: Brazilian Teen Used Bow and Arrow to Launch Illegal Cell Phones over Prison Walls", *Fox News*, 2 de setembro de 2010, http://www.foxnews.com/world/2010/09/02/police-brazilian-teen-used-bow-arrow-launch-illegal-cell-phones-prison-walls/.
14. Ex-membro de uma gangue do centro-sul de Los Angeles em discussão com os autores, abril de 2012.
15. "Mobile-Cellular Subscriptions" e "Percentage of Individuals Using the Internet", International Telecommunication Union (ITU), ICT Data and Statistics (IDS), acessado em 19 de outubro de 2012, http://www.itu.int/ITU-D/ict/statistics/.
16. Os autores receberam essas informações durante um briefing não confidencial com funcionários da prisão, fevereiro de 2009.
17. Rod Nordland e Sharifullah Sahak, "Afghan Government Says Prisoner Directed Attacks", *New York Times*, 10 de fevereiro de 2011, http://www.nytimes.com/2011/02/11/world/asia/11afghan.html?_r=1&scp=3&sq=pul%20e%20charki&st=cse.
18. A descrição da célula terrorista que opera em Pul-e-Charkhi vem dos briefings de Jared (não confidenciais) e de entrevistas durante sua visita à prisão em fevereiro de 2009; ver também Joshua Philipp, "Corruption Turning Afghan Prisons into Taliban Bases: Imprisoned Taliban Leaders Coordinate Attacks from Within Prison Walls", *Epoch Times*, 29 de agosto de 2011, http://www.theepochtimes.com/n2/world/corruption-turning-afghan-prisons-into-taliban-bases-60910.html.
19. Mullah Akbar Agie em discussão com Jared Cohen, fevereiro de 2009.
20. "Anonymous (Internet Group)", *New York Times*, atualizado em 8 de março de 2012, http://topics.nytimes.com/top/reference/timestopics/organizations/a/anonymous_internet_group/index.html.
21. Sean-Paul Correll, "Operation: Pay-back Broadens to Operation Avenge Assange" *Pandalabs* (blog), 6 de dezembro de 2010, http://pandalabs.pandasecurity.com/operation payback-broadens-to-operation-avenge-assange/; Mathew Ingram, "WikiLeaks Gets Its Own 'Axis of Evil' Defense Network", *GigaOM* (blog), 8 de dezembro de 2010, http://gigaom.com/2010/12/08/wikileaks-gets-its-own-axis-of-evil-defence-network/.

22. Departamento de Justiça dos Estados Unidos, "Sixteen Individuals Arrested in the United States for Alleged Roles in Cyber Attacks", *press release* nacional, 19 de julho de 2011, http://www.fbi.gov/news/pressrel/press-releases/sixteen-individuals-arrested-in-the-united-states-for-alleged-roles-in-cyber-attacks; Andy Greenberg, "Fourteen Anonymous Hackers Arrested for 'Operation Avenge Assange,' LulzSec Leader Claims He's Not Affected", *Forbes*, 19 de julho de 2011, http://www.forbes.com/sites/andygreenberg/2011/07/19/anonymous-arrests-continue-lulzsec-leader-claims-hes-not-affected/; "Hackers Arrested in US, NL and UK", *Radio Netherlands Worldwide*, 20 de julho de 2011, http://www.rnw.nl/english/bulletin/hackers-arrested-us-nl-and-uk.
23. Somini Sengupta, "Hacker Rattles Security Circles", *New York Times*, 11 de setembro de 2011, http://www.nytimes.com/2011/09/12/technology/hacker-rattles-internet-security-circles.html?pagewanted=all&_r=0.
24. Ibid.
25. Ibid.
26. Ibid.
27. "I Will Finish Israel Off Electronically: Ox-Omar", *Emirates 24/7*, 22 de janeiro de 2012, http://www.emirates247.com/news/world/i-will-finish-israel-off-electronically-ox-omar-2012-01-22-1.438856.
28. Chloe Albanesius, "Hackers Target Israeli Stock Exchange, Airline Web Sites", *PC Magazine*, 16 de janeiro de 2012, http://www.pcmag.com/article2/0,2817,2398941,00.asp.
29. Isabel Kershner, "Cyberattack Exposes 20,000 Israeli Credit Card Numbers and Details About Users", *New York Times*, 6 de janeiro de 2012, http://www.nytimes.com/2012/01/07/world/middleeast/cyberattack-exposes-20000-israeli-credit-card-numbers.html.
30. Jonathon Blakeley, "Israeli Credit Card Hack", *deLiberation*, 5 de janeiro de 2012, http://www.deliberation.info/israeli-credit-card-hack/.
31. Ehud Kenan, "Saudi Hackers Leak Personal Information of Thousands of Israelis", *YNet*, 3 de janeiro de 2012, http://www.ynetnews.com/articles/0,7340,L-4170465,00.html.
32. Isabel Kershner, "2 Israeli Web Sites Crippled as Cyberwar Escalates", *New York Times*, 16 de janeiro de 2012, http://www.nytimes.com/2012/01/17/world/middleeast/cyber-attacks-temporarily-cripple-2-israeli-web-sites.html.
33. Yaakov Lappin, "'I Want to Harm Israel', Saudi Hacker Tells 'Post'," *Jerusalem Post*, 16 de janeiro de 2012, http://www.jpost.com/NationalNews/Article.aspx?id=253893; Saar Haas, "'OxOmar' Demands Israeli Apology", *YNet*, 16 de janeiro de 2012, http://www.ynetnews.com/articles/0,7340,L-4176436,00.html?utm_source=dlvr.it&utm_medium=twitter.
34. Página de Danny Ayalon no Facebook, posts dos dias 13 e 16 de janeiro de 2012, acessado em 20 de outubro de 2012, https://www.facebook.com/DannyAyalon.
35. Austin Wright, "With Cyber Fast Track, Pentagon Funds Hacker Research", *Politico*, 7 de dezembro de 2011, http://www.politico.com/news/stories/1211/70016.html.
36. Depoimento da Dra. Regina E. Dugan, apresentado ao Subcomitê de terrorismo, *Unconventional Threats and Capabilities of the House Armed Services Committee, United States House of Representatives*, 23 de maio de 2010, www.darpa.mil/WorkArea/DownloadAsset.aspx?id=542.

37. Regina Dugan em discussão com os autores, julho de 2012.
38. Mark Mazzetti e Helene Cooper, "Detective Work on Courier Led to Breakthrough on bin Laden", *New York Times*, 2 de maio de 2011, http://www.nytimes.com/2011/05/02/world/asia/02reconstruct-capture-osama-bin-laden.html; Bob Woodward, "Death of Osama bin Laden: Phone Call Pointed U.S. to Compound — and to 'The Pacer,'" *Washington Post*, 6 de maio de 2011, http://www.washingtonpost.com/world/national-security/death-of-osama-bin-laden-phone-call-pointed-us-to-compound—and-to-the-pacer/2011/05/06/AFnSVaCG_story.html.
39. Joby Warrick, "Al-Qaeda Data Yield Details of Planned Plots", *Washington Post*, 5 de maio de 2011, http://www.washingtonpost.com/world/national-security/al-qaeda-data-yields-details-of-planned-plots/2011/05/05/AFFQ3L2F_story.html; Woodward,"Death of Osama bin Laden", http://www.washingtonpost.com/world/national-security/death-of-osama-bin-laden-phone-call-pointed-us-to-compound—and-to-the-pacer/2011/05/06/AFnSVaCG_story.html.
40. Hari Kumar, "India Says Pakistan Aided Planner of Mumbai Attacks", *New York Times*, 27 de junho de 2012, http://www.nytimes.com/2012/06/28/world/asia/india-says-pakistan-aided-abu-jindal-in-mumbai-attacks.html; Harmeet Shah Singh, "India Makes Key Arrest in Mumbai Terror Plot", CNN, 26 de junho de 2012, http://articles.cnn.com/2012-06-26/asia/world_asia_india-terror-arrest_1_fahim-ansari-ujjwal-nikam-sabauddin-ahmed?_s=PM:ASIA; "Mumbai Attacks 'Handler' Arrested in India", Agence France-Presse (AFP), 25 de junho de 2012, http://www.google.com/hostednews/afp/article/ALeqM5gydBxOITFOjQ_gOjs278EF2DTvIQ?docId=CNG.1ec8f11cdfb59279e03f13dafbcd927a.01.

Para entender melhor o papel da tecnologia nos ataques de Mumbai de 2008, conversamos com Prakash V. Shukla, vice-presidente sênior e CIO dos Taj Hotels Resorts and Palaces, que opera o Taj Mahal Hotel. Ele explicou: "Depois de analisarmos as gravações do circuito interno de TV, ficou muito claro que esses indivíduos jamais estiveram no Taj. No entanto, sabiam exatamente onde estavam as coisas no hotel, sabiam para onde ir etc. A parte antiga do hotel foi construída há mais de cem anos, por isso, não tínhamos as plantas. A combinação do site do Taj com o Google Maps deu uma boa ideia do *layout* do hotel. O site descreve também a localização dos quartos mais nobres, que ficam nos andares de cima. Foi muito fácil para eles planejar ataques de alvos como o Taj, Oberoi, a estação de trem etc. Isso, associado aos relatos de Hedley do trabalho de reconhecimento real na Índia, deu aos terroristas uma ideia muito boa das localizações. Quando os ataques começaram, os terroristas correram de imediato para a ala antiga do hotel e começaram a se aproximar das acomodações mais nobres. Foram adquiridos rádios que operam via satélite, junto com diversas transferências em dinheiro usando distribuição eletrônica de fundos. Na Índia, foram obtidos vários cartões SIM pré-pagos.

Atentados terroristas sofisticados em hotéis comerciais sempre terão implicações para a questão de segurança na indústria de hospitalidade. Conversando com Shukla, aprendemos que "a indústria hoteleira está seguindo o caminho do setor aéreo. As mesmas medidas que as empresas aéreas adotaram quanto à inspeção de bagagem e verificação de referências dos passageiros estão sendo adotadas pela indústria. No Taj, especificamente, há uma equipe de Israel prestando consultoria há mais de quatro anos para a criação de uma arquitetura de segurança capaz de prevenir atentados como esses. Em 2008, tínhamos seguranças, mas nossos guardas não eram armados. Constatamos na ocasião que a atuação da polícia era absolutamente inadequada para lidar com a situação, e, quando as equipes do NSG e de Marcos chegaram, já haviam se passado mais de 12 horas. A arquitetura de segurança geral tinha vários componentes. Perfis: os hóspedes são perfilados nas listas de chegadas, e as agências de segurança são notificadas de sua chegada; quando chegam ao hotel, os hóspedes são perfilados, e todo o pessoal de segurança é treinado para observar as pessoas que entram; toda a bagagem passa por raios X; rotinas de planejamento para desastres são realizadas em intervalos regulares; os funcionários foram treinados para observar; hoje em dia, há seguranças armados em trajes civis; toda a equipe de segurança do hotel passou por um mês de treinamento em Israel, onde aprendeu a lidar com armas de fogo. Investimos uma quantia significativa para colocar essas medidas em vigor e acreditamos que nosso hotel seria mais difícil de ser atingido do que o restante do setor hoteleiro, por isso estamos relativamente confiantes de que nossos hotéis não serão alvos de novos atentados. Dito isso, não podemos nos furtar a constatar que se trata de uma situação dinâmica. Nossa sofisticação aumentou, aumenta também a dos nossos inimigos, por isso precisamos inovar e melhorar sempre a nossa segurança."

41. Jeremy Kahn, "Mumbai Terrorists Relied on New Technology for Attacks", *New York Times*, 8 de dezembro de 2008, http://www.nytimes.com/2008/12/09/world/asia/09mumbai.html; Damien McElroy, "Mumbai Attacks: Terrorists Monitored British Websites Using BlackBerry Phones", *Telegraph* (Londres), 28 de novembro de 2008, http://www.telegraph.co.uk/news/worldnews/asia/india/3534599/Mumbai-attacks-Terrorists-monitored-coverage-on-UK-websites-using-BlackBerry-phones-bombay-india.html.
42. "Global Lessons from the Mumbai Terror Attacks", Investigative Project on Terrorism (IPT), 25 de novembro de 2009, http://www.investigativeproject.org/1539/global-lessons-from-the-mumbai-terror-attacks.
43. Membro da equipe SEAL Team Six em discussão com os autores, fevereiro de 2012.
44. "Canadian Amanda Lindhout Freed in Somalia", CBC (Ottawa), última atualização em 25 de novembro de 2009, http://www.cbc.ca/news/world/story/2009/11/25/amanda-lindhout-free.html.
45. Conversa do autor com Amanda Lindhout, julho de 2012.
46. *Technology/Internet Trends*, 18 de outubro de 2007, Morgan Stanley (China Mobile 50K Survey), 7. Postado no Scribd, http://www.scribd.com/doc/404905/Mary-Meeker-Explains-The-Internet.
47. Scott Shane, "Pornography Is Found in bin Laden Compound Files, U.S. Officials Say", *New York Times*, 13 de maio de 2011, http://www.nytimes.com/2011/05/14/world/asia/14binladen.html.
48. Venu Sarakki et al., "Mexico's National Command and Control Center Challenges and Successes", *16th International Command and Control Research and Technology Symposium*, Quebec, Canadá, 21-23 de junho de 2011, http://www.dtic.mil/dtic/tr/fulltext/u2/a547202.pdf.

49. Dr. John Poindexter, "Overview of the Information Awareness Office". Observações preparadas para a *DARPATech 2002 Conference*, 2 de agosto de 2002. Postado pela Federation of American Scientists (FAS), http://www.fas.org/irp/agency/dod/poindexter.html.
50. Department of Defense Appropriations Act, 2004, S.1382, 108th Cong. (2003), ver Sec. 8120; Department of Defense Appropriations Act, 2004, H.R.2658, 108th Cong. (2003) (Enrolled Bill), ver Sec. 8131.
51. Associated Press (AP), "U.S. Still Mining Terror Data", *Wired*, 23 de fevereiro de 2004, http://www.wired.com/politics/law/news/2004/02/62390; Michael Hirsh, "Wanted: Competent Big Brothers", *Newsweek* e *Daily Beast*, 8 de fevereiro de 2006, http://www.thedailybeast.com/newsweek/2006/02/08/wanted-competent-big-brothers.html.
52. "Mid-Year Population by Five Year Age Groups and Sex — World, 2011", U.S. Census Bureau, International Data Base, acessado em 20 de outubro de 2012, http://www.census.gov/population/international/data/idb/informationGateway.php.
53. General Stanley McChrystal, entrevista concedida a Susanne Koelbl, "Killing the Enemy Is Not the Best Route to Success", *Der Spiegel*, 11 de janeiro de 2010, http://www.spiegel.de/international/world/spiegel-interview-with-general-stanley-mcchrystal-killing-the-enemy-is-not-the-best-route-to-success-a-671267.html.
54. Alexei Oreskovic, "Exclusive: YouTube Hits 4 Billion Daily Video Views", Reuters, 23 de janeiro de 2012, http://www.reuters.com/article/2012/01/23/us-google-youtube-idUSTRE80M0TS20120123.

CAPÍTULO 6 O futuro do conflito, do combate e da intervenção

1. Steven Pinker, *Os anjos bons da nossa natureza: Por que a violência diminuiu* (São Paulo: Companhia das Letras, 2013)
2. Ibid., xxvi.
3. Amnesty International (AI), "Romania Must End Forced Evictions of Roma Families", *press release*, 26 de janeiro de 2010, http://www.amnesty.org/en/for-media/press-releases/romania-must-end-forced-evictions-roma-families-20100126. Os ciganos são perseguidos também em todo o Leste Europeu e, cada vez mais, na Europa ocidental. Em julho de 2010, o presidente francês, Nicolas Sarkozy, liderou uma campanha para repatriar à força para a Bulgária e a Romênia a população de ciganos estrangeiros de seu país. Em um mês, mais de cinquenta acampamentos ciganos ilegais haviam sido fechados e, em setembro, mais de mil ciganos haviam sido deportados. Ver "France Sends Roma Gypsies Back to Romania", BBC, 20 de agosto de 2010, http://www.bbc.co.uk/news/world-europe-11020429; "France: Renewed Crackdown on Roma: End Discriminatory Roma Camp Evictions and Removals", Human Rights Watch (HRW), *News*, 10 de agosto de 2010, http://www.hrw.org/news/2012/08/10/france-renewed-crackdown-roma; "French Ministers Fume After Reding Rebuke Over Roma", BBC, 15 de setembro de 2010, http://www.bbc.co.uk/news/world-europe-11310560.
4. Christian Picciolini em discussão com os autores, abril de 2012.

5. Júlio César, *The Gallic Wars*, tradução para o inglês de John Warrington, com prefácio de John Mason Brown e introdução do tradutor (Norwalk, Conn.: Easton Press, 1983); ver também Dr. Neil Faulkner, "The Official Truth: Propaganda in the Roman Empire", BBC, History, última atualização em 17 de fevereiro de 2011, http://www.bbc.co.uk/history/ancient/romans/romanpropaganda_article_OI.shtml.
6. Tweet @IDFspokesperson, 19 de novembro de 2012.
7. Nazila Fathi, "In a Death Seen Around the World, a Symbol of Iranian Protests", *New York Times*, 22 de junho de 2009, http://www.nytimes.com/2009/06/23/world/middleeast/23neda.html.
8. Thomas Erdbrink, "In Iran, a Woman Named Neda Becomes Opposition Icon in Death", *Washington Post*, 23 de junho de 2009, http://www.washingtonpost.com/wp-dyn/content/article/2009/06/22/AR2009062203041.html.
9. Informação obtida na pesquisa de Jared Cohen para o livro de sua autoria, *One Hundred Days of Silence: America and the Rwanda Genocide* (Lanham: Rowman & Littlefield Publishers, 2007); ver também Alison Liebhafsky Des Forges, *Leave None to Tell the Story: Genocide in Rwanda* (Nova York: Human Rights Watch, 1999).
10. Allan Thompson, organizador, com declaração de Kofi Annan, *The Media and the Rwanda Genocide* (Londres: Pluto Press, 2007), 49, http://www.internews.org/sites/default/files/resources/TheMedia&TheRwandaGenocide.pdf.
11. Dan Verton, "Serbs Launch Cyberattack on NATO", *Federal Computer Week*, 4 de abril de 1999, http://fcw.com/articles/1999/04/04/serbs-launch-cyberattack-on-nato.aspx.
12. Tom Downey, "China's Cyberposse", *New York Times Magazine*, 3 de março de 2010, http://www.nytimes.com/2010/03/07/magazine/07Human-t.html.
13. Ibid.
14. Ibid.
15. Ibid.
16. Scott Sayare, "French Council Strikes Down Bill on Armenian Genocide Denial", *New York Times*, 28 de fevereiro de 2012, http://www.nytimes.com/2012/02/29/world/europe/french-bill-on-armenian-genocide-is-struck-down.html.
17. "Turkey PM Says French Bill on Genocide Denial 'Racist'", BBC, 24 de janeiro de 2012, http://www.bbc.co.uk/news/world-europe-16695133.
18. W. Singer, *Wired for War: The Robotics Revolution and Conflict in the 21st Century* (Nova York: Penguin Press, 2009), 102.
19. Darpa, "About", acessado em 9 de outubro de 2012, http://www.darpa.mil/About.aspx; Darpa, "Our Work", acessado em 9 de outubro de 2012, http://www.darpa.mil/our_work/.
20. Singer, *Wired for War*, 63.
21. Ibid., 21-23.
22. Amar Toor, "iRobot Packbots Enter Fukushima Nuclear Plant to Gather Data, Take Photos, Save Lives", *Engadget*, 18 de abril de 2011, http://www.engadget.com/2011/04/18/irobot-packbots-enter-fukushima-nuclear-plant-to-gather-data-ta/.
23. Singer, *Wired for War*, 26.

24. Para ver as descrições dos *drones* Predator, Raven e Reaper, consulte Singer, *Wired for War*, 32-35, 37, 116.
25. Spencer Ackerman e Noah Shachtman, "Almost 1 in 3 U.S. Warplanes Is a Robot", *Danger Room* (blog), *Wired*, 9 de janeiro de 2012, http://www.wired.com/dangerroom/2012/01/drone-report/.
26. Harry Wingo em discussão com os autores, abril de 2012.
27. Singer, *Wired for War*, 29-32; Noah Shachtman, "First Armed Robots on Patrol in Iraq (Updated)", *Danger Room* (blog), *Wired*, 2 de agosto de 2007, http://www.wired.com/dangerroom/2007/08/httpwwwnational/.
28. *Navy SEAL* em discussão com os autores, fevereiro de 2012.
29. Peter Warren Singer em discussão com os autores, abril de 2012.
30. Bob Brewin, "Pentagon Shutters Joint Tactical Radio System Program Office", *Nextgov*, 1º de agosto de 2012, http://www.nextgov.com/mobile/2012/08/pentagon-shutters-joint-tactical-radio-system-program-office/57173/; Matthew Potter, Defense Procurement News, "Joint Program Executive Office Joint Tactical Radio System (JPEO JTRS) Stands Down and Joint Tactical Networking Center(JTNC)Opens", *press release*, 1º de outubro de 2012, http://www.defenseprocurementnews.com/2012/10/01/joint-program-executive-office-joint-tactical-radio-system-jpeo-jtrs-stands-down-and-joint-tactical-networking-center-jtnc-opens-press-release/.
31. Peter Warren Singer em discussão com os autores, abril de 2012.
32. Ibid.
33. Brian Ellsworth, "Venezuela Says Building Drones with Iran's Help", Reuters, 14 de junho de 2012, http://www.reuters.com/article/2012/06/14/us-venezuela-iran-drone-idUSBRE85D14N20120614.
34. Robert Beckhusen, "Iranian Missile Engineer Oversees Chavez's Drones", *Danger Room* (blog), *Wired*, 18 de junho de 2012, http://www.wired.com/dangerroom/2012/06/mystery-cargo/.
35. Regina Dugan em discussão com os autores, julho de 2012.
36. Peter Warren Singer em discussão com os autores, abril de 2012.
37. Singer, *Wired for War*, 265.
38. James Risen e Mark Mazzetti, "C.I.A. Said to Use Outsiders to Put Bombs on Drones", *New York Times*, 20 de agosto de 2009, http://www.nytimes.com/2009/08/21/us/21intel.html.
39. Somini Sengupta, "Who Is Flying Drones over America?", *Bits* (blog), *New York Times*, 14 de julho de 2012, http://bits.blogs.nytimes.com/2012/07/14/who-is-flying-drones-over-america/.
40. Jefferson Morley, "Drones Invade Campus", *Salon*, 1º de maio de 2012, http://www.salon.com/2012/05/01/drones_on_campus/.
41. Peter Warren Singer, citado por Noah Shachtman, "Insurgents Intercept Drone Video in King-Size Security", *Danger Room* (blog), *Wired*, 17 de dezembro de 2009, http://www.wired.com/dangerroom/2009/12/insurgents-intercept-drone-video-in-king-sized-security-breach/.
42. Scott Peterson, "Downed U.S. Drone: How Iran Caught the 'Beast,'" *Christian Science Monitor*, 9 de dezembro de 2011, http://www.csmonitor.com/World/Middle-East/2011/1209/Downed-US-drone-How-Iran-caught-the-beast.

43. Scott Peterson e Payam Faramarzi, "Exclusive: Iran Hijacked U.S. Drone, Says Iranian Engineer", *Christian Science Monitor*, 15 de dezembro de 2011, http://www.csmonitor.com/World/Middle-East/2011/1215/Exclusive-Iran-hijacked-US-drone-says-Iranian-engineer-Video.
44. Adam Rawnsley, "Iran's Alleged Drone Hack: Tough, but Possible", *Danger Room* (blog), *Wired*, 16 de dezembro de 2011, http://www.wired.com/dangerroom/2011/12/iran-drone-hack-gps/.
45. Dan Murphy, "Obama Taking Heat for Asking for U.S. Drone Back? Pay Little Heed", *Christian Science Monitor*, 15 de dezembro de 2011, http://www.csmonitor.com/World/Backchannels/2011/1215/Obama-taking-heat-for-asking-for-US-drone-back-Pay-little-heed.
46. Daniel Klaidman, "Drones: How Obama Learned to Kill", 28 de maio de 2012, *Newsweek* e *Daily Beast*, http://www.thedailybeast.com/newsweek/2012/05/27/drones-the-silent-killers.html; Jo Becker e Scott Shane, "Secret 'Kill List' Proves a Test of Obama's Principles and Will", *New York Times*, 29 de maio de 2012, http://www.nytimes.com/2012/05/29/world/obamas-leadership-in-war-on-al-qaeda.html; David E. Sanger, "Obama Order Sped Up Wave of Cyberattacks Against Iran", *New York Times*, 1º de junho de 2012, http://www.nytimes.com/2012/06/01/world/middleeast/obama-ordered-wave-of-cyberattacks-against-iran.html; Charlie Savage, "Holder Directs U.S. Attorneys to Track Down Paths of Leaks", *New York Times*, 8 de junho de 2012, http://www.nytimes.com/2012/06/09/us/politics/holder-directs-us-attorneys-to-investigate-leaks.html?pagewanted=all.
47. Siobhan Gorman, Yochi J. Dreazen e August de Cole, "Insurgents Hack U.S. Drones", *Wall Street Journal*, 17 de dezembro de 2009, http://online.wsj.com/article/SB126102247889095011.html.
48. Ibid.
49. Peter Warren Singer em discussão com os autores, abril de 2012.
50. Abdul Rahim Wardak em discussão com os autores, junho de 2012.
51. Peter Warren Singer em discussão com os autores, abril de 2012.
52. Ibid.
53. Jayshree Bajoria, "Libya and the Responsibility to Protect", Counsel on Foreign Relations, relatório de análise, 24 de março de 2011, http://www.cfr.org/libya/libya-responsibility-protect/p24480.
54. Ministros líbios em discussão com os autores, junho de 2012.
55. "Ranking of Military and Police Contributions to U.N. Operations", United Nations Peacekeeping, *Resources*, 31 de agosto de 2012, http://www.un.org/en/peacekeeping/contributors/2012/august12_2.pdf.

CAPÍTULO 7 O futuro da reconstrução

1. "Apple's iPhone and Afghanistan's Taliban", *Cellular-News* (Londres), 13 de fevereiro de 2009, http://www.cellular-news.com/story/36027.php.

2. W. David Gardner, "For Sale: Iraq's Cell-Phone Franchises", *InformationWeek*, 27 de julho de 2005, http://www.informationweek.com/news/166403218.
3. Discussões do autor com membros do Ministério de Comunicação e Informática da Líbia, junho de 2012.
4. "Post-War Telecommunications Developments in Iraq", Office of Technology and Electronic Commerce, Research by Country/Region, acessado em 18 de outubro de 2012, http://web.ita.doc.gov/ITI/itiHome.nsf/6502bd9adeb499b285256cdb00685f77/e781b255ae7a4f9a85256d9c0068abd9?OpenDocument.
5. Ibid.
6. Autoridade sênior da CPA (Coalition Provisional Authority) em discussão com os autores, janeiro de 2011.
7. *Iraq—Telecoms, Mobile, Broadband and Forecasts: Executive Summary*, BuddeComm, acessado em 18 de outubro de 2012, http://www.budde.com.au/Research/Iraq-Telecoms-Mobile-Broadband-and-Forecasts.html.
8. "Press Briefing by the U.N. Offices for Pakistan and Afghanistan", ONU, News Centre, 16 de janeiro de 2001, http://www.un.org/apps/news/infocus/afghanistan/infocusnews.asp?NewsID=136&sID=4.
9. *Afghanistan — Telecoms, Mobile, Internet and Forecasts: Executive Summary*, BuddeComm, acessado em 18 de outubro de 2012. http://www.budde.com.au/Research/Afghanistan-Telecoms-Mobile-Internet-and-Forecasts.html. Essa fonte mostra que, até 2011, havia 17,6 milhões de assinantes de celulares no Afeganistão divididos entre as quatro maiores operadoras de telefonia móvel "com participação de mercado de mais de 20%." Com base nesses dados, calculamos "cerca de 15 milhões", uma estimativa conservadora.
10. Tim Large, "Cell Phones and Radios Help Save Lives After Haiti Earthquake", *Reuters*, 25 de janeiro de 2010, http://www.reuters.com/article/2010/01/25/us-haiti-telecoms-idUSTRE60O07M20100125.
11. Suzanne Choney, "Firms Scramble to Repair Haiti Wireless Service", MSNBC, atualizado em 22 de janeiro de 2010, http://www.msnbc.msn.com/id/34977823/ns/world_news-haiti/t/firms-scramble-repair-haiti-wireless-service/#.UIBq5MVG-8B.
12. Cameron R. Hume em discussão com Jared Cohen, janeiro de 2010.
13. Suzanne Choney, "Firms Scramble to Repair Haiti Wireless Service", MSNBC, atualizado em 22 de janeiro de 2010, http://www.msnbc.msn.com/id/34977823/ns/world_news-haiti/t/firms-scramble-repair-haiti-wireless-service/#.UIBq5MVG-8B.
14. "Statements — Vodafone Egypt", Vodafone, vide 29 de janeiro de 2011 e 2 de fevereiro de 2011, http://www.vodafone.com/content/index/media/press_statements/statement_on_egypt.html.
15. Vittorio Colao em discussão com os autores, agosto de 2011.
16. "Western Union and Roshan to Introduce International Mobile Money Transfer Service in Afghanistan", *Roshan, News*, 27 de fevereiro de 2012, http://www.roshan.af/Roshan/Media_Relations/News/News_Details/12-02-27/Western_Union_and_Roshan_to_Introduce_International_Mobile_Money_Transfer_service_in_Afghanistan.aspx.
17. Ibid.

18. Russell Adams, "Carlos Slim Boosts Stake in New York Times Again", *Wall Street Journal*, 6 de outubro de 2011, http://online.wsj.com/article/SB10001424052970203388804576615123528159748.html.
19. Carlos Slim Helú em discussão com os autores, setembro de 2011.
20. Abdi Sheikh e Ibrahim Mohamed, "Somali Mobile Phone Firms Thrive Despite Chaos", Reuters, 3 de novembro de 2009, edição para a África, http://af.reuters.com/article/investingNews/idAFJOE5A20DB20091103; Abdinasir Mohamed e Sarah Childress, "Telecom Firms Thrive in Somália Despite War, Shattered Economy", *Wall Street Journal*, 11 de maio de 2010, http://online.wsj.com/article/SB10001424052748704608104575220570113266984.html.
21. "Somalia—Telecommunications Overview", *Infoasaid*, acessado em 18 de outubro de 2012, http://infoasaid.org/guide/somalia/telecommunications-overview.
22. Mohamed Odowa, "Rebuilding Trust in Somali Commercial Banking", *Somalia Report*, 15 de maio de 2012, http://www.somaliareport.com/index.php/post/3347/Rebuilding_Trust_in_Somali_Commercial_Banking; Dinfin Mulupi, "Opening a Bank in Somalia? Not a Crazy Idea, Says Businessman", *How We Made It in Africa* (Cape Town), 18 de junho de 2012, http://www.howwemadeitinafrica.com/why-we-decided-to-open-a-bank-in-somalia/17530/.
23. Sahra Abdi, "Mobile Transfers Save Money and Lives in Somalia", Reuters, 3 de março de 2010, http://www.reuters.com/article/2010/03/03/us-somalia-mobiles-idUSTRE6222BY20100303.
24. Cynthia Johnston, Reuters, "U.S. Authority Tells Batelco to End Iraq Cellular Service", *Arab News* (Jeddah), 27 de julho de 2003, http://www.arabnews.com/node/234902.
25. Discussões do autor com autoridades do governo na Somália, outubro de 2012. Vale observar que as estatísticas oficiais para a Somália às vezes apresentam um percentual menor.
26. Jama Deperani, "Somali Pirate Rules and Regulations", *Somalia Report*, 8 de outubro de 2011, http://www.somaliareport.com/index.php/post/1706.
27. *Security Council Committee on Somalia and Eritrea Adds One Individual to List of Individuals and Entities*, United Nations Security Council SC/10545, 17 de fevereiro de 2012, http://www.un.org/News/Press/docs/2012/sc10545.doc.htm.
28. Ashraf Ghani e Clare Lockhart, *Fixing Failed States: A Framework for Rebuilding a Fractured World* (Nova York: Oxford University Press, 2008), 124-166.
29. *Work Package 7 on Reparations, Report of Workshop II: The Interactions between Mass Claims Processes and Cases in Domestic Courts*, Impact of International Courts on Domestic Criminal Procedures in Mass Atrocity Cases (DOMAC) e Amsterdam Center for International Law, 18 de junho de 2010. Ver seção por Peter van der Auweraert, apresentador de "Panel Three: Iraq Reparation Schemes", p. 27-31, http://www.domac.is/media/domac/Workshop-II-report-Final.pdf.
30. Ibid., ver *Discussion of the Cassation Commission*, p. 28 e 30.
31. Ibid, p. 29-31.
32. France Lamy, "Mapping Towards Crisis Relief in the Horn of Africa", Google Maps, 12 de agosto de 2011, http://google-latlong.blogspot.com/2011/08/mapping-towards-crisis-relief-in-horn.html.

33. Naomi Klein, *A doutrina do choque: a ascensão do capitalismo de desastre* (Rio de Janeiro: Nova Fronteira, 2008).
34. "Paul Farmer Examines Haiti 'After the Earthquake'", NPR, 12 de julho de 2011, http://www.npr.org/2011/07/12/137762573/paul-farmer-examines-haiti-after-the-earthquake.
35. "Haiti", *New York Times*, atualizado em 26 de agosto de 2012, http://topics.nytimes.com/top/news/international/countriesandterritories/haiti/index.html.
36. Emily Troutman, "US Report Queries Haiti Quake Death Toll, Homeless", Agence France-Presse (AFP), 27 de maio de 2011, http://www.google.com/hostednews/afp/article/ALeqM5jELhQRaWNNs56GOlifagC5F4DSZg?docId=CNG.699dc08a5f873f53071a317e008a7a5b.3a1.
37. Lindsey Ellerson, "Obama Administration Texting Program Has Raised $5 Million for Red Cross Haiti Relief", ABC News, 14 de janeiro de 2010, http://abcnews.go.com/blogs/politics/2010/01/obama-administration-texting-program-has-raised-5-million-for-red-cross-haiti-relief/.
38. Elizabeth Woyke, "Yes, You Can Still Donate Money to Haiti via Your Cellphone", *Forbes*, 12 de janeiro de 2011, http://www.forbes.com/sites/elizabethwoyke/2011/01/12/yes-you-can-still-donate-money-to-haiti-via-your-cellphone/.
39. Adele Waugaman, "Telecoms Sans Frontieres' Emergency Response", apresentação ao Departamento de Estado dos Estados Unidos, Terremoto do Haiti, 9 de julho de 2010, United Nations Foundation and Vodafone Foundation, http://www.unfoundation.org/assets/pdf/haiti-earthquake-tsf-emergency-response-1.pdf; Tom Foremski, "Télécoms Sans Frontières — How a Simple Phone Call Helps in Haiti", *Silicon Valley Watcher*, 4 de fevereiro de 2010, http://www.siliconvalleywatcher.com/mt/archives/2010/02/telecoms_sans_f.php.
40. Thomson Reuters, "Thomson Reuters Foundation Launches Free Information Service for Disaster-Struck Population in Haiti: Text Your Location to 4636 to Register", *press release*, 17 de janeiro de 2010, http://thomsonreuters.com/content/press_room/corporate/TR_Foundation_launches_EIS.
41. José de Córdoba, "Aid Spawns Backlash in Haiti", *Wall Street Journal*, 12 de novembro de 2010, http://online.wsj.com/article/SB10001424052702304023804575566743115456322.html; Ingrid Arnesen, "In Haiti, Hope Is the Last Thing Lost", *Wall Street Journal*, 12 de janeiro de 2011, http://online.wsj.com/article/SB10001424052748704515904576076031661824012.html.
42. William Booth, "NGOs in Haiti Face New Questions about Effectiveness", *Washington Post*, 1º de fevereiro de 2011, http://www.washingtonpost.com/wp-dyn/content/article/2011/02 /01/AR2011020102030.html.
43. Ver Paul Farmer, *Haiti After the Earthquake* (Nova York: PublicAffairs, 2012).
44. Ver Jessica T. Mathews, "Power Shift", *Foreign Affairs*, janeiro/fevereiro de 1997, http://www.foreignaffairs.com/articles/52644/jessica-t-mathews/power-shift, sobre a ascensão das ONGs.
45. Aly Weisman, "Invisible Children Respond to #StopKony Viral Video Criticisms", *The Wire*, *Business Insider*, 8 de março de 2012, http://www.businessinsider.com/invisible-children-respond-to-stopkony-viral-video-criticisms-2012-3.

46. Sarah Grieco, "Invisible Children Co-founder Detained: SDPD", NBC 7 San Diego, 17 de março de 2012, http://www.nbcsandiego.com/news/local/jason-russell-san-diego-invisible-children-kony-2012-142970255.html.
47. GuideStar, Charity Navigator, GiveWell, CharityWatch, Philanthropedia, GreatNonprofits e outras se enquadram na categoria anterior. Seu principal objetivo é facilitar a realização de doações mais bem-fundamentadas. Suas atividades vão desde agregar informações relevantes, como as declarações de imposto de renda das organizações, até envolver diretamente instituições de caridade para coletar informações e analisar indícios de impacto (GiveWell). Embora essas ferramentas sejam muito valiosas, nossa impressão é que são usadas apenas pelas fundações e uma pequena minoria de indivíduos as fornece em quantidades consideráveis. Um relatório chamado *Money for Good* confirma nossa suspeita, revelando que apenas 35% dos indivíduos pesquisam antes de doar e que aqueles que o fazem procuram as organizações em busca de informações. Ver *Money for Good II: Driving Dollars to the Highest Performing Nonprofits, Summary Report 2011*, Hope Consulting, novembro de 2011, p. 9-10, http://www.guidestar.org/ViewCmsFile.aspx?ContentID=4040.

    Já existem algumas organizações de controle na área de ajuda humanitária como a InterAction, porém, na melhor das hipóteses, elas têm apenas algumas centenas de membros, ou seja, somente uma fração das dezenas de milhares de ONGs envolvidas em algum tipo de trabalho de ajuda humanitária.
48. Jason Palmer, "Social Networks and the Web Offer a Lifeline in Haiti", BBC, 15 de janeiro de 2010, http://news.bbc.co.uk/2/hi/8461240.stm; "How Does Haiti Communicate after the Earthquake?", BBC, 20 de janeiro de 2010, http://news.bbc.co.uk/2/hi/technology/8470270.stm.
49. James F. Smith, "Tufts Map Steered Action amid Chaos", *Boston Globe*, 5 de abril de 2010, http://www.boston.com/news/world/latinamerica/articles/2010/04/05/tufts_project_delivered_aid_to_quake_victims/?page=1; Jessica Ramirez, "'Ushahidi' Technology Saves Lives in Haiti and Chile", *Newsweek and Daily Beast*, 3 de março de 2010, http://www.thedailybeast.com/newsweek/blogs/techtonic-shifts/2010/03/03/ushahidi-technology-saves-lives-in-haiti-and-chile.html.
50. Ramirez, "'Ushahidi' Technology Saves Lives in Haiti and Chile", http://www.thedailybeast.com/newsweek/blogs/techtonic-shifts/2010/03/03/ushahidi-technology-saves-lives-in-haiti-and-chile.html.
51. Eltaf Najafizada e James Rupert, "Afghan Police Paid by Phone to Cut Graft in Anti-Taliban War", *Bloomberg*, 13 de abril de 2011, http://www.bloomberg.com/news/2011-04-13/afghan-police-now-paid-by-phone-to-cut-graft-in-anti-taliban-war.html.
52. Paul Kagame em discussão com os autores, setembro de 2011.
53. Aditi Malhotra, "The Illicit Trade of Small Arms", *Geopolitical Monitor* (Toronto), *Backgrounder*, 19 de janeiro de 2011, http://www.geopoliticalmonitor.com/the-illicit-trade-of-small-arms-4273/.
54. Michel Moutot, Agence France-Presse (AFP), "West's Intervention in Libya Tipped Mali into Chaos: Experts", *Google News*, 5 de abril de 2012, http://www.google.

com/hostednews/afp/article/ALeqM5hJtUvEGQfS0X5Lip5M2Z7MOJIgkw?docId=CNG.90655ad2d0483083880b2914c0ec5599.251.

55. *Reintegration Program: Reflections on the Reintegration of Ex-Combatants*, Multi-Country Demobilization and Reintegration Program (MDRP), setembro-outubro de 2008, http://www.mdrp.org/PDFs/MDRP_DissNote5_0908.pdf.
56. Paul Kagame em discussão com os autores, setembro de 2011.
57. Frederick Womakuyu, "South Sudan: Nation Embarks on Disarming Ex-Combatants", *AllAfrica*, 12 de julho de 2011, http://allafrica.com/stories/201107130081.html.
58. Ibid.
59. Observações do autor durante visita ao programa de DDR na Colômbia em duas ocasiões.
60. Nigel Snoad em discussão com os autores, março de 2012.
61. *Report of the International Criminal Court, Sixty-Sixth Session,* United Nations General Assembly, 19 de agosto de 2011, 6-7, http://www.icc-cpi.int/NR/rdonlyres/D207D618-D99D-49B6-A1FC-A1A221B43007/283906/ICC2011AnnualReporttoUNEnglish1.pdf.
62. Susana Sá Couto, Katherine Cleary et al., "Expediting Proceedings at the International Criminal Court", American University, Washington College of Law, War Crimes Research Office, International Criminal Court, Legal Analysis and Education Project, junho de 2011, http://www.wcl.american.edu/warcrimes/icc/documents/1106report.pdf.
63. *Reconciliation After Violent Conflict: A Handbook*, International Institute for Democracy and Electoral Assistance (International IDEA), 2003. Ver seção por Peter Uvin, "The Gacaca Tribunals in Rwanda", 116-117, acessado em 19 de outubro de 2012, http://www.idea.int/publications/reconciliation/upload/reconciliation_full.pdf.
64. Ibid.

Conclusão

1. Ray Kurzweil, *A era das máquinas espirituais* (São Paulo: Editora Aleph, 2007).
2. M. G. Siegler, "Eric Schmidt: Every 2 Days We Create as Much Information as We Did up to 2003", *TechCrunch*, 4 de agosto de 2010.
3. "The World in 2010: ICT Facts and Figures", *ITU News*, dezembro de 2010, http://www.itu.int/net/itunews/issues/2010/10/04.aspx.
4. "U.S. & World Population Clocks", U.S. Census Bureau, acessado em 26 de outubro de 2012, http://www.census.gov/main/www/popclock.html.

ÍNDICE

1ª edição AGOSTO DE 2013

impressão CROMOSETE

papel de miolo PÓLEN SOFT 70G/M^2

papel de capa CARTÃO SUPREMO ALTA ALVURA 250G/M^2

tipologia GARAMOND